Hellmuth Frey, Handkommentar zum Buch Jesaja

Hellmuth Frey

# Handkommentar zum Buch Jesaja

## Der Zusammenstoß des heiligen Gottes mit der Vermessenheit seiner Gemeinde (Jesaja Kapitel 1–5)

Verlag der
Liebenzeller Mission
Bad Liebenzell

Der Gedanke der Veröffentlichung dieses Kommentars entstand anläßlich mehrerer Vorträge des Verfassers zum Thema bei einer Mitarbeitertagung der Liebenzeller Mission. Auch wenn wir die Verfasserfrage des Buches Jesaja anders beantworten (wir sehen in Jesaja den Verfasser des gesamten Buches), so ist es uns ein großes Anliegen, diesen Kommentar vielen zugänglich zu machen, da er Auslegern wie auch der Gemeinde Jesu in unserer Zeit eine wichtige Hilfe geben kann.

Vorstand und Verlag der Liebenzeller Mission

ISB 3 88002 005 1

Umschlaggestaltung: Heinz Knaus, Öhringen
Gesamtherstellung: Breklumer Druckerei Manfred Siegel

# Inhalt

# Zum Geleit

Der Dank gegen den Herrn Christus, der gegen alle Widerstände die Vollendung der Arbeit schenkte, soll auch hier am Anfang stehen.
Im Bewußtsein einer besonderen Verantwortung und mit der Bitte um die Leitung des Heiligen Geistes wurde die Erklärung erarbeitet und wird sie dem Druck übergeben. Hat sie es doch mit dem Teil des AT zu tun, der aus drei Gründen in besonderer Weise das Buch der Kirche geworden ist: Einmal deshalb, weil die Selbstoffenbarung des *heiligen Gottes* und seines Geschichtsplanes in der Prophetie Jesajas an einer entscheidenden Stufe ihrer Entfaltung angekommen ist; zum andern, weil entsprechend dasselbe gesagt werden kann von der Enthüllung des *autonomen Menschen,* nicht nur in der frommen Vermessenheit der Gemeinde, sondern auch in der gottlosen Hybris der Weltmacht; endlich und vor allem aber deshalb, weil in Jesaja 1–39 erstmalig der *Christus* (Messias) in Nähe geschaut und verkündigt wird und in ihm die Erfüllung des göttlichen *Geschichtsplanes* wie sonst im AT nur noch im Trostbuch Jesaja 40–55[1].
Die Christus-Botschaft im ersten Teil des Jesajabuches (1–39) und diejenige im zweiten (40–55) gehören zusammen, ergänzen einander. Sie ergeben erst in ihrer Zusammenschau das volle Bild des Christus. So erfüllt es mich mit besonderem Dank, daß nach der Veröffentlichung meiner Auslegung von Jesaja 40–55 vor nun 40 Jahren – mir jetzt noch vom Herrn geschenkt wurde, die Christusbotschaft aus Jesaja 1–39 auszulegen. Es bewegt mich, daß dies in eine Zeit hinein geschehen darf, die in besonderer Weise die Furcht vor dem

1) In der Frage nach der Verfasserschaft der auf der Jesajarolle aufgezeichneten Prophetenworte sind die Auffassungen unter den gläubigen Auslegern der Schrift geteilt. Die einen (s. z. B. Scofield-Bibel, Genf 1972) leiten sie, entsprechend den Überschriften 1, 1; 2, 1; 6, 1 von einem Verfasser mit Namen Jesaja aus der Assyrerzeit her; die anderen führen, z. B. die Kapitel 40–55, auf einen anderen Propheten aus der Zeit der babylonischen Gefangenschaft zurück entsprechend dem neuen Berufungsbericht 40, 3 und 6, dem veränderten geschichtlichen Standort und dem anderen Sprachschatz. Hier ist letztere Auffassung vertreten. Einer der bedeutendsten Alttestamentler, Franz Delitzsch, der Zeit seines Lebens im Kampf gegen die Auflösungstendenzen in der theologischen Wissenschaft stand, am Ende seines Lebens sich noch zu seinen Erfahrungen in der Erweckung im Muldental bekannte und einen unüberbrückbaren Graben zwischen sich und der modernen Theologie sah – gibt uns einen lebendigen Anschauungsunterricht, wie man als glaubender Christ und Theologe zu dieser Frage stehen kann. 1866 verteidigte er mit Temperament die Ableitung von *einem* Verfasser. Dreiundzwanzig Jahre später bekennt er sich zur Ableitung von *zweien.* Beidemal aber erklärt er die Verfasserfrage für eine, die den Glauben nicht berührt. Er faßt im Alter Jesaja 40–55 als Werk des großen Schülers Jesajas auf, der über 200 Jahre nach dem Meister dessen Botschaft entfaltet und weiterführt.

heiligen Gott verlernt, das Bild des Christus zu verlieren droht und bis in ihr Denken hinein immer tiefer in die Vermessenheit des autonomen Menschen gerät, ja, auch geschichtlich betrachtet, an der letzten Verwirklichung der Weltmacht angekommen, der baldigen Ankunft des autonomen Weltbeherrschers gewärtig sein muß.

Die hier gebotene Auslegung möchte den Brüdern im Amt und allen am Dienst des Wortes beteiligten Nichttheologen wie auch der lesenden Gemeinde dienen. Dazu ist jedem Einzelabschnitt eine kleingedruckte Einführung in die Textgestalt vorausgeschickt. Sie möchte allen denen helfen, die sich Rechenschaft geben wollen über Abgrenzung, äußeren und inneren Aufbau, Gestalt und geschichtlichen Hintergrund des Textes, der hier geboten wird. Die lesende Gemeinde, der es nur auf das Hören der Botschaft des Propheten allein ankommt, ist gebeten, das Kleingedruckte zu überschlagen, soweit darin auf die wissenschaftliche Diskussion eingegangen wird, die ständig im Wandel begriffen ist. Dasselbe gilt von den Anmerkungen zum Text am Ende des Buches.

Manchen mag es befremden, daß so großer Raum auf die Beobachtung der Aufbaugesetze der prophetischen Gedichte verschwendet ist. Es schien aber geboten, weil hier in den bisherigen Beobachtungen am Text eine Lücke klafft, die an der Zerreißung vieler Texte oder ihrer eigenmächtigen Einordnung in Zusammenhänge schuld ist. Auch spiegelt sich im Formalen der inhaltliche Aufbau eines Textes wider.

Alle Auslegung ist auf den Heiligen Geist angewiesen. Was auf seine Erleuchtung zurückgeht, hat die Verheißung des Dienstes. Alle Auslegung geschieht durch irrende Menschen und ist daher mit Irrtümern belastet. Daß der Herr *Seine* Botschaft segne, menschliche Irrtümer unwirksam mache, sei dieser Auslegung als Bitte mitgegeben.

Ein besonderer Dank sei hier Pfarrer R. Lüling für die Durchsicht des Manuskriptes gesagt.

Hellmuth Frey

# Einleitung

Das Jesajabuch beginnt mit einem dreiteiligen Prolog, der vermutlich aus der Spätzeit des Propheten (um 700) während der Belagerung Jerusalems durch Sanherib stammt. In ihm kommt Gottes Ringen um Jerusalem zu zusammenfassender Darstellung (Kp. 1).

Im sich anschließenden ersten Teil des Jesajabuches Kp. 2, 6–5, 30 sind Botschaften aus der Frühzeit des Propheten unter Jotham zusammengestellt. Sie sind bewegt vom Ungestüm des Glaubens des jung-berufenen Propheten. Stärker noch drückt sich darin die ungeheure Wucht des Anpralls der Offenbarung des Heiligen Gottes gegen die Vermessenheit der Gemeinde aus, wie ihn der Prophet bei seiner Berufung erlebte. Die Antrittspredigt Jesajas, die uns vielleicht in Kp. 2, 6–22 erhalten ist, aber auch die folgenden Predigten gegen die Vermessenheit der Führer (3, 1–15), der Frauen (3, 16–41), Jerusalems und Judas (5, 1–7) und der Gesellschaft als ganzer (5, 8–25) sind von diesem Anprall zum Bersten erfüllt. Die Ankündigung der irdischen Verwirklichung des Gerichtes im Assyrersturm, mit der unser Abschnitt schließt, bebt vom Anprall der überirdischen Wirklichkeit Gottes (5, 26–30).

So ist das Thema des ganzen ersten Teiles »Die Heiligkeit Gottes« – und ihr Zusammenstoß mit der frommen menschlichen Vermessenheit, an dem letztere zerschellt. Dieser Zusammenstoß deckt die Versündigung der Gemeinde Gottes in ihren verschiedenen Gestalten unter deren verschiedenen Gruppen auf und weist auf das nahe Gericht. – Ein Wort aus der Spätzeit des Propheten stellt die Friedensherrschaft Gottes aus Jerusalem als Ziel der Gerichte an die Spitze der Gerichtsankündigungen (2, 1–5) – und ein zweites die Herrlichkeit des zukünftigen Jerusalem vor die Botschaft von der Forträumung des jetzigen als Sinn derselben (4, 2–6).

So ist dieser Teil der Prophetien Jesajas der Kirche aller Zeiten als ein Spiegel ihrer Verschuldung gegeben. Er konfrontiert sie mit ihrem Gott – wie er wirklich ist – und zeigt ihr das Ziel in Gericht und Herrlichkeit von Illusionen entkleidet.

# Die Überschrift über das Jesajabuch

Kapitel 1, 1

**»Schauung Jesajas, des Sohnes Amos', welche er schaute über Juda und Jerusalem in den Tagen Uzzijas, Jothams, Achaz', Hizqijas, der Könige Judas.«**

Die Überschrift bezeichnet den Inhalt des Jesajabuches als »Schauung«. Sie betont damit die Herkunft nicht aus dem innerweltlichen Bereich des menschlichen Denkens und Deutens, sondern von Gott. Die Sammlung von Jesajaworten enthält nicht menschliche Gedanken über Gott, sondern Gottes Gedanken über seine Gemeinde und die Welt.

Das Wort »Schauung« (ḥªzôn) bedeutet zwar wie der Begriff das »Wort« (dābār) soviel wie »Offenbarung«. Im Alten Testament sagt man vom Worte Jahwes, daß es geschaut wurde (Am. 1, 1; Jes. 2, 1). »Schauung« betont aber stärker die visionäre Seite am prophetischen Offenbarungsempfang.

Damit rückt die Überschrift den Propheten Jesaja äußerlich mit den visionären Sehern der Frühzeit ebenso zusammen wie mit ihren entarteten Erben, denen der Kampf seines Lebens gilt. Er ist Visionär wie sie. Der Vorhang zwischen der anderen und dieser Welt wurde und wird ihm immer wieder von drüben her zur Seite geschoben. Ihm öffnet sich der Blick in die *Zukunft*, vornehmlich aber in die Hintergründe der *Gegenwart* und über alles auf *Gott selbst*, in das Geheimnis seines Planes und die bedrängende Macht seines Willens, d. h. er schaut Gottes Wort.

Das Schauen rückte Jesaja vor den heiligen Gott und in die himmlische Gemeinde (6, 1ff). Im Schauen erfuhr er die Sühnung seiner Schuld und die Berufung zum Propheten und stellte sich ihr freiwillig. Das Schauen überfällt ihn aber auch mit der Gewalt einer Hand, die ihn packt und überwältigt (8, 11), aus der Welt herausholt und in Gegensatz zu seinem Volk und seiner Kirche stellt. Jesaja schaut das *Gericht* und das *Heil*, ja, über siebenhundert Jahre hinweg den *Heiland* Gottes.

Ihm wird das Sehen geschenkt, jenen aber, seinen Gegnern, ist der Blick verdunkelt, das Auge bedeckt (29, 9–10), die Offenbarung zum versiegelten Buch (29, 11), der wahre Prophet zum Schulmeister oder Kinderschreck geworden (28, 9). Gottes Handeln wird ihnen fremd und dunkel (28, 21), Schauung zur Finsternis werden (Mi. 3, 6). Sie werden keine Antwort von Gott erhalten und zu Schanden werden (Mi. 3, 7). Sie verwandelten sich aus Führern zu Verführern (Mi. 3, 5), aus Lehrern zu Zauberern, Wahrsagern, Okkultisten (Mi. 3, 7; Jes. 3, 2; 8, 19).

So sind sie dem erblindeten Volk blinde Blindenleiter. Sie wollen wie jenes die Stimme Gottes nicht hören (28, 12; 30, 9), verbieten wie jenes den rechten Sehern zu »sehen« (30, 10), ja, sie stoßen sie aus dem Wege (30, 11).

Sie meinen, vom Geiste Gottes inspiriert zu »schauen« und wissen nicht, daß sie Besessene sind, auf die Gott einen Geist der Verstockung und des Tiefschlafes ausgegossen hat (29, 11). Daher schauen sie ihre Schauungen in Unnüchternheit, ja im Rausch (28, 7). Durch die weggeschobene Scheidewand dringt nicht das Licht der Wahrheit, sondern Täuschung herein. Ja, sie werden den Trägern des institutionellen Amtes, den Priestern, statt zu Vermittlern einer charismatischen Korrektur durch Gott vielmehr zu Genossen ihrer Unnüchternheit und Schwärmerei (28, 7). Jesajas Zeitgenosse Micha deckt auch noch ihre Käuflichkeit auf (3, 5. 11). Sie werden Priestern und Ältesten, Seelsorgern und Richtern Genossen der Bestechlichkeit.
So kommt es zum Zusammenstoß zwischen Seher und Sehern, Schauung und Schauung, Offenbarung und Offenbarung, zwischen Jesaja, der von der Hand Gottes übermocht (8, 11), wie Micha, der vom Geist der Kraft und dem Gericht Gottes erfüllt ist (3, 8), auf der einen Seite und den für die Offenbarung Gottes, die Thora Verschlossenen, Verstockten, Geblendeten und Besessenen auf der anderen Seite (Jes. 8, 11ff. 19ff; 28, 7. 11; 30, 10. 11; Mi. 3, 5–8).
Der *Heilsklang*, der aus der Überschrift des Jesajabuches herausklingt, ist die Kunde, daß *Gott* in dieser Zeit der Blendung, Verblendung und Blindheit den Nebel zerrissen hat und seiner Kirche *Schauung schenkte*. Er enthüllte ihr mitten in Vernebelung und Gerichten den Willen und Weg Gottes und zugleich ihren eigenen Abfall und seinen Heilsplan, ja, den Heiligen selbst und seinen Gesalbten. Das ist Einbruch der Offenbarung.
Gott läßt diesen Einbruch durch einen Menschen, dem er Schauung schenkte, und durch dessen Predigt geschehen, durch Jesaja, den Sohn des Amoṣ. Sein Name »der Herr ist Heil« (j$^e$šajāhû) weist ihn aus als Sohn frommer Eltern, die ihm den Namen gaben. Die Nennung des Vaternamens kennzeichnet ihn als Edelgeborenen. Weniger sicher zeichnet ihn die Art seines Umgangs mit Königen, Ministern und Gesandten (8, 1–3; 22; 18) als vornehmen Mann.[1] Die einen wollen ihn von königlichem Geblüte herleiten,[2] die anderen dem Stande der Weisen,[3] wieder andere dem der Priester zurech-

1) vgl. B. Duhm: Israels Propheten, 1922, S. 145. Derselbe: Das Buch Jesaja, [4]1922, [5]1968 S. 15. Dagegen E. König: Das Buch Jesaja, 1927, S. 6.
2) B. Duhm: Das Buch Jesaja, S. 71 Z. 11 von unten. Nach J. Calvin war er außerdem Manasses Schwiegervater. J. Calvin: Auslegung des Propheten Jesaja, Vorrede S. 10 (J. Calvins Auslegung der H. S., herausgeg. von O. Weber, 6. Bd. 1. Hälfte, übers. von Boudriot 1941. Nach M$^e$gilla 10b (Bab. Talmud) waren Amoṣ (Jesajas Vater, Jes. 1, 1) und Amazja (Uzzijas Vater, 2. Kö. 12, 22; 14, 21) Brüder und stammte Jesaja daher von David ab (vgl. Strack-Billerbeck KzTuM [2] 1926 Bd. I S. 18). Zu den in den Fußnoten verwandten Abkürzungen siehe Abkürzungsverzeichnis am Schluß des Buches.
3) Joh. Fichtner: Jesaja unter den Weisen, ThLZ 74 (1949) Sp. 75–80, N. W. Porteous RGG [3] III. Bd. Sp. 600.

nen,[4] was möglich, aber nicht beweisbar ist. Noch andere sehen in ihm den Zögling einer Weisheitsschule und gleichzeitig das Glied einer königlichen Beamtenfamilie Jerusalems.[5]

Die Kette der Königsnamen, mit der die Überschrift Jesajas Wirksamkeit in der Geschichte verankert, ebenso seine Prophetien zeigen, daß er nicht zu den Gottesboten gehört, die plötzlich auftauchen, ihre Botschaft sagen und verschwinden wie Amos. Er hat vielmehr wie Hosea und später Jeremia während einer Zeit von über vierzig, vielleicht über sechzig Jahren, d. h. ein ganzes Menschenleben hindurch, den Weg seines Volkes mit dem »Worte« begleitet – und was für einen Weg!

Die Namen Uzzija (789–38),[6] Jotham (751–35),[7] Achaz (735–25), Hizkia (725–696), denen vielleicht, wenn die außerbiblische Überlieferung vom Märtyrertode Jesajas[8] recht hat, noch der Manasses (696–43) hinzuzufügen ist, zeichnen einen Weg von der Höhe zur Tiefe, von Absturz zu Absturz bis zur unerwarteten Rettung im sicheren Untergang.

Der Name *Uzzija* repräsentiert eine Zeit der *Hochblüte*, kulturellen Glanzes und politischer Machtentfaltung, aber auch der Vermessenheit und Emanzipation. – Juda steht an der Spitze der Staaten des syrischen Raumes. Der Name *Jothams* weist auf eine Zeit des *Niederganges* und der Bedrohung von außen. – Die Weltmacht Assur bricht in den syrischen Raum ein. Der Name des *Achaz* umschließt eine Zeit des *Zusammenbruches*, der Überflutung mit Krieg und des Sturzes in die Abhängigkeit von der Weltmacht. – Syrer und Ephraimiten schlagen das Heer, der König zahlt dem Weltherrscher Tribut, und die Götter Assurs ziehen in den Tempel ein. Der Name *Hizkias* endlich deutet auf eine Zeit der schmerzlichen *Eingewöhnung* in die *Abhängigkeit* wie der Auflehnung gegen sie. – Juda hält in den Krisen 725 und 720 still, läßt

4) P. Volz: Prophetengestalten des AT, S. 198, 1938.

5) G. Fohrer: Das Buch Jesaja, 1960, 1. Bd. S. 2.

6) Die Chronologie ist umstritten. Die Angaben der Königsbücher sind widersprüchlich. Vgl. J. Begrich: Die Chronologie der Könige von Israel und Juda (1929), (Todesjahr des Uzzija 747/46), W. F. Albright: Bulletin of the American Schools of Oriental Research (BASOR) 100 S. 16–22; 119 S. 20–22; 130 S. 4–6. Derselbe: Die Religion Israels, 1956, S. 236 Anm. 4 (Todesjahr Uzzijas 742). B. Duhm: Das Buch Jesaja $^4$1922 S. 15 und Hans Schmidt: Die großen Propheten $^2$1923, S. 27 (Todesjahr Uzzijas 740). O. Procksch: Jesaja I, 1930, S. 2 gestützt auf Rost bei Schrader KAT$^3$ S. 319f (Todesjahr Uzzijas 738), M. Noth: Geschichte Israels 1950, schwankt zw. 747/46 (S. 218 Anm. 1) u. frühestens 738 (S. 222 Anm. 3), O. Kaiser: Der Prophet Jesaja (ATD 17), 1960, S. 2, gestützt auf A. Jepsen: Die Quellen des Königsbuches. 1953 S. 41ff (Todesjahr Uzzijas 735). Vgl. die Geschichten des Volkes Israel von R. Kittel II $^6$1925, A. Jirku 1931, E. Sellin I 1924, II 1932, E. Auerbach I 1930, II 1936. Dazu K. A. Kitchen AO und AT 1965 übers. von Ilse Fuhr 1965 S. 32/33.

7) Jotham trat schon bei Lebzeiten seines an Aussatz erkrankten Vaters während dessen Regierung die Regentschaft an.

8) Vgl. Martyrium des Propheten Jesaja Kp. 5 (E. Kautzsch: Apokr. u. Pseudep. d. AT 2. Bd. 1900 S. 119. Pesiqtha Rabbathi 4 (14a). Str.-Bi.: KzTuM Bd. II 214, Sanhedrin (Jerus. Tald) 10, 28c, 37. aaO Bd. III S. 747.

sich 711 vom Propheten zurückholen, erhebt sich 705–1 an der Spitze seiner Nachbarn gegen Assur und wird, nachdem Sanherib den Weltaufruhr niedergeschlagen, durch ein Wunder vor der Totalvernichtung gerettet (701).

Dieser Weg Judas von Krise zu Krise durch die permanente Krise, die sich in den Entscheidungsjahren 733 und 701 wie in Brennpunkten verdichtet, hebt sich ab vom Todeskampf des nördlichen Bruderreiches Israel gegen Assur durch die Jahre 738, 733, 725, 722, 720, von Aufstand zu Aufstand bis zum bitteren Ende.

Die Namen der vier judäischen Könige weisen zugleich auf den weltgeschichtlichen Hintergrund, der durch ihre vier Zeitgenossen auf dem assyrischen Thron bestimmt ist, die die assyrische Weltherrschaft begründen, ausbauen und wahren: Tiglat-Pilesar III. (745–27), Salmanasser V. (727–22), Sargon II. (722–05), Sanherib (705–681). Es ist eine *Zeit des Umbruchs*, der der Welt ein neues Gesicht gibt. Mit dem Phänomen der Weltmacht tritt der autonome Mensch auf den Plan mit allen Trümmern, die er zurückläßt. Innerhalb dieses äußeren, zeichnen die vier judäischen Königsnamen den *inneren Umriß* der Wirksamkeit des Propheten; die Namen Uzzija und Jotham den *Zusammenstoß der Vermessenheit* der Gemeinde mit dem heiligen Gott – der jungberufene Prophet hat ihr Gottes Angriff zu verkünden; der Name des Achaz das *Versagen des Unglaubens* in der Krise – Jesaja hat den König in die Entscheidung zu stellen und ihm den *kommenden Christus* zu verkünden. Der Prophet trägt, da des Königs Entscheidung negativ ausfällt, mit seiner Jüngergemeinde Anklage und Ächtung; der Name Hizkias die *Rückwendung zum Glauben* im Königshaus und die Reformation in der Kirche Judas, aber ohne Tiefgang. – Der Prophet ringt als Seelsorger seines Königs und Volkes, ja, der heidnischen Nachbarvölker, gegen Selbstsicherheit und Auflehnung wider Gottes Geißel Assur. Er kämpft gegen Vertrauen auf Bündnisse, Waffen und Weltmächte und *wirbt* um Umkehr und *Vertrauen auf Gott* allein. Er darf in der Entscheidungsstunde 701 im belagerten Jerusalem Frucht sehen und doch keine in die Tiefe gehende. Der Name Manasses, wenn er hinzuträte, würde die Reaktion der Verstockung in Abfall und Bosheit anzeigen, die dem Propheten Enttäuschung und Martyrium bringt. Die Wege Hoseas und Jeremias waren von keinem Schimmer irdischer Hoffnung gelichtet und mündeten im Gericht. Jesaja darf im Gericht den Sieg Gottes und den Aufschub auf hundert Jahre für seine Kirche erleben. Persönlich endet auch sein Weg in tiefer Nacht. – Das alles deuten die Namen der Überschrift an. Das alles begleitet, umspannt und beleuchtet Jesajas Schau.

# DER PROLOG: DIE BOTSCHAFT DES JESAJA

Kapitel 1, 2–28 (29–31)

Das Buch Jesaja beginnt mit drei vermutlich aus der Spätzeit des Propheten (um 701) stammenden Gedichten. Sie sind der Sammlung als Prolog vorausgestellt. In ihnen wird die ganze Weite der Botschaft durchmessen, die der Prophet vom Anfang seines Auftretens bis zum Höhepunkt desselben verkündigt hat.

Das *erste* der Gedichte bezeugt *Erwählung* und *Abfall* des Volkes Gottes und dessen Taubheit gegen Gottes unermüdliches Werben in den Gerichten seiner Geschichte (2–9).

Das *zweite* Gedicht entlarvt die *falsche Gerechtigkeit* der Gemeinde. Es setzt ihrem vergeblichen Versuch, sich selbst vor Gott zu rechtfertigen, die Rechtfertigung durch Gott allein aus Gnaden entgegen, die zur totalen Buße ruft (10–20).

Das *dritte* Gedicht konzentriert den Blick auf die *Stadt der Wahl* Gottes, auf die Stätte, an der er auf dieser Erde gegenwärtig sein will. Es klagt darüber, wie aus der Stadt der Treue und Gerechtigkeit die Untreue, von Ungerechtigkeit erfüllte wurde und kündigt ihre Läuterung und *Rückverwandlung* im Gericht an (21–31).

Alle drei Gedichte sind erfüllt von Gottes Liebeseifer um seine Kirche und von seinem Plan mit ihr, von seinem Mühen um die Gefallene und von der Mächtigkeit und Treue, mit der er seinen Erlösungsplan im Gericht durchsetzt.

Die mutmaßliche Situation, in die die Botschaft hineinspricht, ist in allen drei Gedichten die gleiche. Es gibt Stunden in der Geschichte, in denen nach langer Vorbereitung alles sich auf die Entscheidung zuspitzt, die in Sekunden fällt und für Jahrhunderte bestimmend ist. Die Kirche und *Gemeinde Gottes*, Volk und Königtum stehen an einem solchen *Scheideweg*.

Am Anfang des Auftretens Jesajas hat Juda zum ersten Mal am Scheidewege gestanden, als Syrer und Ephraimiten Jerusalem belagerten, Jesaja den König zum Glauben aufrief und ihm den Immanuel ankündigte (734). Achaz hatte damals den Weg des Unglaubens gewählt, auf dem der Untergang wartet. Nach dreiunddreißig Jahren des Aufschubs, während welcher der Prophet meist ungehört zur Umkehr gerufen hat, überstürzen sich wieder die Ereignisse (701).

Jerusalem ist wieder vom Feinde belagert. Aber jetzt sind es nicht die Truppen der kleinen Staaten Damaskus und Samarien, sondern die der Weltmacht Assur. Vor 33 Jahren hatte der König von Jerusalem den assyrischen Weltherr-

scher zu Hilfe gerufen. Der Prophet aber hatte ihm vorausgesagt, durch eben dieses Assur werde Juda überschwemmt werden und allein beim angekündigten Immanuel werde Rettung sein (8, 6–10). Jetzt ist die Überflutung da. Aber Gott stellt seine Gemeinde noch einmal an den Scheideweg. Doch nur der Prophet erkennt die angebotene Chance. Ihm fällt noch einmal die Rolle des Herolds zu, der im Namen des himmlischen Königs und Richters seine Kirche zur Entscheidung ruft, ob sie in der Verstockung und im Gericht verharren oder sein Angebot annehmen will.
Nach vierjährigem Ringen hat der Großkönig Sanherib das assyrische Weltreich, das beim Tode seines Vorgängers Sargon (705) auseinanderzubrechen drohte, wieder zusammengebracht (701). Die aufständischen Völker sind niedergeworfen. Als eines der letzten Zentren des Widerstandes ist Jerusalem an der Reihe zu kapitulieren. Seine kleinen Bundesgenossen wurden durch Waffengewalt oder Furcht überwunden, die Großmacht Ägypten – bei Elteke – im Felde geschlagen. Sie ist außerstande, Juda die versprochene Hilfe zu geben. Die Gottesstadt steht ganz allein dem Ansturm des Weltreiches ausgeliefert da. Die Übergabe ist unvermeidlich. Aber was für ein Schicksal wartet hinter der Kapitulation? Würde der Sieger nach Brandschatzung und Plünderung des Landes und teilweiser Verschleppung seiner Bewohner mit den eigentlich Schuldigen in der Hauptstadt milder verfahren? Hatte doch König Hizkia an der Spitze der aufständischen Könige gestanden.[1]
Die einzige Zuflucht bliebe bei Gott, in dessen Namen der Freiheitskampf begonnen wurde! Aber gerade er hat seine Stadt dem Assyrer ausgeliefert. Der als Kinderschreck verspottete Prophet Jesaja hat doch recht gehabt: Gottes Zorn lastet auf seinem Volk (28, 9). Jetzt erwacht die furchtbare Erkenntnis: Die Kirche hat Gott gegen sich! Es gibt nur noch eine Möglichkeit der Rettung: Gott wieder hinter sein Volk zu bringen. – Das ist sehr menschlich gedacht, hat aber einen weiten Vorsprung vor jenem modernen Denken, das selbstverständlich Gottes Interesse und Schutz mit dem christlichen Abendland verbunden meint oder überhaupt nicht mehr mit Gott als einem Faktor der Geschichte rechnet.
Vorher ging ein Strom von Gesandtschaften zu den Völkern hinaus, um sie zur Bundesgenossenschaft und zum Widerstand gegen Assur zu bewegen (30, 2; 31, 1; 18, 2; 20, 6). Jetzt setzt ein Sturm auf Gott mit Bußgottesdiensten, Opferfeiern und Gebeten ein. Man rechnet nicht mehr mit Befreiung. Aber man setzt alles auf die *eine* Karte, Gottes Zorn zu versöhnen. Man will ihn bewegen, seiner Stadt von seiten des Siegers Milde zu erwirken, wenn das Unvermeidliche eintritt und die Tore sich ihm öffnen müssen.

Jesaja Kap. 36–39 und die Königsbücher erzählen, wie Hizkia durch einen Tribut den Abzug des Feindes erkauft – der Assyrer den Tribut annimmt, aber danach die bedin-

1) Hizkia hatte den assurhörigen König Padi von Eqrōn in Jerusalem gefangen gehalten (Taylor-Zylinder Kol. II Z. 69–72 u. III 78 vgl. Gr. AOT S. 353).

gungslose Kapitulation fordert. In dieser Lage greift Gott durch eine Botschaft an Jesaja ein, die Hizkia zum Ausharren veranlaßt. Unerwartete Ereignisse (Pest und Anmarsch eines ägyptischen Heeres) erzwingen den Abzug des Assyrers. Gott hat sich zu seinem Wort bekannt (Jes. 36–39 und 2. Kön. 18–19)[2].

2) Vgl. zu dieser Zeichnung der Lage: R. Kittel: Geschichte des Volkes Israel, [7]1925, Beilage 1, S. 431–39. Andere Forscher nehmen dagegen die Kapitulation Jerusalems als Erfolg Sanheribs und sehen die Nachrichten von dem unverrichteter Dinge erfolgten Abzug des Assyrers ungerechtfertigterweise als legendär an.

# Erstes Gedicht:
# Erwählung und Abfall

Gottes Rechtsstreit mit seiner Gemeinde

DIE VERWERFUNG GOTTES DURCH SEINE EIGENEN KINDER – DAS RINGEN GOTTES UM SEINE KINDER – DIE KIRCHE GOTTES AM RANDE DES ABGRUNDES
Kapitel 1, 2–9

2 **Höret, ihr Himmel!**
**Ohren auf! Erde![1]**
**Denn Jahwe hat geredet:**
**Söhne hab ich aufgezogen[2] und erhöht.**
**Sie aber brachen mit mir.**
3 **Ein Rind kennt seinen Besitzer**
**und ein Esel die Krippe seiner Herrschaft,**
**aber Israel nimmt keine Erkenntnis an**
**und[3] mein Volk sieht nicht ein.**
4 **[4]Wehe, sündiger Haufe,**
**Volk, schwer von Schuld,**
**Brut, die aus Verbrechern besteht,**
**Söhne, die verderbt handeln![4]**

**Verlassen habt ihr[5] Jahwe,**
**gelästert[5] den Heiligen Israels,**
**[6]euch entfernt[7] von ihm hinterwärts.[6]**
5 **Wohin[8] wollt ihr noch geschlagen werden,**
**daß ihr noch hinzufügt Abfall?**
**Das ganze Haupt der Wundheit verfallen,**
**das ganze Herz todesmatt.**
6 **Von der Fußsohle bis zum Haupt**
**[10]nichts Heiles[9] an ihm.[10]**
**Klaffende Wunde, blutunterlaufne Strieme**
**und frischer Schlag,**
**nicht ausgedrückt und nicht verbunden,**
**nicht gelindert mit Öl.**

7 **Euer Land ward zur Wüste,**
**eure[11] Städte verbrannt von Feuer,**

**euren Acker, vor euren Augen,**
**verzehren ihn Fremde.**
**[13]. [12]Man erstarrt vor Entsetzen (über ihn),[12]**
**wie bei der Umkehrung Sodoms.[14]. [13]**
8 **Allein übriggeblieben ist die Tochter Zion,**
**wie eine Wächterhütte im Weinberg,**
**und wie ein Nachtwächterzelt im Gurkenfeld,**
**wie[15] ein Turm zur Wacht.[15]**
9 **Wenn nicht Jahwe der Heerscharen**
**uns hätte übriggelassen Entronnene,**
**wir wären um ein Haar[16] geworden wie Sodom,**
**gleich geworden Gomorrah.**

## Aufbau und Gliederung von 1, 2–9

Dieser erste Teil des Prologs gliedert sich in drei Strophen: 1) Gottes Anklage (v 2–4d), 2) Gottes Züchtigung (v 4e–6), 3) das Ergebnis seiner Züchtigung (v 7–9).
*Strophe 1* beginnt mit einer *dreigliedrigen* Einleitung der Anklage Gottes gegen seine Söhne (bānîm) auf Bundesbruch, v 2. – Sie entfaltet den Bundesbruch als Verweigerung der Erkenntnis gegenüber Gott, v3. – Und faßt endlich die dadurch entstandene Verfassung des Volkes zusammen als Verdorbenheit in vierter Potenz auf seiten der Söhne (bānîm), v 4a–d. – Die Anklage ist mit der Zeugenanrufung eingeleitet, ihre Zusammenfassung mit einem Weheruf (vgl. Hos. 7, 11–13). Die Erwählung der Söhne (bānîm) v2d, und die Verdorbenheit der Söhne (bānîm) v 4d, bildet die Klammer, die diese Strophe umspannt.
*Strophe 2* beginnt mit der *dreifachen* Anrede der Angeklagten (nach der griechischen Lesart in der 2. m. pl.[1] in den bloß zwei dort erhalten gebliebenen Gliedern. Der hebräische Text liest die 3. m. pl. und mit der *dreifachen* Steigerung des Gedankens der Abwendung auf seiten der Bundesglieder bis zur völligen Wendung des Rückens: »ihr wendetet euch hinterwärts« (n^ezōrôtäm 'āḥôr), bzw. – »sie wendeten sich (nāzōrû) hinterwärts ('āḥôr)« v 4g. – Sie redet darauf die Abgewichenen auf die hartnäckige Fortsetzung des Abfalls (sārāh) an, v 5. – Sie entfaltet endlich Gottes Züchtigung, die durch ihren Abfall herausgefordert wurde in der dreifachen Überhäufung mit Wunden ohne Linderung (»sie wurden nicht ausgedrückt« lō'-zōrû vgl. GK 67m), v 6. – Die Worte nāzōrû (»sie wendeten sich ab«, bzw. n^ezōrôtäm »ihr wendetet euch ab«), sārāh (»Abfall«) und lō' zōrû (»sie wurden nicht ausgedrückt«) umschließen im Hebräischen die Strophe durch ein Klangspiel mit dem Gedanken der Abwendung von Gott auf seiten der Gemeinde und der Abwendung von der Gemeinde auf seiten Gottes, bzw. mit der durch ihre Abwendung verhinderten Zuwendung Gottes.
*Strophe 3* setzt wiederum mit *dreifacher* Anrede ein mit *dreifachem* besitzanzeigendem Fürwort in der 2. m. pl. und mit *dreifacher* Schilderung des Ergebnisses der Züchtigung als Verwüstung »*eures* Landes«, »*eurer* Städte«, »*eures* Ackerbodens« ('arṣ^ekhäm, 'ārêkhäm, 'admat^ekhäm) v 7abc. – Diese Verwüstung wird vermutlich mit[2]

1) In der G. fehlt dafür das dritte Glied.
2) Über vermutliche Verschiebungen in der Textüberlieferung s. Anm. z. Text.

derjenigen Sodoms verglichen. Sie zeichnet die Verfassung des belagerten Jerusalem unter dem dreifachen Bilde der *Weinberghütte*, des *Nachtwächterzeltes* im Gurkenfeld und des *Wachtturmes*, v 8. – Sie schließt mit dem Ausblick auf das Sodomsschicksal, das über das Land ergangen ist, aber, durch Gottes Gnade zurückgehalten, über der Gottesstadt noch drohend hängt. Der Name »Sodom« ($s^e$dōm) vermutlich v 7 und v 9 umklammert die ganze Strophe mit dem »schon« und »noch nicht« der Vernichtung. Diese Klammer umspannt die Reihe: das verwüstete Land, die übriggebliebene Tochter Zion und der erwählte Rest, den Gott übrigließ.

So ist, ähnlich wie in Hoseas Gedichten (vgl. Kp. 3; 4, 4–6; 7, 3–16; 5, 12–15; 8, 1–9, 9), auch hier der gedankliche wie der formale Aufbau gedrungen, logisch und kunstvoll. Der Gedankenfortschritt prägt sich auch äußerlich in Stichworten und Wortspielen ab: Die Verschuldung als Verachtung der Adoption durch die Adoptierten, die Herausforderung der Strafe durch Fortsetzung des Abfalls durch die Abgefallenen, die drohende Vernichtung und Chance der Rettung im Gericht über der noch verschonten Stadt. Darüber hinaus spannt sich im Gedanken der Erwählung durch Adoption zur Sohnschaft, v 2, und durch Aussonderung zum Rest, v 9, ein Bogen vom Anfang zum Ende über das ganze Gedicht.
Zur inhaltlichen kommt die formale Regelmäßigkeit der Gliederung: Die Strophen haben alle die gleiche Zahl von dreizehn Halbzeilen; nur die letzte ist um eine Halbzeile länger (eine Stileigentümlichkeit prophetischer Gedichte, vgl. Jes. 2, 6–22 mit Hos. 4, 1–3. 4–6. 12–19; 5, 1–2. 3–4. 5–7; 9, 1–3. 4–6. 7–9; 13, 7–9. 10–12. 13–15a usw. Frey: »Der Aufbau der Gedichte Hoseas« in »Wort und Dienst«, Jahrbuch d. Theol. Schule Bethel, 1957 S. 46. 74. 96). Die Strophen beginnen jede mit einem dreigliedrigen Gefüge: v 2abc. 4efg. 7abc.

## Der zeitgeschichtliche Hintergrund

Die in der zweiten Strophe angedeutete, in der dritten geschilderte Ausplünderung Judas und Belagerung Jerusalems weist in die Zeit des assyrischen Angriffes unter Sanherib (701). Den direkten Anlaß gibt vermutlich das Bundesfest, bei dem man der Erwählung durch Gott gedachte und das Bundesrecht verlas, um an ihm Erfüllung oder Bruch des Bundes durch die Bundeskinder zu messen. In der bedrängten Stadt wird man das Bundesfest als Bußfeier begangen haben. Darauf weist auch die Zeugenanrufung v 2.

## Auslegung

*Strophe 1*: Die Verwerfung Gottes durch seine Söhne, v 2–4d.
v 2a–c »Höret, ihr Himmel, Ohren auf, Erde, denn Jahwe hat geredet«. Der Ring der Belagerung schließt sich um die Gottesstadt. Der letzte Brükkenkopf der Gottesherrschaft mit der einzigen Anbetungsstätte des wahren Gottes auf Erden ist dabei, durch die Weltmacht liquidiert zu werden. Die in Jerusalem eingeschlossene Gemeinde schreit zu ihrem Bundesgott um Hilfe. Vielleicht beruft sie sich dabei auf ihren Anspruch als Bundespartnerin und

appelliert an seine Verpflichtung als Bundeslasser und -herr auf seine Verheißungen.
In dieser drangvollen Lage tritt der Prophet am Bundesfest mit dem Anruf an Himmel und Erde unter die Bedrängten. Die eintönigen Stabreime geben seinen Worten große Feierlichkeit: »Höret, Himmel! Ohren auf, Erde!« (šimʿû šamājim, haʾazînî hā ʾārāṣ).[3] Der Anruf kündigt an, daß der Prophet Unerhörtes zu melden hat. Der Weisheitslehrer rief alle Teile der Menschheit zum Hören auf, als er das Geheimnis der verborgenen Gerechtigkeit Gottes zu enthüllen hatte.[4] Die Propheten redeten den ganzen Völkerkreis an, wenn sie das Weltgericht verkündeten.[5] Jesaja aber dehnt seinen Aufruf zum Hören auf den ganzen Kosmos, bis an seine äußersten Marken, Erde und Himmel, aus.[6] D. h.: Er hat eine den Kosmos bewegende Nachricht zu geben. Ist sie es im unheilvollen[7] oder im frohen Sinne[8]?
1. Seine Botschaft bewegt den Kosmos *einmal* deshalb, weil es nicht der Mensch Jesaja ist, der sie gibt, sondern der *Herr* der *Welt*.

Es ist der, dessen Wort die Weltgeschichte nach verborgenem Plan wirkt (9, 7; 14, 24; 7, 7; 8, 10; 28, 29), in die Geschichte der Gemeinde einbricht (9, 7), den Aufruhr der Völker in die Flucht schlägt (17, 13), die Pläne der Mächtigen zunichte macht (7, 7; 8, 10), die Weltmacht fällt (14, 24), durch den Mund seines Gesalbten den Tyrannen tötet (11, 4), die Geschichte vollendet (28, 29), Gottes Herrschaft aufrichtet (2, 3ff).

2. Zum *andern* ist es die *Stunde*, die seiner Botschaft Gewicht gibt. Während Jahwes Stadt und Tempel liquidiert werden sollen, bringt der Gott der Gemeinde sich als Weltenrichter zu Gehör. Sein Reden ist ein Endzeitliches. Es leitet den Tag Gottes ein.[9]
3. *Endlich* gibt die Vorladung des Kosmos das Zeichen zur *Abrechnung* Gottes mit seiner Gemeinde, das Zeichen zum Bundesgericht am Tage der Bundesfeier.

So heißt es im 50. Psalm: »Er ruft die Himmel droben und die Erde, daß Er sein Volk richte: Versammelt mir meine Heiligen, die den Bund mit mir geschlossen haben überm Opfer. Die Himmel sollen seine Gerechtigkeit verkündigen, denn Gott ist Richter« (vgl. Ps. 50, 4–6; 5. M. 31, 28; 30, 19; 4, 24; 32, 1 vgl. Mi. 6, 1ff).[10]

Himmel und Erde werden von Gott zu Zeugen seiner Abrechnung mit seinem Volk geladen, denn sie bleiben über den kommenden und gehenden Genera-

3) So (mit dem Art.) JR.
4) Vgl. Ps. 49, 1ff.
5) Jer. 25, 15. 27; Jes. 41, 1ff.
6) Vgl. 1. M. 1, 1.
7) Vgl. Jer. 2, 12.
8) Vgl. Jes. 44, 23; 45, 8; 49, 13.
9) Vgl. Am. 1, 2; Joel 4, 16; Jer. 25, 30f.
10) Auch in Jes. 44, 23; 45, 8; 49, 13 handelt es sich um eine Gerichtsverhandlung, die sich um einen Beweis der Gottheit Gottes an seinem Bundesvolk dreht.

tionen.[11] *Ihre Aufgabe* ist, *Gottes* Herrlichkeit als Schöpfer und seine *Gerechtigkeit* als Bundesherr zu *verkündigen*.[12] Sie waren Zeugen des einmaligen Wunders der Erwählung Israels zur Gemeinde Gottes sowie seiner Erlösung aus der Gewalt der Weltmacht, d. h. des ersten Bundesschlusses,[13] und sie werden Zeugen der künftigen Erlösung seines Volkes sein, d. h. des Neuen Bundes.[14]

4. Die Vorladung des Kosmos hat ihren *tiefsten* Grund jedoch darin, daß die *Erwählung* der *Gemeinde* die *Erlösung* der *Welt* zu ihrem Zweck hat. Es geht im Handel Gottes mit seiner Gemeinde letztlich um das Schicksal der Welt. Die Gemeinde ist das Erstgeburtsopfer, das Gottes Anspruch auf alle Geburt und damit auf die ganze Welt verkündet.[15] Über ihre Berufung kommt Gottes Segen auf die verfluchte Erde, Gottes Offenbarung zu den blinden Völkern.[16]

Der Prophet hat vierfach Unerhörtes zu melden: 1. *Gott* nimmt das Wort. 2. Er redet als *Weltenrichter* am Tage des Herrn. 3. Er eröffnet als solcher das *Bundesgericht* über sein Volk. 4. Das *Schicksal* von Himmel und Erde steht dabei auf dem Spiel.

v 2de »Söhne hab ich großgezogen und zu Ehren gebracht; sie aber brachen mit mir«. Das Bundesgericht beginnt. Die Abrechnung setzt nicht wie andernorts mit dem Worte »Bund« (b$^e$rît) oder »Bundesbruch« (päša$^c$) ein (vgl. Ps. 50, 5; Hos. 8, 1). Statt dessen faßt Gott Berufung und Verpflichtung, auf die er die Gemeinde einklagt, in dem Wort »Sohnschaft« oder »Söhne« zusammen.

Das Wort »Söhne« (bānîm) hat in der alttestamentlichen Gemeinde eine lange Geschichte. Die ältesten Erzähler schildern, ohne das Wort zu benutzen, das Verhältnis des noch nicht gefallenen Menschen zu Gott als Vater-Sohn-Verhältnis (1. M. 2; 3). Oder sie umschreiben es durch Bezeichnung des Menschen als Ebenbild Gottes[17] (1. M. 1, 26f; 9, 6 vgl. 5, 1. 3). Sie umgrenzen das Problem der Geschichte schlechthin als Problem der Loslösung des Menschen aus seiner Sohnesstellung zu Gott (1. M. 3–11).

2. Mose 4, 22f und Hosea 11, 1 führen einen Schritt weiter. Sie zeigen in der Erwählung Israels aus der rebellischen Völkerwelt eine neue Berufung zur Sohnschaft. Der erstere bezeichnet die Aufnahme der Gemeinde in eine Sonderstellung vor Gott als

11) Vgl. 1. M. 8, 22; Jer. 31, 35–37; 33, 25f.
12) Ps. 50, 5; 19, 2; 8, 2; 29, 1–9; 103, 20.
13) 5. M. 4, 32–34; 4, 7–8, 26.
14) Jes. 44, 23; 45, 8; 49, 13.
15) Vgl. 2. M. 4, 22–23; 12, 29; 13, 1. 12. 13. 15; 5. M. 32, 6. 8.
16) 1. M. 12, 1ff; 49, 8–12; Jes. 2, 2ff; 11, 19; Ps. 47, 10; 87, 4–6; Gal. 3, 14.
17) Zu seinem Ebenbilde zeugte der Vater den Sohn nach 1. M. 5, 3. Die gleiche Vorstellung findet sich im heidnischen Mythos. Vgl. Gilg. Ep. T. I. Z. 83 (vgl. Gr. AOT S. 151); Enûma eliš T. I. Z. 15 (vgl. Gr. AOT S. 109). Im bab. Mythos kommt zur Gottebenbildlichkeit die blutliche Verwandtschaft durch Erschaffung aus Lehm und Götterblut. Enûma eliš T. VI, Z. 11. 25. 26 (vgl. Gr. AOT S. 121/122. vgl. dazu auch die Gr. AOT S. 134 Z. 20–28 u. S. 135 Z. 20–24 abgedruckten Fragmente).

Adoption zu dessen erstgeborenem Sohn. Das setzt die Bestimmung der Völker zu nachgeborenen Söhnen voraus (2. M. 4, 22f vgl. 5. M. 32, 6. 8).

Innerhalb dieses großen Kreises der Sohnschaft der ganzen Gemeinde war das Haus Davids im besonderen in die Gottessohnschaft eingesetzt. Mitten aus einem Volk, das seine Sonderstellung als Sohn Gottes verwarf, den andern Völkern gleich sein und einen König wie sie haben wollte (1. Sam. 8, 5. 7. 20), sollte der Gesalbte aus Davids Stamm sich als Gottes Sohn wissen und ihn seinen Vater nennen dürfen (2. Sam. 7, 14). Wahrscheinlich wurde die durch den Propheten Nathan gegebene Zusage »Ich will ihm Vater sein und er soll mein Sohn sein« jedem neuen König aus Davids Stamm bei seiner Einsetzung wiederholt (vgl. Ps. 89, 27f; 2, 7; 80, 16).[18]

Der heidnische Mythos phantasierte von blutlicher Verwandtschaft des Menschen mit Gott[19] und die altorientalische Königsvergötterung behauptete z. B. von den Pharaonen göttliche Zeugung.[20] Oder stand auch dahinter noch Erinnerung und Ahnung? Israels Volk und König dagegen waren sich dessen bewußt, daß es sich bei ihrer Gottessohnschaft um eine Berufung durchs Wort aus voraussetzungsloser Gnade handelte. Sie geschah über den unendlich tiefen Graben zwischen dem selbstherrlichen Menschen und dem heiligen Gott, der keine Vermenschlichung Gottes und keine Vergöttlichung des Menschen duldet; und sie gab den Berufenen den Beruf des Gottesknechtes, d. h. des bedingungslosen Gehorsams.

In der Zeit bis zu den Propheten Hosea und Jesaja hatten zwar schon Fromme durch die Namengebung an ihre Kinder Gottes Vaterschaft bekannt (vgl. die Namen 'abijjāh und 'abî-'ēl »Jahwe ist Vater« und »El ⟨Gott⟩ ist Vater«[21]). Aber nie hatten Priester oder Propheten gewagt, die Gottessohnschaft des einzelnen zu verkünden; nie hatten vor Jesaja Fromme sich erkühnt, ihn im Gottesdienst oder Gebet mit »Vater« anzureden, geschweige denn sich selbst als Söhne Gottes zu bezeichnen.

Uns Heutige überrascht, daß im ganzen Gesang- und Gebetbuch der alttestamentlichen Gemeinde weder die Anrede des Vaters noch die Selbstbezeichnung als Sohn im Munde der Frommen vorkommt. Erst an einigen späteren Prophetenstellen treffen wir sie an.[22]

Hosea, der Prophet der Innigkeit, verkündete zum ersten Mal für die einzelnen Glieder der verklärten Gemeinde der Zukunft die Sohnschaft des lebendigen Gottes (2, 1; 11, 10). Die Glieder der gegenwärtigen Gemeinde nannte er Bastarde (5, 7) oder Hurenkinder (2, 6).

Jetzt redet Gott durch Jesaja, den Propheten seiner unerträglichen Heiligkeit, alle einzelnen Glieder seiner gefallenen Gemeinde im Bundesgericht auf ihre Gottessohnschaft an.[23] In dieser Anrede liegt das ganze Gewicht seiner Anklage beschlossen. Indem er mit dem Wort »Söhne« einsetzt, bezeugt er das

18) Vgl. G. v. Rad: Das jüd. Königsritual, 1947, in: Gesammelte Studien zum AT, 1958, S. 205–13.

19) »Einen Gott soll man schlachten . . . Mit seinem Fleisch u. Blut vermische Ninhursag den Ton. Gott u. Mensch komme hervor im Ton vereinigt« (vgl. d. Fragment Gr. AOT S. 134 Z. 20–25). Vgl. S. 21 Anm. 17.

20) Vgl. Gr. »Messias« 1929 S. 29ff. 38ff. G. v. Rad: Das judäische Königsritual, ges. Studien 1958 S. 205ff, s. S. 209.

21) Vgl. W. F. Albright: Von der Steinzeit zum Christentum, dt. 1949 S. 245ff. M. Noth: Die israelit. Personennamen, 1928.

22) Jer. 3, 4. 14. 19. 22; Jes. 63, 16; 64, 7; Mal. 1, 6; 2, 10.

23) In klassischer Weise wird Wort u. Thema bei Jeremia entfaltet, vgl. Jer. 2, 27; 3, 4. 14. 19. 22; Mal. 2, 10 (vgl. Jes. 63, 16; 64, 7).

unerhörte *Wunder* seiner *Gnadenwahl*. Innerhalb dieser gefallenen Welt, einer im Kriege mit ihm liegenden Menschheit, die das Ebenbild Gottes mit dem des Tieres vertauschte, hat er sich Söhne erwählt, in die höchsten Ehrenstellungen erhoben und mit Gnade überschüttet. Das ist der Einbruch der Herrschaft Gottes, Beginn einer neuen Geschichte.
1. Das Wort »Söhne« spricht letzte *Abhängigkeit* und völlige Ohnmacht der Angeredeten aus, die dem Verhältnis des Tones zum Töpfer vergleichbar ist. So wird in Jesaja 64, 7 gefolgert: »Du bist unser Vater, wir sind Ton. Du bist unser Töpfer, und wir alle sind deiner Hände Werk.«[24]
2. Gleichzeitig umschließt das Wort aber auch die durch die Angeredeten empfangene *Fürsorge*.

Sie ist vergleichbar der tragenden Kraft der Vaterarme, die ihr Kind durch die Wüste bringen (5. M. 1, 31; Hos. 11, 3), der Sorgsamkeit der Vaterhand, die das Kleine gehen lehrt (Hos. 11, 3) oder der Fürsorge des Arztes, der das kranke Kind behandelt (Hos. 11, 3) wie der Güte des Bauern, der sein Rind am Seil der Liebe führt, ihm das Joch erleichtert und zur rechten Zeit das Futter gibt (Hos. 11, 4).

3. Das Wort »Söhne« verkündet darüber hinaus den Gliedern der Gemeinde ihre persönliche *Beschlagnahme* für Gott mit dem Ausschließlichkeitsanspruch, der keine anderen Ansprüche neben sich duldet.[25] Es setzt zwischen Gott und ihnen eine Beziehung der *Furcht* und des *Gehorsams* von ihrer Seite, vergleichbar dem Verhältnis des Sklaven zum Herrn[26] und ein Verhältnis der *Ehrfurcht* gleich demjenigen von Kindern zu ihren Eltern.

Das war entsprechend der priesterlich-herrscherlichen Stellung des Familienoberhauptes in Israel eine heilige Beziehung, auf deren Verletzung Todesstrafe stand (2. M. 21, 15. 17; 5. M. 21, 18–21). Es war eine Beziehung der strengen Zucht, in der – anders als in der modernen westlichen Familie – harte Züchtigungsmittel ihren vorgesehenen Platz hatten (vgl. Sir. 30, 1; 5. M. 21, 8. 21).

4. Endlich proklamiert Gott mit dem Wort »Söhne« zwischen sich und den Gliedern seines Volkes eine Beziehung, die angefüllt ist mit der ganzen Welt, die wir *Liebe* nennen. Sie schafft auf seiten der Söhne herzbewegendes Heimweh nach dem Vaterhause, in dem sich Furcht und Freude vermischen wie beim Hinzittern erschreckter Vögel zum Nest.[27]

Die Josephsgeschichten spiegeln etwas von dieser Sehnsucht der Söhne nach dem Vater, wenn es heißt: »Da bespannte Joseph seinen Wagen und zog hinauf, seinem Vater entgegen . . . und zeigte sich ihm und fiel ihm um den Hals und weinte an seinem Halse« (1. M. 46, 29). Sie spiegeln aber auch die Sehnsucht des Vaters nach dem Sohne. Anläßlich der Nachricht, daß Joseph lebt, heißt es von Jakob: »Da erkaltete sein

24) Vgl. Jes. 45, 9f.
25) 5. M. 14, 1.
26) Mal. 1, 6.
27) Hos. 11, 10–11; Jer. 3, 19; Lk. 15, 18ff; Ps. 84, 1ff.

Herz« (1. M. 45, 26). Und dann wieder: »Da lebte der Geist Jakobs, ihres Vaters, auf und Israel sprach: Genug, Joseph, mein Sohn, lebt. Ich will mich aufmachen und ihn sehen, ehe denn ich sterbe« (1. M. 45, 26ff). Und bei der Begegnung ruft er ähnlich dem alten Simeon: »Nun mag ich endlich sterben, nachdem ich dein Angesicht gesehen habe, daß du noch lebst« (1. M. 46, 30).

Mit dem Vater-Sohn-Verhältnis stiftet Gott zwischen sich und der Gemeinde und ihren Gliedern eine Beziehung innersten Erbarmens,[28] brennender, das Herz bewegender Gewalt der Liebe[29] auf seiten des Vaters. Der Sohn ist dem Vater teuer (jaqqîr), ja, Gegenstand des Entzückens (šaʿªšuʿîm), der Vater muß immerfort »seiner gedenken«, »seine Eingeweide toben« ihm zu und er muß sich seiner in letzter Intensität »erbarmen«.[30] Es ist Erbarmen, Sehnsucht und Freude in einem. Der getötete Sohn ist Gegenstand der herzzerreißenden Klage des Vaters.[31]
So hebt das Wort »Söhne« das Verhältnis des Bundesherrn zu seinen Bundesgliedern aus der Sphäre des bloß sinnlich-materiell-biologischen ebenso heraus wie aus derjenigen des bloß formal-juristisch-gesetzlichen. Es ist mit den tiefsten Inhalten des gefühlsmäßigen, sittlichen und persönlichen Lebens angefüllt. Auf die einzelnen Glieder der Gemeinde angewandt sagt das Wort: Was mit dem messianischen König geschah und ihn vor Gott stellte, und was zuvor am Volk geschah und es zur Gemeinde Gottes machte, das ist auch an jedem einzelnen ihrer Glieder geschehen und jedem einzelnen geschenkt: *Gottes Wahl*, Berufung, Errettung, Heimführung, Aufnahme in Gottes Land, Zulassung zu Gottes Dienst, *Anteil an seiner Liebe* und an der *Gemeinschaft mit ihm*, am Hören seiner Stimme im Wort, am Umgang mit ihm im Gebet, an seiner Herabneigung im Segen und an seiner Verheißung in der kommenden Gottesherrschaft.
Damit ist jeder *Einzelne* aus dieser Welt herausgehoben, auf die *Seite Gottes* gestellt und in Gottes Familie aufgenommen.

Darin wird aber auch deutlich, warum Jesaja das Wort »Bund« hier nicht gebraucht. Die Gemeinde hatte aus der göttlichen Gnadenstiftung und aus deren Verpflichtung ein juristisches Verhältnis von gleichberechtigten Partnern gemacht, das sich auf beiderseitigen Leistungen aufbauen sollte. Sie sah ihr Verhältnis zu Gott formal und glaubte der Herzenshinwendung und -hingabe nicht zu bedürfen.
Sie leitete aus dem Bund Anspruch und Rechte vor Gott ab und fühlte sich in diesem Anspruch in der Weltkatastrophe sicher: »Wir haben einen Bund mit dem Tode« (28, 18. 15). Sie verhandelte auf Grund dieser Sicherheit mit ihrem Gott »aus der Position der Stärke« heraus. Sie suchte Gott durch ihre Leistungen zu bestimmen und forderte sein Eintreten für sie: »Wir, Israel, kennen dich« (Hos. 8, 2). Oder sie verlangte sogar, daß Gott sich ihr ausweise: »Es beeile sich, es spute sich doch sein Werk, daß wir es sehen! Es nahe sich, es komme doch herbei der Rat des Heiligen Israels, daß wir's erkennen« (Jes. 5, 19).

28) Ps. 103, 13.
29) Hos. 11, 1. 8–9; Jer. 31, 3. 20 vgl. 1. M. 45, 28; 46, 29f; 37, 33–35 vgl. Jes. 49, 13; Zach. 12, 10.
30) Vgl. Jer. 31, 20.
31) Zach. 12, 10.

So läßt Gott durch den Propheten Jesaja das mißbrauchte und mißverstandene Wort »Bund« (b^e^rît) beiseite und greift für das Verhältnis, in das er sein Volk aufnahm, nach dem Wort »Söhne«, das totale Abhängigkeit, einseitige Begnadigung, heilige Verpflichtung, persönlich-sittliche Beziehung, ganze Entscheidung und völlige Hingabe in der Liebe ausdrückt.

Mit Betonung stellt Gott das Wort »Söhne« voran und verstärkt den Ausdruck durch die zwei Aussagen »großgezogen« und »zu Ehren gebracht« (giddaltî, rômamtî). Sie fassen alles zusammen, was in der Erwählung mit dem Volk und, wie die Übertragung des Sohnestitels auf dessen einzelne Glieder anzeigt, auch mit diesen geschah.[32] Sie kennzeichnen ihre Auszeichnung als einseitige Tat der Gnade und Herablassung von Gottes Seite.[33] In den beiden Worten schwingt die Erinnerung an eine *lange Gottesgeschichte* mit der Gemeinde und mit ihren Gliedern.
Jäh abbrechend schließt Gott das Zeugnis von dem, was er an ihnen tat, mit der Anklage: »Sie aber brachen mit mir.« (Vgl. zu »brechen« ⟨pāša'⟩ auch für Auflösung des Bundes Hos. 8, 1.) Gott verbindet das Wort »brechen« hier aber nicht mit »Bund« (b^e^rît) oder »Offenbarung« (tôrāh) wie in Hos. 8, 1–2, sondern mit dem persönlichen Fürwort »mir« (bî). Sie brachen *mit Gott selbst!* Damit setzt er allem, was von der Sohnschaft gesagt wurde, die letzte persönliche Spitze auf. Es geht bei der Sohnschaft um eine persönliche Beziehung der Glieder der Gemeinde zu Gott selbst, die er schenkte und die sie fortwarfen. Es ist eine Beziehung, die von jedem einzelnen Entscheidung verlangt und der keiner durch Flucht in eine anonyme Mitgliedschaft am Bundesvolk ausweichen kann. Durch die Anklage »sie aber brachen mit mir« klingt der *persönliche Schmerz* des Vaters über die widernatürliche Untreue, der heilige *Zorn des Richters* über das todeswürdige Vergehen,[34] und schließlich dahinter die *Sehnsucht des Vaters* nach der verweigerten Kindesliebe.

5. Von daher gewinnt die Anrufung von Himmel und Erde zu Zeugen eine fünfte, noch tiefere Bedeutung. Gott läßt den Kosmos hineinsehen in sein Intimstes, in den Konflikt, der *seine eigene Familie* zerreißt, und der zugleich das Schicksal des Kosmos in Frage stellt. Er verkündigt himmelschreienden Undank und Frevel.
v 3 »Das Rind erkennt seinen Besitzer, der Esel die Krippe seiner Herrschaft; Israel aber erkennt nicht, mein Volk sieht nicht ein«. Jetzt erst erscheint in der Anklage das Wort, mit dem die Propheten Amos und Hosea den Nerv der Beziehung zwischen Gott und Gemeinde und Gott und Mensch ausdrücken: »erkennen« (jāda'). Es bezeichnet nicht einen bloß intellektuellen Vorgang, sondern schließt die persönliche Beziehung des Erkennenden zum Erkannten ein und hat darum im Glaubensleben die Bedeutung des Eingehens einer Ge-

32) Vgl. Hos. 11, 1ff; Hes. 16, 1ff.
33) Vgl. Anm. 32.
34) Vgl. 2. M. 21, 17. 15.

meinschaft.[35] Auf Gottes Seite ist es Ausdruck der Erwählung, auf des Menschen Seite für das Sich-aufschließen für Gottes Wahl.
Erkenntnis findet Gott nicht bei der von ihm erkannten und mit Offenbarung beschenkten Gemeinde, sondern beim unvernünftigen Vieh: Rind und Esel besitzen ihren menschlichen Herren und ihrer unpersönlichen Futterkrippe gegenüber Erkenntnis, während das Volk Gottes (ʿammî) sie seinem persönlichen göttlichen Herrn und dessen erwählender Liebe verweigert. Nicht-erkennen Gott gegenüber hat bei denen, denen er sich zu erkennen gab, den Klang der *willentlichen Absage*. So wird das Vieh durch seine Aufgeschlossenheit zum Ankläger gegen die Familie Gottes in ihrer Verschlossenheit.

v 4a–d »Wehe, sündiger Haufe, Sippe schwer von Schuld, Brut, die aus Verbrechern besteht, Söhne, die verderbt handeln«. Das Ergebnis der Loslösung ist die Intensität des Verderbens. In einem Weheruf faßt Gott sein Urteil über die Bundesbrüchigen zusammen. In dumpf und klagend tönenden Lautreimen beschreibt er die *Wandlung*, die sich im Gefolge ihres Ausbruchs aus der Sohnschaft mit der Gemeinde vollzogen hat (hôj gôj ḥōṭēʾ ʿām kābād ʿawôn).
1. Aus »*heiligem Volk*« (gôj qādôš 2. M. 19, 6), zu dem Israel aus den Heidenvölkern ausgesondert und durch Gott beschlagnahmt wurde, ist »sündiger Pöbel« (gôj ḥōṭēʾ) geworden, Volk, das seinen Weg und seine Sendung verfehlt hat.
2. Aus »Sippe« oder »*Familie*« (ʿām) Gottes, die von ihm getragen wurde (5. M. 1, 31; Hos. 11, 3; Jes. 46, 3f) ist Sippe geworden, der Gott ihre Last nicht mehr fortnimmt. Ja, sie ist von Schuldlast so beladen (kābād ʿāwôn), daß sie nicht nur Menschen (die Propheten) (4. M. 11, 11–15), sondern auch Gott selbst erschöpft (vgl. Jes. 7, 13; 1, 14). »Sie wurden auf mir zur Last, ich bin müde zu tragen« (hājûʿālaj laṭṭōraḥ – nilʾ ētî neśōʾ, Jes 1, 14).
3. Aus dem *gesegneten* und preiswürdigen Samen Abrahams, der den Segen Gottes zu den Völkern bringen sollte (zäraʿ bārûkh und mebōrākh 1. M. 12, 2. 3; Gal. 3, 14), wurde »Same, der aus Übeltätern besteht« (zäraʿ me-rēʿ îm, »Übeltäter« ist Apposition), Menschen, die arthaft und erbhaft vom Bösen bestimmt sind; aus Same, auf dem das »Ja« Gottes, sein »gesegnet« (bārûkh) ruht (1. M. 12, 1ff), wurde Same, der unter dem »Nein« Gottes, seinem »verflucht« (ʾārûr) steht (1. M. 4, 11).
4. Aus »*Söhnen* des lebendigen *Gottes*« (bānîm, v 2, vgl. benê-ʾēl ḥāj Hos. 2, 1) wurden »Söhne, die verderbt handeln«, d. h. »Verderben anrichten« (bānîm mašḥîtîm).
Der Loslösung aus der Kindesbeziehung zu Gott entspringt das Verderben und die Verderbtheit in vierter Potenz. Wie aus dem Glauben das sittliche Handeln, so erwächst aus dem Unglauben das sittliche Verderben. Damit rundet sich die erste Strophe. Mit »Söhne«, die von Gott erwählt und begna-

35) Vgl. Am. 3, 1; Hos. 12, 4f; 5, 3f; 4, 6. 1; 2, 22. 10. Vgl. dazu H. W. Wolff: Wissen um Gott bei Hosea, Ev. Th. 1952/53.

det wurden, begann die Anklage, mit »Söhne, die verderbt handeln«, schließt sie.

*Strophe 2*: Gottes Züchtigung und die Verschlossenheit der Gemeinde, v 4e–6.

v 4e–g »Ihr habt Jahwe verlassen, den Heiligen Israels gelästert, euch hinterwärts abgewandt«. Mit erneuter Anrede in der 2. pers. m. pl. stellt die Anklage noch einmal das Schuldfaktum fest: Es ist *Abfall* in *dritter Potenz* ausgedrückt in den drei Worten: »Ihr habt verlassen« (ʿazabtäm), »verlästert« (ni ʾaṣtäm) und »rückwärts euch abgewandt« (nezōrôtäm ʾāḥôr). Dieser Abfall hebt sich vom blinden Verderben des Heidentums ab als Abwendung derer, denen Gott sich zu erkennen gab, d. h. seinen Willen kundgab, sein Wesen enthüllte, seinen Rufnamen Jahwe mitteilte, Sohnesstellung einräumte. Es ist Untreue und Undank der Unreinen und Heillosen, denen der unnahbar Heilige, von der Sünde Abgesonderte und fehllos Liebende sich aus voraussetzungsloser Gnade verband. Es ist Lästerung des *Heiligen Israels*.

Das Wort der »Heilige Israels« ist im Gefolge von oder aus der gleichen Wurzel wie Hos. 11, 9 von Jesaja geprägt. Es spiegelt des Propheten eigene Erfahrung des heiligen Gottes, der ihn sühnte und berief (vgl. Jes. 6). Es ist ein Ausdruck dessen, was Gott selbst bei seinem Bundesschluß in die Mitteilung seines Namens hineinlegte, als er ihn erläuterte mit: »Ich werde sein, der ich sein werde«, »Ich erbarme mich, wes ich mich erbarme«, »Ich werde mit dir sein«, »Ich bin Er« (2. M. 3, 14; 33, 19; 34, 6. 7; 3, 12; Jes. 43, 13). Es wird zum spezifischen Gottesnamen im Trostbuch Jesaja 40–55.

v 5 »Wohin wollt ihr noch ferner geschlagen werden, daß ihr noch hinzufügt Abfall? Das ganze Haupt der Wundheit verfallen, das ganze Herz todesmatt«. Mit einer Frage, die Klage und Anklage ist, zeichnet der Prophet, von der Feststellung des Abfalles ausgehend, die Schwere der *Züchtigung*, die ihm folgte, und die *Verschlossenheit* der Söhne für den zurechtbringenden Willen Gottes in den Gerichten ihrer Geschichte. Im Hintergrund der Zeichnung steht vielleicht das Bild eines von seinem Herrn ausgepeitschten Sklaven (2. M. 21, 26f), wahrscheinlicher das Bild eines Sohnes, der in der unermüdlichen Erziehung des Vaters durch Schläge und Ermahnung stand, von der der Weise sagt: »Wer seinen Sohn liebhat, läßt ihn in Beständigkeit die Rute fühlen, damit er sich seines schließlichen Ergehens freuen könne« (Sir. 30, 1).[36] Aber alle Unermüdlichkeit führte nicht zum Ziel, sondern wurde mit Verstockung beantwortet. In den Gerichten wurde dem Sohn die äußere Haltung (bezeichnet durchs hochgetragene Haupt) und die innere, sittliche Kraft (umschrieben mit dem Herzen), d. h. Wille und Verstand, das Zentrum der sittlichen Persönlichkeit und in beidem die Persönlichkeit selbst, in ihrer Totalität zerbrochen.

v 6 Es blieb nichts mehr zum Zerbrechen – von den Füßen bis zum Haupt. D.

36) Nicht das Bild des gesteinigten Sohnes von 5. M. 21, 8. 21 (so v. Rad). Das wäre ja nicht Vergleich mit dem Gezüchtigten, sondern mit dem Hingerichteten. Vgl. v. Rad »Theol. d. AT« II. Bd. 1960 S. 162.

h. die züchtigenden Gerichte Gottes hatten sich ohne Erfolg erschöpft. Der Prophet malt ihre *Unerschöpflichkeit*, die durch Israels hartnäckige Verschlossenheit herausgefordert wurde, *dreifach*: als Wunden, die den zerschlagenen Körper bedecken, »klaffende Wunde« (päṣaʿ), »blutunterlaufene Beule« (ḥabbûrāh) und »frischer Schlag« (makhāh ṭᵉrijjāh). Er zeichnet ebenso *dreifach* die *Fühllosigkeit*, mit der Israels Verstocktheit Gottes Willen zu lindern und zu heilen, vereitelt: »Nicht wurden sie ausgedrückt« (lō' zōrû, qal. pass. von zārar), »nicht wurden sie verbunden« (lō' ḥubbāšû), »nicht linderte man mit Öl« (lō' rukhᵉkhāh baššāmän). Hinter dem Bilde der unnachgiebigen Verstocktheit der Söhne steht das Bild des unermüdlichen Richters, dessen richterliches Eingreifen vom Propheten Hosea in einer unaufhörlichen Reihe von zuspringenden Raubtieren gemalt wird (13, 7–9). Das Bild zeichnet den tatsächlichen Zustand der aus tausend Wunden blutenden Gemeinde, über die der Assyrersturm ging.

Jesaja zeigt der bedrängten Gemeinde inmitten ihres verwüsteten Landes, daß sie in ihrer Not *mit Gott zu tun* hat. Ihre Katastrophe ist Gottes Gericht. Aber das Gericht hat seinen letzten Sinn nicht in der Vernichtung, sondern in *Gottes Seelsorge*, nicht Erziehung. Es ist *Werben*. Hinter demselben steht sein Wille, zu retten und *umzuwenden*. Durch die Gestalt des Richters sieht das Bild des Wundarztes, der heilen möchte und könnte, den nur die Verstocktheit der Gemeinde an seinem Heilandsamt hindert. Das ist das Bild des großen Arztes, wie es immer wieder die Propheten malen,[37] und schließlich Jesus selbst[38] zeichnet. Der *letzte Sinn* der Katastrophe und des Gerichtes ist *Zurechtbringung*, ihr *Ziel* – *Buße*, ihre bewegende *Kraft* – Gottes werbende *Liebe*, die alles Heil und alle Heilung bereit hat. Aber die aus der Loslösung von Gott erwachsende *Verderbnis* vollendet sich in der *Verstockung*, die Gott hindert, sein Heilandsamt auszuüben. Das Trostbuch, Jesaja 40–55, schaut die Gestalt eines Einzelnen, bis zur Menschenunähnlichkeit Gezüchtigten, in dessen Züchtigung der Prophet das Gericht Israels und der Menschheit erkennt und aus dessen Züchtigung er das Heil für Israel und die Menschheit kommen sieht.[39] – Mit »nicht wurden sie ausgedrückt« (lō' zōrû v 6), das klanglich zurückweist auf »sie wandten sich ab« (nāzōrû bzw. nᵉzōrôtäm v 4), schließt sich wieder im Wortspiel der Ring um Strophe 2 (v 4e–6).

*Strophe 3*: Das Ergebnis seiner Züchtigung, v 7–9.

v 7 »Euer Land– Wüste, eure Städte – verbrannt von Feuer, euer Acker – Fremde verzehren ihn vor euren Augen«. Wiederum setzt der Prophet mit einer *dreigliedrigen* Anrede ein: »Euer Land«, »eure Städte«, »eure Äcker«. Wie der Prophet in der Einleitung zur zweiten Strophe *dreifach* das Schuld-

37) 2. M. 15, 26; Hos. 5, 13; 6, 1; 7, 1; 11, 3; 14, 5; 13, 14; Jer. 33, 6; Hes. 34, 16; Jes. 61, 1; 57, 18.
38) Lk. 10, 34.
39) Jes. 52, 13–53, 12.

faktum beschreibt, so zeichnet er in der Einleitung zur dritten dreifach das Faktum des ergangenen Gerichtes: Verwüstung des Landes, Verbrennung der Städte, Requirierung der Ernte auf den Äckern durch die assyrischen Truppen, – alles unter den Augen der hungernden Jerusalemer und der nach Jerusalem geflüchteten judäischen Bauern. Die rauchende Wüste, die der Feind nachließ, gleicht dem Qualm, der von den verheerten Städten Sodom und Gomorrah aufstieg.[40] »Und man entsetzt sich über ihn wie bei der Umkehrung Sodoms.« Sanheribs Bericht über seinen Feldzug in Juda im Jahre 701 gibt einen anschaulichen Kommentar zur Schilderung des Propheten: sechsundvierzig befestigte Städte mit Mauerbrechern aufgebrochen, dazu eine unzählige Zahl kleiner, offener Siedlungen zerstört, 200000 Menschen verschleppt, darunter Männer, Frauen und Kinder, alles Vieh weggetrieben, der Westen des Landes abgetrennt und zu den Philisterstaaten Gaza, Ekron und Asdod geschlagen, Belagerungsmaschinen um Jerusalem zusammengezogen, Hizkia »wie ein Käfigvogel in seiner Hauptstadt eingeschlossen«.[41] Das Sodomsschicksal hat das Land ereilt.[42]

v 8 »Und übrigblieb die Tochter Zion wie eine Hütte im Weinberg, wie ein Nachtwächterzelt im Gurkenfeld, wie eine Burg der Wacht«. Die *drei* Bilder – der *Wächterhütte*, die aus dem Weinberg blickt, der *Hängematte*, die zwischen Stangen aufgehängt über dem nächtlichen Gurkenfeld schwebt, und des *Wachtturmes* oder Kastells, das in das feindliche Land hineinspäht – zeichnen die Gottesstadt in ihrer Einsamkeit und Hoffnungslosigkeit, von Freunden verlassen, von Mitteln entblößt, von Feinden umlagert. Wir hören den Hohn auf den Rest ihres Widerstandswillens aus dem Munde des assyrischen Großkönigs: »Hizkia soll euch ja nicht verführen und sagen: Der Herr wird uns retten. Haben die Götter der (andern) Völker jeder sein Land gerettet von der Hand des Königs von Assur? Wo sind die Götter von Hamath und Arpad? Wo sind die Götter von Sepharwaim? Und haben sie Samaria von meiner Hand gerettet? Welche unter all den Göttern dieser Länder hätten wohl ihr Land von meiner Hand gerettet, daß Jahwe Jerusalem von meiner Hand retten sollte?«[43]

v 9 Das Sodomsschicksal, das über das Land Juda gegangen ist, hängt zwar schon drohend über Jerusalem, aber es wird *noch aufgehalten*. »Wir wären um ein Haar geworden wie Sodom, gleichgemacht Gomorrah.« »Wenn nicht«, fährt der Prophet fort. Was ist das Aufhaltende? Das Katechon oder Zurückhaltende ist *Gottes Plan*, der Gemeinde Entronnene (śārîd) übrigzulassen (hôtîr). Sind die Gottesstadt, die so allein übrigblieb (nôt$^{e}$rāh), und die in ihr eingeschlossene, hungernde, geängstete Gemeinde diese Entronne-

40) Vgl. 1. M. 19, 28.

41) Taylor-Zylinder, Kol. III Z. 12–41 vgl. Gr. AOT S. 353/54, auch 2. Kö. 18, 13ff; Jes. 36, 12; 36, 1–22; 37, 10–13.

42) Vgl. Am. 4, 11; 1. M. 19, 25; Jes. 13, 19; Jer. 50, 4; 49, 16; 5. M. 29, 22.

43) Jes. 36, 18–20 vgl. 10, 9–11. 14.

nen? Aber gerade dieses Jerusalem hat ja die Buße verweigert. Nichts lag dem Propheten ferner, als dieser erst so trotzigen und hinterher so verzagten Stadt das Siegel der Bestätigung durch Gott aufzudrücken. *In das Heil der Entronnenen* geht es *nur durch Scheidung* und durch die enge Tür der *Buße* (10, 22). Die aus dem Gericht Ausgesonderten und zu Trägern des Heiles Angenommenen sind der *Rest*, von dem Jesaja immer wieder spricht (4, 2f; 6, 13), der sich *umwendet zu Gott* (7, 3; 10, 20f), die Immanuelgemeinde, die zuerst in der Familie des Propheten (8, 18), dann in seinen Jüngern (8, 16) angefangen hatte, vorläufige Gestalt anzunehmen. Im Endgericht wird sie in ihrer endgültigen Gestalt offenbar werden in den »in Wahrheit Umkehrenden« (10, 21). Es sind *heute* die Einzelnen, die die Predigt des Propheten *hören* und *glauben* (7, 9;28, 16; 30, 15). Auch sie danken ihre Rettung nur Gottes Gnadenrat. Aber sie haben die Gnade nicht zurückgestoßen, sondern ergriffen. Um dieser Entronnenen willen, die sie in ihrem Schoße birgt, wird auch die Gemeinde von heute noch verschont, wie Gott einst Sodom verschont hätte, wenn er darin zehn Gerechte gefunden hätte. Das Zurückhaltende ist der Gnaden- und *Heilsplan Gottes* (ʿēṣāh) mit dem Immanuel in seiner Gemeinde. Gott selbst als der Planende ist das Aufhaltende (28, 19; 14, 26. 27; 8, 10; 9, 5).

»Wenn uns nicht Jahwe übriggelassen hätte . . . *wir* wären geworden . . .« In diesem »*wir*« und »*uns*« (1, 9 vgl. 9, 5) schließt der Prophet am Ende seiner Gerichtspredigt sich mit seinem sündigen Volk zusammen. Nicht nur kraft des Blutes oder der Beschneidung, die ihn an der Kindschaft Gottes beteiligt, sondern kraft seiner Berufung zum Propheten ist er in die Solidarität mit den untreuen Söhnen gestellt zum Zeugnis für das Erbarmen Gottes, das die Vernichtung noch zurückhält.

Aber gleichzeitig schließt er in dem »*uns*« und »*wir*« die gefallene Gemeinde in die ihm und seinen Jüngern gewordene Verheißung mit ein: »Gott mit uns« (7, 14; 8, 1. 10), »uns ist ein Kind geboren« (9, 5), »uns (sind) Entronnene (übriggelassen)« (1, 9). Er schließt den Abgefallenen, die bereit sind zu hören, die Türe zu Gott und zu der zur Rettung bestimmten Restgemeinde auf. Er ruft zur Buße.

Mit der ihm noch gebotenen Chance ist Jerusalem noch ein letztes Mal an den *Scheideweg* gestellt. Hundert Jahre später läßt Gott dem Gericht freien Lauf. Mit dem Blick auf das Sodomschicksal, das über das Land Juda hereingebrochen ist, aber vor der Gottesstadt noch zögernd Halt macht, schließt sich der Ring drohenden Gerichtes um die letzte Strophe in der Wiederholung des Wortes »Sodom« am Anfang (v 7e) und am Ende (v 9c); mit der *Erwählung* zur Gottessohnschaft und der *Erhaltung* von Entronnenen schließt sich über das Gericht hinweg der Ring der Gnade um das ganze Gedicht (v 2 und v 9).

# Zweites Gedicht: Das Angebot Gottes

DIE VERGEBLICHKEIT DER SELBSTRECHTFERTIGUNG – DIE NOTWENDIGKEIT EINER BESSEREN GERECHTIGKEIT – DIE RECHTFERTIGUNG DURCH GOTT ALLEIN AUS GNADEN
Kapitel 1, 10–20

**10 Hört das Wort Jahwes,**
**ihr Sodomsrichter!**
**Horcht auf die Offenbarung unsers Gottes,**
**du Gomorrahvolk!**
**11 Was soll mir die Masse eurer Opfermahle?**
**spricht Jahwe.**
**Ich bin satt der Brandopfer von Widdern**
**und des Fettes vom Mastvieh,**
**und das Blut der Farren ()[1] und Böcke**
**nehme ich nicht an ().[2]**
**12b [3]Wer hat solches von eurer Hand verlangt?**
**Zertretet nicht weiter[4] meine Vorhöfe.**
**13 Opfergaben[5] zu bringen ist eitel,**
**Rauchopfer ()[6] mir Greuel.[3]**
**Neumond, Sabbat und[7] Einberufung von Festversammlung**
**ertrage ich nicht.**
**Greuel[8] und Gedränge[9] (14) eurer (Reigen-)[10] und Jahrfeste**
**haßt meine Seele.**
**Sie wurden zur Last auf mir.**
**Ich bin's müde, zu tragen.**

**15 Und wenn ihr ausbreitet eure hohlen Hände,**
**verberg ich meine Augen vor euch.**
**Und wenn ihr noch so sehr eure Gebete mehrt,**
**so höre ich nicht.**
**Eure Hände sind angefüllt von Blut**
**[11](und eure Finger von Frevel).[11]**
**12a [12]Wenn ihr kommt, mein Angesicht zu sehen,[12]**
**16 waschet (und)[13] reiniget euch**
**(und)[14] tut weg die Bosheit eurer Taten**
**aus meinen Augen.**
**Höret auf, Böses zu tun,**
**17 lernet, Gutes zu tun,**
**laßt euch angelegen sein das Recht,**

**[15]macht Bahn dem Vergewaltigten,[15]**
**schafft Recht der Waise,**
**führt den Prozeß der Witwe.**

**18 Auf, laßt uns miteinander rechten!**
**spricht Jahwe.**
**Wenn eure Sünden gleich wie Scharlach[16] sind,**
**wie Schnee so weiß sollen sie werden,**
**und[17] wenn eure Sünden gleich rot sind wie Karmesin,**
**wie naturweiße Wolle sollen sie werden.**
**19 Wenn ihr willig seid und hört,**
**sollt ihr das Gute des Landes essen.**
**20 Wenn ihr aber euch weigert und rebelliert,**
**sollt ihr vom Schwert[18] gegessen werden!**
**denn der Mund Jahwes hat's geredet.**

## Gliederung zu Kapitel 1, 10–20

Die Abgrenzung nach rückwärts ist durch die Einleitungsformel in v 10 sichergestellt, die Abgrenzung nach vorwärts umstritten. Schließt die Perikope mit v 17 oder mit v 20? Schwierig ist auch die Abteilung der Strophen 1 und 2. In v 12 und 13 ist der Text in Unordnung und die Überlieferung zwiespältig. Verschiedentlich wurde die Echtheit von v 12. 13. 16 und 17 angezweifelt. Fast alle Ausleger helfen sich durch Umstellungen und Streichungen.

In Vers 12a ff können Zeilen vertauscht sein. Aber sobald man den in Unordnung geratenen Text nach der griechischen Bibel und der Jesajarolle aus den Höhlen am Toten Meer und durch eine kleine Umstellung wieder herstellt, zeigt sich, daß auch das zweite Gedicht des Prologs in strenger Regelmäßigkeit aufgebaut ist. Das Thema heißt: Selbstrechtfertigung oder Rechtfertigung durch Gott. Es wird in drei Strophen behandelt. Strophe 1 bezeugt Gottes Ablehnung der Selbstrechtfertigung Jerusalems im Gottesdienst, v 10–14. Strophe 2 begründet die Ablehnung mit dem Widerspruch zwischen Israels Verhalten zu Gott und seinem Verhalten zum Nächsten und fordert eine bessere, totale Gerechtigkeit, v 15–17. Strophe 3 macht das Angebot der Rechtfertigung durch Gott und stellt in die Entscheidung zwischen Hören und sich Verstocken.
*Strophe 1 beginnt* mit direkter Rede mit der Ankündigung eines *Gottesbescheides* (einer tôrāh) an Sodomsrichter und Gomorrahvolk (v 10). – Sie setzt sich fort in der Mitteilung dieser Thora als Ablehnung des Gottesdienstes der Gemeinde in *elf Verwerfungsformeln* (v 11–14). – Das Ende weist im Klangspiel zurück auf den Anfang. Gottes mitgeteilter Ablehnungsbescheid (tôrāh) gegen den Gottesdienst beruht auf der Last (ṭōraḥ), mit der der Gottesdienst Gott belastet (v 10. 14).
*Strophe 2 begründet* zu Beginn die *Ablehnung* des Gottesdienstes mit der Beschaffenheit der betenden Hände, die das Gebet total entwertet (v 15abcd vgl. JR). – Sie fährt fort mit der Forderung einer besseren, totalen Gerechtigkeit in *neun Imperativen*, vier negativen und fünf positiven (v 16–17). – Diese Imperative fordern die totale Umkehrung der in der Einleitung der Strophe als Grund für Gottes Ablehnung aufgedeckten Haltung der Gemeinde, eine Umkehrung, die vom Menschen her unmöglich ist.

*Strophe 3 beginnt* mit der *Einladung zur Rechenschaft* (über die Unmöglichkeit der Selbstrechtfertigung) (v 18). – Sie setzt sich fort in *vier* mit »*Wenn*« ('im) *eingeleiteten Zusagen* Gottes, zwei konzessiven (= »selbst wenn«) und zwei konditionalen (= »wenn«), zwei Zusicherungen der Rechtfertigung von Gottes Seite und zwei Angeboten der Alternative des Heils oder des Gerichtes (18cdef. 19ab. 20ab). – Das Ende kehrt mit der Bekräftigung der Bevollmächtigung: »der Mund Jahwes hat's geredet« (pî jahwēh dibbēr v 20) zurück zum Anfang der Strophe: »sagt Jahwe« (jō'mar jahwēh v 18b) und zum Anfang des ganzen Gedichtes: »Hört das Wort Jahwes« (d$^{e}$bar jahwēh 10a).

*Strophe 2 nahm* in ihrer Einleitung die elf Ablehnungsbeteuerungen Gottes aus Strophe 1 wieder auf in zwei Ablehnungsbekenntnissen, um an sie die Begründung anzuknüpfen (v 15) und in die neun Bußimperative überzuleiten (12a. 16–17). – *Strophe 3 nimmt* in ihrer Einleitung die neun Imperative aus Strophe 2 wieder auf in einem Imperativ: »Auf«, wörtlich »geht doch« (l$^{e}$khû-nā') »und laßt uns rechten«, – um an die vom Menschen her unerfüllbare Forderung einer besseren Gerechtigkeit das Angebot der Rechtfertigung durch Gott anzuknüpfen und zur Entscheidung zwischen Aufgeschlossenheit und Verstockung gegen Gottes Anrede überzuleiten.
Der Fortschritt des Gedankens drückt sich auch in der formalen Gliederung aus: Der Einsatz der ersten Strophe ist durch die *Ankündigung einer Thora* gekennzeichnet, der Einsatz der zweiten Strophe durch die konzessiv eingeleitete *Begründung dieser Thora*, der Einsatz der dritten Strophe durch die *Prozeßformel*. Sie könnte Einführung eines selbständigen Spruches mit der typischen Aufforderung zum Rechtsstreit sein. Es kann sich der Prophet aber auch dieser Formel mitten im Gedicht bedienen, um einen tiefen Einschnitt zu markieren und mit dem Beginn einer neuen Strophe den Höhepunkt der Beweisführung eindrücklich hervorzustellen (vgl. Jes. 43, 23, vgl. 43, 22–28).
Die drei Strophen sind fast durchweg aus regelmäßigen Fünfern und in stufenweise abnehmender Zeilenzahl aufgebaut: Strophe 1 aus zehn, Strophe 2 aus acht und Strophe 3 aus sechs Doppelzeilen weniger eine Halbzeile. Dieses Aufbaugesetz begegnet auch sonst bei den Propheten.[1] So ist weder formal noch inhaltlich ein Grund vorhanden, etwas auszuklammern oder dem Propheten abzusprechen.
Es spricht auch nichts dagegen, daß 1, 10–20 in dieselbe Zeit gehöre wie 1, 2–9. Die angeblich veränderte Situation in v 10–20 kommt erst dadurch zustande, daß man ohne Grund im vorangehenden Gedicht das »beinahe« (v 9) und damit das »Zurückhaltende« über dem Sodomschicksal streicht und dadurch eine endgültige Gerichtssituation schafft, von der die nun gegebene Möglichkeit zur Buße in 1, 10–17 (v 16. 17) und 1, 18–20 unerträglich abstechen würde. In Wirklichkeit ist die Vollendung des Gerichtes im ersten Gedicht noch zurückgehalten und im zweiten das Wasser des Gerichtes ebenso wie im ersten der Gemeinde bereits bis an den Hals gestiegen. Das treibt sie zum Bußgang mit Opfern in den Vorhof des Tempels. In der Schlußstrophe v 18–20 wird zugleich mit dem Angebot der Versöhnung von Gott her denen, die die Stunde aus-

1) Vgl. die abnehmende Zeilenzahl in den Langstrophen der Doppelgleichnisreihe Hos. 6, 7–7, 16 + 5, 12–15 (6, 7–11a + 6, 11b–7, 2 = 2 Zwölfzeiler; 7, 8–10 + 11–13b = 2 Zehnzeiler; 5, 12–13 + 14–15 = 2 Achtzeiler; die Reihe der Langsprüche ist durch sechszeilige Kurzsprüche regelmäßig unterbrochen). Das umgekehrte Schema des zunehmenden Umfangs der Strophen findet sich in Hos. 11, 8–11 (v 8abcd = Vierzeiler, 8ef. 9abcd = Sechszeiler, 10abcd. 11abcd = Achtzeiler) oder 8, 1–9, 9 (8, 1–6 = 3 Sechszeiler, 8, 7–13 = 3 Achtzeiler, 9, 1–9 = 3 Zehnzeiler, in der letzten Strophe zwei Zeilen mehr).

schlagen, das Zupacken des Schwertes angedroht. Es hat bereits sein Maul aufgesperrt, um sie zu fressen. Von dieser gleichen Aktualität aus gesehen, verlieren die Ausführungen in v 10–20 ihren theoretischen, zeitlosen und damit schiefen Charakter. Ebenso ist die verschiedene Verwendung des Sodom- und Gomorrahnamens in v 2–9 als Symbol des Gerichtes und v 10–20 als Symbol der Verderbnis kein Beweis gegen die Zusammengehörigkeit der beiden Gedichte. Sollte der Prophet nicht am ehesten selber die Freiheit besitzen, durch Bedeutungsverschiebung eines Wortes oder Namens Zusammenhang und gleichzeitig Fortschritt geistvoll zum Ausdruck zu bringen?[2] Die Hypothese von der Komposition von Spruchreihen durch die Redaktoren nach Stichwortzusammenhängen ist zumindest der Einschränkung bedürftig. Sowohl bei Hosea und Amos wie im Trostbuch Jesaja 40–55 meine ich aufgezeigt zu haben, daß gerade das prophetische Denken und Dichten sich in Stichwortzusammenhängen bewegt, (ein Erbe aus der Zeit des mündlichen Überlieferns), während umgekehrt gerade die Redaktoren sich bei ihren Zusätzen durch theologische oder seelsorgerliche Gesichtspunkte leiten lassen.

Die *Situation* ist die gleiche wie in v 2–9. Die Wasser der Not sind den Belagerten bis zum Halse gestiegen. Das Volk und seine Fürsten bestürmen Gott mit Buß- und Bittgottesdiensten, Opfern und Gebeten (vgl. Joel 1, 13–14; 2, 15. 17; Mal. 3, 14 usw.). Vermutlich hat der Assyrer die bedingungslose Kapitulation gefordert (Jes. 36, 22; 37, 1. 2; vgl. 14. 15). Nun flehen sie, daß Gott die Verschleppung der Bevölkerung, die Schleifung des Tempels und die Liquidierung des Königshauses bei der bevorstehenden Übergabe abwende. Der König Hizkia war ja Seele und Haupt des Widerstandes der palästinensischen Staaten gegen Assur gewesen – und das als assyrischer Vasall. Als vertragsbrüchigen Rebellen erwartete ihn das Rebellenlos. Marterung und Hinrichtung, Blendung, Häutung, Pfählung waren die Methoden, die die assyrischen Könige in solchem Falle anwandten.
Das Laubhütten- und Bundesfest, bei dem die Verbindung Gottes mit seinem Volk gefeiert wurde, gibt wohl den Anlaß, Gott an seine Verheißung zu erinnern, sein Eingreifen in der Not zu fordern, seinen Zorn zu versöhnen, mit besonderer Inbrunst sich zu Opfer und Gebet im Vorhof des Tempels zu versammeln.
*Strophe 1*: Die Vergeblichkeit der Selbstrechtfertigung, v 10–14.
v 10 »Höret das Wort Jahwes, . . . lauscht auf den Bescheid (tôrāh)[3] unseres

2) Vgl. die Bedeutungsverschiebung des Jesreelnamens in Hos. 1, 4a und 4b und 2, 25 und 2, 2.
3) Das für die Offenbarung gebrauchte Wort tôrāh bedeutet ursprünglich Kundgebung durch Los, dann priesterliche Belehrung überhaupt (Mal. 2, 6. 7; Hos. 4, 4) wie auch prophetische Unterweisung und Offenbarung (Jes. 8, 16), von da die beim Bundesfest verlesene Bundesregel (Hos. 8, 1–3) und den durch Priester oder Prophet gegebenen Gottesbescheid, Unterweisung in ihr sowie in den schriftlich niedergelegten Geboten Gottes (Hos. 8, 12) und erst im späteren Sprachgebrauch die fünf Bücher Mose als Glaubensgrundlage der jüdischen Kirche (Neh. 10, 30; 8, 4ff. 13ff).

Gottes . . .« Dieser Hinwendung zu Gott aus der äußersten Not antwortet der Prophet im Namen Gottes. Er bezeichnet seine Antwort als Rede Gottes – und spezieller noch als »Bescheid« (tôrāh). Der Ausdruck kennzeichnet hier die zum Bundesfest gehörige Belehrung der Gemeinde über ihren Bundesstand. Anstelle der Priester und Propheten, die ihr Amt als Wächter des Bundes versäumten (Hos. 4, 5–6; Jes. 28, 7), gibt Jesaja den Fragenden Bescheid. Er nennt die ihm übergebene Botschaft mit Nachdruck »Thora Gottes«, weil er der Gemeinde an diesem denkwürdigen Bundesfest das Urteil des Bundesrichters zu verkündigen hat, ob sie im Bundesheil steht oder aus dem Bundesheil herausgefallen ist, ob sie vor Gott »gerecht« sein und Rettung erfahren kann oder unter seinem Verwerfungsgericht steht.

Er schließt sich dabei mit der gefallenen Gemeinde zusammen im Gebrauch des *Jahwe-Namens*, den Gott ihr zur Anrufung und Rettung geschenkt hatte (2. M. 34, 6; vgl. Joel 3, 5), und im Bekenntnis zu seiner *Zusage*, mit der er sich im Bunde zu ihr gestellt hatte: »Ich will euer Gott sein und ihr sollt mein Volk sein« (Jer. 7, 23; 2. M. 20, 2), von daher »die Offenbarung *unseres* Gottes«. Das Bewußtsein, Gottes Mund zu sein, und diese Solidarität mit den Angeredeten macht den Propheten.

Um so erschütternder ist der Inhalt der Antwort – allem voran die Anrede. Gott sagt sich von der Solidarität mit seiner Gemeinde los. Diejenigen, die sich in der Bedrängnis durch Gottes Feinde ihrer Zugehörigkeit zu ihm getrösten und an seine Zugehörigkeit zu ihnen appellieren, stempelt er zu seinen Feinden, die sich gleich den Leuten Sodoms an seinen Boten vergreifen. Die, welche angesichts des drohenden Sodomschicksals bei ihm Rettung und Rechtfertigung suchen, stempelt er zu Vertretern der Verderbnis Gomorrahs und Trägern der Sodomsschuld. Ihre Führer redet er als Sodomsrichter an, die Gemeinde als Gomorrahvolk. Zugehörigkeit zu Gott und gleichzeitig zu Sodom – ein unvollziehbarer Gedanke!

v 11 Noch erschütternder als die Anrede ist die ihr folgende Ausführung. Weder werden Übertretungen des Dekaloges aufgezählt wie Hosea (4, 1ff), Jeremia (7, 9–10) und die Bundesgerichtsspalmen (50, 16ff; 81, 9ff) es taten, noch perverse Sünden, wie sie die alten Erzähler von Sodom berichteten (1. M. 19, 4–9), noch Selbstsicherheit und Blindheit für den Nächsten wie im Sodomsbilde Hesekiels (16, 49. 50), noch Leichtfertigkeit, die in den Tag hineinlebt, wie Jesus sie an den Sodomiten und ihren Nachfahren schilt (Lk. 17, 28ff). Der Prophet nennt den Jerusalemern als ihre Sodomie ihren Gottesdienst, mit dem sie den Richter versöhnen wollen. Die *Sodomie der Kirche* ist *ihr Gottesdienst*.

Noch unbegreiflicher! – Er hält der Gemeinde nicht einen entstellten, sondern den gesetzlich festgelegten und ordnungsmäßig vollzogenen Gottesdienst vor.

v 11–13b Er beginnt beim Opfer und proklamiert dessen totale und leidenschaftliche Ablehnung durch Gott. Er zählt alle Arten von Opfern auf, die beim Bundesfest besonders massiert in Erscheinung traten (vgl. 2. M. 24, 5).

Als erstes nennt er die *Gemeinschafts-* oder *Schlachtopfer* (zᵉbaḥîm), die als Sakramentsmahlzeiten in der Kirche des Alten Bundes die Gemeinschaft zwischen Gott und der Gemeinde und zwischen ihren Gliedern herstellten.[4]

Es folgen die *Ganz-* oder *Brandopfer* von Widdern (ʿōlôt), Zeichen der Anbetung, die bestätigen sollen, daß es zwischen Gott und Beter in Ordnung gekommen ist.[5]

Danach nennt er die *Fettstücke vom Gemästeten* (ḥēläb mᵉrîʾîm). Vermutlich hat er hier die Sündopfer im Auge, denen der Gedanke der stellvertretend am Opfertier vollzogenen Hinrichtung zugrunde liegt.[6 u. 7]

Endlich folgt das *Blut* (dām), das Hauptelement des Sühnesakramentes. Gott hatte es sich für alle Arten von Sühne- und Weihehandlungen vorbehalten (3. M. 17, 11) – sei es zur Besprengung des Ladenthrones oder Sühnedeckels, der qapōrät, am Versöhnungstage (3. M. 16, 14–16; 2. M. 29, 12), zur Bestreichung der Hörner des Altars (2. M. 29, 20; 3. M. 16, 18), zur Besprengung der Priester bei ihrer Weihe (2. M. 29, 21), der Türpfosten beim Passah (2.M. 12, 7. 13. 20) oder des Volkes beim Bundesritus (2. M. 24, 8).[8]

Schließlich nennt er noch *Speisopfer* und *Rauchopfer* (minḥāh und qᵉṭōrät). Das erstere sollte als ein »Beständiges« (tāmîd), die dauernde Verbindung

4) Bei ihnen wurden die Fettstücke Gott, die rechte Keule dem Priester gegeben, die Fleischteile von der Gemeinde verzehrt. Sie wurden vor 622 an allen Kultstätten und zu allen Gelegenheiten abgehalten (vgl. Hos. 4, 13; 8, 13). Sie krönten insbesondere das Bundesfest (2. M. 24, 5. 11; Ps. 50, 5). Sie wurden aber auch vor besonderen Entscheidungen veranstaltet, um sich des Willens Gottes und seines Schutzes in der Kommunion zu vergewissern, wie vom ängstlichen Jakob vor seinem Aufbruch nach Ägypten (1. M. 46, 1–4). Sakramentsmahle mögen insbesondere Buß- und Bittgottesdienste begleitet haben.

5) ʿōlôt, die »Aufsteigenden« (von »aufsteigen« ʿālāh) heißen sie, weil sie ganz auf dem Altar verbrannt und im Rauch zu Gott emporgeschickt wurden. Auch sie spielten im ganzen Kultus, insbesondere beim Bundesfest, eine hervorragende Rolle (vgl. 2. M. 24, 5).

6) Zu dieser meist abgelehnten Deutung s. die Begründung: Frey: Botschaft d. AT Bd. 6 II, S. 56/57, vgl. Jes. 53, 9; Hebr. 13, 11. 12.

7) Bei den öffentlichen Sündopfern wurde nur das Fett auf dem Altar verbrannt, d. h. Gott gegeben (2. M. 29, 13), das Übrige außerhalb des Lagers oder Ortes mit dem Mist verbrannt (2. M. 29, 14; 3. M. 4, 11–12. 20–21; 16, 27). Im Rahmen der Bußgottesdienste, die den Hintergrund unserer Prophetenrede bilden, ist hier eher an solche Sündopfer zu denken als an Dankopfer, bei denen gleichfalls die Fettstücke eine Rolle spielten (1. Kö. 8, 64), die aber schon in den Schlachtopfern eingeschlossen wären.

8) Das Blut war Zeichen der Reinigung (der Lustration, 3. M. 14, 1ff) und der Abwendung des Zornes Gottes oder der Dämonen (von apotropäischer Wirkung, 2. M. 12, 7. 12. 22f). Es war Sinnbild der Sühnung oder Versöhnung durch ersatzweise Hingabe von Leben oder stellvertretend vollzogener Hinrichtung im Sündopfer (vgl. Jes. 53, 10ff, Frey: Botschaft d. AT, Bd. 6 II, S. 57. 59). Als an seinen Altar geschüttete Gabe war es Darstellung der Übereignung des Lebens an Gott; und als Kitt, der durch Besprengung hergestellt wurde, war es Darstellung der Verbindung mit ihm (2. M. 24, 8).

zwischen Gott und seiner Gemeinde bestätigen (2. M. 29, 40ff).[9] Das letztere war Zeichen der aufsteigenden Gebete der Gemeinde (vgl. Ps. 141, 2). »Es gelte mein Gebet als Weihrauch vor dir« (vgl. Offbg. 5, 8).[10] Es war Zeichen ihrer Lobgesänge, unter denen Gott wohnen will (Ps. 22, 4; 2. M. 15, 11), aber auch Zeichen der sich herabsenkenden Gegenwart Gottes in Wolke und Rauch (2. M. 40, 34; 19, 16; Jes. 6, 4; Offbg. 15, 8), und endlich Zeichen für das Handeln Gottes, das die unvollkommenen Gebete seiner Gemeinde vor ihm angenehm und zu einem Geruch des Wohlgefallens oder der Beruhigung seines Zornes (rêaḥ hannîḥōaḥ) macht (Offbg 8, 4; 1. M. 8, 21).[11]
Hinter dem ganzen alttestamentlichen Opferkult steht das Geheimnis, daß Gott Sünde straft und abtut, Übergabe annimmt, Gemeinschaft stiftet durch Tötung, Hingabe und Mittlertum fehllosen, kostbaren Lebens. Das ist das Geheimnis, das sich erst im Neuen Bunde im Leben, Leiden und Sterben des fehllosen Menschen- und Gottessohnes enthüllt.[12]
Diese ganze Kette der tiefsinnigen Sakramentshandlungen der alttestamentlichen Kirche begleitet Gott mit immer neuen Bezeugungen der wachsenden Leidenschaft seiner Ablehnung. Er verwirft das gesamte Opfersakrament der Kirche des Alten Bundes in Bausch und Bogen – das Opfer als Stiftung der Gemeinschaft (communio) wie als dankbare Anbetung (adoratio) wie als Sühne und Genugtuung (expiatio und satisfactio). Als gäbe es gar nicht Gottes Gebot: »Ihr sollt nicht mit leeren Händen vor mir erscheinen« (2. M. 23, 15), setzt er darunter die Frage: »Wer hat solches von euch gefordert?« (v 12b). Ja, er nennt den ganzen Opferbetrieb verächtlich »Zertrampeln seiner Vorhöfe« und verbittet sich seine Fortsetzung. »Meine Vorhöfe zu zertrampeln, fahrt nicht fort« (12c. 13a).

9) Bestehend aus Wein und Mehl wurde es als tägliches Morgen- und Abendopfer am Eingang zum Heiligen im Vorhof dargebracht.
10) Es wurde ebenfalls täglich morgens und abends dargebracht. Die duftenden Aromata wurden auf dem goldenen Räucheraltar am Eingang zum Allerheiligsten verbrannt (2. M. 30, 1–7).
11) Die hier gegebenen Deutungen der einzelnen Opferhandlungen bleiben alle einseitig. Die einzelnen Akte des Gottesdienstes der alttestamentlichen Gemeinde haben ebenso tiefsinnige Bedeutung wie die einzelnen Teile der griechisch-orthodoxen Liturgie. Aber ihre Opfergebräuche sind dennoch nicht Veranschaulichungen eindeutiger Formeln einer Dogmatik, ein konstruiertes System, sondern etwas Gewachsenes, rational nicht Erschöpfbares. Sie stellen eine in urtümliche Zeichen und Bilder gemeißelte, stammelnde und zugleich lapidare Rede zwischen Gott und Mensch dar. Sie sind Ausdruck für ein Handeln Gottes, das menschliche Begriffe sprengt.
Das Fleisch, das einmal draußen verbrannt, das andere Mal im Rauch zum Himmel geschickt, das dritte Mal im Gemeinschaftsmahl gegessen wird, das Blut, das einmal zur Sühne, das andere Mal zur Gabe, das dritte Mal zum Kitt zwischen Gott und Mensch vergossen wird – d. h., was an den beiden Elementen des Opfers geschieht, ist mannigfacher Ausdruck für das, was sich zwischen Gott und Mensch ereignet: der seinerseits gestifteten Verbindung, Kraftübertragung, Heiligung, Reinigung, Abwendung des Gerichtes, Stillung des Zornes, Genugtuung, Hingabe und Annahme des Lebens.
12) Vgl. Frey: Die Botschaft d. AT Bd 6 II, S. 56ff. 59ff. 65.

Lehnt der Prophet den *Opferkult überhaupt* ab?[13] Wenn das so wäre, würde Amos nicht im gleichen Atemzug als Wächter über die Reinheit des Kultus auftreten.[14] Lehnt Jesaja *inkorrekte Opfer* ab wie Maleachi (1, 8; vgl. Am. 4, 5)? Dann müßte es mit einem Wort gesagt sein. Oder lehnt Gott bloß die *Massierung* der Opfer ab, die mit der Zentralisation der Opferdienste in Jerusalem notwendig verbunden war?[15] Doch in der belagerten Stadt, in der die Menschen ihren eigenen Kot aßen und ihren Urin tranken (Jes. 36, 12), ist an Hekatomben nicht zu denken. Die Hungernden brachten vielmehr Gott das Wertvollste dar vom Letzten, was sie besaßen.
Oder verurteilt Gott die Opferhandlung als *Veräußerlichung* des Gottesdienstes zum *toten Werk*, zum opus operatum? Doch die Inbrunst wird man dem Bußgottesdienst der Verzweifelten, die am Abgrund stehen, nicht absprechen dürfen. Oder ächtet Gott hier die Verfälschung der Sakramentshandlung zum *magisch* verstandenen *Zaubermittel*, das Sühne bewirken, Gott in Bewegung setzen soll, die Verfälschung des Gottesdienstes zum *Mittel* der menschlichen *Selbstdurchsetzung* vor Gott, zur Flucht in die eigene Leistung? Damit kommen wir dem Sinn der Absage Gottes näher. Aber das Eigentliche ist noch nicht getroffen. Das zeigen die nächsten Verse.
v 13d–14 »Neumond, Sabbat und Einberufung von Festversammlung ertrag ich nicht. Greuel und Gedränge eurer Reigen- und Jahrfeste haßt meine Seele. Sie wurden zur Last auf mir. Ich bin's müde, zu tragen«. Fortfahrend dehnt Gott seine Ablehnung über das Opfer auf den *ganzen* Gottesdienst aus, d. h. auf Gemeindeversammlung, Gesetzesverlesung, Rezitation des Festcredos, d. h. des Glaubensbekenntnisses und des Festevangeliums wie auf den Gesang des Jahwehymnus und die Verkündigung des Segens, auf Choral und Kirchenmusik (vgl. Am. 5, 21–27). Der Prophet zählt die Begehungen des ganzen Kirchenjahres auf: »Neumond« (ḥōdäš), »Sabbat« (šabbāt), »Einberufung von allen Arten von Festversammlungen« (qᵉrō' miqrā'), »eure

13) Dieselbe Ablehnung begegnet uns bei allen Propheten (Am. 5, 21–27; Hos. 6, 6; 8, 11–13; Mi. 6, 6–8; Jes. 1, 10–20; Jer. 7, 21–23; Jes. 43, 22–28; Sach. 8, 16–17; Joel 2, 13; Ps. 50, 7–15; 51, 18–19).
14) Am. 2, 7b. 8; 5, 21–27 (vgl. Würthwein ThLZ 1947 Sp. 144–52. H. W. Hertzberg: Die prophet. Kritik am Kult, ThLZ 1950. Frey: Botschaft d. AT, Bd. 23², S. 125–27. Bd. 23 II S. 150. 142ff).
15) Josephus erzählt, daß zum Passahfest jährlich 256 500 Opferlämmer zur Schlachtung kamen. Josephus jüd. Krieg 6, 9, 3 (vgl. zum Schlachten des Passahlammes Pᵉsaḥim 5, 5 – vgl. H. Strack 1911 Pᵉsaḥim S. 15 Anm.). Doch hat die Zeit Jesajas sicherlich noch nicht dieses Massenschlachten gekannt. Aber in kleinerem Umfang mag sich, besonders zu außergewöhnlichen Gelegenheiten, ähnliches abgespielt haben. Schon anläßlich der Überführung der Lade nach Jerusalem (2. Sam. 6, 13) und der Einweihung des Tempels durch Salomo (1. K. 8, 5) hören wir von Opfern von Schafen und Rindern, die unzählbar waren. Und ein späterer Erzähler sucht ihre Zahl festzulegen mit 120 000 Schafen u. 22 000 Ochsen (1. Kö. 8, 63; 2. Chr. 5, 6). Anläßlich der Passahfeier Hizkias notiert der Chronist 1000 Farren und 7000 Schafe + 1000 Farren und 10 000 Schafe = 2000 Farren und 17 000 Schafe.

Reigenfeste und eure Zusammenkunfts- oder Jahresfeste« (ḥaggêkhäm ûmô-ʿadêkhäm), d. h. die großen Wallfahrtsfeste des Jahres[16] und besonders das Bundesfest (vgl. Hos. 12, 10). Das Zusammenkommen der Gemeinde zum Erinnern, Verkündigen und Loben der großen Taten Gottes in Schöpfung und Heilsgeschichte, Erlösung aus Ägypten, Erscheinung am Sinai, Bundesschluß, Wüstenwunder und Landgabe (vgl. Ps. 135; 136) – Gott nennt es jetzt »Gedränge« oder »Zusammenrottung« (ʿaṣārāh)![17]

Zum Ausdruck der Heftigkeit seiner Ablehnung erst der Opfer, jetzt der Feste, *häuft Gott elf Ausdrücke*: »Was soll mir« (lāmāh-lî v 11a), »ich bin satt« (śābaʿtî 11c), »ich nehme nicht an« oder »mag nicht« (lō' ḥāphaṣtî, 11f), wer verlangt solches« (mî biqqēš zō't 12b), »fahrt nicht fort« (lō' tôsîphû 12c. 13a), »vergeblich« oder »eitel« (šāw' 13b), »Greuel« (tôʿēbāh 13c), »ich halte nicht aus« (lō' 'ûkhal 13e), »meine Seele haßt« (śānᵉ'āh naphšî 14b), »sie wurden zur Last auf mir« (hājû ʿālaj laṭṭōraḥ 14c), »ich bin müde, (sie) zu tragen« (nil'ētî nᵉśō' 14d).

Wir werden an das »Volk, lastschwer von Schuld« (ʿam käbäd ʿāwôn), in das sich die Familie Gottes verwandelt hatte, erinnert. Jetzt erfahren wir, daß der Gottesdienst, der diesem Volk Entlastung schaffen sollte, als unerträgliche Last auf Gottes Schulter und Herz lastet. Die Gemeinde macht durch ihren Gottesdienst Gott zum Lastträger und Schwerarbeiter. Das Trostbuch, Jesaja 40–55, führt den Gedanken weiter aus: »Ich ließ dich nicht dich abmühen . . . ich ließ dich nicht dich abarbeiten« mit all den aufgezählten Opfern (Jes. 43, 22. 23cd). »Ausschließlich ließt du mich dir Knechtsdienste tun . . . und ließt mich mich abmühen . . .« (mit deinen Sünden und mit deinen Schulden, v 24cd).

Mit der Ankündigung eines göttlichen Bescheides, tôrāh, begann die erste Strophe, mit der Brandmarkung des Gottesdienstes als Gottes Last, ṭōraḥ, schließt sie. In den Worten tôrāh und ṭōraḥ kehrt das Ende mit einem Klangspiel zum Anfang zurück. Solche Klangspiele entspringen bei den Propheten nicht einer Vorliebe zur Spielerei, sondern bringen den Grundgedanken der Strophe zum Klingen.

Jetzt wird deutlich: Gottes Ablehnung trifft nicht nur die Veräußerlichung des Gottesdienstes in der sichtbaren Handlung oder seine Verzerrung zum Werk in Leistung und Gabe oder sein Mißverständnis als Zauber und Magie, auch nicht bloß seinen Mißbrauch zur Flucht in die Selbstdurchsetzung. Den

16) Besonders denkt der Prophet an das Laubhüttenfest (ḥag hassukkôt, Sach. 14, 16) und das Bundesfest (jôm môʿēd, Hos. 9, 5) zur Erinnerung an die Tage des Bundes, bzw. der Zusammenkunft, die jᵉmê môʿēd (Hos. 12, 10). Beides floß zusammen im Herbstfestzyklus als Tag der Zusammenkunft (jôm môʿēd) und Fest Jahwes (ḥag jahwēh, Hos. 9, 5); vgl. zum Ganzen 3. M. 23; 4. M. 29.

17) So ist wohl das Wort mit der weiteren Bedeutung »Festversammlung« hier gleich Jer. 9, 1 als Zusammenrottung von Übeltätern zu verstehen.

*gesamten* Gottesdienst, wie Gottes Gesetz ihn fordert und einsetzt, will er von *dieser* Gemeinde *nicht* annehmen. Eine erschütternde Perspektive: Der Gottesdienst ist der *Ort des Zusammenstoßes mit Gott*, der Gottesdienst ist zum Kriegsschauplatz zwischen Gott und seiner Kirche geworden. Der Prophet sagt noch nicht, warum.

*Strophe 2*: Die Begründung der Ablehnung: Die Verlogenheit des Gottesdienstes der Gemeinde und die Notwendigkeit einer besseren Gerechtigkeit, v 15–17.

v 15a–d »Und wenn ihr ausbreitet eure hohlen Hände, verberg ich meine Augen vor euch. Und wenn ihr noch so sehr eure Gebete mehrt, so höre ich nicht«. Zunächst fährt Gott in der Ausdehnung der Beteuerungen seiner Ablehnung fort. Opfer, Sakramentshandlungen, Zitieren von liturgischen Formeln, Hersagen des Wortes, Singen von Hymnen und kunstvolle Kirchenmusik – das kann alles tote Form und menschliches Werk oder gar Selbstbeweihräucherung werden, vielleicht mit Inbrunst geübte. Aber gibt es nicht inmitten allen Gottesdienstes, der entarten kann, *einen* Gottesdienst, der immer echt bleibt und den Gott hören muß – das *Gebet*? Das Gebet, mit dem die Gemeinde in der Stunde, da der Prophet sie anredet, ihrem Gott antwortet – das Schreien zu Gott aus der Todesangst vom Rande des Abgrundes, das Flehen des angefochtenen Herzens – das müßte Gott hören!

Als wenn er im voraus um diesen Einwand wüßte, dehnt Gott nun sein Nein auch auf diesen innersten Kern des Gottesdienstes, auf das Gespräch des Herzens mit Gott aus. Wenn sie in der antiken Gebetshaltung mit ausgebreiteten Händen, die hohlen Handflächen nach oben geöffnet, vor ihn treten, wendet er seine Augen ab. Selbst, wenn sie Glut und Ausdauer ihres Flehens noch so sehr steigern, verschließt er sein Ohr. Er schneidet auch die innerste Herzfaser des Glaubenslebens durch; er reißt den letzten Draht der Verbindung ab. Gott richtet eine Wand zwischen sich und seiner Kirche auf; er macht sie von Gott geschieden, das heißt gottlos – los von Gott.

v 15ef »Eure Hände sind angefüllt von Blut und eure Finger von Frevel«. Ohne Einleitung durch ein begründendes »denn« oder »weil«, weist Gott unvermittelt als Begründung auf die betend zu ihm aufgehobenen *Hände*. Sie gerade richten die Scheidewand auf. An ihnen sieht er etwas Grauenhaftes. An ihnen klebt mit dem Blut der Opfertiere anderes Blut. Es ist nicht nur ein Blutflecken wie an der Hand Kains, der genügte, um den ersten Brudermörder von Gott zu scheiden, ihn Gott-los und Heimat-los zu machen. Sie sind ganz angefüllt von massenhaften Blutschulden und Brudermorden. Dieselben Hände, die betend zur Barmherzigkeit Gottes aufgehoben sind, vollbringen Unbarmherzigkeit und Gewalttat am Bruder. Schwerlich hatte Jesaja lauter Mörder vor sich, sondern die Nebeneinanderstellung der »Hände voll Blut« und der »Finger voll Gewalttat« sagt: Das Unrecht am Bruder ist Mord – Vernichtung von Leben. Jesus und Johannes nennen schon das unfreundliche Wort und den Haß gegen den Bruder – Brudermord (Mt. 5, 22; 1. Joh. 3, 15), ebenso das Versagen der Hilfe an den Bruder (Mk. 3, 1–6).

Das *Verhältnis zum Bruder* ist der Grund für die Trennung von Gott. Damit ist die Rede an der Wurzel der Krankheit angekommen, an der aller Gottesdienst der Gemeinde Jesajas krankt und die Grund für alle Ablehnung durch Gott ist. Es ist dieselbe Wurzel, die dem Propheten bei seiner ersten Begegnung mit Gott entblößt wurde. Damals war es die kranke Wurzel auch seines eigenen Gottesdienstes: »Weh mir, ich vergehe, denn ich bin unreiner Lippen . . . und meine Augen haben den Herrn der Heerscharen gesehen.« So rief der Prophet, als er zum ersten Mal in den echten, reinen Gottesdienst der oberen Gemeinde versetzt wurde und den wirklichen Gott in seiner Heiligkeit sah. Unreinheit der Lippen (6, 5), der Hände und des Herzens (Ps. 24, 4), d. h. des ganzen Menschen, scheidet von Gott, macht vor ihm vergehen. Nur der Reine kann Gott sehen (Mt. 5, 8; Ps. 24, 4).
v 12a. 16a »Wenn ihr kommt, mein Angesicht zu sehen, waschet und reinigt euch«. Ehe er die Schlußfolgerung aus dieser Enthüllung zieht, lenkt er darum die Aufmerksamkeit der Hörer auf das Ungeheuerliche, was sich vollzieht, wenn sie zum Gottesdienst kommen. Wenn die Gemeinde unternimmt zu beten, tritt sie ja vor das Angesicht des Heiligen, vor dem Jesaja vergangen wäre, wenn er nicht von oben her Sühne empfangen hätte. Jeder, der zum Gebet kommt, muß in dieses Angesicht sehen: »Wenn ihr kommt, mein Angesicht zu schauen« (so liest eine Handschrift und die syrische Übersetzung) oder: »vor meinem Angesicht zu erscheinen« (so der masoretische Text) – der Buchstabenbestand läßt beide Lesarten zu.

Seit alters hat Israel das Erscheinen vor Gott oder das Schauen seines Angesichtes als tiefsten Inhalt und seligstes Anliegen des Gottesdienstes bezeichnet (Ps. 42, 3; 84, 8; 63, 3 usw.).
Der Ausdruck meint weder das Anschauen eines sichtbaren Gottesbildes, noch den Anblick der Opferflamme oder des Rauches, in dem man Gott anwesend gedacht hätte, noch den heiligen Schauer des gottesdienstlichen Erlebnisses, den man empfand, wenn Gottes einstige Erscheinung zum Bunde verkündigt wurde und sich unsichtbar wiederholte, wenn der heilige Jahwehymnus erklang, und man sich in die erste Erscheinung Gottes zurückversetzt fühlte.
Mit dem Ausdruck »Gott schauen« befaßte die alttestamentliche Gemeinde das glaubende Ergreifen der Herabneigung und Selbstzueignung Gottes an sie bei der Verkündigung, beim Sakramentsmahl und bei der Erteilung des Segens. Allemal ging es im alttestamentlichen Gottesdienst um das *eine* Wunder, daß *der Heilige*, an dessen Anblick der Mensch stirbt, dem *Sünder sein Angesicht zuwendet* und ihm zuleuchten läßt in Vergebung, die Leben und Seligkeit gibt. Ganz besonders ereignete sich das am Ende des Gottesdienstes, nach der Darbringung des Opfers, im Segen (4. M. 6, 22ff; 2. Sam. 6, 18; 1. Kö. 8, 55ff; vgl. Ps. 80, 4. 8. 20; 67, 2). So lautete die alte Segensformel: »Jahwe lasse leuchten sein Angesicht dir zu und begnadige dich, Jahwe erhebe sein Angesicht dir entgegen und gebe dir Heil (oder: Frieden)« (4. M. 6, 25–26).

Der Ausdruck »Gottes Angesicht schauen« setzt die Gebärde des Siegers voraus, der dem im Staube liegenden Gegner das Angesicht am Kinn aufhebt und ihm zum Zeichen der Begnadigung den Blick in sein Auge schenkt. So hatte es Jakob in seiner Begegnung erst in der Nacht am Jabbok mit Gott und am Morgen darauf mit seinem Bruder als unerwartete Begnadigung erlebt. Er bekennt davon: »Ich habe Gott von Angesicht zu Angesicht gesehen und das Leben wurde mir gerettet« (1. M. 32, 31; 33, 10). Der Gegenwart des heiligen Gottes begegnen und dennoch am Leben bleiben, das ist das tiefste Wunder des Gotteserlebens Jakobs und Jesajas und des alttestamentlichen Gottesdienstes. Das nannte die Gemeinde »Gott schauen«. Dieses rettende Schauen seines Angesichtes begehrt sie jetzt in der Stunde der äußersten Gefahr: »Jahwe, Gott der Heerscharen, bring uns wieder zum Leben, laß uns leuchten dein Angesicht, so wird uns Rettung« (Ps. 80, 20). Darum setzt Gott feierlich mit der aus der heiligen Sprache des Gottesdienstes entnommenen Formel ein: »Wenn ihr kommt, mein Angesicht zu schauen.«

Auf diesem ernsten Hintergrund wirft der Prophet seinen Hörern den Ruf zur Buße ins Herz: »Waschet und reiniget euch.« Und er fährt mit einer Flut von neun Imperativen fort, die die Gemeinde aus der sicheren Verdammnis zum Tode – ins Leben, aus der Verlogenheit – zur Wahrheit, von ihrem eigenen Wege – zurück zu Gott rufen. Wie am Sinai die Gemeinde durch äußerliches Waschen ihrer Kleider und äußere Enthaltsamkeit sich auf die Begegnung mit Gott zum Bunde vorbereiten sollte (2. M. 19, 10. 11), so fordert Gott jetzt von ihr die innere Beseitigung der kranken Wurzel, die ihren Gottesdienst unmöglich macht. Er fordert *Abkehr* und *Lossage* von *ihrem Wege*, der nicht automatisch beim Wandern hinter uns bleibt zugleich mit unsern Taten, die wir vergessen, sondern uns anhaftet wie Flecken an Händen und Gewissen. Der zurückgelegte Weg ist eine Wirklichkeit, der wir verhaftet sind.

Die Ausdrücke »waschen« und »reinigen« sind der gottesdienstlichen Sprache entnommen und erinnern daran, daß Sünde nicht bloß Unmoral ist, sondern eine methaphysische Wirklichkeit, die von Gott trennt. Sie ist nicht nur Glaubenshindernis, sondern auch Lebensgefährdung wie mitgebrachter Sprengstoff für den, der dem Feuer naht. Es ist von großer Tragweite, daß die Propheten neben der ethischen diese gottesdienstlich-überweltliche (kultische) Seite der Schuld ans Licht stellen.

Trennung von der Sünde gegen Gott und den Mitmenschen und Sühnung der Verschuldung ist notwendig: »Waschet und reiniget euch.« Delitzsch kommentiert: »Das erstere (deutet) auf die große Buße des sich Bekehrenden, das letztere auf die tägliche Buße des Bekehrten.«[18] Aber *wie kann der Mensch* das *eine* wie das *andere* schaffen? Der Prophet selbst bedurfte dazu eines Eingriffes von oben in sein Leben – der Entsühnung durch Feuer vom himmlischen Altar, die er bei seiner Berufung empfing. Gott geht hier nicht auf die Weise ein, wie solches zugeht. Er stellt die Forderung und zeigt ebenso wie Jesus in ihr die Grundvoraussetzung für das Stehen vor Gott. »Selig sind, die

18) Del.[4] S. 58.

reines Herzens sind; sie werden Gott schauen« (Mt. 5, 8). »Solche Reinigung geschieht durch gesuchte und erlangte Vergebung.«[19] Aber Gott spricht es hier noch nicht aus, wie sie erlangt wird. Die Antwort wird auf den Schluß der Rede verschoben.

v 16bc »Tut weg die Bosheit eurer Taten aus meinen Augen«. Von diesem innersten Kern der Herzensumwendung dehnt Gott seine Forderung in immer neuen Imperativen auf die Änderung des ganzen Lebens aus. Er erweitert sie zur Forderung nach einer neuen und besseren Gerechtigkeit.[20] Die Umkehr soll in *Taten* sichtbar werden und vor allem im Zusammenleben mit dem Mitmenschen – und zwar in Taten ganz *neuer Art*, entbunden von der Bosheit dieser Welt. Es geht um »das Hineinstellen nicht nur des Herzens, sondern des ganzen, verzweigten Tatlebens in das Licht Gottes, die Überwindung und Beseitigung des im sittlichen, rechtlichen, sozialen und wirtschaftlichen Leben tatgewordenen Ungehorsams, in dem das Glaubensleben der Gemeinde eng verzahnt ist mit dem der Welt.«[21] Wieder erhebt sich die Frage: Kann der Mensch die Bosheit aus seinem Zusammenleben mit den anderen entfernen, und wenn er es nicht kann, wer kann denn vor Gott stehen?

v 16d–17a »Höret auf, Böses zu tun, lernet, Gutes zu tun«. Gott fordert nicht nur eine einmalige Entscheidung, nicht ein Fertigsein mit dem Bösen, sondern ein fortgesetztes Loslassen und Lernen, das der einmaligen Entscheidung folgen muß und in dem sich die Entscheidung vollzieht – ein Umwenden und sich Einfügen-lassen in das Werk der Erneuerung. Der Prophet geht auf die Ausdrucksweise der Morallehrer seiner Zeit in der Gemeinde und ihrer Umwelt ein.[22] Wirkliche Buße steigt ganz tief in die Moral und in die Ethik hinab, ist eine hausbackene Angelegenheit der Einübung im Alltag.

Die krampfhaft in der eigenen Hand festgehaltenen Zügel sollen losgelassen, das Mühen um Selbstdurchsetzung auf Kosten des anderen aufgegeben werden. Gott verlangt das Herabsteigen vom Thron auf die Schulbank. Das ist auch Anstrengung. Es gilt, in der neuen Abhängigkeit des Schülers sich den Willen Gottes lernend anzueignen. Das fordert den ganzen Menschen auf *ganz neue Weise*. Es ist nicht mehr das eigene Training des Mystikers, auch nicht mehr das Memorieren im Unterricht der menschlichen Gesetzeslehrer, das das Herz doch nicht ändert, sondern *lernen* und einüben *im Unterricht des lebendigen Schöpfers*, der gibt, was er fordert, schafft, indem er spricht.

v 17b–e »Laßt euch angelegen sein das Recht. Macht Bahn dem Vergewaltigten.[23] Schafft Recht der Waise. Führt den Prozeß der Witwe«. Der Bereit-

19) Del.[4] S. 58.
20) Vgl. Mt. 5, 20.
21) Del. aaO.
22) Vgl. Ps. 34, 12–15.
23) So bei bloßer Vokaländerung mit den griechischen, syrischen, lateinischen Übersetzungen und dem aramäischen Targum. Ohne Vokaländerung lautet die Übersetzung: »Führt auf den rechten Weg den Gewalttätigen.«

schaft, sich ans Lernen zu machen, gibt Gott die Richtung des Einsatzes an. Vier Imperative geben konkrete Anweisungen für das Zusammenleben mit dem anderen. Es sind die alten Forderungen des Bundesgesetzes an das Bundesglied, den Schwachen zu lieben, oder die Forderung der Barmherzigkeit (im Bundesbuch begründet mit der beim Bunde empfangenen Barmherzigkeit, 2. M. 22, 20–26).

Es sind daher aber zugleich auch die Linien des Handelns Gottes selber, des höchsten Richters.[24] In der Schule Gottes und seines Wortes gilt es, sich in sein Wesen und in die Linien seines Wandelns und Handelns hineinziehen und damit umgestalten zu lassen. Gott weist seine Kinder auf die Stelle, wo er ihnen im täglichen Leben begegnet, an der er ihren täglichen Gottesdienst in Empfang nehmen, ihre Hingabe an ihn und seinen Willen verwirklicht sehen will. Die Stelle heißt: der Schwache (Vergewaltigter, Waise und Witwe, falls nicht der Unterdrücker selbst als der Elendeste, der Hilfe Bedürftigste, gemeint ist, der sich mit seiner Sünde in besonderer Gefahr befindet und besonders der Zurechtweisung bedarf).[25] Die Rede geht aus ihrem Versmaß in den knappen Verbots- und Gebotsstil des Gottesrechtes über. Wir spüren die göttliche Majestät, Anspruch und Verpflichtung, durch die sich die alttestamentliche Ethik von der tiefen Spruchweisheit altorientalischer Weisheitslehrer unterscheidet.

Von einem Imperativ zum anderen wird die Frage dringlicher: *Wie kann der Mensch* des Jahres 701 vor Christus ebenso wie der Mensch des Jahres 1974 nach Christus das erfüllen? Wie kann er seine blutbefleckten Hände reinigen? Wie kann er mit Bosheit und Ungehorsam in seinem Leben aufräumen? Wie kann er auf die Schulbank heruntersteigen? Wie kann er Gott im Schwachen dienen? Wie kann er an der Verwirklichung des Gotteswillens auf Erden mitarbeiten, wenn die Mauer der Schuld und die Waberlohe der Heiligkeit Gottes zwischen ihm und Gott ihn hindert, die leeren Hände zu Gott aufzuheben und von Gott füllen zu lassen?

Weiß der Prophet nicht von dieser Mauer und von dieser Waberlohe? Er hat sie ja selber bis zur Todesangst erlebt (Jes. 6, 5), und er hat, ehe er sich zum Dienst Gottes meldete, selbst die Beseitigung dieser seiner Unreinheit durch Eingriff von oben erfahren (6, 6. 7). Kann er für jeden, der durch sein Wort getroffen, im Gewissen vor Gott erschrocken ist, ein gleiches Eingreifen Gottes erwarten?

Er sagte bis jetzt noch nicht, wie er sich das denkt. Er weiß mit der ganzen alttestamentlichen Kirche von Gottes vorgegebener Barmherzigkeit.[26] Er weiß, daß diese Kirche, trotzdem sie die frohe Botschaft von seiner Barmherzigkeit besaß, vor Gott bankrott gemacht hat. Er bezeugt es von ihrem Volk, ihren Priestern, ihren Propheten wie von ihren Königen.

24) Vgl. Ps. 146, 7–9; 2. M. 22, 26 »denn ich bin barmherzig«.
25) Vgl. 3. M. 19, 17.
26) 2. M. 34, 6f.

Aber er weiß auch von Gottes unverrückbarem Heilswillen und er hat als Erster konkret den Heiland (den »Immanuel« = »Gott mit uns« Jes. 7, 14) verkündigt, durch den Gott seinen Heilsplan verwirklichen und wieder mit seiner Gemeinde werden will. Er kennt die gerettete Gemeinde, die dies Heil ergreift, den Rest, der umkehrt. Er hat auch bereits im Glauben die Wurzel und den Nerv ihres Lebens und Handelns aufgezeigt (Jes. 7, 9). – Kann er hier so radikal die Gerechtigkeit seiner Gemeinde verwerfen, ohne Geheimnis und Wurzel der Buße und der neuen Gerechtigkeit aufzudecken?

*Strophe 3*: Die Rechtfertigung durch Gott allein aus Gnaden, v 18–20. Alle Versuche, sich durch Opfer, Gottesdienst und Gebet vor Gott Gehör zu verschaffen und zu rechtfertigen, liegen zerschlagen vor den Hörern da. Gott sagt sich los von allen Anstrengungen, auf diesem Wege Anerkennung vor dem Zornigen und Hilfe von dem Ungnädigen zu erlangen. Er hat die Gerechtigkeit, die die Gemeinde in den Bußgottesdienst mitbrachte, vernichtet. Er hat ihr den unüberbrückbaren Graben zwischen dem Heiligen und den Unreinen gezeigt. Er fordert von ihr eine *neue, bessere Gerechtigkeit*. Der Prophet hat das alles verkündigt, obgleich er aus eigner Erfahrung weiß, daß die Erfüllung nicht vom Menschen her, sondern nur durch Eingriff von oben möglich ist. So wäre dieser Schluß seiner Rede unvereinbar mit seiner eigenen Erfahrung und der ihm zuteil gewordenen Offenbarung Gottes. Darum geht die Rede noch weiter.

v 18ab »Auf, laßt uns miteinander rechten! spricht Jahwe«. Um ganz stark hervorzuheben, daß der Mensch, was Gott fordert, von sich aus nicht vermag, macht Gott in seiner Rede einen Einschnitt, der so tief ist, daß die Auslegung das Folgende abtrennen und als Einheit für sich ansehen möchte. Aber dabei blieben die Fragen, die hinter Gottes Absage an Opfer, Gottesdienst und Gebet der Gemeinde aufstiegen, ohne eigentliche Beantwortung. Der Prophet müßte so mißverstanden werden, als fordere er Moral für Gottesdienst und als glaube er an Moral als menschliche Möglichkeit.

Nein, wir stehen hier noch nicht am Schluß! Der Einschnitt ist wie ein tiefes Atemholen vor dem Letzten und *Wichtigsten*, was Gott der Gemeinde zu sagen hat. Dann folgt ein *neuer Einsatz*, der auf die Entscheidung zugeht.

Nachdem Gott seinen Bundeskindern den letzten Ausweg der Selbstrechtfertigung abgeschnitten hat, fordert er sie auf, sich ihm zur Abrechnung zu stellen. Nach der vorangegangenen Anklage braucht nicht mehr ausgeführt zu werden, was das für sie bedeutet: Es bedeutet Eingeständnis und Bekenntnis, daß all ihr Tun, Bemühen und Reden am Ende angekommen ist. Ihnen bliebe nur noch übrig, ihre blutbefleckten Hände vorzuzeigen und vor dem Blick des Heiligen mit dem Propheten aufzuschreien: »Wehe mir, ich werde vertilgt!«

v 18c–f »Wenn eure Sünden gleich wie Scharlach sind, wie Schnee so weiß sollen sie werden; und wenn eure Sünden gleich rot sind wie Karmesin, wie naturweiße Wolle sollen sie werden«. Da setzt Gott ihrer Ohnmacht, sich selbst zu rechtfertigen, in großer Feierlichkeit seine grenzenlose Macht und seinen Willen, sie seinerseits zu rechtfertigen, entgegen. Mit dem zweimal wiederholten »selbst wenn« unterstreicht er die Grenzenlosigkeit der Macht seines Erbarmens. Die Grenze, die seiner Macht zu sühnen aus unserer Verworfenheit erwachsen könnte, schiebt er mit diesem »selbst wenn« fort ins Unendliche, ins Nicht-vorhanden-sein. Selbst wenn der letzte Grad der Verworfenheit von seiten der Bundeskinder erreicht wäre, ja, nach Gottes Urteil erreicht ist, die Schuld wie Scharlach oder Karmesin blutrot ist, selbst wenn sie nach Gottes Gesetz den Täter unwiderruflich dem Tode und dem Gericht verhaftet (1. M. 9, 6) – am Ende der *menschlichen Selbstrechtfertigung* beginnt die *göttliche Rechtfertigung*. Gott will sie von seiner Seite »weiß«, so intensiv und naturecht weiß machen, wie das Weißeste, das es auf Erden gibt: Schnee und ungefärbte Wolle vom weißen Schaf. Blutrote Sünde ist Todsünde, unvergebbare Sünde; weiße Sünde ist Nichtsünde. Gott will seinen Bundeskindern unvergebbare Sünden vergeben und sie zu Nichtsünden machen. Mit sich selbst am Ende, stehen sie unvermittelt vor dem Anfang bei Gott.[27]

Er sagt nicht, wie das geschieht. Es bleibt das Geheimnis der Sühne. Sühne ist das absolute Wunder seiner Allmacht, die zu dem, das ist, sagt, daß es nicht sei, und zu dem, das nicht ist, daß es sei.[28] Sühne ist Durchbrechung des ehernen Gesetzes der Vergeltung und damit der sittlichen Weltordnung Gottes durch ihre Erfüllung im stellvertretenden Opfer. Es ist dasselbe Wunder, das die Pharisäer zum empörten Urteil »Gotteslästerung« trieb, als Jesus zur Sünde des Gichtbrüchigen sagte, daß sie nicht sein solle. Sie sahen darin mit Recht einen Eingriff in Gottes alleiniges Richter- und Schöpferrecht. Sie erkannten nur nicht, daß Jesus das Recht zu diesem Eingriff hatte. Er hatte es kraft des ihm von Gott übertragenen Geheimnisses der Sühne durch sein stellvertretendes Erleiden des Gerichtes.

Erst derjenige kennt Gott in seiner ganzen Majestät, erst derjenige läßt Gott wirklich Gott sein, der dieses Wunder empfängt und glaubt und bekennt und zu diesem Wunder »ja« sagt. – Gott deckt noch nicht den Schleier vom Hintergrund dieses Wunders ab. Aber am Rande des Sodomschicksals bietet er der Sodom gleichgewordenen Gemeinde über den Trümmern ihrer Selbstrechtfertigungsversuche dieses Wunder an. Im Wort des Propheten stellt er sie unter offenen Himmel in eine einmalige Gottesstunde, in der sie Gottes endzeitliches Heil im voraus ergreifen darf, wie der Prophet es selbst im voraus erfahren hat. Diese Verwandlung von Blutschuld in Nichtschuld von Gottes Seite her ist die Voraussetzung für seine Forderung »waschet euch« an des Menschen Adresse.

27) Zitat Del.[4] S. 61 Z. 1–6.
28) Vgl. Ps. 33, 9; Röm. 4, 17.

Am Anfang der Prophetie Jesajas steht dieses Wunder als eigene Erfahrung des Propheten (Jes. 6). Eine Reihe von späteren Propheten sehen in diesem Wunder, von dem der Opferdienst der alttestamentlichen Kirche nur ein Angeld gibt, den Beginn oder das Zeichen der anbrechenden letzten Zeit.[29] Nur an zwei Stellen des Alten Testamentes wird der Schleier vom Geheimnis der Beseitigung der Sünde ganz gelüftet. Die eine redet von einem Unschuldigen, auf den Gott die Schuld der Welt geworfen hat, und der sie freiwillig mit seinem unschuldigen Blut sühnte. Sünde wird nicht erlassen, sondern gesühnt durch Stellvertretung (Jes. 53). Die andere Stelle spricht von einem Gerichteten, um den die ganze Gemeinde klagt, aus dessen Todesqual aber ein Born aufbricht, der alle Unreinheit der Gemeinde abwäscht.[30] Und Jesus hat beides als Sinn seines Sterbens bezeichnet.[31]

An unserer Stelle wird der Schleier von diesem letzten Geheimnis noch nicht gelüftet. Das prophetische Wort stellt nur die an sich selbst bankrotte Gemeinde unvermittelt vor Gottes grenzenlose Macht und Willigkeit, aus grundloser freier Gnade von seiner Seite her die Sündige reinzusprechen und reinzumachen. Dies Angebot der Gnade steht in Verbindung mit des Propheten Botschaft, daß Gott aus grundloser Gnade »mit uns«, ʿimmānû-ʾēl, werden will – im Kommen des Jungfrauen-Sohnes (Jes. 7, 14).

v 19–20 »Wenn ihr willig seid und hört, sollt ihr das Gute des Landes essen. Wenn ihr aber euch weigert und rebelliert, sollt ihr vom Schwert gegessen werden! Denn der Mund Jahwes hat's geredet«. Aber auf das zweimal feierlich wiederholte »selbst wenn«, das jede Grenze für Gottes Macht und Willigkeit zu vergeben und zu sühnen fortschob, läßt Gott zweimal ein ebenso feierliches »wenn« folgen, das die Bedingung für unsern Anteil an solcher Gnade angibt. So hat die Gnade doch eine Grenze? So muß doch vom Menschen her etwas geschehen? Man hat darin einen Widerspruch gefunden. Aber bei Gott ist das kein Widerspruch. Gott behandelt seine Bundeskinder nicht wie tote, willenlose Holzklötze. Er will sie wissend und wollend dabeihaben bei dem tiefsten Wunder, das er allein tut. Darum heißt die Bedingung, die er setzt: Entscheidung. »Wenn ihr wollt und hört . . . wenn ihr euch weigert und rebelliert.«

Weil Gott allein aus Gnaden alles von seiner Seite her beschafft hat und damit, daß er auch dem Befleckten und Gebundenen die Frucht der Gnade anbietet, gibt er ihm eine Möglichkeit. Darum kann der unfrei gewordene Mensch sich entscheiden. Die Entscheidung zum Wollen und Hören bedeutet Aufgeschlossenheit für Gottes Willen und Ja zu seiner Gnade und Annahme seiner Sühne, das heißt Gehorsam. Empfang seiner Gnade ist immer zugleich Eintritt in die Gemeinschaft mit dem Bruder, Tat der Liebe gegen den Schwachen. Die Entscheidung für Weigerung und Rebellion bedeutet sich ver-

29) Vgl. Zach. 3, 8. 9.
30) Zach. 12, 10–13, 1.
31) Mk. 10, 45; vgl. Joh. 1, 29. 36.

schließen gegen Gottes Forderung und Gabe, das heißt Ungehorsam. Es geht also bei dieser Entscheidung zuerst nicht um moralische Besserung, sondern um Umschaltung der Existenz auf oder gegen Gott. Umschaltung der Existenz auf Gott bewährt sich aber am Bruder, in dem Gott uns aufsucht. Begnadigung verpflichtet, Entscheidung muß sich bewähren, Gottes Handeln fordert Gestalt im menschlichen Leben.

Das ist nicht Abmilderung, die nun doch dem Menschen eine teilweise Möglichkeit gibt, wie ein Ausleger meint, sondern das ist die Paradoxie des Wunders Gottes, daß alles von seiner Seite her geschieht und darum von des Menschen Seite her alles eingesetzt werden muß, die ganze Bereitschaft und der ganze Gehorsam nötig ist.

Gott reißt die menschliche Gerechtigkeit nieder und tritt die menschliche Selbstrechtfertigung in den Staub, um Platz zu machen für das Angebot und die Annahme seiner Gerechtigkeit und seiner Rechtfertigung.

Die Folge der Annahme oder Ablehnung heißt: Das Gute des Landes essen oder vom Schwert gegessen werden. Das heißt alttestamentlich gesprochen: Am Heil des Bundes im Lande Gottes Anteil haben oder aus dem Heil ausgestoßen und dem Fluch ausgeliefert werden. Auch im Neuen Testament ist Annahme seiner Sühne und Aufgeschlossenheit für seinen Willen, der uns an den Bruder weist, die Tür, an der sich Anteil oder Ausschluß vom Heil entscheidet.

# Drittes Gedicht: Die Wiederbringung der Stadt Gottes

DIE UMWENDUNG DER TREUEN STADT ZUR UNTREUEN – DIE RÜCKWENDUNG DER UNTREUEN STADT ZUR TREUEN – DIE UMWANDELNDE GERECHTIGKEIT GOTTES
Kapitel 1, 21–28 + (29–31).

**21 Ach, wie wurde zur Hure**
**die treue Stadt!**
**(Zion)[1] war angefüllt von Recht,**
**Gerechtigkeit wohnte darin,**
**[2]jetzt aber Mörder.[2]**
**22 Dein Silber wurde zu Schlacken,**
**dein Trunk verfälscht (mit Wasser).[3]**
**23 Deine Fürsten sind Rebellen,**
**Genossen von Dieben;**
**allesamt[4] sind sie Liebhaber[5] von Bestechung,**
**jagen[6] nach Geschenken.**
**Der Waise schaffen sie nicht Recht,**
**der Prozeß der Witwe**
**gelangt nicht an sie.**

**24 Darum lautet die Raunung des Herrn,**
**Jahwe der Heere,**
**des Starken Israels:**
**Ha, ich will mich trösten an meinen Widersachern,**
**Rache nehmen an meinen Feinden!**
**25 Ich will umwenden meine Hand wider dich,**
**verbrennen im Ofen[7] deine Schlacken,**
**entfernen all dein Blei.**
**26 Ich will umwenden deine Richter wie am Anfang,**
**deine Ratgeber wie zu Beginn.**
**Danach nennt man dich Burg der Gerechtigkeit,**
**treue (bzw. gläubige) Stadt.**
**27 Zion wird durch Gericht losgekauft,**
**ihre Umkehrenden[8] durch Gerechtigkeit.**
**28 Aber Zerbruch über Abtrünnige und Übertreter zumal,**
**die Jahwe verlassen, vergehen.**

*Ein Nachtrag:*

**29 Fürwahr, ihr[9] müßt euch schämen ob der Eichen,**
**an denen ihr eure Lust habt;**
**und ihr müßt erröten ob der Haine,**
**die ihr euch erwählt habt.**
**30 Fürwahr, ihr werdet gleich der Eiche,**
**deren Laub verwelkt,**
**und dem Garten gleich, für den Wasser**
**es nicht gibt in ihm.**
**31 Werden wird der Starke[10] zu Werg**
**und sein Werk[11] zu Funken,**
**und verbrennen werden sie beide miteinander –**
**und es gibt keinen Löscher.**

## Aufbau und Gliederung zu v 21–31

Es fällt auf, daß v 29–31 ein anderes Thema als v 21–28 behandelt. Hier steht Zions soziale Versündigung und Wiederherstellung im Mittelpunkt, dort der Baumkult der Landbevölkerung Judas. Das spricht für zwei ursprünglich selbständige Perikopen. Es ist aber darum kein Grund, v 29–31 dem Propheten abzusprechen. Die gerügte Sünde mag im Lande Juda vor seiner Verwüstung durch die Assyrer verbreitet gewesen sein, jedenfalls aber später unter Manasse. Der logische Aufbau, der kraftvolle Ausdruck und die poetische Form sind durchaus jesajanisch (Pr.). Der Spruch steht auch nicht zufällig an seinem heutigen Platz als dritte Strophe des vorangehenden Gedichtes v 21–28. Die vorangehende Strophe schloß mit dem Heil der Umkehrenden und dem Unheil derer, die Jahwe verlassen. Die angehängten Verse veranschaulichen dies Unheil am Exempel der Überläufer zur Naturreligion. Das Generalthema lautet: *Verderbnis* v 21–23, *Läuterungsgericht* v 24–28 und *Vernichtungsgericht* v 29–31.
v 21–28 gliedert sich durch den Klageruf »ach wie« (ʾêkhāh) v 21 und den Drohruf »darum« (lākhēn) und »ha« (hôj) v 24 als Einleitungsformeln in *zwei Strophen*, die sich durch ihren bis ins einzelne parallelen Aufbau als ursprüngliche Einheit erweisen. Ihr Thema lautet: *Zions Verderben* v 21–23, seine *Wiederherstellung* v 24–28.
*Strophe 1 beginnt* mit der Klage über die Verwandlung der treuen Stadt (qirjāh näʾamānāh) voll Recht (mišpāṭ) und Gerechtigkeit (ṣädäq) zur Hure (zônāh) voll Mörder (meraṣeḥîm) in zwei Langzeilen, deren eine zweifach, die andere dreifach gegliedert ist (v 21ab + cde). – *Strophe 2 beginnt* mit der Gerichtsdrohung an die Widersacher (ṣārîm) und Feinde (ʾôjebîm) Gottes in zwei Langzeilen, von denen die eine dreifach, die andere zweifach gegliedert ist (v 24abc + de).
*Strophe 1 entfaltet* das Verderben erst im Bilde der Verschlackung des Silbers in einer dreifach gegliederten Langzeile (v 22ab) und dann ohne Bild in der Verwandlung der Führer (śārîm) in Rebellen (sôrerîm), Diebe (gannābîm) und Liebhaber von Geschenken (ʾōhabê šoḥad) in zwei zweifach gegliederten Langzeilen (v 23abcd) und in der Vergewaltigung der Schwachen und Unterlassung des Gerichtes, »nicht richten sie« (lōʾ jišpōṭû) in einer dreigeteilten Langzeile (v 23efg). – *Strophe 2 entfaltet* das Gericht als Läuterungsgericht erst im Bilde der Entschlackung des Silbers in einer dreigeteilten Langzeile (v 25abc) und dann ohne Bild in der Rückverwandlung der Führer, der

Richter (šōph$^{e}$ṭîm) und Räte (jō $^{ʿa}$ṣîm) in einer zweigeteilten Langzeile (v 26ab) und in der Wiederherstellung Zions zur treuen und gerechten Stadt durch Vollzug des Gerichtes (b$^{e}$mišpāṭ) in zwei zweigeteilten Langzeilen (v 26cd. 27ab).

Der *Klage* um die treue Stadt (qirjāh nä$^{ʾä}$mānāh) und ihre verlorene Gerechtigkeit (ṣädäq und mišpāṭ) am Anfang der ersten Strophe (v 21abcd) entspricht das *Lob* auf die Wiederherstellung der treuen Stadt (qirjāh nä$^{ʾä}$mānāh) und ihrer Gerechtigkeit (ṣädäq) durch Gerechtigkeit und Gericht (biṣ$^{e}$dāqāh und b$^{e}$mišpāṭ) am Ende der zweiten Strophe (v 26cd. 27ab). –

Eine Fluchformel über die in der Untreue und in der Sünde Beharrenden schließt Strophe 2 und das ganze Gedicht mit einem nach dem Schema 3 u. 4 geteilten Siebener (v 28).

Die Symmetrie geht noch weiter. Zur Einrahmung des Gedichtes mit der Klage um die Verwandlung der treuen Stadt, in der das Gericht nicht mehr Raum hat am Anfang der ersten Strophe und mit dem Lob über die Wiederherstellung der treuen Stadt durch Gericht am Ende der zweiten Strophe, – kommt in der griechischen und lateinischen Bibel noch die Einklammerung des ganzen Gedichtes durch den Zionsnamen für die beklagte Stadt am Anfang (v 21) und die gepriesene am Ende (v 27).

Dazu kommt die *gleiche Zeilenzahl*: Strophe 1 besteht aus 6 Ganzzeilen (4 zweigeteilten Fünfern und 2 dreigeteilten Sechsern = 14 Kurzzeilen). – Strophe 2 besteht aus 6 Ganzzeilen (4 zweigeteilten Fünfern und 2 dreigeteilten Sechsern = 14 Kurzzeilen). Die Reihenfolge ist variiert.

Die in zweigeteilten Siebenern angehängte Fluchformel, die aus dem Versmaß fällt, hat ihre Entsprechung in Fluchformeln, die auch sonst Verheißungen angehängt sind, um ein leichtfertiges Mißverständnis derselben zu verhüten (vgl. Jes. 57, 20–21; 50, 11; Hos. 14, 10). Das spräche dafür, den Vers vom ursprünglichen Text abzutrennen. Aber einmal darf man ein Gedicht auch formal nicht nach der Elle messen. Das Leben dokumentiert sich darin, daß in der Regelmäßigkeit Raum für Unregelmäßigkeit ist. Zum andern ist die Verantwortung dafür, daß Verheißungen nicht mißverstanden werden, nicht nur ein Merkmal der Redaktoren, sondern auch der Propheten selber (vgl. Jes. 1, 20; 50, 11; Hos. 14, 10[1]). Endlich können Segens- und Fluchformeln (v 27ab und 28ab) auch einem alten gottesdienstlichen Brauch folgend vom Propheten nebeneinandergesetzt sein (vgl. Jos. 8, 33–34; 5. M. 28, 3–6. 16–19; Jer. 17, 5–6. 7–8; Ps. 1, 1–3. 4–5 siehe v 6; Ps. 125, 4. 5; Hos. 14, 10 ⟨fälschlich hat man letztere Stelle als Nachtrag aus der Weisheit erklärt, statt sie formgesetzlich aus ihrem Standort als Abschluß der Liturgie zu verstehen⟩).

Es bleibt die Frage, ob solch eine bis ins kleinste gehende, geradezu kristallinische Ebenmäßigkeit und Symmetrie der Gliederung nicht einer ausgeklügelten Gedankenarbeit eher würdig sei als der prophetischen Rede aus Inspiration. Aber einmal ist der Unterschied zwischen poetischem Schwung und rationaler wie formaler Logik ein psychologischer und kein geistlicher. Beides kann menschlichen oder göttlich inspirierten Ursprungs sein. Vollends ist bis ins kleinste gehende logische Regelmäßigkeit und Symmetrie der Gliederung ein unreflektierter und unwillkürlicher Ausdruck der Intensität des drangvollen Müssens, unter dem der Prophet spricht. Je glühender und drangvoller es ist, desto gedrungener, logischer und symmetrischer wird der Ausdruck. Ähnliches läßt sich bei der künstlerischen Inspiration beobachten (vgl. Hos. 3, 1–5; 4, 4–6; 7, 3–4 + 5–6; 7, 8–10 + 11–13; 7, 13c–14 + 15–16; 5, 12–13 + 14–15; Jes. 2, 2–5; 2, 6–22; 5, 1–7; 5, 8–25; usw.).

*Die Zeit*: Das Gedicht könnte in der Frühzeit Jesajas entstanden sein. Der Gedankengang ist dem des Weinbergliedes 5, 1–7 nahe verwandt. Doch dürfte der Ausblick auf die Erneuerung Zions in eine spätere Zeit weisen, ja, aus dem angebrochenen Gericht

1) Vgl. zur Echtheit von Hos. 14, 10 Frey: Der Aufbau der Gedichte Hoseas, Wort u. Dienst Bd. 5, 1957 S. 99–102.

zu erklären sein und unser Gedicht zeitlich an die ersten beiden Teile des Prologs heranrücken.

*Strophe 1*: Zions einstige Herrlichkeit und gegenwärtige Verschuldung, v 21–23.

v 21ab »Ach, wie wurde zur Hure die treue Stadt!« Der Prophet beginnt mit einem Klageruf über Jerusalem, das im hebräischen Text nicht mit Namen, im griechischen »Zion« genannt ist (wie auch im hebräischen Text am Ende der zweiten Strophe). Die *Stadt Gottes* steht im Mittelpunkt des Gedichtes. Die alttestamentliche Gemeinde seit David sang bei ihren großen Festen in den Zionsliedern das Lob auf die Gottesstadt, die Gott so herrlich aufgebaut und zu seiner Wohnung erkoren hat (Ps. 87; 122; 48; 125; 46; 76; 132; usw.). Der Name »Zion«[2] war gefüllt mit Erinnerungen an Gottes große Taten von einst, mit Zusagen seiner Gegenwart heute und mit Hoffnung auf seine kommende Herrschaft. Der Name »Zion« war Verkörperung des göttlichen Heilsplanes in der Geschichte, wie es im Neuen Bunde die Gemeinde Jesu ist, die die Pforten der Hölle nicht überwältigen sollen (Mt. 16, 18).

Mit der Eroberung Jerusalems durch David und der Überführung der Lade dorthin (vgl. 2. Sam. 6, 2ff), gefolgt vom Tempelbau Salomos (1. Kö. 8, 1ff), gab Gott der Gottesherrschaft auf Erden ihre Stätte (Ps. 132, 8. 14. 17; 122, 1. 5). Dort hatten die Stämme der Gemeinde ihre geschichtliche Mitte gefunden (Ps. 122, 1. 4; 48; 84; 42). Dort sollte auch die Völkerwelt einst ihre geistliche Mitte bekommen (Jes. 2, 1–5; Mi. 4, 1–4; vgl. Ps. 87; 47; Jes. 5, 14. 15; 25, 6ff; Zach. 8, 20–22; 14, 16). Zion war das Wallfahrts- und Sehnsuchtsziel der Frommen (Ps. 84; 132; 42). Am Zion sollte sich die Brandung des letzten Weltaufruhrs brechen (Ps. 46; 76; 48, 6–8; Jes. 17, 12–14; Hes. 38; 39; Zach. 12, 2ff; 14, 2ff).

Als *Zionslied* bekommt das Gedicht einen doppelt schmerzhaften Klang. Es ist nicht Lob, sondern Klage. Im Rhythmus der Totenklagelieder beginnend (vgl. Am. 5, 1–3), beklagt es eine Verwandlung der Gottesstadt, die dem Tode gleichkommt – den geistlichen Tod der Kirche.

Die erschütternde Verwandlung drückt sich zuerst im *Namen* aus, den Jesaja seiner Kirche gibt. Statt »Braut« oder »Weib« Jahwes[3] nennt er sie »Hure«. Denselben Namen hatte Jesajas älterer Zeitgenosse Hosea vor fünfzig Jahren der tiefgefallenen Kirche des Nordreichs gegeben (vgl. Hos. 1–3). Jene ist nun schon seit zwanzig Jahren durch Gottes Gericht ausradiert! – Und Jerusalem?

Mit »Hurerei« bezeichnete man die Abwendung vom Bundesgott zu den Göttern der Völker oder die Vermengung seiner Anbetung mit der ihren. Als erster zeigte Hosea in der Abbildung Gottes gegen das Bilderverbot[4] die feinste Form der Hurerei.[5]

2) Der Name bezeichnete ursprünglich den südlichen Hügel mit der Davidsburg im Gegensatz zum nördlichen mit dem Tempel, später aber auch einfach Jerusalem als Ganzes, auf das die David gegebene Verheißung und der Glanz des Tempels übergegangen sind, die judäische Kirche (vgl. Jes. 40, 9ff; 49, 14ff usw.).
3) Vgl. 54, 4. 6; 62, 4. 5; Hos. 2, 18. 21.
4) 2. M. 20, 4.
5) Hos. 1–3: vgl. 2. M. 32, 4. 8.

D. h., er deckte in ihr die Vertauschung des offenbarten Gottes mit den Mächtigkeiten der gefallenen Kreatur auf (»Schande«),[6] seine Zurechtmachung nach den Wünschen des eigenen Herzens bzw. den Vorstellungen der Völker (»Handwerkerfabrikat«),[7] seine Entleerung zum »Nichtgott« oder »Widergott«.[8] Und in seiner Anbetung im Bilde zeigte er Herabniedrigung unter die Kreatur,[9] ja, den Versuch der Bemächtigung Gottes vom Menschen her zugleich mit der Übermachtung des Menschen von unten her, d. h. Besessenheit durch einen Geist der Hurerei,[10] Verstockung oder Blendung für Gott,[11] Lüge und Illusion.[12]

Jesaja geht einen Schritt weiter und enthüllt das Wesen der Hurerei nach zwei Seiten in neuer Tiefe. Die Abbildung Jahwes wie im Nordreich bildete für die Kirche Jerusalems, die in der Bundeslade den bildlosen Gottesthron mit den »zehn Worten« besaß, nicht dieselbe Gefahr.[13] Und die Anbetung anderer Götter hatte in der Zeit unseres Spruches[14] in der gereinigten Kirche Hizkias keinen offiziellen Platz.[15]

Zwar hatte der König Ahaz unter politischem Zwang den Göttern Assurs sogar im Tempel Anbetung eingeräumt.[16] Der fromme König Hizkia hatte die Kirche aber wieder gereinigt.[17] Auch die Zauberei[18] und die zahlreichen Bildchen, vermutlich der Liebes- oder Fruchtbarkeitsgöttin, die Jesaja bei seinem Auftreten vor fast vierzig Jahren gegeißelt hatte,[19] gehörten in den Bereich der privaten Frömmigkeit. Gewiß wurden auch sie durch die Predigt des Propheten, Hizkias Reformation und die an die Wurzeln gehenden Krisen der Jahre 722/20 des Nordreichs und 711 und 701 des Südreichs auch im Privatleben zurückgedrängt. Erst Manasse, der Nachfolger Hizkias (696–43), führte unter dem Zwang der Politik die assyrischen Götter im Tempel wieder ein.[20]

Aber eben in der durch die Reform Hizkias gegangene Kirche, die Gott in ihrer Not mit Sakramentsfeiern, Gebeten und Gottesdiensten bestürmt (1, 15), deckt der Prophet Hurerei auf. Ja, die Gemeinde ist als Ganzes zur Hure geworden, d. h. abgefallen. Worin besteht ihr Abfall? Jesaja zeichnet ihn auf dem lichten Hintergrunde des seligen Urstandes der Gemeinde, den er mit den drei Worten »*Treue*«, »*Recht*« und »*Gerechtigkeit*« umreißt.

6) Vgl. Ps. 106, 20; Hos. 4, 18: »Sie haben hurend gehurt, haben getändelt und Schande ist ihr Schild«, Hos. 4, 8b: »Ihre Herrlichkeit vertauschten sie mit Schande.«
7) Hos. 8, 6ab. 13ad.
8) Hos. 8, 6c.
9) Hos. 13, 2ef.
10) Vgl. Hos. 13, 2–6 mit Hos. 4, 12cd; 5, 4.
11) Hos. 5, 4d; 4, 6a; 2, 10.
12) Hos. 12, 1. 12bcde; 10, 13; 10, 5.
13) 2. M. 25, 10–21; Jer. 3, 16–17.
14) Vermutlich um 701; vgl. 1, 2–9; 1, 10–20.
15) Vgl. 2. Kö. 8, 4ff; vgl. 2. Chr. 29–31.
16) 2. Kö. 16, 10ff.
17) 2. Kö. 18, 4; 2. Chr. 29, 6ff. 16ff.
18) Jes. 2, 6.
19) Jes. 2, 8–9. 18. 20; 10, 10–11.
20) 2. Kö. 21, 1–7; 2. Chr. 33, 4–5.

v 21b Das *erste* Wort: »die *treue Stadt*«, enthüllt die Wurzel ihrer vergangenen Gottgemäßheit. Das Wort ist im Hebräischen mehrdeutig. Es heißt (in der rückbezüglichen, d. h. niphal-Form) primär »treu« oder »beständig sein«, von da abgeleitet aber auch »Bestand haben«. Einst in der Krise des Jahres 734 enthüllte Jesaja, wie wir sehen werden, der Kirche mit diesem Wort ihren »Bestand« (tē'āmēnû) im Glauben ('im ta'ᵃmînû)[21]. Jetzt, im Jahre 701, bezeichnet er mit demselben Wort den Nerv ihres Lebens im Urstand als »Treue« oder »Beständigkeit mit Gott« (qirjāh nä'ᵃmānāh).
Die Worte »Glauben«, »sein Vertrauen setzen auf« in dem Sinne »seine Existenz gründen« und »Gewißheit finden in« (hiphil) – und das andere »treu sein« mit der Nebenbedeutung »Bestand haben« (niphal), beide vom selben Stamm »fest sein« ('mn)[22] sind im Hebräischen Bruder und Schwester, Bezeichnung derselben Sache von zwei Seiten: Vertrauen setzen auf Gott[23] und bleiben an ihm.[24] Beide zeichnen Gründung und Verwurzelung der Existenz nicht in einer Sache, Institution, Leistung oder Ritus, sondern in der Person Gottes bzw. in seinem Wort (vgl. Eph. 3, 17 »gewurzelt und gegründet«). Beide Worte enthüllen in der Verbindung mit Gott die tiefe Gewißheit, die das Leben trägt, – das eine mehr im Sinne der persönlichen Entscheidung, das andere mehr im Sinne der Beharrung. Es ist im Grunde dasselbe, was Jesajas Zeitgenosse Hosea der Gemeinde für die Zukunft als Verlobung Gottes mit ihr mit dem Brautgeschenk des Glaubens oder der Treue ('ᵃ mûnāh) verheißt.[25]

Die Kirche ist zur Hure geworden, nicht erst mit dem Schielen nach anderen Göttern oder mit der Abbildung des Einen, sondern schon, weil sie sich aus dieser tiefen, seligen »Verbindung« mit und »Bindung« an Gott gelöst hat.

Jesaja gebraucht neben »glauben«[26] und »treu sein oder bleiben«[27] für diese selige Verankerung in Gott noch andere Worte wie »harren« (ḥikkāh), [28] »hoffen« (qiwwāh),[29]

21) Jes. 7, 9; 28, 16 (vgl. 1. M. 15, 6): 'im lō'ta'ᵃmînû, kî lō' tē' āmēnû.
22) Das hiph. hä 'ᵃmîn . . . »Sicherheit gewinnen gegenüber einer Botschaft«; lᵉ »Glauben schenken . . .« mit bᵉ »Vertrauen haben zu jemand«, absolut gebraucht für die Glaubensbeziehung als sittliche Haltung ohne kultische Stützen, Glaube = Wortglaube nicht Sachglaube. Entscheidung für Gott durch sittlichen Willensentschluß führt »zu Gewißheit in Gott«. »Der Glaubensbegriff enthält grundsätzlich das Element der Gewißheit, wodurch er sich vom Begriff der Annahme aufs Schärfste unterscheidet«. »Jesaja macht den Glauben zur Bedingung der sittlichen und damit der geschichtlichen Existenz«, Pr. aaO. S. 117. – A. Weiser betont bei der Ableitung des Glaubensbegriffes stärker das Moment der Zustimmung. A. Weiser: Glaube und Geschichte im AT, 1961, S. 335.
23) 1. M. 15, 6 (Hab. 2, 4); Jes. 7, 9; 28, 16 und 2. M. 4, 8ff; Jes. 43, 10.
24) 4. M. 12, 7; Jes. 1, 21. 27; Ps. 101, 6; Hos. 12, 1 (nach dem vermutlich ursprünglichen Wortlaut des verderbten Textes. Vgl. Frey: Der Aufbau der Gedichte Hoseas, Wort u. Dienst, 1957, S. 88/89, Anm. z. Text).
25) Hos. 2, 22.
26) 7, 9; 28, 16.
27) 1, 21. 26.
28) 8, 17.

»sich stützen« (hiššā῾ēn),[30] »vertrauen« (bāṭaḥ bzw. mibṭ$^e$ḥāh),[31] »Umkehr« (šûbāh),[32] »Ruhe« (naḥat),[33] »Ruhe halten« und »Stille« (hašqēṭ),[34] d. h. Anteil an Gottes Stillesein (šāqaṭ)[35] und an der Treue und dem Glauben des Messias ('$^a$ mûnāh).[36]

v 21c »Sie war angefüllt von Recht . . .«. Das führt auf den *zweiten* Ausdruck für die ursprüngliche Gottgemäßheit der Kirche. Was sich in der Wendung zu Gott als »Treue« bzw. »Glaube« zeigte, entfaltete sich in der Wendung zum Menschen als »Recht«.
Das Wort drückt zuerst Gottes Handeln und Gabe an seine Bundesgemeinde aus: sein Richten wie seine Offenbarung an sie im Gottesrecht, das wie Licht in die Finsternis einer ungerechten Welt eindringt (Hos. 6, 5). Es wird durch Menschen aufgerichtet und von daher zu einem Handeln des Menschen, menschlichem Richten. Im Recht prägt und ordnet der zurechtbringende Gotteswille das Leben der Bundesgemeinde. Im Gericht stellt er seine gestörte Ordnung wieder her. Beides umfaßt das hebräische Wort mišpāṭ. Jerusalem war vom Gottesrecht angefüllt. Es wurde in ihr gelehrt wie gesprochen.

Von dieser »Anfüllung« geben die ältesten Sammlungen geschriebenen Gesetzes im AT[37] durch die Extensität und Intensität des in ihnen enthaltenen Rechtes einen Begriff.[38] Sie umspannen das ganze Leben als 1. *bürgerliche Gesetze* oder »die Rechte« (mišpāṭîm), [39] Sozial-, Kriminal- und Zivilrecht.[40] – 2. *Sittliche Gebote*, »die Worte« (d$^e$bārîm), die das Leben von innen für Gott beschlagnahmen und ausrichten[41] – und 3. *gottesdienstliche Satzungen* (ḥuqqîm), die die Zeit mit einem Netz von Ordnungen überspannen, die Gottes Herrschaft verkündigen, den Weg der Gemeinde vom Opfer bis zu den Festzeiten mit dem Lob der großen Taten Gottes begleiten.[42]
Eine Reihe von Verordnungen zeigen, wie auch das *Sprechen des Rechtes* unter Gottes Leitung gestellt war: z. B. der Richterspiegel;[43] die Anweisung für Auswahl der Laien-

29) 8, 17.
30) 10, 20.
31) 30, 15.
32) 30, 15 vgl. 10, 22; 9, 17; 1, 27 und š$^e$'ār jāšûb 7, 3; 10, 21a. 22b.
33) 30, 15.
34) 30, 15.
35) 18, 4.
36) 11, 5.
37) Vgl. v. Rad: Das formgesch. Problem im Hexateuch, in: Gesammelte Studien z. AT, 1958, S. 9–86. A. Alt: Die Ursprünge des israelit. Rechtes, Kl. Schriften, 1953, S. 278–332. A. Jepsen: Untersuchungen z. Bundesbuch, BWAT III 5, 1927. v. Rad: Deuteronomiumstudien, 1947. Rabast: Das apodiktische Recht im Dt. u. im Heiligkeitsgesetz, 1948. S. Mowinckel: Zur Geschichte der Dekaloge, ZAW 55, 1937, S. 232ff.
38) 2. M. 21, 1–23, 19; 3. M. 17, 26; 5. M. 12–26.
39) 2. M. 21, 1–22,19.
40) 2. M. 21, 1ff. 12. 15. 16. 17.
41) 2. M. 20, 2–17; 22, 20–23, 9; vgl. 3. M. 19, 13–18.
42) 2. M. 23, 10–19; vgl. 2. M. 12, 43–49.
43) 2. M. 23, 1–9.

richter nach dem Gesichtspunkt der Tüchtigkeit, Gottesfurcht, Treue und Selbstlosigkeit;[44] das Königsgesetz, das die Wahl des obersten Richters zum Bruder unter Brüdern anordnet und Gottgefälligkeit, Gebundenheit ans Gesetz und Freiheit von Gebundenheit an Rüstung, Weiber und Kapital zum Maßstab macht;[45] die Bestimmung der Aufgaben des Priesters, den Segen zu verwalten, im Gesetz zu unterrichten, in der Seelsorge wahrhaftigen Bescheid zu geben, die Sünder zu bekehren;[46] und endlich das Gesetz über den richterlich-priesterlichen Oberhof für komplizierte Rechtssachen.[47]
Die Intensität, mit der das Gottesrecht in der Rechtsprechung gestaltend ins Leben Israels eingriff, wird deutlich, wenn man überlegt, daß die Rechtsprechung in erster Linie Rechtshilfe war[48] und als solche die Sache der ganzen Gesellschaft, nicht des Berufsrichters. Die Tüchtigkeit des Mannes hatte sich in der Rechtsprechung zu bewähren.
Dazu kam die Ergänzung der *Institution* durch das *Charisma* in Gestalt des charismatischen Mittlers des Rechtes[49] und Stifters der Rechtsprechung Mose[50] und der charismatischen Verwalter, der Richter[51] und des charismatischen Königs.[52] Vor allem übte die prophetische Predigt das Wächteramt über Rechtsetzung und Rechtsprechung aus.[53]
Wie das Sprechen des Rechtes die entstandene Unordnung ordnete, so legte die *Verkündigung des Rechtes* den Grund für Leben und Ordnung der Gemeinde.[54] Das Gottesrecht wurde bei den einmaligen, zeitenwendenden Bundesschlüssen[55] sowie regelmäßig bei den jährlichen und insbesondere bei den alle sieben Jahre wiederholten Bundesfesten[56] vor versammelter Gemeinde verlesen, und es wurde ihre Verpflichtung auf dasselbe entgegengenommen. Solche Verlesung versetzte die Gemeinde in ihre Ursituation, nämlich des Bundes.
Rechtsverkündigung verband sich mit *Rechtsprechung in Liturgien*, bei denen die Priester, mit dem Fluch eingeleitet, das Gericht über die heimlichen Sünden ausriefen und die Gemeinde mit »Amen« die Bekräftigung gab. Verkündigung und Sprechen des Rechtes wurde so in das dem Gericht nicht mehr zugängliche Gelände der Verborgenheit vorgetrieben.[57]

44) 2. M. 18, 21. 25.
45) 5. M. 17, 14–20.
46) Mal. 2, 4–7; vgl. v 2–3; 4. M. 6, 23–27; 5. M. 33, 8–11.
47) 5. M. 17, 8–13; 2. M. 18, 22.
48) Der »Richter šôphēṭ ist in erster Linie der Helfer zum Recht und nicht der (Straf-)Richter« »mišpāṭ = das Urteil, die Rechtsentscheidung . . . = Schiedsspruch, nie = Strafurteil im modernen Sinn der Feststellung, daß ein eingeklagtes Verhalten unter den Tatbestand und die Straffolge eines Gesetzes falle«, Köhler: Dt. Jes. Stilkrit. untersucht, S. 110 u. 115, 1923. Zu »šāphaṭ . . . im Sinne von zurechtbringen, zum Recht bringen . . . zu Menschen der neuen göttlichen Ordnung umschaffen«; vgl. P. Volz: Jesaja II, S. 115, 1932.
49) 2. M. 15, 25; 24, 3. 4. 7; 31, 18; 34, 28; 20, 1; 21, 1.
50) 2. M. 18, 13ff.
51) Ri. 2, 16; 4, 5 usw.; 1. Sam. 7, 15.
52) 1. Sam. 16, 13; 2. Sam. 23, 3; 8, 15; 1. Kö. 3, 11; vgl. Ps. 122, 5; 2. Sam. 14, 4. 17; 15, 2–6.
53) 2. Kö. 21, 17ff; 2. Sam. 12, 1ff; Am. 5, 7ff; u. Parallelen; Hos. 4, 1–2; 10, 12–13; Jer. 7, 9–12; Am. 2, 6ff; 5, 7ff; Jes. 5, 20–23; 1, 15–17; 10, 1–2.
54) 2. M. 15, 25.
55) 2. M. 24, 7; Jos. 24, 25; 2. Kö. 23, 1ff; Neh. 8, 3ff.
56) Vgl. 5. M. 31, 10ff mit Ps. 50 u. 81.
57) 5. M. 27, 15–26.

*Unterricht* im Gottesrecht gab dem Leben von vorneherein die innere Ausrichtung auf Gott hin. Dahin gehörte die Verlesung der Gebote und Verbote Gottes vor der Gemeinde bei ihrem Betreten des Gotteshauses als *Beichtspiegel*.[58] Der Unterricht erstreckte sich aber über das Heiligtum hinaus auf die örtliche Gemeindeversammlung, Familie und Haus, Kinder und Gesinde.[59]

Die Gemeinde wurde im Glaubensstand durch *Sprechen, Verkündigung* und *Unterricht* des Rechtes ganz vom zurechtbringenden *Gotteswillen durchdrungen*, die Selbstsucht des gefallenen Menschen gezügelt, der Zerstörung, die sie anrichtet, gesteuert (im Gericht), dem Leben die positive Ausrichtung von Gott her gegeben (in Unterricht und Verkündigung). Was das bedeutet, fassen ein späteres Gesetz und Jesus selber zusammen in das *Doppelgebot der totalen Liebe zu Gott und zum Nächsten*.[60]

So war in der Urgemeinde Moses und des ersten David anfangsweise verwirklicht, was vom 5. Mosebuch der derzeitigen Gemeinde so eindrücklich zur Aufgabe gemacht wird.[61] Das ist die Durchdringung des Lebens in die Weite: Unterweisung schon der Kinder, sichtbare Einzeichnung der Gebote am Türeingang des Hauses, ihre Rezitation und Meditation daheim und auf Reisen, morgens und abends, beim Niederlegen und Aufstehen. – Daneben steht die Durchdringung des Lebens nach innen mit dem Willen Gottes: Seine Gebote sollten auf dem Herzen liegen, d. h. dem Willen und Verstand Antrieb geben, auf die Hand gebunden werden, d. h. das Handeln regieren, im Blickfeld zwischen den Augen stehen, d. h. dem Wünschen und Wandern das Ziel aufstekken.[62] Verstand und Willen, Handeln und Blickrichtung wurden durch Anstoß, Halt und Sog vom Ziel her durch den Willen Gottes gestaltet.

So kann der Prophet sagen, Jerusalem war *angefüllt* vom Recht. Bei seiner Berufung hörte er aus Engelmund vom Tage, da Gottes Herrlichkeit die ganze Erde »erfüllen« werde,[63] und er sah statt dessen die gefallene Gemeinde randvoll »angefüllt« von Vermessenheit und Abgötterei,[64] von Rechtsbruch für Rechtsspruch.[65] Im Ur- und Glaubensstande dagegen war sie »angefüllt« vom Licht der Offenbarung seines Willens (m$^{e}$lē$^{\text{ʾa}}$tî).[66] Sie stellte mitten im Dunkel dieser ungerechten Welt eine Vorausnahme der von

58) Ps. 15; 24, 3; vgl. Hos. 4, 1–2; Jer. 7, 8–10; S. Mowinckel: Zur Geschichte der Dekaloge, ZAW 1937. K. Galling: Der Beichtspiegel, eine gattungsgeschichtliche Studie, ZAW 1929.
59) 5. M. 11, 18–20; 6, 6–9.
60) 5. M. 6, 5; 3. M. 19, 18; Mk. 12, 29–30; Mt. 22, 37–39.
61) 5. M. 6, 6–9; 11, 18–20.
62) Vgl. zum Auge als Bild für das Wunschdenken Ps. 131, 1; Jes. 2, 11 und zur hier gegebenen Deutung des seltenen Wortes ṭôṭāphôt (5. M. 6, 8; 11, 18; 2. M. 13, 6) mit »Blickfeld zwischen den Augen« E. König: Das Deuteronomium, im Sell. Komm. z. AT Bd. III 1917 S. 99 Anm. Z. 8b gegen Ges.-Buhls Übersetzung »Erkennungs- oder Erinnerungszeichen«, und gegen die buchstäbliche Ausführung im Judentum durch Anbringung von Gebetskapseln und -riemen.
63) 6, 3.
64) 2, 6–8.
65) 5, 7.
66) 1, 21.

den Seraphen verkündigten zukünftigen »Erfüllung« der Erde mit Gottes Herrlichkeit dar,[67] eine Vorausnahme der »Anfüllung« des Landes Gottes mit »Erkenntnis«, die das Böse ausschaltet,[68] und der »Anfüllung« mit Gottes rettender Gegenwart wie von »Adlerflügeln«[69] zur Zeit des Messias. Allemal braucht der Prophet dasselbe Wort »voll sein« und »anfüllen« (mālē'). Im Anfang schattet sich das Ende ab, im Urstand das Paradies. Im Urstand war *Gott selbst* in seinem Recht anwesend gemäß der vierfachen Zusage an Richter und Gemeinde: »Denn ich bin barmherzig«,[70] »denn ich rechtfertige den Gottlosen nicht«,[71] »denn ich bin heilig«,[72] »ich bin Jahwe, dein Gott, der dich erlöst hat«.[73]

v 21d »Gerechtigkeit wohnte in ihr«. Das führt auf das dritte Wort für den Urstand der Gemeinde. Als Frucht und Ausstrahlung seiner Anwesenheit als Richter, der zurechtbringt, wohnte in der glaubenden Gemeinde Gerechtigkeit. Ist hier von einem Verhalten Gottes oder der Menschen oder einer selbständigen Macht oder einem Zustand, einer Ordnung die Rede?

Auch Gerechtigkeit bezeichnet ein Verhalten Gottes, das sich in seinem Bundesschluß mit seiner Gemeinde ereignete, in seiner Treue und Barmherzigkeit gegen seine Bundesglieder[74] und alle Bedürftigen[75] sich bewährt, in der Einlösung seiner Zusagen und in der Durchführung seines Heilsplanes mit der Welt sich erfüllt und in seinem Namen »Ich bin, der ich bin« sich abbildet.[76]

Als Erlöste, aus der Herrschaft der Weltmacht und Abgötterei Befreite, in die Gemeinschaft mit Gott Aufgenommene,[77] bewähren die Bundesglieder die ihnen zuteil gewordene Solidarität und Barmherzigkeit Gottes ihren Brüdern, allen Schwachen und Gott gegenüber. So ist aus der Gerechtigkeit Gottes – Gerechtigkeit sündiger Menschen geworden.[78]

Indem Gottes Gerechtigkeit das Verhalten seiner Bundeskinder prägt und in ihnen wirkend gegenwärtig wird, entsteht eine neue Verfassung des Lebens und Zusammenlebens, eine neue Ordnung der Gesellschaft,[79] die weniger als Zustand wie als wirkende Macht[80] bezeichnet werden kann, die wirkende Macht der Barmherzigkeit und Treue. So wird Gerechtigkeit zur Gabe des Heils.[81]

67) 6, 3.
68) 11, 9.
69) 8, 8cd.
70) 2. M. 22, 26 am Ende des vierfachen Barmherzigkeitsgebotes.
71) 2. M. 23, 7 im zwölffachen Gerechtigkeitsgebot.
72) 3. M. 19, 2 im Heiligkeitsgesetz.
73) 2. M. 20, 1 am Anfang des Zehngebots.
74) Ps. 103, 7. 8; 2. M. 34, 6; Ps. 103, 6; 143, 1; 31, 22; 22, 32.
75) Ps. 145, 7ff. 17ff; 146, 7–9.
76) 2. M. 3, 14; 33, 19; Jes. 41, 4; 45, 21; 43, 11; 48, 12.
77) 2. M. 23, 9 u. ö.
78) Die Psalmen 32 u. 125 setzen besonders deutlich voraus, daß die Gerechten Sünde haben und in der Gefahr, zu sündigen, leben.
79) Jes. 28, 17, das Recht-Meßschnur, die Gerechtigkeit-Satzwaage, Recht und Gerechtigkeit – der Bauplan des neuen Jerusalem. 32, 16. 17.
80) 1, 27; 9, 6.
81) 51, 4. 5; 42, 1. 3. 4; 10, 22.

Es schlingt sich eine Kette von Gottes Gerechtigkeit, seiner Barmherzigkeit und Treue zu der seiner Kinder, zum neuen Weltzustand und der ihn gestaltenden Macht.

So ist Gerechtigkeit nicht eine Eigenschaft von Menschen, sondern Leben in und aus der Beziehung zu Gott, aus dem Impuls, in der Kraft, mit der Zielsetzung, unter der Leitung und Korrektur seines zurechtbringenden Willens und im »Ja« zu ihm selbst, d. h. im Glauben.[82]
Gerechtigkeit gehört mit Recht zu einem Wort- und Begriffspaar zusammen als die prägende Offenbarung und ordnende Wirksamkeit und das ihnen entsprechende Verhalten Gottes und des Menschen.
Gottes Verhalten prägte im Stande des Glaubens das seiner Gemeinde. Seine Gerechtigkeit *nahm Gestalt* an in der ihres Königs,[83] ihrer Priester,[84] ihrer Frommen,[85] ihrer Ordnung und ihres Zusammenlebens.[86] Sie war die *bewegende* und *gestaltende Macht* desselben. Daß damit nicht Sündlosigkeit behauptet wird, sondern Bleiben im Glauben und im Bunde, zeigen die Zeugnisse von der Sünde der Gerechten[87] und von der Anrechnung des Glaubens und der Liebe für Gerechtigkeit.[88]
Mit der Größe, Macht und Blüte bemächtigte sich Judas die Emanzipation oder das Verselbständigungsstreben. Mit ihm brach die Ungerechtigkeit ein. Die Reichen enteigneten mit Hilfe von Schuldeintreibungen die Armen, um allein im Lande Bürgerrecht zu haben.[89] Der Prophet weissagte ihnen, daß ihr Gepränge in Bälde hinabfahren wird und sie ihre Ländereien und Wohnungen wüst zurücklassen[90] und das Schicksal des Menschen teilen müssen, der vor der Nacht davonmuß.[91] Aber sie taten nicht Buße. Nun stellt Jesaja ihrer kommenden Vertreibung morgen so wie der Austreibung der Gerechtigkeit und der Gerechten durch sie heute, die Stellung der Gerechten und der Gerechtigkeit in der Gemeinde einst gegenüber.
Während die Gerechten heute enteignet, enterbt, zertreten,[92] ihres Rechtes beraubt,[93] schuldig gesprochen,[94] als Leibeigne verkauft[95] oder gar aus dem

82) Vgl. 1. M. 15, 6.
83) 2. Sam. 23, 3; 1. Kö. 3, 9; Ps. 72, 1. 12–14; (Jer. 23, 5. 6).
84) Ps. 132, 9; vgl. 5. M. 33, 8ff; Mal. 2, 4ff.
85) Ps. 32, 11; 33, 1; 34, 20; 125, 3.
86) Ps. 99, 4.
87) Ps. 32; 125; 2. Sam. 12; Ps. 51.
88) 1. M. 15, 6; 5. M. 24, 13; Ps. 106, 31; Ps. 103, 17. 18.
89) Jes. 5, 8.
90) Jes. 5, 17; Am. 5, 11; Ps. 49, 12.
91) Ps. 49, 13. 21.
92) Am. 8, 4; 2, 7; 5, 11; 4, 1; Jes. 3, 14. 15.
93) Jes. 10, 2; Am. 5, 18.
94) Jes. 5, 23; 10, 2.
95) Am. 5, 6; 8, 6.

Wege geräumt werden[96] und die *Gerechtigkeit* gehaßt[97] und das Recht zum Gift verfälscht wird,[98] durften die Gerechtigkeit und die Gerechten in der Gemeinde des Glaubens wohnen, Heimat- und Bürgerrecht haben, d. h. »über Nacht bleiben«.

Im Ansatz erfüllte sich im Urstand bereits, was Jesaja der Gemeinde der Erlösten für die Zukunft verheißen hatte, daß ihr König in Gerechtigkeit herrschen, ihre Fürsten das Recht aufrichten,[99] jedermann seinem Bruder Zuflucht vor dem Winde, Versteck vor Wolkenbruch, Wasserquelle in der Dürre, Felsschatten für das verdurstende Land, d. h. Heil der Bedrängten sein wird,[100] Gewalttätige, Tyrannen, Spötter, Frevler, Verführer, Feinde der Gerechtigkeit und Bedränger der Gerechten keine Stätte haben,[101] die Demütigen sich im Herrn freuen, die Armen im Heiligen Israels jubeln,[102] Recht und Gerechtigkeit im Lande wohnen werden[103] und als ihre Frucht Friede, Freude, Ruhe, Sicherheit aufwachsen.[104]

Die Gemeinde im Stande des Glaubens, des Rechtes und der Gerechtigkeit war eine *Vorschattung des Paradieses*,[105] eine *Wohnstätte* des barmherzigen *Gottes* und seiner Barmherzigkeit.

v 21e »Jetzt aber Mörder«. Die Wendung des Herzens aus der Treue und dem Glauben zur Selbstbehauptung vernichtete über Nacht die Herrlichkeit des Paradiesesglückes der ersten Menschen.[106] Ebenso plötzlich fährt in die Beschreibung der ursprünglichen Herrlichkeit Jerusalems als Wohnstätte Gottes die abgerissene Feststellung »jetzt aber Mörder«. Der Ausruf, der isoliert ohne Parallelglied dasteht, gleicht einem Windstoß, der das liebliche Bild des Urstandes Zions zertrümmert. Schwerlich meint der Prophet, daß die Einwohnerschaft der Stadt aus lauter Kriminellen besteht. Er bestätigt vielmehr mit dem Fall aus der Liebe oder Barmherzigkeit den Zerbruch der menschlichen Beziehungen, das Nein des Menschen zum Menschen und damit den Fluch des Brudermordes, der den Segen ablöste.[107] In demselben vollendet sich der Übertritt von der Gründung in Gott zur Gleichschaltung mit der ungerechten Welt und die Verwandlung der Gemeinde aus der Treuen zur Hure. Zerstoben ist die dreifache Herrlichkeit der Bindung des Herzens an Gott (der Treue bzw. des Glaubens), der Anwesenheit des Gotteswillens als

96) Jes. 29, 21; Am. 2, 7; 6, 12.
97) Am. 5, 10.
98) Jes 10, 1; Am. 5, 7; 6, 12.
99) Jes. 32, 1.
100) Jes. 32, 1–2.
101) Jes. 29, 20–21.
102) Jes. 29, 19.
103) Jes. 32, 16.
104) Jes. 32, 16. 17.
105) Wie die Gemeinde der Zukunft es sein wird vgl. Jes. 11, 1–9.
106) Vgl. 1. M. 3.
107) Jes. 1, 15. 18; Mt. 5, 21–22; 1. Joh. 3, 15.

gestaltender Kraft (des Rechtes) und des Lebens aus der Beziehung zu Gott (der Gerechtigkeit). Jetzt erfahren wir, was es um den geistlichen Tod der Kirche ist, den Jesaja als Hurerei bezeichnet: Über Anbetung *anderer* Götter und Abbildung des *Einen* hinaus ist es *Fall* aus der Herzensbindung an ihn, *Bruch* seines Rechtes, *Unterdrückung* seiner Gerechtigkeit.[108]

v 22 »Dein Silber wurde zu Schlacken, dein Trunk verfälscht« (»zu Wasser«). In direkte Anrede übergehend zeichnet der Prophet nun in zwei Bildern die äußere Verwandlung, die mit der Gemeinde durch diese innere Wendung vor sich gegangen ist.

Das erste Bild ist der Erzverhüttung entnommen, die in der Zeit der Könige in Juda blühte.[109] Die Schlacken werden weggeworfen und verbrannt.[110] Das glänzende *Edelmetall*, das nachbleibt, ist das Ziel aller Mühe des Heizens und Glühens. Aber wie, wenn das Endprodukt der Arbeit sich selbst als *Schlacke* statt Silber erweist? – Eben das ist geschehen.

Zu Unrecht verengt man die Anwendung des Bildes auf die Fürsten. Es sagt vielmehr: *Sendung* und *Aufgabe* der *ganzen Kirche* in dieser Welt gleicht einem Schmelzungs- und Läuterungsprozeß, in dem Edelmetall aus dem Erz herausgeglüht werden soll. Sie sollte der Welt ein Zeugnis von dem gerechten Gott und seiner Gerechtigkeit geben, jetzt schon wertbeständiges, heilserfülltes Leben, das heißt für Jesaja »*Glauben*«, *Recht* und *Gerechtigkeit* hervorbringen, damit einst und jetzt Gottes Heil vor der Welt bezeugt werde. Aber sie versagte.

Das zweite Bild wiederholt dasselbe Urteil in dem Vergleich mit dem Kelterungs- und Gärungsvorgang, bei dem der Saft der Trauben gekeltert, gegoren und zu edlem Wein abgeklärt wird. Der ist das ersehnte Ziel der langen Arbeit des Weinbauern. Was ist aber mit dem ersehnten Trunk geschehen? Das Endresultat der Arbeit des Weinbauern ist dasselbe wie beim Bergmann, dessen Silber zur Schlacke wurde. Entweder ist der Wein mit Wasser ver-

108) Neuerdings bestätigt Fey die Gleichung: Hurerei und Rechtsbruch bei Jesaja. R. Fey: Amos und Jesaja, 1963, S. 66 oben. Nur darf nicht die andere Seite derselben Sache, die Jesaja mit Treue bzw. Glauben (ʾ$^{ä}$mûnāh) und Fall aus derselben bezeichnet, übersehen werden. Hurerei ist für Jesaja Auflösung des Dreiblatts – Treue, Recht, Gerechtigkeit (ʾ$^{ä}$mûnāh, mišpāṭ, ṣ$^{e}$dāqāh).

109) An den Osthängen der Araba in Chirbet Dscharie und in Ezion-Geber, identisch mit Elath, sind Schmelzhütten und Raffinerien aus der Zeit Salomos und seiner Nachfolger ausgegraben worden. Die gefundenen Einfriedungen und Befestigungen legen es nahe, daß hier mit Sklaven und Gefangenen große Bergwerksbetriebe in Gang gehalten wurden. Anschauliche Beschreibungen und Abbildungen bei G. E. Wright: Bibl. Archäologie, S. 132f; 158; vgl. 2. Chr. 26, 2; 1. Kö. 9, 26; 5. M. 8, 9; 1. Kö. 7, 46.

110) Jer. 6, 27–30; Hes. 22, 18–22; Jes. 48, 10.

fälscht oder er ist nicht ausgegoren worden, trüber Fruchtsaft geblieben.[111] Der *Arbeit* ist ihr *Ergebnis genommen*, ihre Frucht in Unwert verfälscht. (An anderer Stelle spricht der Prophet von Herblingen für Edeltrauben, b$^{e}$'ûšîm für $^{c a}$nabîm, 5, 2.)

Die beiden Bilder vom glänzenden Edelmetall und erquickenden Edeltrunk bezeugen von verschiedenen Seiten Sendung und *Auftrag der Kirche*. Sie sollte in einer leid- und mühevollen Geschichte mit Gott in Bedrängnissen und Prüfungen – im Schmelzofen und in der Kelter[112] – *seine Herrlichkeit* und sein Heil vor der Welt *groß machen*. Aber die Kirche hat ihren Auftrag und ihre Sendung in *Verdunkelung* der *Herrlichkeit Gottes* und seines Heiles *verkehrt*. Sollte es ihr besser gehen als der Schlacke, die aus dem Schmelzofen, dem verdorbenen Saft, der aus der Kelter kam?[113] Aus der Feststellung klingt die Enttäuschung und der Zorn Gottes.

v 23 »Deine Fürsten sind Rebellen und Genossen von Dieben. Allesamt sind sie Liebhaber von Bestechung, jagen nach Geschenken. Der Waise schaffen sie nicht Recht, der Prozeß der Witwe gelangt nicht an sie«. Jetzt fährt der Prophet ohne Bild fort. Diese Verfälschung ihrer Sendung zeigt sich in den sozialen Zuständen innerhalb der Gemeinde, an der *Verderbnis* ihrer Führer, die besonders über diese zu wachen haben, an der *Entartung* ihrer Ordnung, besonders des Gerichtes, und am *Leid* der Schwachen.

Die »Fürsten« sind die vom König ernannten Beamten,[114] die im Heerwesen als Offiziere, in der Verwaltung als Beamte tätig sind und in der Rechtsprechung die Aufsicht führen. In der Hauptstadt haben sie vermutlich auch die Ausübung des Rechtsprechens den in den Landstädten noch amtierenden Ältesten oder Laienrichtern aus der Hand genommen.[115]

Die *Hüter des Rechtes* hindern durch ihre Ungerechtigkeit seine Durchsetzung. Dadurch werden sie zu *Rebellen* wider Gott.[116] Das Recht ist ja *sein* zurechtbringender Wille.[117] *Er* ist der Richter.[118] Die Inhaber der Verwaltung wurden durch ihre untreue Amtsführung Diebe oder Diebesgenossen, die

111) Der nur einmal im AT gebrauchte Ausdruck wird von den einen als »verschnitten« gedeutet, das hebr. Wort māhûl von māhal als Nebenform von mûl »be- oder verschneiden« verstanden. Das hieße, der Wein ist durch Wasser verfälscht und seiner Kraft beraubt. Die anderen vergleichen das Wort māhûl mit dem neuhebr. Wort für »Fruchtsaft« môhal (Pr.). Das hieße das Resultat des Kelterns, Gärens und Abklärens ist trüber, ungegorener Saft. »Mit Wasser« (bammājim) wäre dann Zusatz, der auch aus dem Versmaß ausbricht.
112) Jes. 48, 10; Jer. 9, 6; 6, 29f; Klg. 1, 15; Jes. 63, 3.
113) Jer. 6, 30; Jes. 5, 5.
114) Vgl. Pr. aaO.
115) Vgl. Pr. aaO.
116) Fey hat darauf hingewiesen, daß bei Jesaja besonders deutlich Unrecht nicht Frevel wider die Moral und am Menschen, sondern Frevel an Gott ist; unrechte Richter sind Feinde Gottes, aaO S. 64. 68. 146.
117) Vgl. 2. M. 22, 26; 23, 7; 3. M. 19, 2; 2. M. 20, 1.
118) 5. M. 1, 17.

ihnen anvertrautes Gut veruntreuen oder mit denen, die sie beaufsichtigen sollen, gemeinsame Sache machen.

Indem an die Stelle des Gottesrechtes die *Selbstdurchsetzung* des Menschen trat und an die Stelle der Solidarität vor Gott die Solidarität der *Selbstsucht*, die durch die Gemeinschaft der Veruntreuung zusammengeschmiedet ist, wurde die Ordnung der Gemeinde im Gericht wie in der Verwaltung auf den Kopf gestellt. Nicht Gottes zurechtbringender Wille und der Sachverhalt, nicht Recht und Wahrheit sind mehr bestimmend, sondern der eigene Vorteil, die Gunst der Menschen und die Gewinnung derselben, die Meinung der Menschen und ihre Beeinflussung. Ihr wirksamstes Instrument dafür ist das Geschenk.[119]

So entscheiden im Gericht das *Bestechungsgeschenk* (šōḥad), durch das der Reiche sich von der Verurteilung freikauft oder die Verurteilung des Armen erkauft, und in der Verwaltung die *Erkenntlichkeitsgeschenke* (šălmônîm von šillēm »Dank abtragen«), mit denen die Mächtigen das Funktionieren der öffentlichen Hand zu ihren Gunsten lenken oder beschleunigen.

Damit gewinnen die Reichen und Mächtigen Macht und Einfluß auf das öffentliche Leben. Die Armen und Schwachen aber verlieren ihren Schutz im Gericht und kommen auf dem Amtswege nie an die Reihe. Waisen und Witwen kommen überhaupt nicht an die Richter und Beamten heran. Wer nicht mit Geschenken aufwarten kann, unternimmt gar nicht, es vor Gericht zu versuchen oder die Verwaltung anzugehen. Der in Rechtsprechung und Verwaltung auf die Welt losgelassene, *enthemmte Menschenwille* zersetzt die Grundlagen des Zusammenlebens.

Das wirkt sich in der Gemeinde, in der die neue Ordnung der Barmherzigkeit und Gerechtigkeit gestiftet ist,[120] furchtbarer aus als in der ungerechten Welt. *Gottes heiliges*, zurechtbringendes *Wort* und sein barmherziger Wille werden von Theologen und Richtern, Priestern, Beamten und Ältesten verdreht und ins Gegenteil *verkehrt*, aus der heilenden Medizin zum Gift verfälscht.[121] Das ganze Leben der Gemeinde, in dem sich Gott durch Gerechtigkeit heiligen will,[122] wird zu einer großen Demonstration der *menschlichen* Ungerechtigkeit und *Bosheit*, zu einer großangelegten *Verdunkelung Gottes* vor der Welt.

So sieht die innere Verfassung der von außen bedrängten und im Bußeifer zu den Gottesdiensten drängenden Jerusalemer Gemeinde aus. Ihre Buße ist nicht Umwendung des Herzens zu Gott, sondern Versuch, Gott umzuwenden. Ihre Gerechtigkeit ist Rebellion gegen Gott.

119) Vgl. Mi. 3, 11; Jes. 5, 23; Am. 5, 12.
120) Ps. 99, 4.
121) Vgl. Am. 5, 7; 6, 12 u. zahlreiche Urteile über Rechtsbruch bei Amos, Jesaja u. Micha (Jes. 1, 15e–17; 3, 10. 13. 14; 5, 7. 20. 21; 10, 1–2; 29, 20–21; Am. 2, 6–7; 4, 1; 5, 7. 10–11ab. 12; 6, 12; 8, 4. 6; Mi. 3, 1; 2, 2; 3, 1–3. 9–11).
122) Jes. 5, 16.

*Strophe 2*: Das bevorstehende Gericht an Zions Verschuldung als Wiederbringung seiner ursprünglichen Herrlichkeit, v 24–28.

v 24a–c »Darum lautet die Raunung des Herrn, Jahwes der Heere, des Starken Israels.« Nachdem der Prophet die Anklage beendet, eröffnet er in großer Feierlichkeit das Urteil mit der Gerichtsformel »darum« (lākhēn) und der als Einleitung altertümlichen Formel »Raunung« (n$^e$'um). Ihr läßt er eine *Häufung* von altheiligen *Gottesnamen* folgen, welche Herrschaft, Offenbarung und Allmacht des Urteilenden ausdrückt. Besonders die Gottesbezeichnung »der Starke Israels« erinnert an die Anfänge der Gemeinde und umschließt alle Verheißungen für sie.[123] So feierlich kann nur eine ganz wundersame, entscheidende Gottesoffenbarung eingeleitet werden. So ergreift denn auch Gott selbst jetzt in erster Person das Wort.

v 24de »Ha, ich will mich trösten an meinen Widersachern, Rache nehmen an meinen Feinden«. Nach der Feierlichkeit der Einleitung erschüttert die Erregung, die Form und Inhalt der nachfolgenden Gottesrede beherrscht. Der Ausruf hôh, der Trauer, Klage, aber auch Erregung, ja Drohung »ha« bedeuten kann, drückt tiefe innere Bewegung aus, die über Gott hereingebrochen ist. Dahinter bricht sein heiliger Eifer auf: »Ich will mir Trost schaffen .. ich will Rache nehmen.« Der Eifer, mit dem Gott sonst zum heiligen Krieg gegen die Feinde seines Volkes aufsteht,[124] kehrt sich jetzt gegen seine eigene Kirche. In ihr entdeckt er seine Widersacher und Feinde. Gegen statt für sie eröffnet er an der Spitze der himmlischen und kosmischen Heere den heiligen Krieg,[125] mobilisiert er als Jahwe der Heerscharen, Zebaoth, Natur und Geschichte. Er antwortet der bedrängten Gemeinde, die Gott bestürmt, ihr als Starker Israels zu Hilfe zu kommen, mit der Kriegserklärung gegen sie selber.

v 25–26b In die erste Feierlichkeit zurückfallend setzt Gott darauf eintönig zweimal hintereinander ein: »Ich will *umwenden*.« In dieser Wiederholung gibt er dem Gericht seine Sinndeutung und dann eine wundersame Wendung.

v 25 »Ich will umwenden meine Hand wider dich, verbrennen im Ofen deine Schlacken, entfernen all dein Blei«. Der Richter erhebt sich zur Urteilsvollstreckung mit eigener Hand. Im Bilde der Erzverhüttung greift er auf die Anklage zurück. Entsprechend der Verkehrung ihrer Sendung durch Verwandlung ihres Silbers in Schlacke begegnet er der Gemeinde wie ein Schmelzer in den alten Hüttenwerken, der unter Antrieb des Sturmes, mit der Glut des Feuers und Schärfe des Laugensalzes[126] sich an die Arbeit machte. Er glüht

123) 1. M. 49, 24.

124) Vgl. Jes. 42, 13; 2. M. 15, 1ff; Ri. 5, 4f; 2. M. 14, 14; 14, 24.

125) Vgl. Hos 10, 9; Ri. 19–21.

126) So steht es im heutigen Text. Ausleger vermuten in dem Wort kabbōr »wie mit Laugensalz« eine Verschreibung aus bakkur »im Ofen«. Die drei Konsonanten sind im Hebr. die gleichen, nur der erste und zweite sind vertauscht.

die Schlacke und verbrennt sie und entfernt die Bleistücke. Das sieht wie Läuterung aus, die das Silber herausbringt. Aber die Anklage offenbarte, daß statt Silber nur Schlacke da war. Das muß das Läuterungsgericht zum Totalgericht machen, Sichtung zur Vernichtung. Die Kirche Gottes, in der das Salz dumm, das Silber Schlacke wurde, muß im Gericht Gottes ganz *verbrennen*.

Aber der Gemeinde, die auf diese Weise ganz dem Gericht verfallen ist, kündigt Gott jetzt dennoch nicht ihre Vernichtung, sondern Befreiung von ihrer Schlacke und ihren Bleistücken an. Damit fällt ein Hoffnungsschimmer in das Dunkel des kommenden Totalgerichtes. In seiner Barmherzigkeit sieht Gott die Gemeinde nicht mit ihrer Schlacke und mit ihrem Blei, nicht mit ihr selbst identisch. Sondern er sieht sie als die, zu der er sie berufen und erlöst hat. *Er unterscheidet sie von ihr selbst*. Darin, daß Gott zwischen dem, was wir wirklich sind, und dem, wozu er uns berufen und erlöst hat, unterscheidet, darin, daß er uns *von uns selber unterscheidet*, liegt das Geheimnis seiner Gnade, die im Gericht nicht aufhört.
Wie das möglich ist, bleibt im Alten Testament Geheimnis. Im Neuen Bunde erfahren wir, daß er in uns das Bild seines Sohnes sieht und prägt. Wenn wir im Gericht als Schlacke verbrennen und unser verdorbenes Bild verdirbt, wird *sein* Bild in uns erweckt und lebendig gemacht. Den Hintergrund dazu bildet das noch tiefere Geheimnis, daß er, wenn wir im Gericht vor ihm stehen, *in uns seinen Sohn* sieht und uns die Gerechtigkeit seines Sohnes zurechnet, weil er *im Sohne uns* gesehen hat und ihm unsere Strafe aufgelegt, unser verkehrtes Wesen in ihm verbrannt hat. Durch Jesaja entfaltet Gott diese Hintergründe hier noch nicht.
v 26ab »Ich will umwenden deine Richter wie am Anfang, deine Ratgeber wie zu Beginn«. Zum zweiten Mal setzt Gott feierlich mit der Ankündigung seines *Eingreifens* zur *Umwendung* ein. Aber wenn er mit der Formel vorher formal noch Gericht ankündigte, unter dem sich Gnade verbarg, so leitet er jetzt mit der gleichen Formel die offenkundige Zurechtbringung ein. Er will seine Gemeinde um- und zurückwandeln in ihr ursprüngliches Bild. Wie aus dem drohenden Totalgericht der Umriß des Läuterungsgerichtes hervortrat, so tritt jetzt aus dem angekündigten Läuterungsgericht der Umriß der frohen Kunde von einer totalen Wiederbringung heraus.
Auf diese Wiederbringung der Stadt Gottes geht mit ungeheurer Zielstrebigkeit alles Gericht zu. Darum das zweimal wiederholte »ich wende um« (ʾăšîbāh), »ich wende um meine Hand zum Schmelzen . . . ich wende um die Richter« (in ihren Urstand); darum das zweimalige »wie am Anfang« und »wie zu Beginn«. Das will besagen: wie in der seligen Zeit der Gründung des Königreiches Gottes auf Erden im Mosebund und in seiner vorläufigen Verwirklichung in staatlicher Gestalt im Davidsbunde. Wie das Verderben sich zuerst in der Führung zeigte, so offenbart sich jetzt auch Gericht und Wiederbringung zuerst an ihr.
Diese Wiederbringung ist Bekehrung zu *Buße* in dem prophetischen Sinne

einer *totalen Hinwendung zu Gott*, in der Bedeutung eines totalen Bruches mit der Vergangenheit und mit dem eigenen Selbstdurchsetzungswillen. Darum nennt der Prophet die Wiedergebrachten Zions »*ihre Umkehrenden*« (šābâhā, 27b).

Mit dieser Wiederbringung setzt Gott bei denen ein, die für die Abwendung die meiste Verantwortung trugen – bei den Richtern und Ratgebern, in deren Händen das Gottesrecht, das Gericht und die Politik liegen. Jesaja malt das kommende Gottesreich noch in den politischen Farben dieser Zeit. Meint er schon die ewige Gottesherrschaft oder ein vorläufiges Zwischenreich[127] oder kann er vom Ewigen nur in den Formen dieser Zeit reden?

v 26cd »Danach wird man dich wieder nennen: Burg der Gerechtigkeit, treue Stadt«. Unter die Verheißung setzt der Prophet ein inhaltsschweres »danach« (ʾaḥ$^a$rê-khēn), das im Hebräischen auf die Formel für die Endzeit (ʾaḥ$^a$rît hajjāmîm) und Letztzeit (ʾaḥ$^a$rôn) weist. Im Deutschen verhält sich beides so zueinander, wie »danach« oder »endlich« und »am Ende der Tage«.[128]

Mit diesem »wie am Anfang« und »danach« als Endpunkt, der beim Anfang anknüpft, schlägt Gottes Zusage einen großen Bogen von der Urzeit der Kirche zur End- und Letztzeit. Sie meint damit nicht den Abschluß der Geschichte, hinter dem nichts folgt, sondern den großen Einschnitt, mit dem das Neue beginnt. Der Einschnitt beschließt diese Zeit der Ungerechtigkeit und leitet die selige Gotteszeit ein.

In dieser neuen Zeit, in die der Weg durch die Tür des Gerichtes und der Buße führt, soll die Stadt Gottes einen neuen Namen bekommen (vgl. die Weissagung des neutestamentlichen Sehers vom Namen des neuen Jerusalem und seiner Bürger, Offbg. 3, 12). Sie soll aufs neue den Namen erhalten, den sie in der Urzeit hatte. Sie wird nicht mehr »Hure«, personifizierte Abwendung von Gott, sondern »Stadt der Gerechtigkeit«, »treue Stadt«, personifizierte Rückwendung, heißen. Ihr Wesen soll wieder Bindung an Gott und aus dieser kommende Verwirklichung des neuen Lebens mit Gott sein. Es wird nicht nur Gerechtigkeit in ihr wohnen, sondern das neue Jerusalem wird selbst ganz Gerechtigkeit und Glaube sein.

v 27 »Zion wird durch Gericht losgekauft, ihre Umkehrenden durch Gerechtigkeit«. Der *Weg* in diese Herrlichkeit der letzten Zeit führt aber für die Gemeinde nur *durchs Gericht*. Die Welt, die wider Gott streitet, wird im Gericht verzehrt. Die Stadt Gottes dagegen wird durchs Gericht erlöst, aber eben nicht ohne Gericht. Sie kann nicht bleiben wie sie ist. Ihr altes Wesen muß verbrennen. Aber eben in diesem Gericht ist Gott nicht nur vernichtend am Werk, sondern auch züchtigend, läuternd und helfend. Er überläßt sein Volk nicht dem Gericht, sondern bekennt sich rechtfertigend im Gericht zu ihm.

127) Vgl. das Tausendjährige Zwischenreich Offbg. 19.
128) Vgl. Hos. 3, 5 an Anfang u. Ende.

Damit gibt Gott den beiden Worten »Recht« und »Gerechtigkeit« einen noch tieferen Inhalt. Aus dem der Gemeinde zur Verwaltung anvertrauten Gottesrecht und der von ihr geforderten Verwirklichung desselben in Gerechtigkeit wird *Gottes eigenes, zurechtbringendes Gericht* und Gottes eigene, seine Gemeinde *rechtfertigende Gerechtigkeit*.[129] Machtvoll tritt Gott selbst in die Mitte als der, der zurechtbringt und rechtfertigt, d. h. die Treue hält, als Zions alleiniger Trost. Und seine Zurechtbringung und Rechtfertigung erscheint als Zions alleinige Hoffnung. Die *Wiederbringung* enthüllt sich als *Loskauf* von Schuld und Gericht, und das losgekaufte Zion zeigt sich im ernsten Licht der Buße. Es sind die »Umkehrenden« Zions, die an die Stelle der »Mörder« im Zion von heute treten. Gericht heißt im Alten Testament in seiner ureigensten Bedeutung Zurechtbringung.[130] Die Richter Israels versäumten das Gericht, das die Gemeinde zurechtbringt. Aber Gott bringt die Gemeinde und ihre Richter selber durch Gericht zurecht.[131] Der im Alten Testament in Jesaja 40–55 enthüllte Hintergrund dieser Zurechtbringung ist die Vollstreckung des Gerichtes am einzigen Gerechten (53, 6cd. 10ab. 11cd).

Die Worte »ich will umwenden«, die Läuterung und Wiederbringung einleiteten, bekommen ihren letzten Sinn und ihre letzte *Erfüllung* durch die Wiederaufnahme ihres Wortstammes im Sinne von »*Umkehr*«. An das zweimalige »ich will umwenden« (ʼāšîbāh), erst »ich will kehren«, dann »ich will wiederbringen«, schließt sich »ihre Umkehrenden« (šābähā), das man fälschlich auf die Heimkehr aus dem Exil gedeutet hat. Die Wiedergebrachten sind die Umkehrenden. Ihre Wiederbringung ist Erlösung aus der Schuldknechtschaft. Und Erlösung aus der Schuldknechtschaft hat zur Frucht Umkehr. In diesem Kreise beschließt sich das Werk des zurechtbringenden Gerichtes und der rechtfertigenden Gerechtigkeit Gottes. In ihm liegt das *tiefste Geheimnis* und die ganze Fülle des *Erlösungswerkes*.

v 28 »Aber Zerbruch über Abtrünnige und Übertreter zumal; die Jahwe verlassen, vergehen«. Dieses selige Geheimnis der Erlösung und der Erneuerung der Stadt Gottes hat zum Hintergrund das furchtbare Geheimnis des Zerbrechens und der Vollendung im Sinne der Austilgung aller, die sich von Gott losmachen, der »Treubrüchigen« oder »Abtrünnigen« (pōšʿîm), der »Übertreter« (ḥaṭṭāʾîm) und der »Deserteure« vor Jahwe (ʿōzbê jahwēh).

129) Das AT weiß von der Sünde der Gerechten (Ps. 32; 125; 51) und von der Zurechnung von Gerechtigkeit (1. M. 15, 6; Ps. 106, 31) und von Gottes Gericht und Gerechtigkeit als Rechtfertigung des Sünders (Ps. 51, 16), der sündigen Gemeinde (Jes. 59, 9. 11; 46, 12. 13; 45, 21; 45, 22–24; 54, 17) und des sündlosen Gottesknechtes (Jes. 50, 8; vgl. 53, 4. 5 u. 10ff; Ps. 22, 25. 32).

130) Vgl. das Zitat aus L. Köhler: Dt. Jes. stilkrit. untersucht, u. P. Volz: Jes. II, S. 44 oben.

131) Nach 9, 6 ist der Messias es, durch den Gott Zion in und durch Recht und Gerechtigkeit neu gründet, nach 11, 4 der mit Gerechtigkeit und Treue gegürtet (11, 5) die Gemeinde Gottes zurechtbringt, ihr durch Gericht der Gerechtigkeit hilft.

Der Schluß der Strophe unterstreicht, daß die Wiederbringung zwar ein Werk Gottes allein und allein aus voraussetzungsloser Gnade ist. Er zeigt aber zugleich, daß es nicht ein mechanisches Werk ist, gewirkt an willenlosem Material. Es ist vielmehr Werk, das die *Entscheidung* des Menschen verlangt. Dadurch leitet es eine erschütternde *Scheidung* ein zwischen Erlösten und Umkehrenden auf der einen und Gott Verlassenden und Vertilgten auf der anderen Seite.

So schließt sich der Ring um den ganzen Prolog. Sein erster Teil endigte mit dem vorläufig abgewandten Sodom- und Gomorrahschicksal; der zweite beginnt mit der Sodom- und Gomorrahschuld und schließt mit dem Angebot der Rechtfertigung allein aus Gnaden; der dritte beginnt mit dem Fall und schließt mit der Wiederbringung der Gefallenen durch Gottes zurechtbringendes Gericht und mit ihrer Umkehr oder Buße sowie dem endgültigen Gericht über die Verstockten.

*Strophe 3*: Das Schicksal derer, die Jahwe verlassen, v 29–31.
v 29 »Fürwahr, ihr müßt euch schämen ob der Eichen,[132] an denen ihr eure Lust habt, und ihr müßt erröten ob der Haine, die ihr euch erwählt habt«. Den zur Vertilgung Bestimmten wendet sich der Anhang in der dritten Strophe zu, die vielleicht zu anderer Zeit und Gelegenheit von Jesaja gedichtet und später hier angehängt ist.[133] Was vorher von dem Schicksal der Gott Verlassenden Zions gesagt wurde, wird in diesem Gedicht auf alle, die sich von ihm abwenden, ausgedehnt und an einer besonderen Gruppe von ihnen erläutert. Die Frucht der Abwendung von Gott wird besonders eindrucksvoll in denen offenbar, die neben dem offenbarten Gott die Gottheit in der Schöpfung verehren.
Die Zeitgenossen Hoseas und Jesajas haben in den einzelstehenden »heiligen« Eichen und den sie umgebenden Hainen[134] die Gottheit als Spenderin des schöpferischen Lebens geglaubt und angebetet.[135] Sie haben darin einen alten, von den Vätern übernommenen, heiligen Brauch gesehen. Der Prophet aber zeigt darin eigenmächtige Lüsternheit und Wahl der Erwählten Gottes. Sie erwählen sich damit *statt dessen, der sie erwählte*, selbst ihren Gott. Solche Lüsternheit und eigenmächtige Wahl ist Verwerfung Gottes und führt in den Bankrott.

132) Das fremde Wort »Terebinthe« ist hier mit »Eiche« übersetzt. Eigentlich ist die Terebinthe gemeint, die ihre Blätter im Winter abwirft, während die palästinensische Eiche ('ālôn) immer grün ist.
133) Vgl. Pr., Kaiser aaO. Micha bestätigt den blühenden Höhenkult u. Baumkult nicht nur im Nordreich (Hos. 4, 12. 13. 18), sondern auch in Juda (1, 5. 9; 5, 13); vgl. Einl., Gliederung u. Aufbau von 1, 21–31.
134) Hos. 4, 13; vgl. 1. M. 12, 6; 13, 18; 21, 33.
135) In Samarien im Stierbilde (vgl. Hos. 4, 7. 10; 13, 1–2), in Ephraim wie in Juda im Baum der Fruchtbarkeitsgöttin (Hos. 4, 12; Mi. 5, 13) u. vielleicht wird auch hier u. dort in einer sterbenden u. auferstehenden Gottheit (Osiris, Tamuz, Adonis, Hadad-Ramman) die Erneuerung der Schöpfung gefeiert.

v 30 »Fürwahr, ihr werdet gleich der Eiche, deren Laub verwelkt, und dem Garten gleich, für den Wasser es nicht gibt in ihm«. Das Schicksal ihrer Gottessymbole und Kultorte soll Symbol für ihr eigenes Schicksal werden. Welken erfaßt das herrliche Laub der Eichen und Verdorren bricht in regenloser Zeit über die Haine herein, die keinen Quell oder Brunnen in sich bergen. So ist Welken und Verdorren das unentrinnbare Schicksal derer, die ihren Lebensquell in Jahwe, dem Gott der Offenbarung, verloren haben.

v 31 »Werden wird der Starke zu Werg und sein Werk zu Funken, verbrennen werden sie beide miteinander – und es gibt keinen Löscher«. Wie über den verdorrten Hain Feuersbrunst hereinbricht, Funken die morschen Holzfasern fassen und die ganze Pracht wie Stroh verbrennt, so wird auch der Mann, der sich von dem offenbarten Gott gelöst hat, in der Zeit des Gerichtes Nahrung des Feuers und sein sündiges Tun selber wird zum Funken des Gerichtes, das den »Starken« in seiner scheinbar eichenhaften Kraft rettungslos verzehrt. Die Rieseneiche, die in der Feuersbrunst verbrennt, wird zum Bild für die Zernichtung der Vermessenheit des autonomen Menschen am Tage des Gerichtes. Dann erweist sich, daß er nicht aus der Verbindung mit Gott gelebt hat und nun auch nicht Gott zum Retter oder »Löscher« im Gericht haben darf. »Es gibt keinen Löscher«, lautet schon bei Amos das furchtbarste Gerichtsurteil, das die Endgültigkeit ausspricht.[136]

136) Vgl. Am. 5, 6.

# Der Zusammenstoß des heiligen Gottes mit der Vermessenheit seiner Gemeinde

Kapitel 2–5

Die prophetischen Reden des ersten Abschnittes des Jesajabuches, Kp. 2–5, entstammen vermutlich der Zeit des Königtums Jothams, die sich anschloß an die seiner Regentschaft für den aussätzigen Vater, welche mit dem Tode Uzzijas (738), im Jahr der Berufung Jesajas, zu Ende gegangen war. Der Bericht von der Berufung des Propheten (Kp. 6), die zeitlich am Anfang dieser Epoche stand, ist von hier fort und an den Anfang des zweiten Abschnittes des Jesajabuches (Kp. 7–12) gerückt.

Vermutlich geschah das, weil dies Selbstzeugnis des Propheten ursprünglich die Einleitung bildete zu einer Zusammenstellung von Selbstberichten Jesajas und Berichten seiner Schüler über Taten und Zeugnisse des Propheten (d. h. einer Memorabiliensammlung Kp. 7–11), während der erste Abschnitt (Kp. 2–5) ausschließlich Reden enthält. Der Grund lag auch darin, daß der Berufungsbericht auch thematisch mit Kp. 7–11 eine Einheit darstellt. Hier wie dort ist die Ankündigung der Verstockungsnacht und die Erweckung des umkehrenden Restes aus dem gerichteten Volk, des messianischen Wurzeltriebes aus dem vernichteten Stumpf des Königshauses – das Thema.

Der erste Abschnitt dagegen enthält fast ausschließlich Gerichtspredigten: an das Volk Gottes (2, 6–22), seine Führer (3, 1–15), seine Frauen (3, 16–4, 1), an Jerusalem und Juda als Weinberg Gottes (5, 1–7), an die gesamte Gesellschaft in sechs Weherufen (5, 8–25).

Die ganze Sammlung ist vordergründig in Sprache und Ausdrucksweise bewegt vom Ungestüm der Jugend des Propheten, hintergründig von der Gewalt seines neuen Gotteserlebnisses, des Zusammenpralles der Heiligkeit Gottes mit des Jesaja und seines Volkes Vermessenheit. Diese Kette von Gerichtsworten eröffnet die ins Kosmische geweitete Schau des einbrechenden Tages Jahwes als Sturm, der alles Stolze niederwirft, der Furchtbarkeit seines Adventes (2, 6–22). Vielleicht haben wir hier die Antrittspredigt des Propheten, in der die eben erlebte Konfrontation mit dem Richter nachzittert. Die Reihe schließt mit der Ankündigung des Gerichtsvollstreckers (5, 26–30). Es wird nicht ausgesprochen, aber vermutlich zeichnet Jesaja darin den bevorstehenden Assyrersturm. Auch hier ist die Darstellung wieder von einer unerhörten Wucht des Ansturmes bewegt.

In diese Kette von Gerichtsworten aus der Frühzeit Jesajas sind seltsamerweise an zwei Stellen zwei Heilsweissagungen aus vermutlich späterer Zeit des Propheten eingesetzt (2, 2–5 und 4, 2–6). An den Anfang, vor den Gerichtstag, der alle Hoheit niederwirft (2, 6–22), ist ein Ausblick auf das Völkerheil im Friedensreich gestellt (2, 2–5), der vermutlich fast 38 Jahre nach seiner Antrittspredigt während der Belagerung Jerusalems vom Propheten empfangen ist. Und in die Mitte, vor die Ankündigung des Gerichtes am verdorbenen Weinberg Jerusalems und Judas (5, 1–7), ist eine vielleicht bis zu 50 Jahre später unter Manasse geschaute Vision von der zukünftigen Verklärung Jerusalems eingeschoben[1] (4, 2–6).

In dieser Symmetrie liegt Absicht. Der Anbruch des Tages Jahwes, der die Welt zertrümmert (2, 6ff), soll auf dem Hintergrund der ihm folgenden endzeitlichen Friedensherrschaft Jahwes über die Welt (2, 2ff) gesehen werden. Über dem Gericht am Weinberg Jerusalem-Juda (5, 1ff) soll die zukünftige Verklärung Jerusalems (4, 2ff) in den Blick gefaßt werden.

Im Schatten des Berges Gottes als der Mitte seiner Friedensherrschaft über die Völker (2, 2ff) und im Licht seiner reinigenden und bergenden Gegenwart über der verklärten Gottesstadt (4, 2ff) tritt die Erlösung der Völker und die Verklärung seiner Kirche als Sinn und Ziel der Geschichte und des endzeitlichen Gerichtes über die Welt und über das Gottesvolk ans Licht. Gottes letzter Gedanke ist Heil. – Zerschmetterung ist nur die Nacht, die den Tag vorbereitet. Sein Geschichtsplan läuft auf Zurechtbringung und Verklärung, auf die Gottesherrschaft hinaus. Das Gericht dient seinem Rettungswillen. Wer das nicht versteht, versteht weder Gott noch den Propheten. Das Schelten auf den Unverstand des Redaktors, der Heilsweissagungen eingeschoben habe, die Konstruierung eines Widerspruches zwischen der herben Konsequenz und Großartigkeit des Propheten und diesen angeblich von fremder Hand eingeschobenen »Heilsorakeln« und die Deutung des Einschubs als das platte Bedürfnis nach einem »Ende gut, alles gut«, entspringt einer dem Wesen der Prophetie fremden, in unserem modernen Denken wurzelnden Sicht.

So sollen und dürfen wir diese ungeheuren, uns den Atem raubenden Gerichtskapitel auf diese beiden ebenso gewaltigen Visionen vom Heil hin lesen.

1) Ähnlich ist im dritten Abschnitt des Jesajabuches an den Anfang der Völkersprüche Kp. 13ff das Heilswort von der Zertrümmerung des Völkerzertrümmerers Babel-Assur (Kp. 13–14) und an den Anfang des vierten Abschnittes Kp. 28ff ein Wort gestellt, das Zion als Eckstein der Welt zur Mitte hat (Kp. 28, 16).

DIE ÜBERSCHRIFT, 2, 1.

**v 1 Das Wort, welches Jesaja, der Sohn des Amos, über Juda und Jerusalem schaute.**

Vermutlich bezieht sich diese Überschrift auf die Sammlung von Jesajas frühen Gerichtsworten aus der Zeit des Todesjahres Uzzijas und der Regierung Jothams, Kp. 2, 6–5, 30.

# I. Die Friedensherrschaft Jahwes über die Völker von Jerusalem aus

## DAS ENDE DER TAGE
Kapitel 2, 2–5

**2 Es wird geschehen am Ende der Tage,**
**()[1] da wird stehen der Berg ()[2] Jahwes**
**(aufgerichtet)[3] an der Spitze der Berge**
**und erhaben sein über die Hügel.**
**Und es werden strömen zu ihm alle[4] Völker**
**3 und wallfahrten gewaltige Nationen**
**und werden sagen: Auf, laßt uns hinaufsteigen ()[5]**
**zum Hause des Gottes Jakobs,**
**daß er uns unterweise in seinen Wegen**
**und wir wandeln auf seinen Pfaden.**

**Denn von Zion bricht hervor Offenbarung**
**und Wort Jahwes aus Jerusalem.**
**4 [6]Und er wird Recht sprechen zwischen den Völkern**
**und Schiedsspruch geben gewaltigen Nationen.[6]**
**Da werden sie ihre Schwerter umschmieden zu Spaten**
**und ihre Speere zu Winzermessern.**
**Nicht erhebt mehr Volk wider Volk das Schwert,**
**und nicht lernen sie ferner mehr kriegen.**
**5 (Nun denn),[7] Du Haus Jakobs,**
**auf, laßt uns wandeln im Lichte Jahwes!**

Gliederung von 2, 2–5.

Kp. 2, 2–5 besitzt eine vollständige Parallele in Mi. 4, 1–4. Ob die Perikope ursprünglich Micha oder Jesaja angehörte oder älteres, von beiden übernommenes Gut ist, läßt sich nicht sicher entscheiden. Der Inhalt, der den lokal und national beschränkten, bäuerlichen Horizont Michas sprengt, paßt besser in die weltweite und theozentrische Sicht der späteren Sprüche Jesajas.[2] Die Perikopen haben in beiden Überlieferungen je einen verschiedenen Schlußsatz. Bei Micha folgt die Verheißung: »Wohnen werden

2) Vgl. Pr.

sie ein jeder unter seinem Weinstock und unter seinem Feigenbaum[3] und nicht mehr gibt es einen, der in Schrecken setzt, denn der Mund Jahwes der Heerscharen hat es geredet« (4, 4). »Ein Friedensidyll«, das man gewöhnlich auf den judäischen Bauern bezieht. Aber warum sollte es hier nicht auf die Völker übertragbar sein? – Bei Jesaja heißt der Schluß (2, 5): »Wohlan nun, Haus Jakobs, auf, laßt uns wandeln im Lichte Jahwes!« Er richtet den Blick deutlich aus der Weite der Völkerwelt in die Enge seiner Gemeinde. Aber nicht diese, sondern Jahwe und sein Licht stehen zuletzt in der Mitte. Auf ihn blickt die Strophe aus. Man schließt aus der Verschiedenheit der beiden Schlüsse und aus parallelen Beobachtungen an der biblischen Literatur, daß sie beide ursprünglich nicht zur Perikope gehörten. In ihnen komme die Gemeinde zu Wort. Sie bildeten typische Zusätze, die die verlesenen Perikopen ermahnend oder verheißend auf die gegenwärtige Situation der Gemeinde zuspitzten. Die Lösung scheint einleuchtend. Sie fällt aber hin, sobald sich erweist, daß der Vers bei Jesaja unlösbar in das strophische und gedankliche Gefüge der Perikope eingebaut ist, während er bei Micha zumindest inhaltlich als sinngemäße Anfügung vom übrigen gelöst werden kann. So hätte Micha das Jesajawort wiederholt und in prophetischer Vollmacht mit einem anderen Schluß versehen. Ein Späterer hätte nicht gewagt, den Schlußsatz Jesajas zu streichen.

Der strophische Aufbau von v 2–5 ist umstritten. Gedanklich ist das Gedicht deutlich in der Mitte durchteilt in eine *erste* Hälfte, die von der Erhöhung Zions und der Völkerwallfahrt nach ihm erzählt (v 2–3e), und eine *zweite*, die mit »denn« (kî) den Grund für beides angibt: Offenbarung und Schiedsrichteramt Jahwes von Zion her und die Wirkung: die freiwillige Weltabrüstung (v 3f–5). – Die *erste* Strophe schließt mit der Aufforderung der Völker an sich selbst zum Aufbruch und Offenbarungsempfang in Jerusalem und zum Wandeln in Jahwes Wegen, die *zweite* Strophe mit der Aufforderung an das Haus Jakobs zum Aufbruch und Wandel im Lichte der Offenbarung Jahwes – »geht, laßt uns hinaufziehen« (l$^{e}$khû w$^{e}$na$^{ʿa}$läh, 3b), »laßt uns gehen in seinen Pfaden« (w$^{e}$nēl$^{e}$khāh b$^{e}$'ōrḥōtaû, 3e), und: »Nun, Haus Jakobs, geht (auf), laßt uns gehen im Lichte Jahwes« (ʿattāh bêt ja$^{ʿa}$qōb, l$^{e}$khû w$^{e}$nēl$^{e}$khāh b$^{e}$'ôr jahwēh, 5ab). Wie es der Hebräer liebt, berühren sich hier klanglich die letzten Worte drüben und hüben: »in seinen Pfaden« (b$^{e}$'ōrḥōtaû) und »im Lichte Jahwes« (b$^{e}$'ôr jahwēh). – Der *Übergang* von der *ersten zur zweiten* Strophe ist durch die Worte »Thora erteilen« und »Thora« (jārāh und tôrāh) gekennzeichnet; die erste schließt mit: »daß er uns Thora erteile« (unterweise) (w$^{e}$jōrēnû, 3d). Der Anfang der zweiten nimmt das Wort wieder auf, »denn von Zion geht aus Thora« (kî miṣṣîjôn tēṣē' tôrāh, 3f).

Im einzelnen ist der Aufbau streng symmetrisch: I) 5 Doppelzeilen, 2–3e, – II) 5 Doppelzeilen, 3f–5; in I) 2 *Doppelzeilen* zur Erhöhung des Berges Jahwes, 2ab + cd, und 3 *Doppelzeilen* zur Reaktion der Völker in der Wallfahrt zu ihm, schließend mit der Selbstaufforderung der Völker zum Aufbruch und Wandel in der Offenbarung des »Gottes Jakobs«, 2e. 3a + 3bc + 3de; und in II) 2 *Doppelzeilen* zu Gottes Offenbarung und Schiedsrichteramt vom Zion her, 3fg + 4ab, und 3 *Doppelzeilen* zur Reaktion der Völker auf dasselbe in einer freiwilligen Abrüstung, schließend mit der Aufforderung zu Aufbruch und Wandel in Gottes Offenbarung an das »Haus Jakobs«, 4cd + ef + 5ab. Dort schließt die Strophe mit dem Blick auf den »Gott Jakobs«, hier mit dem »Hause Jakobs« auch in äußerlicher Symmetrie, wie dort mit »Pfad«,'ōraḥ jahwēh, hier mit »Licht«,'ôr jahwēh.

Als großer Rahmen umspannt die beiden Strophen der *Ausblick in die Endzeit*: »Es wird geschehen am Ende der Tage« (w$^{e}$hājāh b$^{e}$'aḥ$^{a}$rît hajjāmîm, 2a) am Anfang der ersten Strophe, – und der Blick in das Heute, »jetzt, nun« (Haus Jakobs) (ʿattāh, 5a) am Ende der zweiten Strophe. – Inhaltlich sind beide Strophen in drei konzentrischen Kreisen aufgebaut: Der innerste – Jahwe, der zweite – der Tempelberg, Zion, Jerusa-

3) Vgl. 1. Kö. 5, 5; 2. Kö. 18, 31; Zach. 3, 10.

lem, der dritte – die Völker, »Alle Völker« und »gewaltige Nationen« (kol-haggôjîm – ʿammîm rabbîm, 2e.3a, 1. Strophe). Dem entsprechen »Heidenvölker« und »gewaltige Nationen« (haggôjîm und ʿammîm rabbîm, 4ab, 2. Strophe). – Strophe 1 beherrscht eine Bewegung auf den Zion hin, Strophe 2 eine Bewegung, die von Zion ausgeht, in die sich die Gemeinde schon heute hineinziehen lassen soll.

Die Weissagung nimmt die Leser aus ihrer engen, um sich selbst oder um das eigene Volk kreisenden Gedanken- und Erlebniswelt heraus und lehrt sie, Jerusalem, die Völker und die Welt von einem Standort zu sehen, der höher ist als ihr eigener, in einer Perspektive, die weiter ist als die menschliche, und in einer Haltung, die heilig und barmherziger ist als unser Freund-Feind-Denken. Unsere Weissagung leitet auch uns an, in der Größe, Weite und Barmherzigkeit der *Heilsgedanken Gottes* zu *denken*, im Licht des weltweiten Heilsplans Gottes zu *sehen*. So nur können wir an die Lektüre des Jesajabuchs herangehen. Alles, was darin verkündigt wird von Sünde und Gericht, Buße und Gnade, Israel und den Heiden, von der Kirche oder Stadt Gottes und von der Weltmacht, von Gott und seinem Messias – können wir nur von hier aus verstehen. Nur, wenn wir sie in diesem Licht sehen, werden wir davor bewahrt, die furchtbaren Gerichtskapitel, die sich anschließen, falsch zu deuten.

Der geschichtliche Hintergrund unserer Weissagung gestaltet sich, wenn wir recht haben, sie in der Spätzeit Jesajas anzusetzen, folgendermaßen: Vielleicht ist der direkte Anlaß ein Wallfahrtsfest, etwa das Laubhütten- oder Bundesfest. Die Wallfahrt des Gottesvolkes nach dem Zentrum des Landes, dem Tempel zu Jerusalem, ist unterbunden. Statt dessen ist ein schwerbewaffnetes Völkerheer in feindlicher Absicht im Anmarsch gegen die Gottesstadt. Die assyrischen Truppen samt dem Aufgebot der Völker, die im Heerbann Sanheribs mitmarschieren müssen, blockieren alle Straßen zur Gottesstadt. Diese ragt einsam aus dem vielleicht schon verwüsteten Lande. Die Tage der Gemeinde, ihres Tempels und Gottesdienstes scheinen gezählt, die Macht ihres Gottes gebrochen. Der letzte Brückenkopf seiner Herrschaft auf Erden ist bald liquidiert. Statt dessen nimmt das neue Phänomen der Weltmacht immer konkretere Formen an. Die Welt ist drauf und dran, *eine* Mitte zu bekommen in Assur und *ein* Haupt im Weltherrscher. Der Friede ist von der Erde genommen und die Menschen vernichten einander. Das führt in das Jahr 701.

Die *Sendung der Kirche* auf dem Zion, durch Recht und Gerechtigkeit die Gottesherrschaft auf Erden darzustellen, wurde durch ihre eigenen Führer *verraten* und Lügen gestraft. *Gottes Herrlichkeit* ist durch die Sodomsrichter, das Gomorrahvolk und die Hurenstadt *verdunkelt*. Der wohlmeinende, aber hilflose König ist der Verzweiflung verfallen, zur Kapitulation bereit und die umzingelte Festung reif zur Übergabe.

*Strophe 1*: Erhöhung Zions und die Völkerwallfahrt nach ihm, v 2–3e.

v 2a »Es wird geschehen am Ende der Tage«. *In* diesen *Bankrott* hinein verkündigt Jesaja die Botschaft, die Jerusalem, Tempel, Gottesreich und Völker in einem völlig anderen Lichte zeigt. Über Aufregung und Panik, die im Inneren herrschen, und über die feindlichen Heere, die von außen anrücken, hinweg, über Zerbruch, Wirrnis und Drang des Heute, darin die Kirche Gottes zermahlen wird – richtet der Prophet den Blick auf ein *fernes Ziel*, das unbeweglich über Entstehen und Vergehen herüberragt. Mit dem umstrittenen Wort »am Ende der Tage«[4] richtet er dieses Ziel vor den Versinkenden auf.

Die einen wollten darin die *zeitlose Ewigkeit* erkennen, die der Geschichte ein Ende macht und alle Fäden des Heute abschneidet, d. h. den Nimmermehrstag. Aber das AT kennt diesen abstrakten Begriff der Ewigkeit nicht. Er ist ein Produkt der philosophischen Spekulation.
Die anderen wollten sich damit begnügen, daß der Prophet auf eine *Folgezeit* weise, eine »spätere« Zeit, die auf diese Notzeit nachfolge. So übersetzte man »in künftigen Tagen«. (Duhm stützt sich dabei auf 1. M. 49, 1; 5. M. 4, 30, ähnlich Kaiser. Aber beide Stellen sind eschatologisch, und Duhm muß selbst zugestehen: »Hier ⟨an unserer Stelle⟩ ist wohl noch hinzuzudenken, daß es sich um den abschließenden Stand der Dinge in der Zukunft handelt«).
Der Prophet zitiert eine geläufige eschatologische Formel, die die Endzeit meint, die mit dem Tage Gottes anbricht. Das ist eine *Zeit*, die wirklich *Ablösung* bringt für *diese Zeit*, die durch die Herrschaft der Menschen, Weltreiche, Götter und Dämonen bestimmt wird und durch Gottentfremdung, Sünde, Fluch, Leid, Sterben, Aufruhr, Krieg und Gerichte gezeichnet ist. Mit dem Ende der Tage beginnt die *Gotteszeit*, die durch die Gottesherrschaft bestimmt wird und mit Gottesnähe, Friede, Freude, Gerechtigkeit, Liebe, Reinheit, Leben und Segen erfüllt ist. Von dieser Zeit reden auch die anderen vorexilischen Propheten, mit demselben Ausdruck Jesajas Zeitgenosse Hosea (3, 5).[5]
Es ist richtig, daß das Ende der Tage nicht jene Entleerung bringt, die Aufhören, Nichts, Stillstand, d. h. die starre, leere Ewigkeit bedeutet, in der alle Uhren ihren Gang einstellen, Freude wie Leid verklingt, Fürchten und Hoffen, Wünschen und Verwünschen stille wird, der letzte Atemzug verhaucht. Das Ende der Tage bringt vielmehr einen neuen Anfang, Leben, Bewegung, d. h. die schöpferische, vollkommene Welt, in der alles, was in diesem Leben getrübt, unterdrückt und verdorben war, zu seiner Erneuerung, Eigentlichkeit und Vollkommenheit kommt, vom Schritt der Zeit bis zum Atemholen der Seele, vom Wünschen und Hoffen bis zu Freude und Dank, vom Glauben bis zur Liebe. *Diese Zeit* ist die Zeit der abschiednehmenden Tage mit *raubenden Händen*, die sich fortwenden – *jene* dagegen ist die Zeit der kommenden Tage mit *gefüllten Händen*, die beschenken.
Von der Ewigkeit läßt sich nur philosophisch und abstrakt reden, von der Endzeit, die die Propheten verkündigen, nur konkret in Bildern, die dieser Zeit entnommen sind, nicht in Entleerung, sondern in Erfüllung.
Das AT redet mit dem Ausdruck »am Ende der Tage« von der *Heilszeit*, die entsprechend dem geschichtlichen Fortschritt und der Entfaltung der Offenbarung immer präziser gesehen wird. Erst verknüpfte sich die Heilszeit in der Sicht der Gemeinde mit der Einnahme des zugelobten Bodens, darauf mit dem davidischen Königtum, dann mit der Vollendung der vorexilischen Gemeinde, dann im Exil mit dem Ablauf der Verbannung und endlich mit dem Abreißen der Geschichte und der Auflösung der alten

4) Vgl. 1. M. 49, 1; 4. M. 24, 14; 5. M. 4, 30 u. Parallelen; Jes. 2, 2; Jer. 2, 2 u. Par. 30, 24; Hes. 38, 8; Hos. 3, 5; Mi. 4, 1.
5) Zur Echtheit von Hos. 3, 5 vgl. Frey: Der Aufbau der Gedichte Hoseas, Wort u. Dienst S. 9–103, 1957.

Schöpfung (vgl. zur Sache 1. M. 49, 1; 4. M. 24, die Erwartung der Zeitgenossen des Amos, Amos selber und die Propheten Hesekiel und die Apokalyptik, auch, wo der Ausdruck »am Ende der Tage« nicht fällt).

Das Ziel, das Jesaja mit dem »Ende der Tage« vor seinen Zeitgenossen aufrichtet, ist von der *Sehnsucht der Völker* und ihrer *Ahnung* von einem goldenen Zeitalter umwoben. Der Ausdruck leuchtet zugleich von innen heraus von der *Erfüllung* aller *Weissagungen Gottes*, gegeben durch Glaubensmänner und Propheten. Er weist die Kirche, deren Grund wankt, nicht auf irgendeine Folgezeit, sondern auf die diese Zeit der Auflösung abschließende *Heilszeit*. Seine Botschaft gibt dem, was Ahnung oder Verheißung war, feste Umrisse und eine konkrete Mitte und zeigt darin der Gemeinde die *Antwort* Gottes auf ihre Bedrängnis.

v 2b »Da wird stehen der Berg Jahwes«. Was Jesaja über den Graben der Zeit und über den Abgrund, in dem Jerusalem versinkt, von der neuen Welt emportauchen sieht, ist nicht der Palast und der in den Himmel ragende Stufenturm der Hauptstadt des ins Riesenhafte angewachsenen Weltreiches und ihres Tempels. Es ist vielmehr der Berg, der Stadt und Tempel Gottes trägt,[6] eben das im Versinken begriffene Jerusalem und das zum Abbruch bestimmte Haus des Gottes Israels, der scheinbar den stärkeren Heeren und Göttern der Weltmacht erlag.

v 2cd »Aufgerichtet an der Spitze der Berge und (wird) erhaben sein über die Hügel«. An *jenem* Tage ist die *Weltmacht vergangen*, der *Berg Gottes* aber steht *aufgerichtet* und fest hingestellt wie die Erde auf ihren Fundamenten inmitten des Meeres,[7] wie der Thron Gottes über dem Chaos[8] und über den Himmeln.[9] Er steht nicht nur und dauert, sondern er überragt auch alle Berge mit ihren Tempeln und Gottessitzen, alle Hügel mit ihren Anbetungsstätten. Jetzt ist er der Geringste aller Berge, auf den die hochkuppeligen Basansgebirge verächtlich herabblicken.[10] Dann blickt er als höchster herab auf die Berge der Erde gleich jenem Berge, von dem man sang, daß er im Norden[11] throne,[12] daß auf ihm einst das Paradies lag[13] und der Wohnsitz des Aller-

6) Der Zion mit der Davidsburg und der Tempelberg, der Berg des Hauses Jahwes oder einfach Jahwes, sind in der Sicht Jesajas dabei, zu einem Begriff zusammenzufließen, der nicht mehr nationale, sondern reichsgottesgeschichtliche Bedeutung hat, ein Hergang, der in Jesaja 40–55 zur Vollendung kommt.

7) Ps. 24, 1f; 93, 1.

8) Ps. 93, 2–4.

9) Ps. 103, 19; vgl. 48, 9; 87, 5; vgl. die an allen diesen Stellen wiederkehrenden Formen vom Stamm kûn »aufrecht stehen«, niph. »aufgestellt, gegründet sein« (nākhôn), pil. »feststellen«, »gründen« (kônēn) und hiph. (hēkhîn).

10) Ps. 68, 17.

11) Mit der Lage im Norden war vielleicht ursprünglich die Lage des Tempelberges im Norden des alten Jerusalem gemeint. Aber das Wort umglänzt die Erinnerung an das Paradies Gottes, vgl. Ps. 48, 3; Jes. 14, 13; Hes. 28, 14. 16.

12) Jes. 14, 14; Ps. 48, 3.

13) Hes. 28, 14.

höchsten und sein Thron stand.[14] Er steht so unbeweglich, wie heute der Thron Gottes im Himmel feststeht, wenn alles wankt,[15] und einst feststehen wird, wenn wiederum alles im Ansturm des neuen Chaos ins Wanken gerät.[16]

Der kleine Tempelberg ist dann die *Mitte* der Welt und ihre Spitze und der auf ihm thront – das ist der unausgesprochene Gedanke – ist der *Herr der Welt*. Dann ist erfüllt, was die Zionslieder von Jerusalem singen,[17] die Thronbesteigungslieder vom Tage der Auffahrt Jahwes zum Thron der Welt künden[18] und die Propheten weissagen.[19]

Ist das buchstäblich gemeint? Dann setzt die Botschaft ja eine Verwandlung des Angesichtes der Erde, eine neue Welt mit einer neuen Geographie voraus. Oder ist es in übertragenem Sinne, d. h. geistlich, zu verstehen? Soll die Religion des kleinen, verachteten Volkes Israel dann Weltreligion werden?

Diese Fragestellung angesichts der Wandlung der Dinge, die der Prophet schaut, ist unserm rationalistischen, spaltenden Denken entsprungen. Dieses Denken möchte die Maßstäbe seiner Erfahrung und dieser Zeit nicht loslassen. Darum kommt es nur zu einem Entweder – Oder, buchstäblich oder spiritualistisch. Es vergißt, daß unsere Schauung uns an das Ende der Tage versetzt, da diese Zeit und Welt der neuen Gotteswelt Platz gemacht haben. Von dieser neuen Gotteswelt aber reden die Propheten in steigender Klarheit als von einer neuen Schöpfung, die nicht Vernichtung, sondern Verklärung und Verwandlung der alten ist.

In ihr steht noch der Tempel Gottes, die Tore der Gottesstadt sind noch die alten (Zach. 14, 10), das Tote Meer existiert noch (Zach. 14, 8; Hes. 47, 8). Aber wiederum weiten sich die Berge um die Gottesstadt zum Tal (Zach. 14, 10), der Tempelberg erhebt sich zum Weltenberge und von ihm entspringen anstelle der stillen Wasser Siloahs von heute die Paradiesesströme, die der Welt das Leben bringen (Hes. 40, 2; Joel 4, 18; Zach. 14, 8; Hes. 47, 1ff).

Die Wasser des Toten Meeres sind nicht mehr salzig (Hes. 47, 8), die Bäume tragen alle Monate Früchte (Hes. 47, 12), die kahlen, unfruchtbaren Berge triefen von Most und Wein (Am. 9, 13; Joel 4, 18). Die alten Himmel sind wie Rauch zerflattert, die alte Erde wie ein Gewand zerfallen (Jes. 51, 6). Gott hat einen *neuen Himmel* und eine *neue Erde* und *Jerusalem zur Wonne* geschaffen (Jes. 65, 17f), und die Menschen sind nicht mehr die unserer kurzen Lebenstage (Jes. 65, 20).

Es ist die alte Welt und die gegenwärtige Kirche, aber es ist doch auch wiederum eine neue Welt und ein neues Jerusalem. Die alte Welt ist verwandelt, die alte Kirche verklärt. In diesem Rahmen müssen wir auch unsere Weissagung sehen. Darin liegt eine Absage an nationalistische Gedanken Judas – aber auch Verheißung für ein umkehrendes Israel von heute.

Vielleicht ist es gut, daß die Auslegung so rationalistisch gefragt hat. Ein Ausleger (Duhm) hat sogar aus demselben Denken heraus eingewendet: Gott könne doch den Pilgern der neuen Welt nicht solche Klettertouren zumuten, daß er ihr Wallfahrtsziel so hoch aufbaut. Solches Fragen und Erwägen entlarvt unser menschliches Denken. Es

14) Jes. 14, 13.
15) Ps. 103, 19; 29, 10.
16) Ps. 93, 2–4; 46, 4. 5; 48, 4–8.
17) Ps. 46; 48; 76; 87; 122; 132.
18) Ps. 47; 93; 97; 99; 68 usw.
19) Zach. 8, 20–23; 14, 16; Jes. 45, 14f.

stößt mit dem, was Jesaja seinen Zeitgenossen verkündigt, zusammen und zerbricht an dem Wunder der göttlichen Verwandlung, die das Innere und das Äußere umfaßt. Unser Denken zerbricht an Gott, damit wir für Gottes Denken Raum bekommen.

Aber von all dem Vielen, was die Ahnungen der Völker von einem goldenen Zeitalter stammeln und was die Propheten sonst von der Herrlichkeit der neuen Welt künden, führt uns Jesaja fort. Er sieht und zeigt uns von dem Wunder der Verwandlung nur *Gottes Thron in der Mitte* und an der Spitze der Welt! Damit lenkt er den Blick in der Anfechtung auf das eine, was nottut – auf Gott und seine Herrschaft. Das ist es, was dem Glauben Halt und dem Herzen Einfalt gibt. Er handelt mit seinen Hörern und uns Lesern nach dem Jesuswort: »Trachtet am ersten nach der Gottesherrschaft, so wird euch solches alles zufallen.«[20] Nur diese strenge Einfalt vermochte in der Härte der Not dem eingeschlossenen Jerusalem zu helfen.

v 2e. 3a »Und es werden strömen (w$^{e}$nāh$^{a}$rû) zu ihm alle Völker und wallfahrten gewaltige Nationen«.[21] Von der neuen Mitte aus sieht und zeigt der Prophet, alle anderen Zeichen der äußeren Verwandlung überspringend, die *Verwandlung* in der *Menschenwelt*. Er zeichnet sie auf dem Hintergrund *dreier Bilder*: des Bildes der nach Jerusalem strömenden *Pilgerströme* – der über Jerusalem zusammenströmenden *Völkerheere* – und der vom Paradiesesberge einst herabströmenden *Paradiesesströme*.

Anstelle der durch Zerteilung der Gemeinde, Krieg und Belagerung unterbundenen Wallfahrt der Stämme nach dem Tempel und statt der gegen die Gottesstadt heraufziehenden Belagerungsheere mit ihrem Völkergemisch sieht er ganz andere Scharen zum Berge Gottes ziehen. Es sind, wie die Heere der Eroberer, nicht die Söhne der Gemeinde, sondern die *Heidenvölker*, darunter »gewaltige Nationen« wie Assur und Ägypten. Sie kommen aber nicht mit Waffen, sondern im Pilgergewand, nicht zum Kampf, sondern in friedlicher Absicht.[22] Und wie am Anfang der Schöpfung vom Paradies her »*Ströme*« (nāhār) aus der Mitte der Welt ausgingen[23] und wie am Ende der Tage die Wasser des Paradieses vom Berge Gottes in die Welt herabströmen sollen

20) Mt. 6, 38.

21) Man sieht heute gerne im Widerspruch zwischen dem Motiv der Völkerwallfahrt und dem sonst von Jesaja gebrauchten Bild des Völkerkampfes um Jerusalem einen Grund, 2, 2–5 dem Propheten abzusprechen (vgl. O. Eißfeld: Einl. ins AT z. Stelle). Die zukünftige Völkerwallfahrt, deutlicher von den nachexilischen Propheten geschaut (z. B. Zach. 8, 20ff; 14, 16ff), ist von ihnen ebenfalls mit dem Völkerkampf um Jerusalem zusammengesehen, besonders deutlich in Zach. 14, 2ff. Es lassen sich aber auch gegen die nachexilische Ansetzung der klassischen Zeugnisse von der Völkerwallfahrt in Ps. 87 und 47 Argumente beibringen.

22) Vgl. zur Völkerwallfahrt H. Wildberger: Die Völkerwallfahrt zum Zion, Vetus Test. Vol. VII, 1957, S. 62ff, und v. Rad: Die Stadt auf dem Berge, Ges. Studien z. AT, 1958, S. 214–24.

23) Vgl. 1. M. 2, 10ff.

und das Leben Gottes sich durch sie der Welt schenken wird,[24] so sieht der Prophet es um den Zion *strömen*. Aber die Bewegung geht in umgekehrter Richtung – nach der wiedergeschenkten *Mitte zu*: Das Leben der Welt wendet sich zu seinem Ursprung zurück.
Diese neue Bewegung, die die Völkerwelt erfaßt hat, ist das *Lebenswunder* einer beginnenden neuen *Gottesgeschichte*.
v 3bc »Und werden sagen: Auf, laßt uns hinaufsteigen zum Hause des Gottes Jakobs«. Jesaja gibt den Zuruf weiter, mit dem die Völkerscharen einander einladen und anfeuern, nach Jerusalem zu wallfahrten, weil dort das Haus des wahren Gottes steht. Die Bewegung ist dadurch ausgelöst, daß den Völkern für die ihnen bis dahin verborgene *Gegenwart* des wahren *Gottes* zu *Zion* das *Auge geöffnet* wurde. Ein anderes Prophetenwort faßt diese neue Entdekkung der Völker in das Bekenntnis der Heiden zum Zion: »Nur in *dir* ist Gott und es gibt keinen sonst . . . fürwahr, du bist ein verborgener Gott, Gott Israels, Heiland« –: nur in der Gemeinde ist er offenbar.[25] Dasselbe Prophetenwort zeichnet die Gewalt dieser Bewegung auf den Gott Zions zu: »Zu *dir* werden sie übergehen, *dir* werden sie gehören, hinter *dir* her werden sie wandern, vor *dir* werden sie niederfallen, zu *dir* hin werden sie beten.«[26] Ein anderer Prophet weissagt: »Dann werden zehn Männer aus allen Sprachen der Völker einen judäischen Mann am Zipfel seines Gewandes packen und sagen: Wir wollen mit *euch* ziehen, denn wir haben gehört, daß Gott bei *euch* ist.«[27]

Der Zuruf der Völker versetzt uns in die Vorbereitungen zum Aufbruch zu einem großen Fest. Vielleicht ist es ein Laubhüttenfest, auf dem man der Besteigung des Weltenthrones durch Jahwe gedenkt und sich der mühsamen Wüstenwege erinnert, die die Völker ohne Gott gewandert sind, wie es spätere Propheten vom großen Laubhüttenfest in der neuen Welt bezeugen.[28]

»Auf, laßt uns hinaufziehen (oder: aufbrechen)!« (l$^{e}$khû w$^{e}$na$^{ca}$läh). So luden in Israel die Dorfgemeinschaften einander zur Wallfahrt ein[29] und feuerten sich bei der Begegnung mit Zuruf an, wenn auf der Wallfahrtsstraße ein Pilgertrupp zum anderen stieß,[30] oder wenn sie eine der an der Pilgerstraße liegenden Städte passierten,[31] vollends, wenn die Türme, Mauern und Tore der heiligen Stadt oder die Zinnen des Tempels sichtbar wurden.[32] So grüßen sich am Ende der Tage die Völkerscharen mit dem alten Wallfahrtsruf.

24) Vgl. Hes. 47, 1ff; Joel 4, 18; Zach. 14, 8.
25) Jes. 45, 14f.
26) Jes. 45, 14.
27) Zach. 8, 23.
28) Zach. 14, 16.
29) Ps. 122, 1; Hos. 6, 1; vgl. 14, 2; Zach. 8, 21.
30) Hos. 2, 2–3.
31) Zach. 8, 21.
32) Ps. 122, 2–6; 48, 3. 9. 13ff.

Der Zuruf, den der Prophet seinen von rohen Heiden bedrängten Mitbürgern weitergibt, versetzt sie in die hohe Freude, mit der Verfolger und Bedränger von heute dann der Gottesstadt nahen werden.
v 3de »Daß er uns unterweise (Thora erteile) in seinen Wegen und wir wandeln in seinen Pfaden«. Zur Einladung und Anfeuerung fügen sie das Bekenntnis der Sehnsucht, die sie bewegt. Als höchstes Ziel der Sehnsucht der Pilger nannten einst die Wallfahrtslieder das Schauen der Gottesstadt, ihrer Altäre und Gottesdienste,[33] vor allem aber das Schauen des Angesichtes Gottes,[34] den Empfang seines Segens.[35] Spätere Propheten bezeugen als Ziel der Sehnsucht der letzten Zeit die Anbetung vor dem himmlischen König[36] und die Versöhnung Gottes.[37] Das künftige Bekenntnis der Völker, das Jesaja weitergibt, nennt als Antrieb ihrer Fahrt die Sehnsucht nach Erkenntnis der ihnen bis dahin verborgenen Wege Gottes, d. h. nach der Offenbarung seines Heilswillens, und nach der Verwirklichung des ihnen bisher verhüllten Gotteswillens in ihrem Leben.
Was sind das für Gotteswege, die so die Sehnsucht wecken? Sind es die Wege, die Gott dem Menschen vorschreibt[38] oder die Gott seine Gemeinde führt?[39] Beide sehen anders aus, als der Mensch es sich denkt. Im Glaubensleben fällt beides zusammen.
Es sind die Heilswege Gottes, die er seiner Gemeinde gebahnt und ihr in seinem Wort geoffenbart hat, in denen er sie fortlaufend unterweist und führt. Sie sind für die Gläubigen die Wege der Erlösung und des Heils sowie des Glaubens und gleichzeitig des Gehorsams in der Korrektur des Gewissens durch seinen Zuspruch und in der Tröstung der Seele durch seine Vergebung. Das sind die *Wege des Lebens mit Gott* – damit sind sie Leben und Seligkeit. So preist sie der Fromme Israels als Pfad des Lebens, der durch liebliches Gelände führt und von Freude und Fülle umglänzt ist.[40]
Nach dem *Leben mit Gott* sehnen sich die Völker, die ohne ihn gewandert sind. Der hebräische Satz kann bedeuten: »Daß er uns kundtue etwas von seinen Wegen«, oder: »Unterweisung gebe aus seinen Wegen«, oder: »Belehrung gebe über seine Wege (bzw.: in seinen Wegen)« – das kommt dem Sinn am nächsten. Sie haben erfahren, daß ihre eigenen Wege im Bankrott enden und sind ihrer müde. Im *Alten* Bunde war der *Weg* Gottes der Weg, den *Gesetz* und *Prophetie* der Gemeinde zeigten. Im *Neuen* Testament erfahren wir, daß *Jesus der Weg Gottes* mit und für die Menschen ist, in dem die

33) Ps. 48, 3; 27, 4.
34) Ps. 42, 3; 84, 3. 8; 63, 3.
35) Vgl. Ps. 80, 4. 8. 20 mit 4. M. 6, 24–26.
36) Zach. 14, 16.
37) Zach. 8, 21.
38) 1. M. 18, 19; Jer. 5, 4.
39) Jes. 55, 8f; Ps. 77, 20. 14.
40) Ps. 16, 11.

ganze Offenbarung des Gotteswillens aus dem Alten Testament ihre Vollendung findet.[41]
Das Sehnen der Völker, das zum Zion drängt, um den Willen Gottes zu erlernen, das die bewegende Kraft der neuen Welt ist, überwindet das Verlangen nach Selbstdurchsetzung, das die bewegende Kraft der alten Geschichte war. Der Tempel Gottes wird zum Widerspiel des großen Turmes zu Babel, die Völkerwallfahrt nach ihm zum Widerspiel jenes Turmbaues, der zur Spaltung der Menschheit führte.[42] Es erfüllt sich die Abraham gegebene Verheißung: »In dir sollen Segen finden alle Geschlechter auf Erden.«[43]

*Strophe 2*: Die Offenbarung Jahwes vom Zion her und ihre Wirkung: Die Weltabrüstung, v 3f–5.
Jetzt folgt die Begründung für die neue Stellung Jerusalems in der Welt am Ende der Tage und für die Wallfahrt der Völker nach ihm.
v 3fg »Denn von Zion bricht hervor Offenbarung und Wort Jahwes aus Jerusalem«. Es läßt sich nicht mit Sicherheit sagen, ob wir hier noch das Bekenntnis der Völker hören oder schon das Zeugnis des Propheten. Letzteres ist das Wahrscheinlichere. Dem Sinn nach kommt beides auf dasselbe heraus. Die mächtige Bewegung der Völkerwelt nach der Stadt Gottes hin und ihre Sehnsucht nach Erkenntnis seines Heils hat ein *zwiefaches Wunder* zur Ursache. Um das *erste* zu fassen, muß man sich daran erinnern, daß Jesaja Jerusalem mit Gericht bedrohen mußte, weil es aus der Verkörperung der Treue und des Glaubens zur Verkörperung der Untreue, zur Hure, wurde, aus der Wohnstätte des Gottesrechtes zur Heimat der Mörder.[44] Seine Führer wurden Verführer,[45] seine Rechtsprechung Rechtbrechung[46], sein Glaube Aberglaube[47] und Götzenglaube.[48] Sein Gottesdienst verdunkelte Gott. Seine Priester, Propheten und Führer verspotteten den wahren Propheten[49] und lehnten sein Heilsangebot ab.[50] Daß wirklich *dasselbe Jerusalem* am Ende der Tage zur *Quelle* von *Wort* und *Offenbarung* geworden ist, ist das erste Wunder. Man hat sich gemüht zu zeigen, daß damit ja nichts anderes geschehen ist, als was sich schon zu Jesajas Lebzeiten abspielte. Damals gab Gott mitten im ungläubigen Jerusalem einem Menschen seine Offenbarung und versiegelte sie in seinen Jüngern (8, 16). Und hernach verkündigte dieser Mann in den

41) Joh. 14, 1ff; vgl. Hos. 14, 10; Jes. 2, 5.
42) 1. M. 11.
43) 1. M. 12, 3.
44) Jes. 1, 21–23.
45) Jes. 3, 12; 5, 20.
46) Jes. 5, 7.
47) Jes. 8, 19; 2, 6; 3, 3.
48) Jes. 2, 8. 20.
49) Jes. 28, 9.
50) Jes. 28, 12.

Straßen Jerusalems Gottes prophetisches Wort (20, 2ff). Ja, er gab hier den Abgesandten der Heidenvölker aus der ihm gewordenen Offenbarung Weisung für ihre Wege (14, 28–23, 18). Ja, das war auch schon Wunder und Vorschattung der neuen Zeit. Aber hier ist mehr gesagt. Eben dieses Jerusalem, das den Propheten bekämpft, ihm zeitweise das Wort verbietet und dem die Nacht der völligen Verstockung angekündigt ist,[51] wird Bote und Verkünder der Offenbarung sein.

Es ist nicht geweissagt, daß Jerusalem zur Hauptstadt der Welt wird und die Völker dem Reiche Israel einverleibt werden. Sondern Jerusalem soll die geistliche Mitte der Welt werden, die Priesterin, Seherin, Prophetin und Evangelistin Gottes. Sie soll Thora und Wort Jahwes weitergeben.[52]

Das führt zum *zweiten* Wunder. Neben der Bedeutung des prophetisch-priesterlichen Wortes, der Wegweisung für die Stunde (w$^{e}$jôrēnû 3d), erklingt das Wort »Thora« und »Wort Jahwes« hier in hochfeierlicher Weise als Antwort auf die Sehnsucht der *Völker* nach Enthüllung des Heilswillens Gottes und nach der Ordnung ihres Lebens durch denselben, als Name fürs Gottesrecht. Es ist die feierliche Weise, in der am Bundesfest das Zeugnis vom Bundesschluß und die Bundesregel, das Gottesrecht, das Zeugnis von Gottes Heilstat und seiner Forderung, verlesen und die Gemeinde in ihre Ursituation versetzt wird, *in den Bund*. Was der Gemeinde zuteil wurde, geschieht *jetzt den Völkern* – der Bund erweitert sich über seine Grenzen.

Das *erste* Wunder, daß dieses Jerusalem Quelle der Offenbarung Gottes wird, ist schon groß. Doch das *zweite* Wunder, das hier bezeugt wird, steht dem ersten nicht nach: Die *Offenbarungsquelle* bricht aus den Grenzen der Heilsgeschichte aus und *ergießt* sich in die *Völkerwelt*.

Jesaja faßt dies Wunder des Ausbruchs zusammen in dem Wort »es geht aus« oder »bricht heraus (oder: hinaus)« (jāṣā' und tēṣē'). Wie es vom Aufgang der Sonne heißt, daß sie herausgeht oder – bricht wie ein Held,[53] so soll die in Israel verschlossene, einmalige Offenbarung und das prophetische Wort gleich der Sonne aus dieser elenden Stadt, die Gott verdunkelt, in die Welt hineinbrechen.[54] Gott bezeugt durch das Trostbuch Jesaja 40–55 dieses Ge-

51) Jes. 8, 21.

52) Zu Fülle und Wandel der Bedeutungen des Wortes Thora vgl. die Anm. zu 1, 10. Jesaja braucht das Wort für die ihm persönlich werdende, mündlich verkündigte Offenbarung (1, 10), wie für deren Zusammenfassung und schriftliche Fixierung (8, 16), aber auch im weiteren Sinn von Offenbarung, wie sie mit dem Bunde verbunden ist und besonders am Bundesfest ins Gedächtnis gerufen wird (2, 3f; vgl. Hos. 8, 1–2. 12; vgl. die Gesetzesverlesungen zum Bundesschluß, 2. M. 24, 1–11; Jos. 24, 25ff; 5. M. 31, 8ff; Neh. 8, 2ff). – Hier ist Thora u. Wort parallel gebraucht für Offenbarung im Sinn von Unterweisung durch Seelsorge u. Rechtshilfe, Unterweisung im zurechtbringenden Gotteswillen (3de) u. dann weiterführend im Sinne der Enthüllung des Gotteswillens als Grundlage des Bundes zur Aufrichtung desselben (3fg).

53) Ri. 5, 31; Ps. 19, 6.

54) Vgl. Hos. 6, 5c.

schichte werdende Ereignis mit demselben Ausdruck »herausgehen« oder »ausbrechen« (jāṣā'): »Horcht auf mich, Völker,[55] Offenbarung geht (oder: bricht) heraus von mir« (tôrāh mē'ittî tēṣē'), »heraus bricht mein Heil« (jāṣā' jišʿî, 51, 4 vgl. 42,1. 3).[56]

Das ist die Ankündigung einer *Grenzüberschreitung*, die nach der Berufung Abrahams aus den Völkern das entscheidende Ereignis der Weltgeschichte ist.

Die Größe dieser Grenzüberschreitung haben noch Jesus (Mt. 15, 21–28) und die Urgemeinde (Apg. 10) gefühlt. Jesus selbst ließ sich nur Schritt für Schritt vom Vater auf dem Wege der Vollstreckung dieses Wunders voranführen (Mt. 15, 21–28; Joh. 12, 20–24). Er erkannte darin ein Zeichen seiner nahenden Verklärung (Joh. 12, 20–23). Die Urgemeinde rang sich nur unter schwerem Kämpfen und Sträuben dazu durch, dies Wunder zu glauben und sich darunter zu beugen (Apg. 10–11; 15). Diese Grenzüberschreitung erschien für das alte Israel unvorstellbar. Die Propheten hatten ihm von Zeit zu Zeit diesen Durchbruch als Fernziel angekündigt, aber sicherlich, ohne von weiteren Kreisen verstanden zu werden (1. M. 12, 1ff; 49, 10; Jes. 42, 1ff; 49, 6; 45, 20–25).

Das Trostbuch Jesaja 40–55 zeigt in der Seele des Gottesknechtes Ort und Stunde voraus, in der die Erkenntnis durchbricht, daß Gottes Reich diese Grenze überschreiten will. »Ich aber sprach: Ich habe vergeblich gearbeitet, um nichts und gar nichts meine Kraft verzehrt . . . Aber er (Gott) sprach: Zu gering ist's, daß du mir Knecht seist, um die Stämme Jakobs aufzurichten und die Bewahrten Israels wiederzubringen; – ich habe dich auch zum Licht der Heidenvölker gemacht, daß mein Heil reiche bis an das Ende der Erde« (Jes. 49, 4a. 6).

Dieser Durchbruch ist die Geburtsstunde der Weltmission. Und der stellvertretend sterbende Gottesknecht ist das Werkzeug derselben. Er bringt hinaus oder läßt durchbrechen (jôṣî') das Recht = die Wahrheit oder Religion[57] zu den Heidenvölkern und auf seine Thora oder Offenbarung harren die Völker (42, 1ff vgl. 42, 21).

Voraussetzung des *ersten* und *zweiten* Wunders ist, daß *Gott*, der sein Angesicht vor dem Hause Jakobs verborgen hatte (8, 17), diesem sein Angesicht wieder zuwendet.

Wie durch das genannte Prophetenwort (Jes. 49, 1–6; 52, 7–53, 12), so wissen wir durch Jesus selbst (Joh. 12, 20–24), daß der *Durchbruch* selber *durch* das *Sterben Jesu* Wirklichkeit geworden ist. Jerusalem verdunkelt nicht mehr die Offenbarung. Bund und Offenbarung bekommt Gültigkeit für die Heiden. Das Reich Gottes durchbricht die heilsgeschichtlichen Schranken zwischen Judentum und Völkerwelt durch ihn (Eph. 2, 11–20). Aber noch ist das

55) 12 MSS und S für »Volk«.

56) Dort sind Thora, Recht, Wahrheit, Licht, Frohe Botschaft identische Begriffe geworden, – hier noch nicht. Aber sie sind eng miteinander verbunden und gehen weit über das hinaus, was Gesetz und Gesetzesbelehrung waren.

57) Vgl. zu dieser Deutung des Wortes »Recht« (mišpāṭ) P. Volz: Jesaja II, 1932, S. 153.

Reich unter Kreuzesgestalt verborgen. Der Tag seines sichtbaren Einbruchs steht noch bevor.
Die Völkerwelt der Zukunft antwortet auf dieses Wunder mit einem beispiellosen Hunger der Ergriffenheit, mit einer die Welt bis an ihre Enden umfassenden Bewegung auf die Stadt oder Kirche Gottes zu. Jesaja schaut und verkündet das, lange bevor Israel in die Völkerwelt zerstreut und durch die jüdische Diaspora der Name Jahwes in die Länder des alten Kulturkreises getragen wurde und Proselytenströme aus allen Himmelsrichtungen zu den großen Festen nach dem Tempel in Jerusalem wallfahrteten. Und was der Prophet weissagt, ist *größer* als diese Vorerfüllung aus der letzten Zeit des Tempels vor seiner Zerstörung. Es ist die *Hinwendung* der *ganzen Welt* zum *Gott* Zions. Einen ganz kleinen Vorgeschmack davon hat Jesaja selbst erlebt, als er in den Jahren unter Hizkia als erster Völkerprophet Gesandtschaften der Heiden empfangen und ihnen Weisung und Trost geben durfte (15–23).

v 4ab »Und er wird Recht sprechen zwischen den Völkern und Schiedsspruch geben gewaltigen Nationen«. Mit dieser *Aufhebung* der *Schranken* zwischen Israel und den Heidenvölkern und durch die Weitergabe der Offenbarung tritt *Gott selbst* als Schlichter und Richter in das *Leben* der *Heidenvölker* ein. Wir wissen, wie schwer schon Streitfragen zwischen einzelnen Menschen zu schlichten sind. Darum hatte Israel das Gottesrecht und seine Ausleger als Rechtshelfer. Aber noch viel schwerer sind die Streitfragen zwischen den Völkern zu lösen. Die Völkerwelt ist beherrscht von dem Gesetz der gefallenen Welt, daß eines leben muß auf Kosten des andern und Gewalt vor Recht geht, ja, Gewalt »Recht« schafft. D. h., das Diktat der Macht bestimmt heute, was als Recht anerkannt werden muß, und die Menschheit betet dann aus tiefster Überzeugung diese Lüge als wirkliches Recht an.
Zu einer besonders von Ungerechtigkeit, Vergeltung und Gewalttat angefüllten Zeit, in einer bis zum Zerreißen gespannten Weltlage, versteht man neu die Brutalität, die die zwischenstaatlichen Beziehungen der Zeit Jesajas bestimmte, und die Hoffnungslosigkeit, die auf ihnen lastete.
Über den Konkurrenzkampf der großen Mächte um das Recht auf Weltherrschaft und um den Ausbau ihrer wirtschaftlichen Ambitionen sieht der Prophet die *Zukunft* Gottes. Über das Seufzen der kleinen Völker unter der Gewalt der Fremdherrschaft, über ihren Schrei nach Freiheit hinweg sieht er die Zeit herannahen, da *Gott selbst* die Ordnung der Beziehungen der Völker zueinander in die Hand nimmt. Bei dem Gott der Kirche zeigt Jesaja die überlegene und gerechte Instanz, die die Völker vergeblich an den Orakelstätten und bei den Göttern der alten Welt suchten oder heute beim beschworenen Völkerrecht oder an höchsten Völkergerichtshöfen wähnen. Diese Instanz ist da in dem Richter, vor dem alle Völker gleich sind. Er legt auch den Stärksten, wie Assur und Ägypten, den Schwachen gegenüber verpflichtenden Schiedsspruch auf, und sie nehmen ihn an.
Dann anerkennen die Völker Gottes Geschichtslenkung nicht nur, weil seine

Strafaktionen sie von außen überwältigen, wie nach Gerichten und Geschichtskatastrophen, verursacht durch Tyrannen, ob sie nun Tiglat-Pilesar und Sanherib, Nebukadnezar, Cyrus, Alexander, Attila, Napoleon oder Hitler heißen. Vielmehr vollzieht sich *Gottes Richten* am Ende der Tage dadurch, daß er in seinem *Wort von innen* zu den Völkern Eingang findet, so daß sie im Licht der Offenbarung vor den Richter gestellt werden. Die beiden Sätze gehören zusammen: »Offenbarung geht aus von Zion . . . und er wird richten . . . und schlichten.« Von seinem Wort und Recht innerlich überwältigt, werden sie sich freiwillig seinem züchtigenden und zurechtbringenden Willen, d. h. seinem Gericht, unterwerfen. »Richten« heißt hier »zurechtbringen«, »Recht schaffen« – das »Heil vermitteln«. Und wenn sie mit den wundesten Streitfragen ihrer zwischenvölkischen Beziehungen kommen, wie das Verhältnis zwischen den Völkern des syrischen Raumes und Assur, so werden sie erfahren, daß Gottes Weisheit auch die hoffnungslosesten Fragen zu ordnen vermag.

v 4cd »Da werden sie ihre Schwerter umschmieden zu Spaten und ihre Speere zu Winzermessern«. Die Wirkung dessen, daß Gott selbst in die Völkerwelt eintritt, ist eine *Weltabrüstung*. Das ist dann nicht eine aus schwärmerischen Ideologien heraus vollzogene Selbstentblößung der einen vor den anderen. Ebensowenig ist es eine zwischen Diplomaten erfeilschte Abrüstung, die doch, so notwendig sie ist, nie zum Ziele kommt, weil sie stets umgangen wird. Es ist auch keine mit Gewalt erzwungene, die immer einseitig bleibt und zu noch grausigerer Vergewaltigung der Abgerüsteten führt. Es ist auch nicht eine durch die gegenseitige Angst allen gleichzeitig diktierte, die noch größeres Mißtrauen, Furcht, Bespitzelung und Feindschaft zurückläßt.

Der Prophet schaut eine Abrüstung, die vom gemeinsamen *Vertrauen* auf den *großen Schlichter* entfesselt wird. Sie ist das Resultat des Verzichts auf Selbstdurchsetzung und der Übergabe an Gott auf seiten der Völker. Es ist eine Abrüstung, die ihren Antrieb vom Drang des Herzens bekommt, das aus den Fesseln des Hasses und der Angst erlöst ist. Sie geht aus der neuen Humanität des gottbestimmten Menschen hervor. Der Mensch ist dann aus Tiercharakter und Bestialität zu seiner Eigentlichkeit wiedergeboren. Ein Psalmdichter besingt den Tag, an dem die großen und kleinen Völkerungeheuer, die einst die Gemeinde bekämpften, durch die *neue Geburt*, die sie *in Zion* erfuhren, ihres Tiercharakters entkleidet sind, den Reigen tanzen und den Gott Zions als den Quellort ihres Lebens preisen: »Alle meine Quellen sind in dir.«[58] Das ist die Wiedergeburt aus der Versöhnung mit Gott.

Aus freien Stücken legen sie ihre Waffen aus den Händen und eine neuartige Friedensindustrie setzt ein: Das mordende Eisen des Krieges wird zum Spaten des Gärtners und zum Winzermesser des Weinbauern umgeschmiedet und in den Dienst des Lebens gestellt. Das ist in primitiver Form dasselbe, was die Menschheit heute von der Umschaltung der Atombombenindustrie auf die

58) Ps. 87, 7.

Erzeugung friedlicher Energie ersehnt. Es ist die Umkehrung dessen, was ein anderer Prophet als Zeichen der letzten Dämonisierung erschaut für die Zeit, wenn Gott die Völker zum Sturm auf die Gemeinde mobilisiert.[59] Dort in der Nacht vor dem Weltentage sieht er sie ihre Friedensinstrumente zu Waffen umschmieden. Hier am Weltenmorgen werden die Instrumente der Zerstörung in Instrumente des Aufbaus umgewandelt.[60]

Aber die Botschaft dringt noch tiefer. Es wird nicht nur Aufbau statt Zerstörung zum Lebensgesetz der Völkerwelt. Auch die *Gesetze des Aufbaus* sind *gewandelt*. Der Prophet sieht in den Händen der Völker statt der schweren Arbeitswerkzeuge dieser verfluchten mit Disteln und Dornen ringenden Menschheit – die Werkzeuge der Paradieseswirtschaft. Der Spaten und das Winzermesser lösen Pflugschar und Sense ab. Die Welt wurde zum Garten. Erst mit der *Gegenwart Gottes* in der Welt, die das Paradies bringt, wird die Abrüstung möglich.

v 4ef »Nicht erhebt mehr Volk wider Volk das Schwert und nicht lernen sie ferner mehr kriegen«. Ja, die Frucht der *Anwesenheit Gottes* in der Predigt seines Wortes ist nicht nur Abrüstung der Waffen, sondern auch *Abrüstung der Gesinnung*. So in die Tiefe dringend ist die Wirkung seiner Arbeit als Richter unter den Völkern und die Folge seiner Annahme als Schiedsrichter durch sie! Sie werden keine Kriegsgedanken mehr gegeneinander haben. Sie werden sich auch nicht mehr in Angriff und Verteidigung üben. So radikal wird die Völkerwelt ihres Raubtiercharakters entkleidet und dem in sie hineingeprägten Ebenbild des Friedenskönigs zurückgegeben werden! Mit der totalen Abrüstung geht Hand in Hand die radikale innere Befriedung. Ohne den früher vom Propheten angekündigten Friedenskönig[61] zu nennen, ist hier das Heil des Gesalbten – die Versöhnung mit Gott, die zur Versöhnung zwischen den Menschen führt – angesagt.

Der Prophet entfaltet damit nicht ein ethisches Programm zur Verwandlung der Welt, nicht ein utopisches politisches Zukunftsbild des Friedensreiches oder der Weltherrschaft Israels. Er gibt vielmehr Zeugnis von einer Glaubensvision von der durch Gott verwandelten Welt. Jerusalem und sein Tempel sind die Mitte der neuen Welt, aber nicht im politischen, sondern im religiösen Sinne, nicht durch Macht, sondern durch geistlichen Vorrang und Auftrag, nicht in imperialem Ausdehnungsdrang, sondern durch geistliche Magnetkraft.

In Wahrheit ist *Gott* die *Mitte dieser neuen Welt*: Sein Berg, sein Haus, seine Offenbarung, sein Reden, d. h. seine universale Heilsbotschaft, sein Richten und Schlichten, d. h. sein allweises, richtunggebendes und zurechtbringen-

59) Joel 4, 10.

60) Vgl. zu dieser Umwandlung der Völkerwelt zur Friedenswelt Hes. 39, 9ff; Jes. 25, 7f; Zach. 9, 10.

61) Jes. 11, 1ff; 7, 10; 9, 1; 28, 16. 17.

des Wort, sein Friede, der Waffen unnötig macht, sein Rettungswille und seine Liebe, die die Kriegsgedanken aus den Herzen tilgen.

v 5 »Nun denn, du Haus Jakobs, laßt uns wandeln im Lichte Jahwes!« Mit dem letzten Vers reißt der Prophet seine Hörer wieder in die Gegenwart zurück. Jesaja hat zu einem Hause Jakobs gesprochen, vor dem Gott sein Angesicht verbarg (8, 17) und das er verwarf (2, 6) und hat ihm die Zukunft verkündet, in der er seinem Haus wieder sein Angesicht zuwendet. Von dieser Zukunft fällt ein Lichtschein in die dunkle Gegenwart. *Gott* ist als verborgenes Licht *schon heute* in seiner *Gemeinde gegenwärtig*. Von diesem Licht lebt der Prophet mit seiner kleinen Jüngerschar in der Hoffnung, indem er sich an Gottes Messias hält. Ja, im Glauben wandelt er bereits in diesem Licht. »Ich hoffe auf Jahwe, der sein Angesicht vor dem Hause Jakobs verborgen hat, und ich harre auf ihn! Siehe, ich und die Kinder, die mir Jahwe gegeben hat zu Zeichen und Wundern in Israel von Jahwe der Heerscharen, der (bereits) auf dem Berge Zion wohnt« (8, 17. 18).

Nun, nachdem er weissagend den Schleier von der in der Gegenwart verborgenen Zukunft gelüftet hat, lädt der Prophet die ganze Gemeinde ein, sich zur kleinen Jüngergemeinde, zu dem »Rest Jakobs«[62], zu gesellen, der sich zum »Gott mit uns« bekennt. Sie darf mit jener zusammen in das Licht Gottes eintreten und in ihm wandeln. Sie darf sich hoffend an das in der Offenbarung ihr gezeigte Licht halten, ja, in *Glauben* und *Hoffnung* schon *jetzt* an der großen Völkerwallfahrt vom Ende der Tage teilnehmen. »Auf, laßt uns hinaufsteigen zum Hause des Gottes Jakobs . . ., daß wir wandeln in seinen Pfaden«, hieß das Bekenntnis der Völker der Zukunft (2, 3). »Nun denn, Haus Jakobs, auf, laßt uns wandeln im Lichte Jahwes«, ruft Jesaja der Gemeinde der Gegenwart zu, die seine Offenbarung besitzt. Jesus wendet das Wort auf sich selber an.[63] Er ist das Licht Gottes.

In der Erkenntnis und Nähe Gottes, die seine Offenbarung gibt, darf man mitten in der belagerten, angefochtenen, in die Wolke der Verstockung gehüllten Stadt im Lichte wandeln. In einem hier vereinfacht wiedergegebenen Wort von Delitzsch heißt es weiterführend: In der in der Offenbarung dargereichten Erkenntnis und kundgewordenen Liebe, das heißt im Lichte Gottes wandeln, heißt diese Erkenntnis in Leben umsetzen, diese Liebe durch Gegenliebe erwidern, besonders in einer Zeit, die unter dem Verstockungsgericht Gottes steht. »Wie Paulus (Röm. 11, 14) will Jesaja seine Landsleute durch das Beispiel der Heiden zu einer edlen Eifersucht entflammen.«[64]

62) Jes. 7, 3; 10, 20. 21; 4, 3.

63) Joh. 12, 44–50; vgl. dazu im AT zum Gottesknecht od. Messias: Jes. 9, 1; 42, 6; 49, 6. Zu Gott selbst Ps. 27, 1; Jes. 10, 17; 60, 1. 19. 20. Zu Gottes Angesicht: 4. M. 6, 25; Ps. 31, 17; 67, 2; 80, 4. 8. 20; 90, 8; 118, 27; 119, 135; vgl. zum Licht Gottes: Ps. 36, 10; 43, 3; 44, 4; 89, 16; 90, 8; Jes. 60, 3. Gottes Recht: Hos. 6, 5; Jes. 51, 4. Gottes Wort: Ps. 119, 105.

64) Del. 73.

So hat die Weissagung nicht nur die Bedeutung des *Trostes* für das in der Vernichtung angekommene Jerusalem Jesajas, sondern auch die des *Bußrufes* an das von Gott und dem Glauben gewichene Israel. Es darf trotz seiner Loslösung aus dem Glaubensgrunde eintreten in den *Lebensbereich Gottes*, in das Kraftfeld der Inspiration von oben her, in den Lichtkreis seines Wortes, d. h. seines Heils. Der Prophet zeigt ihm eine *offene Tür* zu und bei dem Gott, der, wie wir noch sehen werden – dennoch seiner Wahl gedenken und in zwölfter Stunde Rettung schenken will. D. h.: Er ruft zur Buße (vgl. 9, 1).

Ein Gesicht wie das von Jesaja hier verkündete stellt uns mit großem Ernst die Frage nach seiner *Gültigkeit*. Ist das Gesicht zu entmythologisieren? Sind die Szenerie und die Vorgänge auf seiner Bühne nur mythologische Einkleidung der Botschaft: Seht in eurem Assur unterliegenden Gott Jahwe dennoch den Herrn der Welt – in den assyrischen Truppen, die euch belagern, im Glauben nicht mehr eure Feinde, sondern seine Menschen, die ihm ebenso gehören wie ihr – und glaubt im Unterliegen dennoch an den Triumph eurer Kirche? Solche Auffassung der Vision hat scheinbar manches Wahrheitsmoment vor ihrer Deutung als bloße Enthüllung der Zukunft voraus. Aber sie zerreißt, was im AT eines ist: Heil und Geschichte. Die Propheten reden von dem *in der Geschichte sich verwirklichenden eschatologischen Heil.*
So entsteht die Frage: Ist durch das Gesicht ein ethisches, soziales und internationales Programm aufgestellt? Ist damit dem Glauben eine ungeheure Aufgabe in der Welt aufgegeben? Aber es braucht heute nicht mehr bewiesen zu werden, daß die Propheten keine sozialen Reformer waren, keine Volkswirtschaftler und keine utopischen Kosmopoliten (Weltbürger).
Oder haben wir es mit einem wirklichkeitsfremden Welt- und Geschichtsverständnis zu tun? Ist das Ganze ein aus der Not der Gegenwart geborener schwärmerischer Wunschtraum? Doch Jesaja war ein entschiedener Feind von allem Illusionismus. Oder ist es ein gleichnishaft in den Farben dieser Zeit gemaltes Bild der Welt des ganz Anderen, der Ewigkeit, die Schöpfung und Geschichte aufhebt? Dann gibt es keine Brücke vom Hier und Heute zu jener Welt und ebenso keine Brücke von jener Welt zum Hier und Heute, in dem wir leben müssen. Aber wir sahen bereits,[65] daß das als Überschrift über die Vision gesetzte Wort zwar nicht die Bedeutung der bloßen Folgezeit hat, aber auch nicht den entleerten Sinn des Endes der Zeit, sondern die gefüllte Bedeutung der einbrechenden Gotteszeit.
Wer im Prophetenwort nur die Aufgabe findet, die unserm Glauben mit der Umwandlung der Welt gestellt ist, wird unserm Text ebensowenig gerecht wie jene, die darin nur eine Zeichnung des Nimmermehrstages sehen, an dem Gott dieser kampferfüllten und leidgequälten Welt ein Ende macht. Der Prophet zeichnet vielmehr seiner gequälten Gemeinde den *neuen Weltlauf* vor Augen, der bereits an die Türen pocht, den Tag, der Geschichte und Schöpfung zu ihrer *Eigentlichkeit*, Jerusalem zur Erfüllung seiner Sendung und *Gott zu seinem Recht* kommen läßt. In der Glut des Glaubens, oder in der prophetischen Unmittelbarkeit zu seinem Gott sieht Jesaja schon *nah*, was noch verhüllt am Ende der Geschichte auf uns wartet, aber zugleich *heute* schon reift.
Oder spricht der Prophet von einem Zwischenzustand, in dem vor dem Abbruch der Zeit und Anbruch der Ewigkeit die Gottesherrschaft auf dieser Erde in dieser Zeit ihre Vorverwirklichung findet? Die Apokalyptiker, zumindest von Hesekiel an, haben von solch einem Zwischenreich geweissagt (vgl. Hes. 38) und ein großer Teil der Gemeinde Jesu glaubt an dasselbe. Vollends die Offenbarung Johannes zeichnet in deutlichen

65) S. 76 Abs. 2ff.

Umrissen das Tausendjährige Reich.[66] Dieses ist nicht die Erfüllung menschlichen Fortschrittsglaubens, nicht Frucht christlicher Weltdurchdringung. In ihm bricht vielmehr durch *Eingriff* senkrecht *von oben* ein *Weltensabbat* ein. Dieser Sabbat ist noch nicht Ewigkeit, sondern verklärte Welt und erfüllte Zeit. Der lutherische Alttestamentler Franz Delitzsch macht sich diese Hoffnung der Apokalyptiker und des Pietismus zu eigen und formuliert: »Das, was selbst ein Kant für möglich hielt, ist nun wirklich und nicht durch die sogenannten christlichen Mächte, sondern durch die Macht des Gottes, der sich zu dem, wovon Elihu Burrit[67] schwärmt, lieber bekennt als zu der Politik der christlichen Mächte. Im Kriege kulminiert die weltgeschichtliche Macht des Tieres. Dieses Tier ist nun« (in der Zeit, von der Jesaja weissagt) »erlegt. Die durch die Sünde verschüttete wahre Menschlichkeit herrscht. Die Weltgeschichte feiert Sabbat. Oder sollen wir auf Grund solcher Prophetenworte nicht hoffen, daß die zeitliche Geschichte nicht ablaufen wird, ohne einen Sabbat gefeiert zu haben? Sollten wir Jesaja, um keine Chiliasten zu werden, nach Quenstedt[68] korrigieren?«[69]
»Die Humanitätsideen des Christentums« – äußerte jüngst ein einsichtiger jüdischer Gelehrter – »wurzeln im Pentateuch und namentlich im Deuteronomium; bei den Propheten und namentlich bei Jesaja haben sie sich zu einer Höhe erhoben, welche von der modernen Welt vielleicht erst nach Jahrhunderten erreicht und verwirklicht werden wird«, (soweit der Jude). »Sie werden aber verwirklicht werden. Was das von Jesaja angeeignete Prophetenwort sagt, ist sittliches Postulat, heilsgeschichtliches Ziel, geweissagter Ratschluß.«[70]
Die Deutung Delitzschs ist vielleicht die gewaltigste Auslegung dieser Stelle. Das Gespräch darüber wird aber vermutlich nie zum Abschluß kommen, bis die Erfüllung da ist. Das kommt daher, daß die Diskussion sich hier um Dinge dreht, die an der Grenze zwischen Zeit und Ewigkeit liegen, die unserem Verstehen nicht mehr rational faßbar sind und darum immer außerhalb des Bereiches der offiziellen Theologie und Kirche bleiben werden. Dennoch muß die Botschaft von diesen Dingen als aufgehobener Finger über der Zeit und vor der Tür zur Ewigkeit aufgerichtet bleiben.

Der Text Jesajas gibt uns, wie mir scheint, keine klare Antwort auf unsere Frage. Er redet von der künftigen Gottesherrschaft, die diese Zeit ablöst. Er zeichnet sie nicht als die ganz andere, sondern auch in Bildern, die dieser Zeit entnommen sind, als die Fortsetzung, Verklärung und Erfüllung, auf die Schöpfung, Geschichte und Zeit angelegt sind, als ihr Ziel. Heute zwar verdunkeln Fall und Fluch dieses Ziel und machen es völlig verborgen.
Wir wissen als Christen, daß die *Gottesherrschaft*, die die Welt verwandelt, mit dem Kommen des *Friedenskönigs* und der Versöhnung der Herzen durch ihn *angebrochen* ist. Sie steht aber *zugleich* noch *vor der Tür*. Sie verwirklicht sich in *Vollständigkeit* erst mit der *Wiederkunft* Christi in Macht und mit der Verwandlung, nicht nur Versöhnung, der Herzen und der Welt. Sie ist heute erst noch im Verborgenen da. Das ganze *Geheimnis* unseres Glaubens und unseres Wandels beruht darauf, sich zurechtzufinden in diesem »*jetzt schon*« und »*noch nicht*«.

66) Offbg. 19, 6ff; 19, 11ff u. 20, 2. 3. 5. 6. 7.
67) Amerikanischer Philosoph u. Verkünder der Idee des Friedens, 1811–79.
68) Vertreter der luth. Orthodoxie, 1617–88.
69) Franz Delitzsch: Jesaja, 1. Aufl. 1866, S. 61/62. In der 4. Aufl. 1889 finden sich die Sätze nicht mehr so.
70) Del. aaO.

Es gilt, vor diesem *»noch nicht«* die Augen *nicht zu verschließen*, als wäre die Welt bereits verwandelt, als brauchten wir nicht mehr uns zu verteidigen, nicht mehr zu kriegen und damit auch nicht mehr zu warten, zu hoffen und uns zu sehnen. Und es gilt, unter der Last des »noch nicht« dennoch *aus* dem *»schon«* zu *leben*. Es gilt, mit versöhntem und abgerüstetem Herzen Haß und Vergeltung in Liebe zu überwinden, in der neuen Unmittelbarkeit zum großen Richter und Schlichter der Gewissen zu leben und zu bleiben, d. h. im Leben aus der Gnade.

Eine Anschauung davon geben die Aufzeichnungen eines jungen Theologen aus dem Kriege: In der Nacht wieder Trommelfeuer, dann unausgesetzter Ansturm des Feindes, der im Feuer unserer Abwehr liegenbleibt, Schreien der Verwundeten. Alles Grauen. Mitten im Grauen klammert sich der Glaube an das Reich, da Friede, Freude und Gerechtigkeit herrschen werden, und singt in die Nacht hinein sein Lied: Mein Herze geht in Sprüngen . . . – Hier ist die Botschaft des Propheten recht verstanden und gedeutet – aus einem Glauben, der diese Welt ernst nahm und erfaßte, daß ohne diese Hoffnung die Weltgeschichte sinnlos und das Leben nicht zu ertragen wäre. Die *Botschaft* aber, die diese Hoffnung schenkt, ist eine *weltüberwindende Kraft.*

## ÜBERLEITUNG

Der geschichtliche Hintergrund der Gerichtsweissagungen über Juda und Jerusalem. 2, 6–22; 3, 1–15; 3, 16–4, 1; 5, 1–7; 5, 8–25; 5, 26–30.
Die Prophetien stammen vermutlich aus den ersten Jahren nach der Berufung Jesajas. Juda steht unter seinen Königen Uzzija und Jotham nach allen Seiten erfolgreich da. Ostwärts hat seine Herrschaft auf das Gebiet der Araber und Ammoniter übergegriffen (2. Chr. 26, 7. 8; 27, 5), westwärts auf das der Philister (2. Chr. 26, 6), südwärts auf das der Edomiter (2. Kö. 14, 7. 10). Die Grenzen des alten Davidsreiches sind (wenn man Nord- und Südreich zusammennimmt) zum ersten und letzten Mal in der Geschichte wieder erreicht. Mit Elath im Süden am Golf von Akkaba (2. Kö. 14, 22; 2. Chr. 26, 2) und mit Asdod im Westen am Mittelländischen Meer (2. Chr. 26, 6) hat Juda Zugang zum Seehandel gewonnen. Seine Hochseeschiffe durchfahren die Meere von Elath bis Tartessus am Quadalquivir an der spanischen Küste.

Der Weltverkehr hat Jerusalem aus einer engen, in sich abgeschlossenen Kleinstadt zu einem internationalen Treffpunkt von Menschen verschiedener Art und Sitte aus West und Ost, Süd und Nord gemacht. Dadurch hat sich der Horizont des Judäers geweitet. Aber gleichzeitig dringt fremdes Wesen ein. Die Trennung vom Heidentum wird aufgelockert. Den Geschäftsbeziehungen zum Fremden folgen gesellschaftliche, private und wohl auch blutliche und schließlich kultische, zumal Verträge in jener Zeit immer vor der Gottheit geschlossen wurden. »Man gibt sich mit Fremden Handschlag« (Jes. 2, 6).

Mit Welthandel, Geldwirtschaft und Bergbau strömen Geld und Wohlstand ins Land. Amos berichtete von Winter- und Sommerhäusern in Samarien, Elfenbein verzierten und Ebenholz getäfelten, wie von mit Elfenbein eingelegten Lagerstätten und aus Damaskus eingeführten Divans.[1] Ausgrabungen auf dem Gebiet Samariens förderten künstlerisch ausgeführte Elfenbeintäfelchen[2] und edle Säulenkapitäle[3] zu Tage. Was für Samarien gilt, mag auch für Jerusalem zutreffen. Sanherib erwähnt unter dem Tribut, den er aus Jerusalem empfing, Elfenbeinbetten und Elfenbeinthronsessel.[4] Auch die ausgegrabenen Siegel der Minister des Achaz, Uzzija und Jotham zeigen edle Formen.[5] Der gehobene Lebensstandard bereitete nicht nur der äußeren Kultur und Zivilisation, sondern auch den höheren Künsten – Architektur, Musik und Dichtkunst – den Boden (Am. 6, 5; Jes. 5, 11–12).

Der Wohlstand ergreift auch das Land, Bauern und Weinbauern. Uzzija, der Freund der Landwirtschaft (2. Chr. 26, 10), betreibt im großen Stil Vieh- und Schafzucht und fördert dieselbe wohl auch bei seinen Bauern. Der Getreidehandel blüht (Am. 8, 5). Aber nicht alle haben am wirtschaftlichen Aufstieg teil. Das hat zur Folge, daß die wirtschaftlich Starken das Land und die Häuser derer aufkaufen, die beim sozialen Umbruch, den die Auflösung der Sippe und die Umstellung auf die Geldwirtschaft mit sich brachte, in Schulden gerieten und unter die Räder kamen. Sie machen sie zu Pächtern oder Tagelöhnern und pressen sie als ihre Gläubiger. Es bildet sich ein Großgrundbesitz, an dem ebenso wie an dem Reichtum der städtischen Patrizier und Handelsherren das Unrecht gegen die Vergewaltigten, ihr »Blut« klebt. Die Reichen setzen sich in Besitz von ganzen Straßenzeilen, reihen Feldmark an Feldmark und leben in gedankenlosem Genuß in den Tag hinein (Am. 6, 3–6; Jes. 5, 11–12).

Die gefüllte Staatskasse ermöglicht der Regierung die äußere Sicherung des Erworbenen. Sie unterhält ein stehendes Heer mit moderner Bewaffnung an Spießen, Bogen, Schilden, Helmen, Panzern, Belagerungs- und Verteidigungsmaschinen, mit Schleudersteinen, der schweren Artillerie sowie Kavallerie und Streitwagen, den schnellen Panzern jener Zeit (2. Chr. 26, 11ff; Jes. 2, 7cd; Hos. 10, 14; 14, 4). Uzzija konnte mit einem Gesamtaufgebot von 2600 Rittern und einer stattlichen Streitmacht an Fußvolk rechnen (2. Chr. 26, 12ff).

1) Am. 3, 15; 6, 11; 6, 4.

2) E. Auerbach: Wüste und gelobtes Land, 1936, II. Bd. T. IV u. V. S. H. Grollenberg: Bildatlas zur Bibel, 1957, S. 75, Abb. 212. 213. 214..

3) G. E. Wright: Bibl. Archäologie, 1958, S. 151, Abb. 102.

4) Gr.: AOT S. 354.

5) Gr. AOB T CCXXVI; vgl. CCXXV u. CCXXVII. G. E. Wright: Bibl. Archäologie, S. 158, Abb. 110.

Die schwachen Stellen an der Befestigung Jerusalems wurden ausgebaut 2. Chr. 27, 3), auf seinen Türmen neue Wurfmaschinen aufgestellt (2. Chr. 26, 15), die Städte im Gebirge Judas befestigt (2. Chr. 27, 4), in den Waldrevieren und im Südland Wachtürme und Trutzburgen erbaut (2. Chr. 27, 4; 26, 10). Der assyrische König Sanherib bestätigt die biblischen Nachrichten durch den Bericht, daß er im Jahre 701 nicht weniger als 46 Festungen im kleinen Juda mit Belagerungsmaschinen berennen und brechen mußte, neben zahllosen kleinen Städten und Dörfern, die er eroberte. Und in unserer Zeit (740–38) bildet der König von Juda (Asarja oder Asrijahu) das Haupt des Widerstandes der syrischen Völker gegen den assyrischen Eroberer.[6] Offenbar war die politische Führung mit dem Tode des großen Jerobeam II. von Israel auf Juda übergegangen. Damit verband sich ein mächtig ansteigendes Selbstbewußtsein bei den militärischen Führern wie bei den Handelsherren und Bürgern des Stadtstaates Jerusalem.

Mit dem Eintritt in die große Politik, in den Handelsverkehr und in die geistigen Beziehungen mit den Völkern gerät die Gemeinde Gottes auch ins Kraftfeld der religiösen Einflüsse des Auslandes wie der unterworfenen Völker. Das muß, menschlich gesehen, die Religiosität mächtig anregen, alte Formen sprengen, die Forderungen des im Namen Moses gelehrten Gesetzes als überholt erscheinen lassen. Das zeigt sich allem voran in der allgemeinen Verbreitung des *verbotenen Gottesbildes*,[7] das jetzt die private Frömmigkeit neben dem offiziellen Gottesdienst bestimmt, sowie des Beschwörungs- und Zauberwesens.[8] Von allen Seiten fühlte man sich von methaphysischen Mächten umgeben und suchte sich auf dem Wege des Opferkultes, der Verehrung der Hausgötzen, der Magie und des Beschwörungswesens gegen sie zu sichern. – Es muß eine neben ihrem kulturellen und wirtschaftlichen Aufschwung und ihrer militärischen Sicherheit abgöttisch fromme Zeit gewesen sein.

Mitten in die Frömmigkeit, den Stolz auf das hohe Kulturniveau, in die Sicherheit, in den wirtschaftlichen Aufschwung und in das Kraftbewußtsein der militärischen Stärke bricht wie ein Orkan die Gerichtsbotschaft Jesajas vom nahenden Tag des Heiligen Israels.

6) Vgl. Annalen Tiglat-Pilesars, Gr. AOT S. 345. Noth: Geschichte Israels, S. 222 Anm. 3 gegen Kittel.
7) Vgl. 2. M. 20, 4; Jes. 2, 8. 18. 20.
8) Jes. 3, 3.

# II. Der Advent Gottes zum Gericht über die Vermessenheit des Menschen

DER TAG JAHWES
Kapitel 2, 6–21 + 5, 15–16 + 2, 22.

**6 Fürwahr, du hast verworfen [1]dein Volk,[1] das Haus Jakobs!
Denn voll ward sein Land[2] (mit Zauberei)[3] von Osten
und mit Zeichendeutern gleich den Philistern.[a]()[4]
7 Und voll ward sein Land von Silber und Gold
und kein Ende ist seiner Schätze.
Und voll ward sein Land von Rossen
und kein Ende gibt's seiner Streitwagen.
8 Und voll ward sein Land von Götterchen –[5]
vor dem Machwerk seiner Hände wirft er[6] sich nieder.()[7]
9a Es bückt sich[8] der Mensch, und es erniedrigt sich[8] der Mann[b]()[9]
8c zu[10] dem hin, was seine Finger gemacht.[10c]()[11]
11 Und erniedrigt werden[13] werden die hochmütigen Augen[12] des Menschen,
und gebeugt wird werden der Hochmut der Männer.
Und erhaben wird sein Jahwe allein
an jenem Tage.**

**12 [14]Denn ein Tag von Jahwe der Heerscharen (kommt)[14]
über alles Hochmütige und Stolze,
und über alles Erhabene und Hohe,[15]
13 und über alle Zedern des Libanon,()[16]
und über alle Eichen des Basangebirges,
14 und über alle ragenden Berge,
und über alle erhabenen Hügel,
15 und über alle hohen Türme,
und über alle festen Mauern,
16 und über alle Tartessussegler,
und über alle kostbaren Schiffe.[17]
17 Gebeugt wird werden der Hochmut des Menschen
und erniedrigt wird werden der Stolz der Männer.
Und erhaben wird sein Jahwe allein
an jenem Tage.**

**18** [19]**Und die Götterchen schwinden**[18] **hin ganz und gar,**[19]
**19** [25]**schlüpfen wird man**[20] **in die Höhlen der Felsen**
**und in den Löchern der Erde (sich verstecken),**[21]
**vor dem Schrecken Jahwes und der Pracht seiner Majestät,**
**wenn er aufsteht, zu schrecken die Erde.**[25]
**20 An jenem Tag wirft fort der Mensch**
**seine Götterchen von Silber und seine Götterchen von Gold,**
**welche (seine Finger)**[22] **gefertigt, um sie anzubeten,**
**den Wühlratten**[23] **hin und den Fledermäusen,**
**21** [25]**um zu schlüpfen in die Klüfte der Felsen**
**und in die Ritzen der Steine (sich zu verstecken),**[24]
**vor dem Schrecken Jahwes und der Pracht seiner Majestät,**
**wenn er aufsteht, zu schrecken die Erde.**[25]
**5,15** [26]**Und gebeugt wird werden der Mensch und erniedrigt der Mann,**
**und erniedrigt werden werden die Augen der Hohen.**
**16 Und hoch wird sein Jahwe der Heerscharen im Gericht**
**und der heilige Gott wird sich heiligen in Gerechtigkeit.**[26]

**2,22** [27]**Laß doch ab vom Menschen, der nur Odem hat in seiner Nase!**
**Denn wofür**[28] **ist er zu achten?**[27]

**a) mit Fremden tauschen sie Handschlag. (v 6d)**
**b) nicht magst du ihnen vergeben. (v 9b)**
**c) hinein in die Felsen! Deckung im Staube!**
**vor dem Schrecken Jahwes und der Pracht seiner Majestät. (v 10)**

## Aufbau und Gliederung von 2, 6–21; 5, 15–16; 2, 22

Die Auffindung der Jesajarolle in den Höhlen des Toten Meeres hat uns Klarheit über den Aufbau unseres Abschnittes gebracht. Der Text ist sehr verderbt und hatte Anlaß zu einem großen Rätselraten gegeben.[1a]

1a) Duhm urteilte: »Dies Stück ist das schlechtest erhaltene des ganzen Buches. Der Anfang fehlt, gegen Ende haben wir nur dürftige Reste des ursprünglichen Wortlautes, daneben prosaischen Ersatz dafür, Lücken und Zusätze sind häufig. Wahrscheinlich ist es nicht einmal eine Einheit, sondern aus zwei verschiedenen Fragmenten zusammengeflickt« (Duhm aaO S. 39).
Die Auslegung teilt sich in *zwei Hauptgruppen*:
Die *eine* betrachtet das Stück als *einheitliches* Gedicht aus zwei Strophen. 1) v 19. 6–9. 11 und 2) v 10. 12–18. Die Verse 20–21 und 22 zählen nicht mehr dazu. Beiden Strophen ist Anfang und Ende gemeinsam. v 19 = v 10 und v 9. 11 = v 17. 18 (*Marti*). Oder *Strophe 1* Kp. 2, 6–9; 5, 15. 16 und *Strophe 2* v 12–19. Dann schließen beide Strophen mit einem gemeinsamen *doppelten Kehrvers*: 5, 15. 16 + 2, 10 = 2, 17–19. Die Verse

Abgesehen von einzelnen Schwierigkeiten fällt im Text unserer hebräischen Bibel das unausgeglichene Nebeneinander von *zwei* verschiedenen *Arten von Kehrversen* auf, die das Stück immer wieder unterbrechen. *Ein Kehrvers* auf die Demütigung des Menschen und die Erhabenheit Gottes an seinem Tage teilt das Gedicht durch v 11 und v 17 in drei Strophen: 1) v 6–11, 2) v 12–17, 3) v 18–21. Am Ende der dritten fehlt der Kehrvers. Statt dessen schließt sie mit einem *anderen Kehrvers* mit dem Thema: Flucht des Menschen vor der Theophanie, v 21. Der Vers schließt aber nicht nur, sondern eröffnet auch die dritte Strophe (v 19) und begegnet dazu noch in der ersten Strophe vor ihrem Kehrvers (v 10).

So hat Strophe 1 zwei Kehrverse hintereinander: v 10 (Flucht vor der Theophanie), v 11 (Erniedrigung des Menschen und Erhabenheit Gottes). Den ersten hat sie gemeinsam mit Strophe 3 (v 10 = v 21) und den zweiten gemeinsam mit Strophe 2 (v 11 = v 17).

Dazu bricht Strophe 1 (v 6–11) mit ihren zwei Kehrversen umfangmäßig aus dem Rahmen der beiden anderen Strophen aus: v 6–11 zählt zehn bis elf Doppelzeilen gegen je sieben Doppelzeilen v 12–17 und v 18–21. – Ebenso fällt auf, daß je die erste Zeile aller drei Strophen ihrer zweiten Hälfte beraubt scheint: v 6a. 12a. 18.

Nun bringt die Jesajarolle einen Text, in dem der erste Kehrvers von Strophe 1 (v 10), den sie gemeinsam mit Strophe 3 (v 21) hat, fehlt. Dadurch kommt Strophe 1 auf die gleiche Zeilenzahl wie Strophe 2 (Strophe 3 ist etwas kürzer), und es gibt nur noch einen Kehrvers, der die Strophen 1 und 2 gleichmäßig mit der Erniedrigung des Menschen und Erhöhung Gottes abschließt, während der Abschluß der etwas kürzeren Strophe 3 mit der Flucht vor der Theophanie ohne Analogie in den ersten beiden Strophen ist. Er stellt eine Wiederaufnahme der Introduktion der letzten Strophe dar, so daß diese ohne Kehrvers im eigentlichen Sinne bleibt.

Ferner hat man schon lange erkannt, daß der Kehrvers, mit dem Strophe 1 und 2 schließen, etwas variiert und ausgebaut in Kp. 5, 15. 16, ohne Zusammenhang nach rückwärts und vorwärts im Kontext, wiederkehrt. Wahrscheinlich ist er aus Kapitel 2 dorthin verschlagen, wofür es Analogien genug gibt. Nur wird, wie mir scheint, der Vers von den Auslegern an falscher Stelle wieder eingesetzt (z. B. hinter v 9, Eichrodt). Was liegt näher, als ihn entsprechend den Kehrversen derersten beiden Strophen als verlorenen Kehrvers ans Ende der dritten Strophe zu stellen,[1b] die ohne diesen um eine Zeile kürzer als die anderen wäre. Jetzt aber kommt sie auf einen etwas größeren Umfang als diese. Das entspricht dem besprochenen Stilgesetz, nach dem die letzte Strophe eines prophetischen Gedichtes oftmals um ein bis zwei Zeilen länger ist als die vorangehenden.

Fortsetzung der Anm. v. S. 95

11 und 20–21 ebenso wie 22 sind als Nachschrift zu streichen (*Eichrodt*). Oder Strophe 1 v 6–11, Strophe 2 v 12–17 + 5, 15. 16. Die Verse 18–21 sind spätere Anfügung (*Kaiser*).

Die *andere* Gruppe zerlegt das Stück in *zwei selbständige* Gedichte *(Duhm)*. 1) v 6–10 + 18–19 und 2) v 11–17. – *Erstes* Gedicht: Strophe a) v 6–9 + Kehrvers 10; Strophe b) v 18 (nur restliche Brocken aus dem Inhalt) + Kehrvers 19 (Strophe und Kehrvers sind in einer Variante in v 20–21 erhalten, wovon v 20 eine prosaische Rekonstruktion des Inhalts mit Hilfe von 30, 22 und 31, 7 darstellt). – *Zweites* Gedicht: v 11 Kehrvers, v 12–16 Hauptstück, v 17 Kehrvers.

Die beiden Gedichte unterscheiden sich 1) durch das *Thema*: Gedicht 1 »Gegen Aber- und *Götzenglaube*«, Gedicht 2 »gegen *Vermessenheit*«, – 2) durch das *Versmaß*: Gedicht 1 Distichen mit drei und zwei Hebungen, Gedicht 2 zwölf dreihebige Zeilen ohne strophischen Absatz mit dreizeiligem Kehrvers am Anfang und Ende, – 3) durch die

So ergibt sich ein in überraschender Symmetrie aufgebautes Gedicht: 1) Es besteht aus *drei Strophen*. Strophe 1 v 6–9a + Kehrvers 11 (mit Ausschluß von 9b und 10 nach Jesajarolle). Strophe 2 v 12–16 + Kehrvers 17. Strophe 3 v 18–21 + Kehrvers 5, 15–16 und ein Nachwort oder Abgesang 2, 22.
2) Die Strophen haben *alle* die *gleiche Zahl* von 15 Kurzzeilen, die letzte zwei mehr, d. h. 17 Kurzzeilen und das Nachwort.
3) Sie schließen *alle* mit dem *gleichen Kehrvers* auf die Erniedrigung des Menschen und Erhöhung Gottes, v 11; 17; 5, 15. 16, der in der letzten Strophe etwas ausgebaut ist.
4) Sie beginnen alle mit einer *Halbzeile ohne Fortsetzung* in einem Parallelglied: v 6a. 12a. 18, der nicht verstümmelt ist, sondern in absichtlicher Kürze das *Thema* der Strophe angibt: Am Kopf von Strophe 1 das Thema des ganzen Gedichtes: »Fürwahr, du verwarfst dein Volk, das Haus Jakobs« (6a); am Anfang von Strophe 2: »Ein Tag von Jahwe der Heerscharen« (12a); und zu Beginn von Strophe 3: »Die Götzen schwinden ganz und gar dahin« (18).
5) Der *Wechsel des Versmaßes* verläuft Hand in Hand mit dem *Wandel des Inhalts* und erklärt sich aus diesem. Annähernd in Siebenern wird das statische Gemälde der gestauten Fülle des Abfalls als Stille vor dem Sturm gezeichnet (Strophe 1), in atemlos dahinjagenden Dreiern der losbrechende Sturmwind (Strophe 2), in einem länger ausgeführten, umständlichen, feierlichen Versmaß tritt die Schilderung der Majestät der Theophanie Gottes einher (Strophe 3). Zum Ausdruck der Würde und Feierlichkeit wiederholt der Prophet innerhalb der letzten Strophe zweimal mit den gleichen Worten seine Ankündigung der Theophanie (v 19. 21). Aus demselben Grunde ist der Kehrvers, mit dem Strophe 3 schließt, machtvoll ausgebaut. In dem heiligen Gott, der sich heiligt, klingt das »heilig, heilig, heilig« der von Jesaja selbst erlebten Theophanie nach.
6) Der äußersten Steigerung des Zeugnisses von der Majestät und Heiligkeit Gottes bei seiner Erscheinung folgt mit Notwendigkeit in einem Nachwort das Bekenntnis der totalen Nichtigkeit des Menschen (v 22), wie Jesaja sie bei seiner eigenen Berufungsvision im Angesicht des heiligen Gottes erlebt hatte.[2]
So gestaltet sich der gesamte Aufriß straff:
Str. 1: Die berstende Fülle der Abgötterei der Gemeinde als Vermessenheit.
Str. 2: Der Sturm fegt über die himmelstürmende Vermessenheit.
Str. 3: Der Bankrott des autonomen, vermessenen Menschen und seiner Götzen am Tage Jahwes und der Offenbarung seiner Heiligkeit.
7) Die drei Strophen des Gedichtes wechseln den *Schauplatz*. Das Gedicht beginnt in der *ersten* Strophe innerhalb der verworfenen *Gemeinde* mit ihrer Abgötterei. Der in

*Kehrverse*: Gedicht 1: Kehrvers mit dem Inhalt: Flucht des Menschen vor der Theophanie, Gedicht 2: Kehrvers mit dem Inhalt: die Erniedrigung des Menschen und die Erhabenheit Gottes an seinem Tage. Die Gedichte sind *ineinandergeflickt* und als ein einziges mißverstanden worden aufgrund der Verwandtschaft eines Verses im ersten (v 9) mit den Kehrversen des zweiten Gedichtes (v 11. 17) *(Duhm)*. – *Procksch* teilt 1) das *Heidentum*: a) v 6–10 (ohne v 9), b) v 18–19 (fragmentarischer Schluß einer zweiten Strophe, besser erhalten in der Variante v 20–21), 2) der *Sturmwind* v 11–17. 1) gepaarte Siebener, 2) dreihebige Vierzeiler, 1) am Anfang und Ende verstümmeltes Fragment, 2) selbständige Schöpfung.
1b) Neuerdings gibt auch Kaiser ihm hier seinen Platz, aaO.
2) Verlorenheit als Gegensatz zum heiligen Gott, Jes. 6, 5, und Nichtigkeit als Kontrast zur Majestät des Schöpfergottes bilden nicht Gegensätze, wie man gemeint hat, sondern zwei Seiten ein und derselben Sache.

den *Kehrvers* übergehende Schluß v 8 und 9a stellt ihre Abgötterei in den größeren Rahmen der allgemeinen Abgötterei des Menschen und seiner Demütigung, sowie der Erhöhung Gottes am Tage Jahwes. – Die *zweite* Strophe verläuft im *Heiligen Lande* und verfolgt den Einbruch des Tages Jahwes in dasselbe als Tornado vom Libanon bis zum Golf von Eilat, von Norden nach Süden. – *Der Kehrvers* rückt das Gericht am Lande Gottes zum Schluß wieder in das universale Licht der Demütigung der Hybris des Menschen an sich am Tage Jahwes. – Die *dritte* Strophe läßt *Gemeinde und Gottesland* vollends in den Hintergrund treten und entfaltet die Wirkung der Theophanie Jahwes an seinem Tag auf den *abgöttischen Menschen* schlechthin, als die erwachende Furcht vor Gott *universal*. Der *Kehrvers* lenkt – ohne die Universalität der Schau wieder einzuengen – zurück auf die spezielle Heilsgeschichte, auf die Erfüllung des Rates Gottes in Gericht und Gerechtigkeit und auf ihren Sinn als Selbstverherrlichung und Heiligung des heiligen Gottes Israels. – Der *Abgesang* richtet den Blick auf die Nichtigkeit des Menschen als Kreatur in voller Allgemeinheit.
8) Die beiden im Gedicht angeschlagenen *Themen: Abgötterei* und *Vermessenheit – sind* überhaupt *nicht* voneinander zu *trennen*. Sie besitzen – das eine dem anderen gegenüber – überhaupt keine Selbständigkeit. In *Strophe 1* ist die *Abgötterei* bereits unter dem Gesichtspunkt der *Vermessenheit* gezeichnet und sprengt mit der Vergötzung von Silber und Gold, Rossen und Wagen den engeren Begriff der Abgötterei. Vollends tritt im Kehrvers auf die Erniedrigung des Menschen die in der Abgötterei verborgene Vermessenheit ans Licht. – In *Strophe 2* sind die vier Paare von Gestalten der *Vermessenheit*: Bäume, Berge, Bauten, Schiffe unter dem Gesichtspunkt der *Vergötzung* und Selbstvergottung des Menschen gesehen. – *Strophe 3* rückt vollends die *Abgötterei* ins Licht der *Vermessenheit* des Menschen, die am Tage Jahwes zuschanden wird und mit der Demütigung der *Vermessenheit* des *abgöttischen* Menschen vor dem heiligen Gott endigt. – In allen drei Strophen ist die Offenbarung der Herrlichkeit Gottes bei seinem Advent das eigentliche Thema.
Der Prophet deckt die mit der fortschreitenden Loslösung von Gott gegebenen Zusammenhänge im Leben seiner Zeitgenossen auf. Die Loslösung führte zu einem Aufbruch auf allen Gebieten des Kulturlebens, zu einer Erweiterung des Horizontes, Verselbständigung des Denkens, Aufblühen der Kunst, der Technik und der Zivilisation, Entfaltung der Wohn- und Baukultur, Entwicklung des militärischen Rüstungswesens und zur Freude am Leben und neuem Selbstbewußtsein. Eben diese Loslösung aus der Bindung an Gott führte aber gleichzeitig zu einer inneren Spaltung zwischen dem immer festeren Ausbau der Sicherungen des Lebens und dem immer trotzigeren Bewußtsein der Sicherheit auf der einen Seite und dem immer tieferen Empfinden der metaphysischen Ungesichertheit des Lebens auf der anderen Seite. Dieses Empfinden fand seinen Ausdruck in der Flucht in Synkretismus, Mystik, Okkultismus, Magie und Aberglauben. In dieser Flucht kündigt sich schon die Entlarvung des Bankrottes der menschlichen Hybris und die kommende Götterdämmerung an. So erklärt sich das *Ineinander* der Themen: *Vermessenheit* und *Abgötterei*.

Vielleicht haben wir es in Kp. 2, 6–22 mit der Antrittspredigt des Propheten zu tun. Dafür spräche die bedrängende Wucht des Ausdrucks und die inhaltliche Nähe zum Berufungserlebnis von Kp. 6. Wir wissen es nicht.
Durch diese vermutliche Antrittspredigt blickt die platzende Fülle und das brausende Leben der kulturellen Hochblüte Judas. Seine Predigt hat aber einen noch viel gewaltigeren Hintergrund, vor dem die Größe Judas in nichts zusammensinkt. Vor dem Seher sind die Kulissen zerrissen. Er hat einen Blick auf die himmlische Bühne getan. Er hat *Gott* selbst, den unfaßbar Erhabenen, unerträglich Heiligen und weltumspannend Unentrinnbaren *gesehen*

(Kp. 6). Er hat dem *himmlischen Gottesdienst beigewohnt* und dabei von der Fülle der Herrlichkeit Gottes über Himmel und Erde vernommen. Ja, er erlebte im eigenen Herzen den Zusammenstoß *dieses* Gottes mit der Vermessenheit des Menschen.

Von diesem ungeheuren Erlebnis kommt der Prophet her. Vielleicht ist unser Gedicht die erste Frucht der Erfahrung des unversöhnlichen *Konfliktes* zwischen *Gott* und dieser *Welt*. Diesen Konflikt sieht der Prophet sich zuspitzen im Zusammenstoß zwischen der berstenden Fülle des Lebens in der Gottesstadt und der Fülle der Herrlichkeit Gottes, die Himmel und Erde erfüllt, zwischen der ragenden Höhe der Kulturschöpfungen des Menschen und dem heiligen Gott auf dem hohen Himmelsthron, zwischen dem waffenstarrenden Reich Juda und dem Weltenrichter mit seinem Friedensreich, zwischen dem gerechten Gott und seiner von Ungerechtigkeit erfüllten Gemeinde (vgl. 11cd. 17cd und 16ab mit 6, 1b und 5, 16b mit 6, 3ab).

Auslegung

*Strophe 1*: Die angestaute Fülle des Abfalls Judas und die Erhabenheit Gottes, v 6–11.

v 6a »Fürwahr, du hast verworfen dein Volk, das Haus Jakobs«. Weil er von Gott kommt, tritt der junge Prophet mit entzauberten Augen und nicht mehr vom Glanz des Fortschritts geblendet vor seine Zeitgenossen. Über all dem, was ihnen das Herz in der Brust vor Stolz schwellen macht, sieht und verkündet er das Nein Gottes. In seinen Ohren klingt der furchtbare Befehl: »Mach das Herz dieses Volkes unempfindlich . . . daß sie nicht sehen . . . und sein Herz es nicht fasse, und es sich nicht bekehre und ihm Rettung werde« (6, 10). Unter diesem unbeirrbaren höheren Wissen und Müssen beginnt er seine Predigt mit dem Ruf: »Fürwahr, verworfen hast du dein Volk.« Es ist kein kaltes Nein von oben herab, sondern ein Gebetsruf. Durch ihn zittert der Schmerz um die zerrissene Verbindung mit Gott: »*Dein* Volk« ist es. Er beginnt seine Gerichtspredigt im Gebet,[3] unter Gottes Augen, mit dem Appell an die Erwählung seiner Gemeinde.[4] Das gibt der Botschaft die Eindringlichkeit.

v 6b–8 Im ungeheuren kulturellen Aufstieg und Reichtum des Landes und der brausenden Fülle des Lebens sieht und zeigt der Prophet seinen fortschrittsseligen Zeitgenossen nur die unerhörte, ausbrechende Fülle der Loslösung von Gott: Das Land oder die *ganze Erde angefüllt* mit *Gottes Herr-*

3) Es ist nicht unmöglich, daß es im Tempel in der Situation geschieht, in der die Gemeinde die Fürbitte des Propheten und eine Heilszusage Gottes aus seinem Munde als Antwort erwartet (so Kaiser).

4) Die Korrektur des Textes in »verworfen hat Jahwe« verwischt die Feinheit, die darin liegt, daß Jesaja seine Gerichtspredigt mit einem Gebetswort beginnt. Der Wechsel zwischen Anrede Gottes und Anrede der Gemeinde könnte sich aus der Situation im Tempel ergeben (vgl. Anm. 3).

*lichkeit* (6, 3c) – klingt es ihm aus dem Gesang der himmlischen Gemeinde im Ohr; aber das *Land Gottes angefüllt* von *Abfall* – sagen ihm seine Augen.

Viermal wiederholt er eintönig dasselbe Wort: »Sie sind *voll*«, »es ist voll«, »es ist voll«, »es ist voll«. Die Wiederholung soll die Fülle des *Ungehorsams*, der *Sattheit*, der *Sicherheit* und der *Abgötterei* ausdrücken. Er zählt in einem Atem als Erscheinungsformen ein und derselben Loslösung von Gott die Reihe dessen auf, was dieses Land anfüllt.
v 6bc »Denn voll ward sein Land mit Zauberei von Osten und mit Zeichendeutern gleich den Philistern«. Als *erstes* nennt er die Flut des *Aberglaubens*, die sich von Ost und West, Ammonitern und Philistern, in die Gemeinde Gottes ergießt, Wahrsagerei und Zeichendeuterei.[5]

Die beiden Worte (miqsām oder qōsmîm und ʿōnᵉnîm) bedeuten ursprünglich vielleicht »Pfeilorakel« und »Wahrsagen aus den Wolken, dem Rauch, dem Wind und seinem Geräusch«. Sie begegnen im AT neben Leberschau (Hes. 21, 26), Becherweissagung (1. M. 44, 5), Rauch-, Wind- und Baumorakel (Hos. 4, 12), Astrologie und Sternenberechnung (Jes. 44, 25; 47, 12f), Sympathie- und Vorbildzauber (1. Sam. 6, 2ff), Schlangenbeschwörung (2. M. 7, 11), Totengeisterbefragung (1. Sam. 28, 8; Jes. 8, 19) und Feuerzauber (2. Kö. 21, 6; 2. Chr. 33, 6; 5. M. 18, 10).

Im Heidentum bestimmt dieser Aberglaube ganz offiziell das private und öffentliche Leben des Menschen. In Israel begleiten Zauberwesen und Aberglauben das tägliche Leben des Volkes als Unterströmung neben seiner offiziellen Religion. Sie sind Zeichen der heimlichen Loslösung des praktischen Lebens aus der Leitung Gottes, der Entnahme desselben aus der Hand Jahwes in die eigene. Die immer weiter ausgebaute Sicherung des Lebens in Kultur und Zivilisation und der immer weiter ausgedehnte Horizont des aufgeklärten Wissens hat zur Kehrseite das immer angstvollere Empfinden der metaphysischen Ungesichertheit des Lebens und die immer massivere Flucht in den Aberglauben.
Hinter allem Aberglauben steckt das Bemühen, vom Menschen her Gottes mächtig zu werden, seiner Erkenntnis sowohl als seiner Weltlenkung. Zugleich liegt darin die Teilung des Herzens zwischen dem Gott des ersten Gebotes und anderen Mächten (Hos. 10, 2). Gott hatte mit großem Ernst nicht nur sein Verbot, sondern auch die Todesstrafe über diese scheinbar so kleinen Vergehen des Alltags verhängt (2. M. 22, 17; 1. Sam. 28, 3. 9; 3. M. 19, 26; 5. M. 18, 9–14). Sie sind es, die das Verhältnis zu Gott an der Wurzel annagen und vergiften, mit einem Bann belegen und den Glauben unmöglich machen. Das gilt auch in der Kirche Neuen Bundes. Vom Neuen Bunde her wissen wir von der Macht des Satans, der über diese Dinge den Menschen ins Netz der Dämonen verstrickt. Aber an die Stelle der Todesstrafe ist die ge-

5) Fascher liest aus der Stelle den Angriff auf den unter den Führern des Volkes anerkannten beruflichen Jahweprophetismus u. seine Degradierung durch Jesaja zum Heidentum, vgl. E. Fascher: prophētēs, 1927, S. 128.

waltlose Ächtung durchs Wort und die Auslieferung an das Jüngste Gericht getreten.

v 6d »Mit Kindern der Fremde tauschen sie Handschlag«. Ein Zusatz ergänzt: Mit dem aus dem Heidentum wieder eingedrungenen Aberglauben Hand in Hand geht das sich Aufschließen für das ausländische und immer zugleich heidnische Wesen überhaupt. (Heute ist es das Wesen der Welt.) Der religiösen Angleichung und der geschäftlichen Verbindung folgt die persönliche Verbrüderung. Schon das Geschäftsleben an sich war mit religiösen Beziehungen verbunden, da Verträge vor den beiderseitigen Gottheiten geschlossen wurden.[6] Auch das ist Verstoß gegen Gottes Gebot für seine Gemeinde. Er verbietet nicht, sondern gebietet ihr Gerechtigkeit gegen die Fremden.[7] Aber er verbietet ihr die Verbrüderung mit der nicht zur Gemeinde gehörigen Welt in Verkehr, Mahlgemeinschaft, Ehegemeinschaft, Teilnahme an ihren Gottesdiensten.[8]

v 7ab »Und voll ward sein Land von Silber und Gold und kein Ende ist seiner Schätze«. Als *zweites* wird der durch Handel und Bergbau und Geldwirtschaft erworbene *Reichtum* genannt, der das Land mit Geld erfüllt und die Voraussetzung für Zivilisation, Wohlstand und Aufblühen der Kunst schafft. Der Prophet sieht darin nicht das Glück des Wohlstandes, die Frucht des Friedens, den Lohn des Fleißes und den Aufstieg, sondern die protzende Fülle, die satt macht gegenüber Gott und unersättlich gegenüber dem Nächsten und den Gütern dieser Erde. Sie bindet das Herz an die Götzen Geld und Geiz und die sinnenfällige Welt. Beides liegt in dem »es ist voll . . . und kein Ende«. Es wird im Alten Testament schon etwas von der Macht und Faszination in den Dingen enthüllt, die besonders am Gelde klebt.[9]

v 7cd »Und voll ward sein Land von Rossen und kein Ende gibt's seiner Streitwagen«. Hinter dem Reichtum erscheint als *drittes* die *Machtfülle*. Der Prophet könnte, wie das Chronikbuch, Befestigung von Städten, militärische Bauten, Festungsartillerie, stehendes Heer, neue Waffen usw. aufzählen.[10] Aber er greift aus all den militärischen Veranstaltungen des letzten großen Königs, die die Sicherheit des Landes nach außen und innen garantieren sollen, nur die Angriffswaffen, Rosse und Wagen, heraus. Sie sind das Symbol der militärischen Stärke eines Volkes jener Tage.

6) Vgl. 1. M. 31, 44–54.
7) 3. M. 19, 33–34.
8) 2. M. 34, 12. 15. 16.
9) Vgl. Ps. 49, 7. 17ff; 62, 11; im NT Mt. 19, 33 u. Parallele, Lk. 6, 24; 12, 16; 16, 13; 16, 19; 18, 23. Sanherib berichtet von einem Tribut von 1050 kg Gold und 28000 kg Silber, den er aus dem Jerusalem Hizkias empfing, dazu Edelsteine und Elfenbeinbetten und Elfenbeinthronsessel; das sind 30 Talente Gold, 800 Talente Silber (1 Talent = 3000 Schekel = 35 kg); vgl. K. Galling: Bibl. Reallexikon, S. 186ff, ders.: Textbuch z. Gesch. Israels, 1950, S. 58. Gr. AOT, S. 352–54.
10) 2. Chr. 26, 14. 15.
11) Gr. AOT S. 341 auf dem Monolit Salmanassers III.

Streitwagen waren damals die Waffe, die in der offenen Feldschlacht die Entscheidung erzwang, wie heute erst Panzer, dann Flugzeuge, dann Atomwaffen. Mit ihr hatte einst Ahab mit seinen 2000 Wagen im Bunde mit Damaskus den ersten Invasionsversuch Assurs zurückgeschlagen (bei Karkar 854).[11] Auf sie baute das Nordreich, ehe es dem Assyrer erlag, gegen die Warnung Hoseas seinen Stolz und seine Sicherheit auf (Hos. 1, 5. 7; 10, 14; 14, 4 vgl. Mi. 5, 9).

Der Prophet weist auf eine kriegsentscheidende Wehrmacht von höchster Schlagkraft und in Zahl und Fülle ohne Ende! Sollte einem von so viel Feinden umdrohten Volk darob das Herz nicht höher schlagen? Ist es verwerflich, wenn sich bei solchem Anblick das wohltätige Gefühl der Sicherheit einstellt? Jesaja hat dabei kein Gefühl der Freude.
Die Propheten haben zwar nirgends zur Vernachlässigung der nationalen Verteidigung aufgerufen. Sie erhoben aber ihre Stimme, wo militärische Rüstung zum Vertrauen auf sich selbst statt auf Gott verleitete. Ebenso wie in den fremden Religionspraktiken, die Jerusalem übernahm, erblickt Jesaja in Kapital, Macht und militärischer Stärke die Grundlage eines Aber-Glaubens, der den wahren Glauben verdrängt.
v 8a »Und voll ward sein Land von Götterchen«. Nach der Beleuchtung der militärischen Stärke richtet sich der Blick an *vierter* Stelle auf die tiefe *Religiosität* der Zeit. Statt des Tempels[12] und der Anbetung des unsichtbaren Gottes über der Lade unter den Cherubim,[13] des ursprünglichen Stolzes der Kirche,[14] nennt der Prophet die ganze Welt der Abgötterei, die Juda erfüllt. Man wird an das Urteil des Apostels Paulus über die abgöttische Stadt nach seinem Gang durch Athen erinnert (Apg. 17, 16). Jesaja sagt nicht, ob er an die verbotenen, von Hosea bekämpften Jahwesymbole in Stiergestalt[15] oder an Baalsbilder[16] denkt. Im jerusalemischen Tempelgottesdienst mit der bildlosen Lade spielten sie schwerlich eine Rolle. Oder hat der Prophet die altisraelitischen Hausgötzen, die Teraphim, im Auge, die wieder hervorgeholt werden,[17] oder Bilder ausländischer Götzen, kleine Asthartefiguren, Symbole der Fruchtbarkeitsgöttin,[18] und allerlei Amulette, die das tägliche Leben mit ihrer Abwehr- und Zauberkraft begleiten? Bei der Fülle von Gottesbildern in- oder ausländischer Prägung handelt es sich in der Frühzeit Jesajas vermutlich um Erscheinungen der privaten Frömmigkeit neben dem offiziellen Tempel-

12) 2. Sam. 7, 2.13; 1. Kö. 7, 8; 1. Chr. 28; 29; 2. Chr. 2–7; Ps. 26, 6–8; 27, 4–5; 73, 17; 84 usw.
13) 2. M. 25 10ff; 33, 7ff; 4. M. 10, 35–36; Jos. 3, 3f; 6, 4ff; 1. Sam. 3, 3ff; 4, 3ff; 6, 1ff; 6, 21–7, 1; 2. Sam. 6; Ps. 132; 99, 1. 5. 9.
14) 1. Sam. 4, 21.
15) 2. M. 20, 4; 32; Ri. 17, 3ff; 18, 14ff; 1. Kö. 12, 28. 32. Im Nordreich bekämpften sie Hosea und Amos. Am. 5, 26; Hos. 8, 4–6; 10, 5; 13, 2.
16) Ri. 6, 25ff; 8, 33; 1. Kö. 19, 18; Hos. 2, 15.
17) 1. M. 31, 19; 1. Sam. 19, 13; Hos. 3, 4.
18) Man findet sie zahlreich bei Ausgrabungen im Vorderen Orient.
19) 2. Kö. 16, 10ff; 2. Chr. 28, 2ff.

gottesdienst. Erst Achaz führte die Bilder der assyrischen Staatsgötter offiziell in den Tempel ein.[19] Hizkijas Reform beseitigte sie wieder.
Auf den Gegenstand der Gottesbilder legt der Prophet hier nicht den Akzent, ob sie nun Jahwe oder fremde Mächte und Götter darstellen. Der Nachdruck liegt auf der Abbildung der Gottheit und der damit verbundenen Herabzerrung Gottes in die Anschaubarkeit und dem Versuch seiner Bemächtigung, die gegen das zweite Gebot verstößt.[20]
Das ist Erniedrigung Gottes, Verwandlung des hohen Gottes der Offenbarung, des unerreichbar Erhabenen, verzehrend Heiligen und unentrinnbar Universalen in das Produkt menschlicher Vorstellungen und Gedanken. »Götterlein« oder »Nichtse« (ʾᵃlîlîm) nennt er verächtlich diese Gottheiten und »Machwerk menschlicher Hände«, technisches Fabrikat.
v 8b. 9a. 8c »Vor dem Machwerk seiner Hände wirft er sich nieder. Es bückt sich der Mensch und es erniedrigt sich der Mann zu dem hin, was seine Finger gemacht«. Das ist perverse Verkehrung: Das *Geschöpf schafft* sich seinen *Schöpfer* (Jes. 44, 10. 13. 17). Es ist aber nicht nur *Erniedrigung* des hohen Gottes, sondern auch *des Menschen*. Sie liegt in der Nichtigkeit des Gegenstandes seiner Anbetung: Götterchen, Schwächlinge oder Nichtse statt Jahwes, des heiligen, treuen und starken Jakobs.
Es ist vollends *Perversität*, wenn der Mensch vor diesem Machwerk seiner Hände auf dem Bauche liegt. Hosea formuliert es dreifach: »Menschen küssen Kälber« (13, 2), »Ihre Herrlichkeit vertauschen sie mit Schande« (4, 7), »Und es (das Gottesbild), ein Handwerker hat es gemacht, ein ›Nichtgott‹ ist es« (8, 6).
Damit ist die Schilderung und Beurteilung des kulturellen Aufstiegs im Lande auf dem Gipfel angekommen. Von seinem Aberglauben ausgehend ist sie über Sattheit und Selbstsicherheit bis zu seiner Frömmigkeit vorgedrungen. Der Prophet sieht die Hochkonjunktur des kulturellen, wirtschaftlichen, militärischen und religiösen Lebens seiner Zeit vor Gott, wie er ihn erfahren hat. Da fällt kein Wort der Freude an der Ausdehnung der Grenzen, am Aufschwung des Handels, der Schiffahrt und der Landwirtschaft, der Kultur und der Zivilisation, am Ausbau der militärischen Machtstellung, an der Verteidigungsbereitschaft und Sicherung der Grenzen, an der Weitung des Horizontes und an der Intensivierung der Religiosität.
Jesaja sieht nur die *Verwischung der Grenze* zwischen der Gemeinde Gottes und der Welt, aus der sie herausgerufen wurde[21], den von Gott geächteten Aberglauben[22], den Reichtum, an den das Herz sich hängt statt an Gott,[23] die

20) 2. M. 20, 4.
21) 1. M. 12, 1; 2. M. 23, 32. 33.
22) 5. M. 18, 10–13.
23) Hos. 13, 9.
24) Hos. 10, 14; 14, 4.
25) 2. M. 20, 4.
26) Hos. 8, 5–8.

militärischen Machtmittel, auf die man vertraut statt auf Gott,[24] und die verbotene Abbildung des Göttlichen,[25] die aus der Phantasie des Menschen geborenen *Nichtse*, auf denen er seine Sicherheit gründet.[26] Sie erwählte die Gemeinde *statt des Einen* und *Unabbildbaren*, im Wort Geoffenbarten, der ausschließlichen Anspruch auf das Gewissen erhebt. Es braucht hier nicht extra ausgeführt zu werden, wie solche Herabsetzung Gottes nicht bloß in der Herstellung des materiellen, sichtbaren Bildes vonstatten geht, sondern ebenso in der Fertigung ideeller, unsichtbarer Gottesbilder nach den Vorstellungen des modernen Menschen und seiner Vernunft. »Jahwe ist einer« (5. M. 6, 4), »ein eifersüchtiger Gott« (5. M. 4, 24), »Du sollst keine andern Götter haben neben mir« (2. M. 20, 3), »Du sollst dir kein Bildnis machen« (2. M. 20, 4), sagt Gott selber von sich.
Das sieht und zeigt der Prophet im judäischen Wirtschaftswunder. Die Hoheit oder Emanzipation des Menschen führt zu tiefster Erniedrigung: »Er wirft sich nieder«, »er bückt sich«, »er erniedrigt sich«. Die Nebeneinanderstellung von »Mensch« und »Mann« hat im Hebräischen den Klang von »Massenmensch« und »Herrenmensch«. In der Selbsterniedrigung vor dem selbstgemachten Gott wächst eine Solidarität der Gleichheit zwischen hoch und gering, die nicht von oben, sondern von unten ist.

v 9b Eine ergänzende Hand, deren Spuren in der Jesajarolle aus Qumran noch fehlen, hat hinzugefügt: »Nicht sollst (oder: nicht magst) du ihnen vergeben«, nämlich diese Erniedrigung, diesen Bruch des ersten Gebotes und diese Verachtung des zweiten. *Unvergebbar* erscheint diese *Verachtung* der Offenbarung und der Zueignung *Gottes*, auf der die Existenz der Gemeinde ruht, diese Verachtung zugleich der Würde des Menschen.

v 10 Dazu hat ein anderer Ergänzer, dessen Werk in der Jesajarolle aus Qumran ebenfalls noch fehlt, den Befehl oder Alarmruf gefügt: »Hinein in die Felsen! Deckung im Staube! Vor dem Schrecken Jahwes und der Pracht seiner Majestät.« Der Ergänzer wollte wohl hier schon auf die am Ende des Gedichtes verkündigte Antwort Gottes hinausweisen, der durch sein Erscheinen all dieser Vermessenheit ein Ende macht und die Erniedrigung aufdeckt. Wo bleibt man zur Zeit der großen Entschleierung, wenn man dem wirklichen Gott in die Augen sehen muß?

v 11 »Erniedrigt werden werden die hochmütigen Augen des Menschen und gebeugt wird werden der Hochmut der Männer. Und erhaben wird sein Jahwe allein an jenem Tage«. Die ursprüngliche Prophetenrede setzt zunächst, ohne Begründung und ohne Ausblick auf die kommenden Ereignisse, der perversen *Selbsterniedrigung* des *Menschen* in der Gegenwart die kommende *Erniedrigung* seines Stolzes *durch Gott* entgegen. Er zeichnet den stolzen, in Gottes Augen frechen Blick der Massen (ʾādām) und das hochmütige Auftreten der Herren (ʾanāšîm von îš). Alle menschliche Sicherheit, Autonomie und Anmaßung wird dem Erdboden gleichgemacht werden und nur eine Höhe wird nachbleiben – die Gottes. Er in seiner Höhe und Majestät soll offenbar werden.
Damit ist das Thema der ganzen Rede erreicht: *Gott* in seiner überrationalen

*Erhabenheit*, in seiner die Welt umspannenden *Universalität* und seinem unentrinnbaren *Anspruch*. Gott allein! »An jenem Tage« fährt der Prophet fort und setzt damit den Zeitpunkt fest, an dem die ganze Scheinwelt des Fortschrittsglaubens und der Autonomie des Menschen fortgeräumt und *Gott allein* als die *Mitte* offenbar werden wird, den Zeitpunkt, an dem statt Aberglauben, Geld, Macht und Abgötterei die Herrlichkeit des wahren Gottes, die Himmel und Erde füllt, auch seine Kirche, ja die Welt, erfüllen wird. Er bezeichnet diesen Tag nicht als irgendeinen zu erwartenden Zeitpunkt dieser Geschichte, sondern als den Tag, der diese Zeit ablöst. Er macht den menschlichen Tagen ein Ende und tritt ihnen als »jener Tag« gegenüber. Das ist der Tag Gottes.

*Strophe 2*: Der Tag Jahwes, v 12–17.

v 12a »Denn ein Tag von Jahwe der Heerscharen kommt«. Das Wort »an jenem Tage« aus der vorigen Strophe aufnehmend, beginnt der Prophet die Zeichnung des Advents: Jener Tag unterscheidet sich von den Tagen, in denen der Mensch sich durch verbotene Verbrüderung, Geld, Macht und Religiosität selbst durchsetzt und seine eigene Herrlichkeit sucht. Über »jenem Tage« ist Gott Herr als der *Offenbare*, Treue, der seinen Bund hält, seine Verheißung erfüllt, seinen Plan mit der Welt zum Ziel bringt, d. h. als Jahwe und als der *Allmächtige*, der über das Heer des Himmels und die Macht des Kosmos gebietet, auch auf dieser Erde ein Volk hat, der Heerscharen (ṣᵉbā'ôt).

v 12b–16 »Von ihm« oder »für ihn« kommt jener Tag wie ein Sturmwind über das Land. Der Einbruch des Tages Gottes in den Lauf der menschlichen Tage bringt den *Zusammenstoß* des unerreichbar Erhabenen, unwiderstehlich Verzehrenden, unentrinnbar Mächtigen *mit aller Vermessenheit*, allem, was selbst groß, herrlich oder Herr sein will, ganz gleich, ob es die Vermessenheit seiner Gemeinde, der Menschheit überhaupt oder der gefallenen Schöpfung ist.

Der Prophet zeichnet mit zehnfach eintönig wiederholtem »über« (ʿal) die unwiderstehliche *Wucht* und mit zehnfachem »alle« (kol-) die universale *Reichweite*, mit der Gottes Tag sich an allem erweist, was in sich autonom sein will und was sich dem Selbstvertrauen des Menschen als Stütze und Halt anbietet. Formt seine Zeichnung vom Hintergrunde her das furchtbare, Panik verbreitende Erdbeben aus den Tagen Uzzijas, das Amos und Jesaja selbst miterlebt haben müssen?[27] Zacharja erwähnt noch nach 400 Jahren eine Volksflucht, die es auslöste, und vergleicht mit ihm den Advent Gottes.[28] Oder steht das Erlebnis eines Orkans, der alles vor sich her zersplittert, dahinter? Der Dichter des 29. Psalmes vergleicht mit solch einem Sturmwind die sintflutgleichen Gerichte Gottes. Oder gibt die Furchtbarkeit des eigenen

27) Am. 1, 1; 2, 13.
28) Zach. 14, 5.
29) Jes. 6, 5.

Erlebens mit Gott, von der sein Schrei »Weh mir, ich werde vertilgt!« zeugt,[29] seiner Zeichnung die schreckliche Kraft?

Der Prophet stellt *vier Ausdrücke* für »*stolz*« an die Spitze seiner Schilderung: ». . . alles Hochmütige, Ragende, Erhabene, Hohe«. Dann folgen eintönig die Bilder von *Zeder* und *Eiche*, dem Schmuck der Hochgebirge des Libanon und Basan im hohen Norden außerhalb des Gotteslandes; dann die *Berge* und *Hügel* des palästinensischen Hochlandes mit ihren Heiligtümern und Anbetungsstätten, Karmel, Tabor, Samarien, Bethel, Jerusalem; dann *Türme* und *Mauern* der Befestigungsbauten Uzzijas und Jothams; dann die *Tartessusfahrer* und *Prachtschiffe* der Hochseeflotte Uzzijas, die im äußersten Süden in Elath vor Anker liegen oder von Asdod aus das Meer von Ost nach West bis zu den fernen Küsten Spaniens durchkreuzen. Ist all das nur als *Symbol* menschlichen Bemühens um *Selbstbehauptung* genannt? – Nein, der Prophet trifft darin auch das *Geheimnis*, das den *Dingen* selbst *innewohnt*, woran die menschliche Vermessenheit sich hochrankt.

Jedem dieser Zeugen des Stolzes Israels ist das Wörtlein »alle« vorangesetzt. *Alles*, was in sich *selbst etwas sein will* oder der Gemeinde Anlaß zum Vertrauen auf sich selbst gibt und *Gottes alleinige Herrlichkeit verdunkelt*, wird zerbrochen: Total und *radikal alles* zersplittert unter dem Zusammenstoß mit dem Tage, an dem *Gott sich als Herr erweist*. Dem eintönigen »voll«, mit dem die vorige Strophe die Vermessenheit des Landes schilderte, tritt daher in der zweiten das eintönige »über alles« gegenüber, das den Zerbruch dieser Vermessenheit malt, aber weit über ersteres hinausschwillt (10mal »über alles«).

v 17 »Gebeugt wird der Hochmut des Menschen und erniedrigt wird der Stolz der Männer. Und erhaben wird sein Jahwe allein an jenem Tage«. *Ziel* und *Ergebnis* dieses furchtbaren Zusammenstoßes zeichnet der Prophet mit dem in leicht veränderter Form wiederholten Kehrvers der ersten Strophe. Das Ziel heißt: *Beugung der Frechheit* der Masse, *Erniedrigung der stolzen* Haltung der Herrn und *Offenbarung* der *alleinigen Hoheit Gottes*. Die Strophe schließt mit dem Hinweis auf den Tag Gottes, mit dem sie begonnen. Nicht irgendwann, sondern durch den Advent Jahwes kommt es zu dieser Beugung und zu dieser Offenbarung.

*Strophe 3*: Die Erscheinung Gottes, 2, 18–21 + 5, 15–16 + 2, 22.

v 18 Mit dem Einsatz der dritten Strophe greift der Prophet zurück auf den Gipfel, auf den er in der ersten Strophe die Schilderung der Vermessenheit des Menschen hinausgeführt hatte. Der Mensch erschuf sich selbst Gott und das Ergebnis waren »Götterchen« oder »Nichtse« statt Gottes. Aber nur vor den Augen Gottes sind es Nichtse. In den gehaltenen Augen ihrer Anbeter waren es die Träger, Kraftquellen und Motore des Lebens und der Geschichte. Das Zerstörungswerk des Tages Gottes wäre nicht zu Ende geführt, wenn die Zeichnung bei Zeder, Hochgebirge, Kultstätten, militärischen Bauten und Hochseeschiffen stehenbliebe. Der Tag Gottes, der den Tagen der Menschen ein Ende macht, macht auch vor der übernatürlichen Welt, die der Mensch sich aufbaut, nicht Halt. Er macht auch seinen Göttern ein Ende. »Und die Götterchen (oder: Nichtse) schwinden hin ganz und gar«.

Die methaphysische Welt, auf die der Mensch im Letzten sein Vertrauen setzte, wird entlarvt als vergängliches Menschenwerk. Sie erweist sich als nichtig und wird zunichte und zwar »in Ganzheit« oder »gänzlich« (kālîl), ein Wortspiel mit »nichts« und »nichtig« (ʾälîl). Das ist Götterdämmerung, in der der autonome Mensch seines letzten Haltes beraubt wird. In der hinter uns liegenden Katastrophe erlebte man etwas davon, wenn man die Verzweiflung der haltlos gewordenen Menschen vor den Trümmern ihrer vergötterten Ideen sah (1945).

v 19 »Schlüpfen werden sie in die Höhlen der Felsen, in den Löchern der Erde sich verstecken vor dem Schrecken Jahwes und der Pracht seiner Majestät, wenn er aufsteht, zu schrecken die Erde«. Subjekt sind nicht die Götzen, sondern ihre Anbeter. »Sie« ist im Sinne von »man« gebraucht (vgl. v 21). Hinter dem Zusammenbruch ihrer metaphysischen Welt zeigt der Prophet die Menschen, wie sie in die Höhlen der Felsen schlüpfen und sich in den Löchern der Erde verkriechen. Es jagt sie nicht die Angst vor menschlichen Zerstörungsmitteln, sondern eine jäh erwachende Urangst, die alle lang gehütete Stumpfheit und Sicherheit wie Nebel auseinanderbläst, weil der Mensch *nackt vor dem heiligen Gott* steht. Es ist dieselbe Angst, die Jesaja bei seiner Berufung erlebt hatte und von der ihn nur Sühnung durch Eingriff von oben erlöste.

Ohne Sühnung, schutzlos der Angst preisgegeben, flüchten an jenem Tage die Menschen vor dem, was noch nicht genannt ist, was aber dem kommenden Tag erst seinen eigentlichen Inhalt und seine Schrecklichkeit gibt. Das ist die *neue Erscheinung Gottes* in seiner *Herrlichkeit*. Sie wird alle Herrlichkeit seiner einstmaligen Erscheinung am Sinai unter Donner, Blitzen, Erdbeben und Panik überstrahlen (2. M. 19, 16; 20, 18). Man kann nur in paradoxen Ausdrücken von ihr reden: Schönheit und Furchtbarkeit, Herrlichkeit und Schrecken zeichnet sie. Gemeint ist das persönliche Hervorbrechen Gottes aus seiner Verborgenheit. Er begegnet dem Menschen nicht mehr nur in seinem Wort, sondern in seinem enthüllten Wesen, das nicht einmal die himmlischen Seraphim (Jes. 6, 2), noch weniger der Mensch (2. M. 33, 20) anzusehen im Stande ist. Schon die Erzväter kannten Gott als »Schild« (maggēn)[30] *und* zugleich als »Schrecken« (paḥad).[31] Vor seiner Erscheinung am Sinai im Donner und Wolkendunkel flohen die Väter und baten Mose, an ihrer Stelle mit Gott zu reden.[32] Aber als Versöhnte schauten sie beim Bundesmahl seine Herrlichkeit, unter deren Füßen es war wie der Himmel in Klarheit.[33]

30) 1. M. 15, 1.
31) 1. M. 31, 54.
32) 2. M. 19, 16; 20, 18–21.
33) 2. M. 24, 10. 11.

Jesaja zeichnet das Wunder der Erscheinung Gottes, dessen Vorgeschmack die Väter erfuhren, in seiner enthüllten und erfüllten Wesenheit als niederschmetternden Einbruch, der die ganze selbstherrliche Welt zu Boden wirft. Er zeichnet es als die Stunde, da Gott nicht mehr dem Geschichtslauf aus der Verborgenheit zusieht,[34] sondern aufsteht und sichtbar in den Geschichtslauf eingreift – »wenn er aufsteht«. Der Ausdruck erinnert an den Zeitpunkt in der weltlichen Krönungszeremonie, an dem der König seinen Thron besteigt.[35] Der Tag Jahwes bringt die Thronbesteigung Gottes.

v 20–21 »An jenem Tage wirft fort der Mensch seine Götterchen von Silber und seine Götterchen von Gold, – welche seine Finger gefertigt, um sie anzubeten, – den Wühlratten hin und den Fledermäusen, um zu schlüpfen in die Klüfte der Felsen und in die Ritzen der Steine sich zu verstecken vor dem Schrecken Jahwes und der Pracht seiner Majestät, wenn er aufsteht, zu schrecken die Erde«. »An jenem Tage« setzt der Prophet noch einmal feierlich ein. Um diesen Tag des Adventes dreht sich die ganze Strophe. Ihn hält er weiter im Blick, um *nacheinander* zu schildern, was in Wirklichkeit so *gleichzeitig* und so plötzlich geschieht, wie der Blitz leuchtet vom Aufgang der Sonne zum Niedergang.[36] »An jenem Tage« wiederholt er noch einmal, alle Zweifel zerstreuend, als könnte es sich um eine vorübergehende Erschütterung handeln, um eine Stunde in der Geschichte gleich den vielen, in denen ihr Herr die in den Himmel wachsenden Bäume kappt.

An dem Tage, da Gott sich endgültig und vollkommen entschleiert, werfen die Menschen angesichts der sie schüttelnden Götterdämmerung in Angst, Entrüstung und Zorn von selber ihre vermeintlichen Götter fort. Ob ihre Bilder noch so strahlend sein mögen, noch so kunstvoll und wertvoll von Silber und Gold und noch so tiefsinniger Ausdruck der Sehnsucht von Jahrtausenden – sie erkennen in ihnen doch Menschenfabrikat. Sie werfen sie zu den Wühlratten und Fledermäusen, zu dem unterirdischen und oberirdischen Gelichter, in die Rumpelkammer oder zur Verschrottung, zum Schutt oder Kehricht. Sie verschwenden keinen Gedanken mehr an die trügerischen Heilande. Es beherrscht sie nur noch der *eine* Gedanke: *Deckung* zu finden *vor* der Begegnung mit *dem enthüllten Gott*.

Die stereotype Wiederholung der gleichen Sätze, die die Auslegung vielfach für Unfähigkeit des Schriftstellers oder Verderbtheit und Ergänzung des Textes erklärt hat, drückt in formelhafter Zurückhaltung und steifer Feierlichkeit aus, was kein Gedanke mehr ermessen und kein Mensch mehr beschreiben kann – die Erscheinung Gottes.

5, 15 »Und gebeugt wird der Mensch und erniedrigt der Mann, und erniedrigt werden die Augen der Hohen«. Der Schluß wandelt leise die Ausdrücke

34) Jes. 18, 4.

35) Oder ist es der Augenblick, in dem der Richter sich erhebt, um das Urteil zu verkünden? Mt. 26, 62; Mk. 14, 60.

36) Vgl. Mt. 24, 27; Lk. 17, 24.

ab, die in den Kehrversen der vorangehenden Strophen das Ziel der niederschlagenden Offenbarung Gottes zeichneten. Der Mensch wird niedrig nicht mehr vor dem Werk seiner Hände, sondern vor dem lebendigen Gott, so hieß es zweimal am Ende der ersten und zweiten Strophe. In dieser Erniedrigung schwinden die Unterschiede zwischen Arm und Reich, Knecht und Herr zu recht. Aber ein neuer Unterschied scheint sich aufzutun. So fährt der Prophet nicht mehr fort: »Gebeugt wird der Hochmut des Menschen und erniedrigt der Stolz der Herren«, als handele es sich um alles, was Menschengesicht trägt. Jetzt heißt es: »Erniedrigt werden die Augen der *Stolzen* oder *Hohen*«, ob sie Massenmenschen oder Herren sind, die Augen aller derer, die sich vor der Gerichtsbotschaft des Propheten nicht gedemütigt haben. Ungenannt taucht im Hintergrund eine Schar der *Niedrigen* auf und leise zeichnet sich die *Beschränkung der Schrecklichkeit* des Tages Gottes *auf die Hoffärtigen* ab. Und dahinter taucht die Möglichkeit auf, daß es noch andere geben kann, – den Rest, der umkehrt.

5, 16 »Und hoch wird sein Jahwe der Heerscharen im Gericht und der heilige Gott wird sich heiligen in Gerechtigkeit«. Ebenso wandelt der Prophet die Ausdrücke ab, mit denen er den Zweck der Niederwerfung alles Vermessenen angibt und die letzte Offenbarung Gottes als der alleinigen Mitte berichtet. »Erhaben wird sein Jahwe allein« hieß es zweimal. Jetzt tritt das Angesicht des *Erscheinenden* noch *deutlicher hervor* als *Jahwe der Heerscharen*. Bei seiner Erscheinung erweist er sich als derselbe, der seiner Gemeinde im Wort offenbar war (Jahwe), und der die Schöpfung und Geschichte gelenkt hat (der Heerscharen), d. h. als der Allmächtige und zugleich derselbe, den Jesaja in seiner Vision, umlobt von dem dreimal »heilig« der oberen Gemeinde, geschaut hat: »Der heilige Gott«, der unfehlbar treu, von allem Unreinen abgewendet ist und in unversöhnlichem Gegensatz zu allem Vermessenen steht.

Auch die Weise seiner *Selbstverherrlichung* und *Selbstdurchsetzung* zeichnet sich jetzt deutlicher als *Gericht* und *Gerechtigkeit* ab, d. h. als sein zurechtbringendes Walten, das wir in der versöhnten Völkerwelt gewahrten; und als sein rechtfertigendes Walten, das sich in der Erfüllung seiner Zusagen und in der Verwirklichung seines Heilsplanes an der Welt und vor allem im Bekenntnis zu seiner erwählten Gemeinde im Gericht beweist. Der *Endzeitliche* erweist sich identisch mit dem in seiner Gemeinde heute in seinem *Wort Offenbarten*, in seiner Rechtsordnung Gegenwärtigen.[37] Gericht und Gerechtigkeit, *Zurechtbringung* und *Rechtfertigung* ist das Werk, das der Prophet an sich selbst schon heute erfahren hat und mit ihm die glaubende Gemeinde seiner Jünger. *Zurechtbringung* und *Rechtfertigung* werden den *Gott* Israels auch an seinem Jüngsten Tage als den Hohen und Allmächtigen, als den *Fehllosen* und *Treuen* erweisen: nicht in blindem Wüten, nicht in erha-

37) Ps. 99, 4.

bener Willkür, sondern in Bindung an sein Gottesrecht und an seine *fehllose Liebe* wird sich auch sein Advent zum Gericht vollziehen. Auch aller Zerbruch, den die Gemeinde in der Gegenwart erlebt – das Meer von Blut und Tränen, in dem die Welt ertrinkt – gehört zu dem zurechtbringenden Walten, unter dem der Gott Israels sich als der Herr der Welt erweist und als ihr Erlöser, d. h. Heiliger. Was er seiner Gemeinde befahl[38] und die erste Vaterunser-Bitte erbittet, das wirkt und vollendet Gott selbst im Gericht und in seiner Erscheinung: die Heiligung seines großen, rettenden Namens,[39] den sie entweihte, und die Durchsetzung seines verborgenen Erlösungsplanes.

2, 22 »Laßt doch ab von dem Menschen, der nur Odem hat in seiner Nase! Denn wofür ist er zu achten!« An den Schluß stellt der Prophet, ähnlich wie am Ende des Gesichtes von der Friedensherrschaft Gottes, eine Aufforderung. Sie ist nicht Ausdruck müder Resignation. Sie hebt vielmehr die Botschaft von der Erhabenheit Gottes und von der Nichtigkeit des Menschen aus dem Rahmen einer Gerichtspredigt an die Gemeinde heraus und stellt sie in den Rahmen der gesamtmenschlichen Situation hinein. Der Prophet ruft auf, das Vertrauen abzuwenden von dem heute so stolzen, aber am Jüngsten Tag durch Gottes Advent entzauberten Menschen, der nur lebt vom Einziehen des Odems, den Gott ihm mit der übrigen sterblichen Kreatur zuhaucht.[40] Der Mensch in seiner eingebildeten Autonomie steht, ohne daß er es weiß, in totaler Abhängigkeit von Gott. Unter die Zeichnung eines ungeheuren Aufschwungs auf allen Lebensgebieten und über den gewaltigen Fortschrittsglauben seiner Zeitgenossen in der Emanzipation des autonomen Menschen stellt der Prophet das Schlußurteil: »Wofür ist er zu achten?« – Der Ausblick auf den Advent zernichtet die illusionäre Vermessenheit und macht klein und demütig vor Gott.

38) Jes. 8, 13.
39) Hes. 36, 22–23; Joel 3, 5.
40) Ps. 104, 29–30; 1. M. 2, 7; Ps. 103, 15; Jes. 40, 6; 45, 9.

# III. Der Advent Gottes zum Gericht über die Ungerechtigkeit der Führer der Gemeinde

## DER GERICHTSTAG ALS VERSCHLEPPUNG UND UMSTURZ
Kapitel 3, 1–15

**1 Wahrhaftig, siehe da, der Herr,**
**Jahwe der Heerscharen,**
**ist dabei, zu entfernen aus Jerusalem und Juda**
**Stab und Stütze,**
**[1]alle Stütze an Brot**
**und alle Stütze an Wasser,[1]**
**2 Ritter[2] und Mann des Krieges,**
**Richter ()[3] und Ältesten,**
**3 Befehlshaber der Wehrgerüsteten[4] und Anführer,[5]**
**[6]Propheten und Wahrsager,[6]**
**Ratgeber und Sachverständigen für Technik,**
**Eingeweihten in Zauberei.**
**4 Ich geb ihnen (dafür) Knaben zu Amtsleuten,**
**und Bübereien müssen über sie herrschen.**

**5 Es dringt ein[7] das Volk Jeder gegen Jeden**
**und Jeder gegen den Anderen.**
**Drohend stürmen sie los, der Bursche auf den Greis**
**und der Nichtswürdige auf den Ehrwürdigen.**
**6 Wenn einer seinen Bruder packt**
**in dessen Vaterhause**
**(und spricht)[8]: ›Du hast ein Obergewand,**
**Richter sollst du sein,**
**und dieser Haufe von Trümmern da[9]**
**sei unter[10] deinen Händen!‹[10]**
**7 so[11] erhebt der jenes Tages seine Stimme und spricht:**
**›Nicht will ich Wundarzt sein,**
**und in meinem Hause gibt es nicht Brot,**
**noch gibt es ein Obergewand.**
**Nicht sollt ihr mich einsetzen[12] zum Volksrichter.‹**

**8 Wahrhaftig, gestrauchelt ist Jerusalem**
**und Juda gefallen,**
**denn ihre Zungen und Taten sind wider Jahwe,**
**zu erbittern die Augen[13] seiner Majestät.**
**9 Ihr Person-Ansehen zeugt wider sie,**
**ihre Sünde ()[14] verkünden und[15] verhehlen sie nicht.**
**Wehe ihrer Seele! (Gleich Sodom)[16]**
**ja, tun sie sich Böses an.**
**10 (Sie binden[17] den Gerechten, weil er gut ist.[18]).[1]**
**Ja, die Frucht ihrer Taten müssen sie essen.**
**11 Wehe dem Boshaften! Böses (geschieht ihm),[19]**
**ja, das Tun seiner Hände kehrt auf ihn zurück.[20]**

**12 O, mein Volk, dessen Vogt ein (mutwilliger)[21] Bube ist,**
**und Erpresser[22] herrschen über es.**
**O, mein Volk, deine Führer sind Verführer,**
**und den Weg deiner Steige verwirren sie.**
**13 Aufgestellt hat sich Jahwe zum Rechtsstreit,**
**aufgestanden ist er, um die Völker[23] zu richten.**
**14 Jahwe kommt zum Gericht, (um zu rechten)**
**mit den Ältesten seines Volkes und seinen Amtsleuten:**
**›Ihr seid's, die abgeweidet den Weinberg.**
**Der Raub der Armen ist in euren Häusern.**
**15 Was fällt euch ein,[24] mein Volk zu zerschlagen**
**und das Angesicht der Armen zu zermahlen!‹**
**lautet der Spruch (des Allherrn),[25] Jahwes der Heerscharen.**

## Aufbau von 3, 1–15

Eine große, einheitliche Komposition aus vier Strophen: 1) v 1–4, 2) v 5–7, 3) v 8–11, 4) v 12–15. Strophe 1 und 2 bestehen aus je sieben Doppelzeilen (Versmaß 3 + 2). In Strophe 2 hinkt ein achter Halbvers nach! Strophe 3 und 4 bestehen aus je sechs Doppelzeilen (Versmaß 3 + 3 bis auf v 8). In Strophe 4 hinkt ein siebenter Halbvers nach. 1. Strophe: Gott nimmt Vollmacht und Führung weg, 2. Strophe: Revolution und Chaos ist die Folge, 3. Strophe: Der Grund ist die Versündigung an Gott und dem Nächsten, 4. Strophe: Gottes Advent zum Gericht über die Führer ist im Anbruch. – Die Verderbnis des Textes verleitete an einzelnen Stellen zu Korrekturen, die den Aufbau verdunkelten und zur Annahme von Zusätzen führten. Am schwierigsten ist die Rekonstruktion des verdorbenen Textes von v (9) 10. 11. Die Anmerkungen zum Text geben die Begründung für die hier vorgeschlagene Lesart und Deutung. Kleine Verbesserungen, hauptsächlich mit Hilfe der griechischen Übersetzung und Jesajarolle, bringen Klarheit.

1) Die griechische Bibel liest: »Sie sprechen: Laßt uns binden (bzw.: bindet) den Gerechten, denn er ist uns unnütz (ärgerlich, hinderlich).« Der hebräische Text verlas vermutlich 'is$^{e}$rû =»bindet« bzw. ' āss$^{e}$rū = »sie binden« in 'im$^{e}$rû = »sprecht« bzw. ' ām$^{e}$rû = »sie sprechen«, oder 'is$^{e}$rû = »bindet« fiel durch Einfachschreibung hinter 'ām$^{e}$rû = »sie sprechen« aus.

Stilistisch ist der Aufbau der einzelnen Strophen von großer Einheitlichkeit. Die ersten beiden sind, entsprechend ihrem bewegten Inhalt, von *Worthäufungen* und *Reihen* beherrscht:
*Strophe 1* in der Aufzählung der *Stützen* (4 mal miš'ān = Stütze und 12 Führer), die weggeräumt werden.
*Strophe 2* in zehn *Gegenüberstellungen* im Streit Aller gegen Alle. (Jeder gegen Jeden = 'îš – 'îš, Jeder gegen den Anderen = 'îš – rēa', Bursche – Greis = na'ar – zāqēn, Nichtswürdiger – Ehrwürdiger = niqlāh – nikhbad, Einer – sein Bruder = 'îš – 'aḥîw).
Die letzten beiden Strophen bestehen:
*Strophe 3* aus 3 *Schuldfeststellungen* (8ab. 8cd. 9ab), zweimal mit »Fürwahr – denn« (kî) eingeleitet und 3 *Gerichtsankündigungen* (9cd. 10ab. 11ab), zweimal mit »Wehe« ('ôj) eingeleitet und dreimal mit »ja« (kî) enthüllt.
*Strophe 4* aus 2 *Klagerufen Gottes* (12ab. 12cd) mit »o, mein Volk« ('ammî) eingeleitet und 2 *Ankündigungen* seines Eingriffs zum Gericht »Aufgestellt hat sich Jahwe zum Rechtsstreit« (niṣṣab jahwēh lārîb), »Jahwe kommt zum Gericht« (jahwēh b<sup>e</sup>mišpāṭ jābô') und zwei direkten Anreden, die zur Verantwortung ziehen (14cd. 15ab): »Ihr« ('attäm), – »Was fällt euch ein« (mallākhäm).

## Auslegung

In diesem Gedicht geht es um die Sünden der Führer und Gottes Advent. Derselbe wird als geschichtliche Katastrophe, Verschleppung, Revolution und Chaos, Vergeltung, Einbeziehung der Gemeinde ins Weltgericht gezeichnet.

*Strophe 1*: Gott nimmt Vollmacht und Führung weg, v 1–4.
v 1ab »Wahrhaftig, siehe da, der Herr, Jahwe der Heerscharen!« Feierlich beginnt der Prophet mit der Beteuerung »wahrhaftig« (kî) und mit dem Aufruf zum staunenden Erschrecken »siehe« (hinnēh). Das Wort steht oft vor Berichten von der Erscheinung Gottes. Jesaja leitet seinen Spruch wieder mit der Fülle der Namen für die Majestät seines Auftraggebers ein: »Herr« ('ādôn), »Jahwe« (der Name des offenbarten Gottes), »der Heerscharen« (der Hinweis auf seine Allmacht, Natur- und Geschichtsmächtigkeit), und schließlich das Partizip »entfernend« (mēsîr). Das sagt: Er ist dabei, zu handeln. Nach dieser feierlichen Einleitung müssen die Hörer sich auf eine einschneidende Botschaft gefaßt machen – auf ein Gottesurteil.
v 1cd (Er) »ist dabei, zu entfernen aus Jerusalem und Juda Stab und Stütze«. Als ein solches Gottesurteil verkündigt der Prophet dem satten, mächtigen und stolzen Reich, das sich gegen alle Eventualitäten gesichert hat: Dieser majestätische und allmächtige Gott ist schon dabei, die äußeren und inneren Stützen der Sicherheit des Staates wegzuräumen. Dem Bild des Tornados, der von oben her alle Höhen niederwirft (2, 6–22), tritt das der Umkehrung zur Seite, die von unten her die Fundamente wegreißt. In schier endloser Kette zählt er die unter Gottes Zugriff brechenden Stützen auf, die zur Zeit noch so stark und verläßlich scheinen.
v 1ef »Alle Stütze an Brot und alle Stütze an Wasser«. Allem voran nennt der Prophet die wirtschaftliche Sicherung durch Vorrat an Nahrung und Wasser-

versorgung[2] für den Frieden wie für den Kriegsfall wie auch für alle Eventualitäten in Form von Naturkatastrophen. Gott ist dabei, die wirtschaftliche Grundlage der Existenz der Gemeinde bis zum Primitivsten, Brot und Wasser, in ihrer Gesamtheit wegzuräumen.

v 2–3b »Ritter und Mann des Krieges, – Richter () und Ältesten, – Befehlshaber der Wehrgerüsteten und Anführer, – Propheten und Wahrsager«. Hinter dem Fundament der wirtschaftlichen Sicherheit zählt Jesaja diejenigen auf, die es legten und die es schützen: die Träger der militärischen, sozialen, kulturellen, moralischen und religiösen Sicherheit und Ordnung. Als ersten nennt er den »*Ritter*«, d. h. den Großbauern oder Adligen, der ein Fähnlein ins Feld führt, und den »*Kriegsmann*«, d. h. den Berufssoldaten oder Söldnerführer im stehenden Heer. Beide zusammen bilden die Grundlage der militärischen Sicherheit.

Es folgen der »*Richter*« und der »*Älteste*«, das sind der beamtete Berufsrichter und der Laienrichter. Sie sind die Garanten der ungestörten, sozialen Ordnung und verantworten für das Funktionieren des Gottesrechtes.

Als nächsthöhere Garnitur der Spitzen des militärischen und des bürgerlichen Lebens wird der »*Befehlshaber* des Heeres« – »Fürst der Wehrgerüsteten« oder »über fünfzig« genannt (je nachdem, ob man h$^{a}$mûšîm oder h$^{a}$mîššîm liest); und dann der »*Anführer*« (G) oder die »Standesperson« (M), d. h. der gehobene politische Führer (nāśi' oder n$^{e}$śû' pānîm).

Über diesen stehen die geistigen und geistlichen Führer: Der »*Prophet*«, der durch göttliche Berufung, Offenbarung und Geistesleitung bevollmächtigte Ratgeber in allen politischen, sittlichen und religiösen Fragen des öffentlichen wie des privaten Lebens. Er nahm zur Zeit der Könige Israels und Judas eine offizielle Stellung im Staate ein. In zünftig organisierten Gruppen stand er am Hof und an den Heiligtümern ständig zur Verfügung der Regierung wie der Privatleute, wenn irgend Not oder Unsicherheit über den Willen Gottes sich einstellte.[3] Aber hinter dem offiziellen steht leider der oft wichtigere, inoffizielle Drahtzieher am Hof und Berater und Seelsorger des Volkes, der »*Wahrsager*« (qōsēm), falls Jesaja hier nicht schon ähnlich wie Micha (3, 7) die offiziellen Propheten und Seher den Zauberern gleichsetzt.

An anderer Stelle nennt Jesaja diese Klasse von Menschen »die Murmelnden« oder »die Eingeweihten« – und die Mächte, in deren Dienst sie Antwort geben auf Befragen: »die Flüsternden« oder »Piependen« (vgl. 8, 19). Das Letztere sind die Geister, besonders die Totengeister, das Erstere sind Personen, die über ein übernatürliches Wissen und eine übernatürliche Macht verfü-

2) Sie war für Jerusalem ein Problem, das besonders stark empfunden wurde, sodaß beim Anmarsch eines feindlichen Heeres als erstes die Wasserleitung geprüft wurde (7, 1ff) und Hizkia der Hauptstadt einen neuen Wassertunnel baute (2. Chr. 32, 30; 2. Kö. 20, 20). Die Instandhaltung von Zisternen war für das Hochland Juda auch im Frieden Lebensfrage.

3) Vgl. 1. Kö. 22, 6.

gen. Sie kennen angeblich Wege, um die Pläne Gottes oder die Zukunft zu erkunden, und haben Mittel zur Verfügung, um den Gang der Ereignisse zu beeinflussen, Unglück, Seuchen, Erkrankung von Menschen und Vieh, Mißwachs, Insekten usw. abzuwenden. Das sind die Besprecher und Wunderärzte, die Hexer und Medien, die Eingeweihten in Okkultismus und Geisterbefragung, die im Volk auch heute noch dieselbe Rolle spielen. In der Einleitung zum vorigen Gedicht zählten wir ihre Praktiken auf. Königsbücher und Chronik berichten uns, wie in Israel in der Not sogar Könige zu ihnen Zuflucht nahmen.[4]

Wahrsager und Zauberer sind die in der Gemeinde Gottes wenig angesehenen oder gar verpönten, aber desto mehr gefürchteten und gebrauchten Helfer der unbekehrten Frommen. Man sucht bei ihnen eine Rückversicherung mit der metaphysischen Welt. Erschütternderweise steht der Wahrsager nicht nur ungesehen neben oder hinter dem Propheten, sondern Jesaja stellt auch den Propheten zum Wahrsager in eine Klasse (vgl. Mi. 3, 7).[5]

Aus den prophetischen Erweckungsbewegungen der Zeiten Samuels und Elias (vgl. 1. Sam. 19, 20; 2. Kö. 2) wurde eine den Reichen und Mächtigen hörige Zunft (Mi. 3, 5), die statt aus der Vollmacht Gottes aus dem Okkultismus ihre Offenbarungen schöpft und für Geld käuflich ist (Mi. 3, 7; Jes. 3, 3; Mi. 3, 11c; Jes 3, 5). In der Gesellschaft der Priester und Mächtigen »schwanken sie von Rauschtrank«, »wanken beim Schauen«, »all ihre Tische sind voll von Unflatgespei« und sie verspotten mit lallender Zunge den wahren Propheten (Jes. 28, 7–13). Materialismus – Menschenhörigkeit – Schwärmerei – Okkultismus – Gegnerschaft gegen den Geist und die Bevollmächtigten Gottes sind die Kennzeichen der gefallenen Propheten (Jes. 8, 19ff).

v 3cd »Ratgeber und Sachverständigen für Technik und Eingeweihten in Zauberei«. Nach diesen höchsten militärischen, politischen und geistigen Führern kommen die »Sachverständigen« und Fachleute des politischen, militärischen und kulturellen Lebens. Die »*Räte*« und »*Minister*«, bei deren Erfahrung und Weisheit die Könige sich Rat in ihren politischen Entscheidungen holen, und die »*Weisen*«, d. h. hier »*Sachverständigen*« in »Handwerk«, Rüstungsindustrie, Bautechnik, Kunst und kultischer Industrie – die *Techniker*. Für ein aufstrebendes Volk sind gerade sie von entscheidender Bedeutung. Alle siegreichen Feinde verschleppen als erste die Techniker.[6]

Wieder schließt der Prophet diese Reihe der Sachverständigen des praktischen Lebens mit einer Gruppe von Kundigen in der Welt des Überirdischen. Es sind zum Unterschied von den »Wahrsagern« (qōsᵉmîm), die das Geheim-

4) 1. Sam. 28, 7ff; 2. Kö. 16, 3; 21, 6; 2. Chr. 28, 3.

5) An sich kann qōsēm »Wahrsager« wie »Zauberer« bedeuten; aber es wird bei Jesaja und Micha parallel mit »Prophet« und »prophetischem Gesicht« gebraucht und charakterisiert das Absinken der prophetischen Schauung zur Wahrsagerei (vgl. Mi. 3, 6. 7, ḥāzôn steht parallel miqsōm, qōsmîm parallel ḥōzîm wie bei Jesaja qôsēm parallel nābî').

6) 1. Sam. 13, 19–21; 2. Kö. 24, 14.

nis des Verborgenen enthüllen, ebenfalls Praktiker und Sachverständige, eingeweiht in die Technik, wie man die metaphysische Welt dem menschlichen Willen dienstbar machen kann, – die »*Beschwörungskundigen*« (n$^{e}$bôn lāḥaš). Nicht nur die Welt des Alten Orient, insbesondere der babylonische Heidenkult, besaß Sammlungen von Beschwörungen, z. B. die Šurpû- und die Maklû-Serie,[7] sondern auch die gefallene Gemeinde Gottes bediente sich ihrer im geheimen. (Zu ihren Praktiken wurde in der Einleitung einiges gesagt. Das eindrucksvollste Beispiel aus dem politischen Leben bei den Philistern wird 1. Sam. 6, 4 erzählt, das erschütterndste Beispiel der Totenbeschwörung in Israel 1. Sam. 28, 8.)

Wieder sind die Beschwörer nicht zufällig neben die politischen und technischen Sachverständigen geraten, sondern letztere sind mit ihnen in der gleichen Klasse zusammengefaßt. Sie wirken im politischen Leben zusammen. Der Gestalt, die ihr Tun auf beiden Seiten angenommen hat, wohnt der Selbstdurchsetzungsdrang des menschlichen Willens inne, der vor dem Schicksal und vor Gott nicht Halt macht.

Der Prophet zählt die gesamten Vertreter des militärischen, sozialen, politischen, religiösen, kulturellen, geistigen und industriellen Lebens auf (nur die Priester fehlen).[8] Sie alle sollen die besondere Zielscheibe des Gottesgerichtes werden.

Gott ist dabei, eine tabula rasa zu machen, dem aufblühenden Staat Juda alle Stützen seines Wohlstandes, seiner Politik, Kultur, Technik, Industrie, Rüstung, Moral wie auch die der metaphysischen Welt zu nehmen. »Ich bin dabei, zu entfernen . . .« kann bedeuten: »Weichen zu machen«, »zu verschleppen« oder sonst »fortzunehmen«. Soll ein Krieg, eine feindliche Invasion, eine Verschleppung der führenden Schicht dem blühenden Leben des Landes den Todesstoß geben oder eine Seuche? Oder soll es ein durch göttlichen Machtspruch veranlaßtes *Versiegen* von *Wissen, Talent* und *Vollmacht* zum Führen sein?[9]

v 4 »Ich gebe ihnen (dafür) Knaben zu Amtsleuten und Bübereien müssen über sie herrschen«. Anstelle der bisherigen Führer will Gott dem zurückbleibenden, unmündigen Haufen[10] aus der *unerfahrenen Jugend* Führer

7) Vgl. Gr. AOT 1926 S. 324.

8) Zu fragen ist, warum Jesaja in seiner Frühzeit die Priester überhaupt nicht in seine Gerichtspredigt einbezieht. Wenn er selber zum priesterlichen Stande gehört, diese also nicht erst allmählich kennengelernt, sondern von vornherein aus nächster Sicht gekannt hätte, so hätte er den Angriff auf sie nicht anfangs unterlassen. Oder gab es damals noch eine verantwortungsbewußte Leitung oder Gefolgschaft unter den Priestern, die es wagte, der Hybris des Königtums zu widerstehen (2. Chr. 26, 17ff); später änderte sich das (Jes. 28, 7).

9) Obd. 8; Am. 5, 13.

10) Vgl. 2. Kö. 24, 14b.

berufen: »Knaben«. Er will das *sittlich minderwertige* in seiner Gemeinde auf den Thron setzen: »Bübereien« oder »Mutwillige« (ta<sup>c</sup>alûlîm kann sachlich oder persönlich übersetzt werden). Zu der Unerfahrenheit gesellt sich Selbstüberschätzung und Selbstherrlichkeit und in Verbindung damit die leichtfertige, freche Mißachtung der Erfahrung und des Wissens wie der Gebote Gottes und der Moral.

Nicht nur, weil die Erfahrenen, die das innere Gewicht haben, weggeräumt wurden, müssen die Unerfahrenen und Nichtswürdigen an ihre Stelle treten, sondern es vollzieht sich ein Wechsel in der sittlichen Atmosphäre des Volkes und der Kirche, wie er in Revolutionen oft beobachtet werden kann. Mit einem Mal – man weiß nicht woher – sind die Maßstäbe auf den Kopf gestellt. Die Autorität der zum Führen Berufenen ist genommen und den Nichtswürdigen ist eine rätselhafte Autorität und Vollmacht gegeben, vor der sich alles beugt. Amos sagt von solchen Zeiten: »Wer weise ist, der schweige, denn böse Zeit ist diese Zeit« (5, 13).

Der französische Historiker A. Thiers (1797–1877) sagt von solchen Wetterwenden im Klima von Zeiten, es sei damit wie mit der Blüte der Bäume im Frühling. Sie machen einander das Blühen nicht nach, sondern der gemeinsame Strahl der Sonne hat sie getroffen.[11] Das Gleiche gilt im negativen Sinn. Die Nichtswürdigkeit ermutigt sich nicht gegenseitig, sondern ein Machtspruch Gottes nimmt der Weisheit und Moral die Vollmacht und gibt sie der Narrheit und Frechheit.[12] Es ist Gericht Gottes. Er selbst setzt die Narren und Frechen ein.

*Strophe 2*: Revolution und Chaos als Folge, v 5–7.

v 5ab »Es dringt ein das Volk Jeder gegen Jeden und Jeder gegen den Anderen«. Der Beseitigung aller Autorität und der Inthronisierung der Narren und Frechen folgt die Auflösung und das Chaos, der Krieg Aller gegen Alle. Wo das Recht und die Ordnung nicht mehr schützen, herrscht die nackte Gewalt, wie es in Übergangszeiten während beginnender Revolutionen zu sein pflegt.

v 5cd »Drohend stürmen sie los, der Bursche auf den Greis und der Nichtswürdige auf den Ehrwürdigen (der Leichte auf den Gewichtigen)«. Es tritt ein allgemeines Widereinander ein, darin Jeder des Anderen Feind, Konkurrent und Ausbeutungsobjekt ist, so daß es kein Oben und Unten und keine Gemeinsamkeit mehr gibt. Aber dennoch zeichnet sich darin ein gemeinsames Gefälle, ja eine Front ab: Die Autorität an sich ist der gemeinsame Feind. Sie muß herunter in den Staub. Der Aufstand richtet sich in gleicher Weise gegen die Erfahrung der Alten wie gegen das Gewicht der sittlich Reifen. Getragen von der Wetterwende im geistig-sittlichen Klima dringt der Unerfahrene und sittlich Ungeprägte oder Negative an die Macht. Das Wort, das der Prophet für »dringen« gebraucht, bedeutet eigentlich »in heftiger Erregung mit

11) Vgl. Frank-Grützmacher: Geschichte und Kritik der neueren Theologie, 1908.
12) Vgl. Obd. 8.

erhobener Faust drohend oder laut schreiend auf den Anderen losstürmen« (rāhab). (Das Zeitwort ist vom selben Stamm wie der alttestamentliche Name für das damalige Ägypten: »Rahab« oder »Großmaul«, »Ungeheuer«, »Drache«.) Durch Terror wird die Erfahrung ausgeschaltet und das Gewissen niedergehalten. Diejenigen, die sich warnend für die Aufrechterhaltung von Recht und Ordnung einsetzen, werden zum Schweigen gebracht, weil sie durch ihr Wort oder auch durch ihr Vorhandensein als Vorwurf und Hemmnis der brutalen Selbstdurchsetzung empfunden werden.

v 6 »Wenn einer seinen Bruder packt in dessen Vaterhause und spricht: Du hast ein Obergewand, Richter sollst du sein, und dieser Haufe von Trümmern da sei unter deinen Händen!« Aber mitten im Chaos stellt sich, wie in allen Revolutionen schon nach dem ersten Sturm, heraus, daß das Leben und die Gemeinschaft nicht funktionieren ohne eine sittlich oder materiell begründete oder durch Fachkenntnis gestützte Autorität. Es geht nicht ohne die, die *über den anderen* stehen und zugleich *sich selbst* hinter dem Ganzen *zurückstellen*. Man ruft doch wieder nach Führern, die nicht nur am lautesten schreien, etwas erben oder haben wollen, sondern selbst *etwas* haben und *sind* und etwas zu geben sich bereitfinden. Die Begriffe »Bruder« und »Vaterhaus« tauchen wieder auf. Man erblickt im Nächsten nicht mehr nur den anderen, sondern den Bruder oder Volks- und »Bundes«-genossen (ʾaḥ). Man horcht wieder auf, wo man noch auf die materiell, geistig oder sittlich unversehrte Welt des Vaterhauses stößt (bêt- ʾāb).

Findet sich inmitten von Obdachlosen, mit Lumpen Bekleideten, Autoritätslosen ein Mann, der noch im unversehrten Vaterhause lebt, ein Dach über dem Kopf und ein Obergewand an und damit etwas Tradition und Selbstständigkeit unter den Füßen hat – so holt man ihn wieder hervor. Er muß »Richter« sein, vielleicht in primitivster Form die Geschäfte der Verwaltung ausüben, für Ordnung und Recht sorgen.

In Revolutionszeiten haben wir erlebt, wie der Tag kommt, an dem solche Männer nötig werden und welch einen Segen solche Männer bedeuten, die ohne Rücksicht auf Ehre, Rang und Dank still und selbstlos die Geschäfte der Ordnung versehen. Es ist gleich, ob es sich bloß um die Verteilung von Essen oder die Versorgung mit Wasser oder die Beseitigung von Unrat handelte.

Aber das soll das Erschütternde in der von Jesaja angekündigten Revolutionszeit sein: Diese Männer werden sich nicht finden. Man wird sie suchen, und wo einer noch einen solchen trifft, da wird er ihn greifen und zur Übernahme obrigkeitlicher Pflichten über dem Chaos und zur Wahrnehmung der Verantwortung für Trümmer nötigen. Selbst ein Trümmerhaufe schreit noch nach Ordnung und Recht.

v 7 »So erhebt der jenes Tages seine Stimme und spricht: Nicht will ich Wundarzt sein, und in meinem Hause gibt es nicht Brot, noch gibt es ein Obergewand. Nicht sollt ihr mich einsetzen zum Volksrichter«. Aber wer sich noch im Besitz eines Restes von Vermögen befindet, der wird die Übernahme von Verantwortung verweigern, wenn nicht anders mit erhobener Stimme unter Ableugnung seiner materiellen und sonstigen Reserven. Es gehört zu dem Gericht Gottes an seinem Volk und an seiner Kirche, wenn die Menschen mit äußerem und innerem Gewicht sich von der Mitarbeit am Ganzen zurückziehen. Das braucht nicht in »Ohne-mich«-Stimmung vonstatten zu gehen, sondern es kann im Sehen der Aussichtslosigkeit geschehen und mehr noch im Wissen um den Entzug der Vollmacht, um ein Veto von oben! In der Erkenntnis, daß sie in diesen Haufen nicht hineingehören, müssen sie das Schiff dem Verderben überlassen. (Zur Wegräumung der Weisen vgl. Am. 5, 13; Jes. 19, 11–12; 29, 14; Ob. 8; Jes. 44, 25.)

*Strophe 3*: Der Grund: Versündigung der Führer an Gott und dem Nächsten, v 8–11.
v 8ab »Wahrhaftig, gestrauchelt ist Jerusalem und Juda gefallen!« Wieder beginnt der Prophet mit der feierlichen Beteuerung »wahrhaftig« (kî) und konstatiert den tiefen Fall Jerusalems und Judas als schon geschehen – denn bei Gott ist er beschlossen. Der Fall ist ein innerer und äußerer. So sieht Jesaja im Geiste das stolze Reich mit seiner Hauptstadt bereits am Boden liegen. Der innere zieht den äußeren Sturz nach sich.

v 8cd »Denn ihre Zungen und Taten sind wider Jahwe, zu erbittern die Augen seiner Majestät«. Der Grund ist die *totale, umfassende* und *wurzelhafte Verderbnis. Wort* und *Tat*, der gesamte Einsatz des Lebens, stehen nicht nur in einem Richtungsgegensatz, sondern in einem *aktiven Widerstreit gegen* Gott. Sie beleidigen und erbittern seine hohe Majestät. »Die Augen des Stolzes der Menschen« (vgl. Jes. 2, 11), d. h. die freche Haltung des autonomen Menschen ist Beleidigung »der Augen der Majestät Gottes«, der heiligen Autorität des wirklichen Herrn.

v 9ab »Ihr Person-Ansehen zeugt wider sie, ihre Sünden verkünden und verhehlen sie nicht«. Das Verhältnis zum Nächsten, insbesondere zu den Schwachen, der gesamte Zustand an ihren Gerichten überführt die Gemeinde vor Gott dieser ihrer Rebellion gegen ihn in Wort und Tat. Er ist beherrscht vom »*Ansehen der Person*«. Der Schwache wird übersehen, der Mächtige und Reiche gesehen. Die eigenen Interessen werden an die Stelle des Gotteswillens gesetzt, der an Barmherzigkeit und Recht interessiert ist.

So steht das *Verhalten* der Mächtigen *zu den Schwachen* als Belastungszeuge gegen sie im Gericht Gottes auf. Dieses Zeugnis wird unterstützt durch die *Schamlosigkeit* der führenden Stände, die auch nicht mehr das Mäntelchen des äußeren Scheines benötigt. In brutaler Offenheit setzen sie den eigenen Vorteil und die Rücksicht auf die Mächtigen an die Stelle des Rechtes und der Barmherzigkeit. Heuchelei ist eine große Sünde. Aber schlimmer noch ist die von aller sittlichen und religiösen Scham enthemmte Frechheit, das offene und bewußte Niedertreten des Willens des höchsten Richters, der sagt:

»Denn barmherzig bin ich«[13] und »Ich lasse den Gottlosen nicht Recht haben«.[14]

v 9cd »Wehe ihrer Seele! Gleich Sodom! Ja, Böses tun sie sich an«. Aber ebenso schlimm wie das Unrecht und Leid, das sie ihren vergewaltigten Volksgenossen zufügen, ist das Unrecht, das sie ihrer eigenen Seele antun. Nach dem ehernen Gesetz der Vergeltung, das in der sittlichen Weltordnung Gottes herrscht, ziehen sie das Urteil selber herbei. Der Prophet vergleicht jetzt den furchtbaren Umsturz der öffentlichen Ordnung, den er in der vorigen Strophe ankündigte, mit einer Totalumkehrung von oberst zu unterst, wie sie mit Sodom geschah. Dieses war ja seit alters ein Paradigma der Schamlosigkeit des Menschen (1, 10) auf der einen und der vergeltenden Gerechtigkeit Gottes auf der anderen Seite (vgl. 1. M. 19) und als solches Vorschattung des kommenden Gerichtes (vgl. 1, 7. 9). So furchtbar wie die Bewohner Sodoms ziehen sie die Vergeltung Gottes herbei. So hat der Prophet für sie nur ein »Wehe« (= vae), das nicht mehr Klage, sondern Drohung ist.

v 10 »Sie binden den Gerechten, weil er gut ist[15]. Ja, die Frucht ihrer Taten müssen sie essen.« Der überlieferte Text ist hier in Unordnung. Sein Wortlaut kann nur mit Hilfe der griechischen Bibel erraten werden. – Sie übersehen nicht nur das Recht des Armen und Schwachen. Sie machen den Frommen, d. h. den »Gerechten«, mundtot, setzen ihn unter Anklage, verurteilen ihn offiziell, tun ihm Gewalt an, ob es sich um den Vergewaltigten (vgl. Am. 5, 12cd) oder um den handelt, der für das Recht eintritt (vgl. Am. 5, 10). So hat Gott es später dem Hesekiel vorausgesagt: »Du Menschensohn, siehe, sie werden dir Stricke anlegen und dich binden mit ihnen, und du wirst nicht unter ihnen ausgehen« (Hes. 3, 25). Wir können nicht feststellen, was im einzelnen gemeint ist, ob dem Propheten das Schicksal einzelner gerechter Beamten oder Laienrichter vor Augen steht, oder ob die Anfeindung gegen ihn persönlich, die er zur Zeit des syrisch-ephraimitischen Krieges erfuhr, bereits begann, als er anfing, schonungslos das Unrecht im öffentlichen Leben bloßzulegen. Die Kirche darf in dem Wort eine Weissagung auf das Schicksal des einen Gerechten, Christus, sehen. Um so mehr muß das Gesetz der Vergeltung, das Sodomsgericht sich schonungslos an ihnen vollenden.[16] Was sie sich einbrocken, müssen sie aufessen.

v 11 »Wehe dem Boshaften! Böses geschieht (ihm)! Ja, das Tun seiner Hände kehrt auf ihn zurück«. Mit einem zweiten »Wehe« unterstreicht der Prophet Unverrückbarkeit und Unaufhaltsamkeit der Vollstreckung des jus talionis an ihnen, d. h. das eherne Gesetz der Vergeltung von Gleichem mit Gleichem

13) 2. M. 22, 26.
14) 2. M. 23, 7.
15) Die gr. Bibel liest: »Sie sprechen: laßt uns binden (bindet) den Gerechten, denn er ist uns unnütz (hinderlich, ärgerlich).«
16) Vgl. Lk. 23, 31.

in der sittlichen Weltordnung Gottes. Mit dem Weheruf und der Ankündigung der Vergeltung schließt die Strophe. Das Mißverständnis des verderbten Textes als allgemeine Seligpreisung des Gerechten und Verfluchung des Gottlosen hat die Auslegung verführt, v 10–11 als Sentenz, die aus der Weisheitsliteratur eingedrungen sei, auszuscheiden.

*Strophe 4*: Der Advent Gottes zum Gericht über die Führer ist im Anbruch, v 12–15.

v 12 »O, mein Volk, dessen Vogt ein mutwilliger Bube ist und Erpresser herrschen über es! O, mein Volk, deine Führer sind Verführer, und den Weg deiner Steige verwirren sie!« Ist es eine Klage des Propheten aus dem Herzen Gottes oder ist es eine Klage Gottes selber, die die Rede des Propheten unterbricht? »O, mein Volk! . . . O, mein Volk!« schreit er zweimal aus tiefstem Schmerz und deckt noch einmal das ganze Elend der Gemeinde auf: »Buben« und »Erpresser«[17] sind seine *Führer* und *Beamten*. Statt einzugreifen und das Volk vor seinen ungerechten Richtern zu schützen, stellen sie sich auf die Seite seiner hartherzigen Gläubiger und der Mächtigen und nicht auf die Seite der bedrängten Schuldner und Schwachen. *Räte* und *Propheten*, die Verwalter der Weisheit und der Offenbarung, die Wegweiser zum Gehorsam und zur Buße, – sind Verführer geworden und untergraben die Existenz der Gemeinde und machen die Gewissen gegen den Bußruf stumpf. Die Gottes Willen ausführen sollen, zertreten sein Gebot, und diejenigen, die ihnen die Augen für die Übertretung öffnen sollen, machen sie blind für dieselbe. Kein Schutz, keine Führung bei den Mächtigen, kein Strafen, kein Wecken bei den Geistträgern; kein Eintreten vor Gericht bei den einen und kein Eintreten in der Fürbitte bei den andern.

v 13 »Aufgestellt hat sich Jahwe zum Rechtstreit, aufgestanden ist er, um die Völker zu richten«. Und doch gibt es ein Eintreten für das Volk! Über all seine Not und all das Unrecht seiner Führer hinweg lenkt der Prophet den Blick auf den *höchsten Richter*, der sich von seinem Thron erhoben hat. Das Auge des Glaubens sieht, wie er feierlich, hochaufgerichtet steht, um sein Urteil zu verkünden. Nicht irgendeine Katastrophe, sondern das Weltgericht steht vor der Tür. Von hier aus bekommt alles, was der Prophet über das Versagen der Führer gesagt hat, seinen letzten Ernst. Er hat nicht theoretisch das Maß an die Gemeinde und ihre Vertreter gelegt, sondern im Namen des anbrechenden Gerichtstages, an dem Gottes sittliche Weltordnung ihre Realisierung findet. Wir wissen zwar vom Propheten Amos, wie leidenschaftlich das Volk von dieser Realisierung am Tage Gottes die eigene Rechtfertigung und Thronerhebung vor der Welt erwartete. Aber eben hierin gipfelt die Rede des

17) Luthers Übersetzung: »Kinder sind Gebieter meines Volkes und Weiber herrschen über sie«, die der M folgt, erinnert an das Wort des Weisen: »Wehe dem Land, dessen König ein Kind ist . . .« (Pred. 10, 16) und sieht die Not weniger in der Skrupellosigkeit des Herrschers als in seiner Unfähigkeit und seiner Beherrschung durch Frauen.

Propheten: Das Volk irrt sich! Nicht zum Richter, der für sein Volk gegen die anderen eintritt, sondern als der, vor dem alle Völker gleich sind, hat er sich zum Gericht erhoben.

v 14ab »Jahwe kommt zum Gericht, um zu rechten mit den Ältesten seines Volkes und mit seinen Amtsleuten«. Das Weltgericht, das die ersehnte Rechtfertigung der Gemeinde gegen ihre Feinde bringen soll, wird daher zum Advent des Richters über seine Gemeinde selber, ja, vor allem über sie, speziell über die Ältesten und Fürsten, die von Natur oder durch Einsetzung zum Gericht im Volk Gottes bestellten Männer. Das Gericht fängt am Hause Gottes an!

v 14cd »Ihr seid's, die abgeweidet den Weinberg; der Raub der Armen ist in euren Häusern!« Nun läßt der Prophet die Stimme des Weltenrichters selber hören in feierlicher, direkter Anrede an die Verwalter des Gottesrechtes und Vertreter des Gerichtes. Sie haben ihre Stellung mißbraucht. Sie haben vergessen, daß die ihnen anvertrauten Menschen Gottes Gemeinde, der Weinberg, die Träger seiner Wahl und seines Heils auf Erden sind. So haben sie sich an Gottes Eigentum vergriffen. Als corpus delicti, das auf dem Gerichtstisch liegt, klagt sie vor dem Weltenrichter der eigene Wohlstand und die Armut der anderen an. Was kümmert sich die Welt darum, wie Reichtum zustande gekommen ist! Sie rechnet mit ihm als einem Faktum, das Macht ist. Gott aber fragt danach, wie er erworben wurde. Das Auge des Weltenrichters sieht im vermeintlichen Besitz der Reichen das Eigentum der Armen, das diese ihnen durch ihre rücksichtslose Geschäftspraxis abgesperrt haben. Sie haben ihren Wohlstand und Glückstand sich auf Kosten der anderen zusammengeschafft und aufgebaut.[18] Bei der großen sozialen Umschichtung, in der Kleinbauern zu Pächtern und Tagelöhnern verarmten, sind nicht die anonymen Verhältnisse schuld. Die einzelnen Nutznießer bleiben vor Gott verantwortlich. Der Prophet vergleicht die Gemeinde mit einem abgeweideten Weinberg[19] und die Schützer des Rechtes und der Offenbarung mit den wilden Tieren, die über ihn hergefallen sind, seine Zäune durchbrochen, ihn zerwühlt und abgefressen haben. Das Erschütternde ist, daß nicht Feinde (wie in Ps. 80), sondern die eigenen Führer die Rolle der wilden Säue übernahmen.

v 15ab »Was fällt euch ein, mein Volk zu zerschlagen und das Angesicht der Armen zu zermahlen!« Wie er erst zweimal klagend ausgerufen hat: »O, mein Volk«, »o, mein Volk«, so ruft er zum dritten Mal dieses »mein Volk« den Führern anklagend entgegen. Auf dem Hintergrund des Bildes der über den Weinberg hereingebrochenen wilden *Tiere* zeichnet er das Bild der *Drescher*, die mit den eisernen Zacken des Dreschschlittens oder mit den Hufen der Druschtiere die ohnmächtig auf dem Boden liegende Garbe zermalmen, –

18) Vgl. was in der Einleitung über die soziale Umschichtung in Juda zur Zeit der ersten Schriftpropheten gesagt wurde.
19) Ps. 80, 14ff.

oder des *Müllers*, der mit der Handmühle oder mit dem Mörser die Körner zermahlt. Garbe unter dem Dreschschlitten oder Korn in der Mühle ist die Gemeinde Gottes in der Hand der falschen Leiter und falschen Verwalter des Wortes Gottes. Erschütternder kann das Zerstörungswerk aus dem Glauben gefallener Führung in der Gemeinde Gottes nicht gezeichnet werden. Die Frage davor: »Was fällt euch ein?« weist auf die *Unbegreiflichkeit* und gleichzeitige *Unverschämtheit* der Haltung ihrer Führerschicht, die sich an Gottes Eigentum, seinem Felde und seinem Weinberg, vergreift. Aber wie urmenschlich ist doch das Gebaren der Führenden auf allen Gebieten, als komme ihnen ihre Stellung zu und als wäre das Verfügen über die ihnen zur Führung Anvertrauten nach ihrem Ermessen ihr gutes Recht. Die Frage zieht gleichzeitig die *vergessene Verantwortlichkeit* ihrer Stellung vor Gott ans Licht, die der Tag des Gerichtes plötzlich offenbar machen wird, wenn Gott anfängt zu fragen und Rechenschaft zu fordern.

v 15c Die Formel »Raunung des Allherrn, Jahwes der Heerscharen« ist nicht bloß als allgemeine Offenbarungsformel daruntergesetzt, sondern bildet hier die Anführungsstriche, die diese Anklage als Gerichtsedikt des zur Verkündigung des Urteils aufgestandenen Richters kenntlich machen.

# IV. Die Aufdeckung der Vermessenheit der Frauen und das Gericht über sie

DER GERICHTSTAG ALS KRIEGSKATASTROPHE

Kapitel 3, 16–4, 1

**16 Und es sprach Jahwe:**
**Dieweil hochfahrend sind**
**die Töchter Zions**
**und einherwandeln ausgereckten[1] Halses**
**und die Augen verdrehen[2] –**
**bewußt und trippelnd wandeln sie einher**
**und lassen's mit [3]ihren Füßen[3] klirren,**
**17 so wird grindig machen Jahwe[4] den Scheitel**
**der Töchter Zions,**
**und Jahwe macht kahl ihre Schläfen.[5]**

**18 An jenem Tage**
**entfernt der Allherr ihren[6] Schmuck,**
**die Fußspangen und Stirnbänder und Möndchen,**
**19 die Ohrgehänge und Armspangen und Schleier,**
**20 die Turbane und Schrittkettchen und Gürtel,**
**und die Seelenhäuschen und die Zauberamulette,**
**21 die Fingerringe und die Ringlein an der Nase,**
**22 die Festgewänder und die Überkleider,**
**und die Umschlagtücher[7] und die Täschchen,**
**23 und die Spiegelchen und die linnenen Hemde,**
**und die Kopfbünde und die florenen Umwürfe.**

**24 Und es wird geschehen[8]**
**an die Stelle von Wohlgeruch**
**tritt[9] Moder,**
**und an die Stelle des Prachtgürtels**
**der Strick,**
**und an die Stelle des künstlichen Haargeflechtes**
**die Glatze,**

**und an die Stelle der Prunkgewandung**
**Sackumgürtung,**
**[10]ja, an die Stelle von Schönheit**
**Schande.[10]**

**25 (An jenem Tage)[11]**
**fallen deine Mannen durchs Schwert**
**und deine Heldenkraft im Kriege.**
**26 Es klagen und trauern deine[12] Tore,**
**ausgeplündert[13] setzt du dich[14] zur Erde.**
**4, 1 Da werden greifen sieben Frauen**
**nach einem einzigen Mann ()[15]**
**und sprechen: ›Unser eigen Brot wollen wir essen,**
**ins eigne Gewand uns kleiden,**
**nur werde dein Name über uns genannt,**
**nimm weg unsre Schmach!‹**

Aufbau von 3, 16–4, 1

Auch hier haben wir es mit einer wohldurchdachten Komposition des Propheten zu tun. – Das Gedicht zerfällt in 4 Strophen oder Sprüche: 1) v 16–17, 2) v 18–23, 3) v 24, 4) 3, 25–4, 1. – Die Abgrenzung ergibt sich aus den *Einleitungsformeln*: 1) »Und es sprach Jahwe« (wajjōmär jahwēh) v 16, 2) »An jenem Tage« (bajjôm hahû') v 18, 3) »Und es wird geschehen« (wehājāh vielleicht ist zu ergänzen bajjôm hahûü »an jenem Tage«) v 24, 4) »An jenem Tage« (bajjôm hahû') v 25 (wahrscheinlich aus 4, 1b, wo es das Versmaß stört, hierher zu versetzen). – Die *Einleitungsformeln* sind alle nicht in den Strophenbau eingefügt, sondern stehen als Überschrift je über jeder Strophe. – Die Strophen haben alle vier die *gleiche Zeilenzahl*: 1) 5 Doppelzeilen (eine Halbzeile fehlt), 2) 5 Doppelzeilen, 3) 5 mit Zäsur oder Gedankenstrich vor dem letzten Wort versehene Zeilen, 4) 5 Doppelzeilen. – Die *Zeilenlänge, Versmaß* und *Rhythmus* der Strophen sind verschieden, annähernd 1) 3 + 2, 2) 3 + 3, 3) 4 bzw 3 + 1, 4) 3 + 2. Das Versmaß wandelt sich am auffälligsten in Strophe 2 und 3 entsprechend dem Inhalt. Die Fünfer erinnern an die Klage, die um den Fall der Frauen angestimmt werden wird. Die atemlosen Sechser oder Doppeldreier sind für die Aufräumungsarbeit des Tages Jahwes mit der schweren Fülle der Vermessenheit im Schmuck vorbehalten, – die lakonischen, vor dem letzten Gliede eingeschnittenen Vierer drücken die eherne Logik der Vergeltung und den Wandel von der Höhe zum Absturz mit lotrechter Folgerichtigkeit aus.
Ähnlich wie 2, 6–8. 12–16 ist in Strophe 2 das Stilmittel der endlosen *Reihung* verwendet, in Strophe 3 das der eintönigen *Wiederholung* »anstatt«, »anstatt« (taḥat, taḥat) usw. Die erste und vierte Strophe sind lebensvoller und bewegter in der Handlung, Strophe 1 durch die Zeichnung des Bildes der *gegenwärtigen Frau* nach dem Leben, Strophe 4 durch die Zeichnung der *zukünftigen Frau* aus der Vision.
Die Strophen weisen einen gedanklichen Fortschritt auf: Strophe 1 Bedrohung des Geltungsbedürfnisses in der Haltung der gegenwärtigen Frau, Strophe 2 Bedrohung des

Schmuckes der gegenwärtigen Frau, Strophe 3 die Entblößung der Frau am zukünftigen Gerichtstage und Strophe 4 die kreatürliche Sehnsucht der vereinsamten Frau an jenem Tage. Das Gesamtthema heißt: Der *Zusammenstoß* des Tages Jahwes mit der *Vermessenheit* der *Frauen* Jerusalems.

*Strophe 1*: Das Gericht an der vermessenen Haltung der Frauen, v 16–17. v 16a Der Prophet schlägt noch einmal das Thema Vermessenheit an, das den Hörern aus dem großen Lied auf den Advent Jahwes zum Gericht über alles Hohe in den Ohren klingt (2, 6ff). »Und es sprach Jahwe: Dieweil vermessen (wörtlich: hochfahrend) sind (gab$^{e}$hû) . . .« Aber er nennt als die Vertreter der Vermessenheit Jerusalems jetzt nicht seine Leistungen und seine Führer, sondern seine *Frauen*. Sie werden gleich hinter den militärischen, politischen, gesellschaftlichen und geistigen Führern als Stützen der Vermessenheit eingereiht (3, 1–15). Dabei geht es nicht um Königinnen, Prophetinnen oder andere bedeutende Frauen, sondern um die reichen Frauen aus den Patrizierhäusern Jerusalems, um Privatmenschen (vgl. Am. 4, 1–3).
Im Alten Testament erfahren wir gelegentlich etwas von der Stellung und Aufgabe der Frau in der Gemeinde Gottes. Sie ist nicht Führer oder Haupt, sondern *Gehilfin* des Mannes in seiner Arbeit und in seiner Einsamkeit,[1] Genossin seines Glaubens und des Gottesbundes.[2] Ihr Wirkungsgebiet liegt – abgesehen von den zu besonderem Amt berufenen Prophetinnen wie Mirjam, Debora und Hulda[3] – nicht draußen in der Öffentlichkeit, sondern drinnen im Hause.[4] Dort waltet und thront sie wie ein Weinstock inmitten von Ölpflänzchen – ein Heilsgewächs inmitten von Heilssetzlingen – als Erzieherin ihrer Kinderschar (zum Samen Gottes),[5] und als Priesterin des Heils im Hause.[6] In der Öffentlichkeit erscheint sie, um Gott zu loben. Sie singt den Jahwehymnus zum Jahwereigen.[7] So haben die Frauen eine Schlüsselstellung in der Gemeinde Gottes, aber nicht eine herrschende, sondern eine priesterlich dienende.
Die Frauen Jerusalems haben diese wunderbare Stellung und heilige Aufgabe durch ihre Vermessenheit verfälscht und verraten.
Der Prophet Amos rügte an ihren Kolleginnen aus Samarien die Herrschsucht. Sie wurden zu Beherrscherinnen ihrer Männer. Sie reizten diese durch ihre Genußsucht zu immer größerem Aufwand. Sie zwangen ihre Männer zu immer rücksichtsloserer Ausbeutung der Schwachen, um die Kosten für die Befriedigung der Wünsche ihrer Frauen einzubringen. So zertreten die

1) 1. M. 2, 18.
2) Mal. 2, 14.
3) 2. M. 15, 20; 4. M. 12, 4; Ri. 4, 4ff; 2. Kö. 22, 14ff.
4) 1. M. 18, 9. 10.
5) Mal. 2, 15.
6) Ps. 128, 3.
7) 2. M. 15, 20–21 die Frauen; Ps. 68, 26; Ri. 11, 34 die Jungfrauen.

Frauen Samariens indirekt die Armen.[8] Wie einst Isebel den Ahab als sein böser Geist leitete,[9] so treiben auch die Frauen Jerusalems ihre Männer zur Grenzüberschreitung gegen Gottes Gesetz und den Nächsten.

An unserer Stelle beleuchtet Jesaja ihre Vermessenheit von einer anderen Seite: Er zeigt sie im *Drängen* an die *Sichtbarkeit*, im Streben, sich hervorzutun, die Aufmerksamkeit auf sich zu lenken, die Männer anzureizen und zu fesseln, im Mittelpunkt zu stehen, sich zu schmücken. Anstatt durch ihren Dienst daheim im Heiligtum des Hauses und durch ihr Lob draußen im Heiligtum der Gemeinde Gott zu verherrlichen, suchen sie ihre *eigene Ehrung*. Die ursprünglich von Gott gegebene Gabe der Schönheit, die den Schöpfer durch das bloße Sein loben sollte, wird mißbraucht, um durch *Scheinen* sich selbst anzupreisen. Sie treiben diesen Schein bis zum affekthaschenden, reklamehaften und zugleich überfeinerten, raffinierten *Putz*. Ihre Haltung wie ihre Ausstaffierung dient dem gleichen Anliegen.

v 16b–e »Dieweil hochfahrend[10] sind die Töchter Zions und einherwandeln ausgereckten Halses und die Augen verdrehen«. Statt der Arbeit im Haus nachzugehen, »wandeln« sie, wir würden sagen »promenieren« sie in den Straßen der heiligen Stadt, um sich sehen zu lassen. Damit nicht genug: Sie recken auch noch ihre Hälse, schielen nach den Seiten und verwerfen ihre Augen, um anerkennende und bewundernde Blicke zu erhaschen. Vor allem gilt es, Aufmerksamkeit und Begehren der Männer zu erregen, Herzen einzufangen, sich an ihrer Macht über das andere Geschlecht zu sonnen.

v 16fg »Bewußt und trippelnd wandeln sie einher und lassen's mit ihren Füßen klirren«. Dieser Drang zu scheinen und bewundert zu werden, schafft sich in ihrer ganzen *Haltung* und *Bewegung* bis in ihren Gang hinein seinen Ausdruck. »Wandelnd wandeln sie«, d. h. intensiv, mit Nachdruck, Bewußtheit und Absicht, – »trippelnd« oder »tänzelnd« (Luther: »schwänzelnd«), das bedeutet geziert und maniriert. Dabei lassen sie möglichst geräuschvoll Spangen und Kettchen klirren, die von Knöchel zu Knöchel gespannt, künstlich die Kürze des Schrittes bestimmen und damit die stolzierende Affektiertheit des Ganzen erhöhen. Der Effekt ist der Gleiche, den Stöckelschuhe mit spannenhohen Absätzen erreichen, – ein stelzender Schritt. Vielleicht sind an diesen Kettchen noch Schellen angebracht, die den Schritt mit Klingeln begleiten. – Die Wahl des Ortes – die öffentliche Promenade, die Ausrichtung – Verdrehung von Hals und Augen, die Haltung und Bewegung – Trippelschritt, und die Begleitmusik – Klirren und Klingeln – alles ist Ausdruck der gleichen inneren Lebensrichtung, die in ihrer Übersteigerung vollends zur Karikatur wird. Sie heißt *Scheinen statt Sein*.

v 17 »So wird grindig machen Jahwe den Scheitel der Töchter Zions und Jahwe macht kahl ihre Schläfen«. Auf den Mißbrauch der natürlichen Gaben,

8) Am. 4, 1
9) 1. Kö. 21, 7.
10) Das Gegenbild zum Frommen in Ps. 131.

mit denen die Frauen den Schöpfer durch ihr Sein in Schönheit und Anmut preisen sollten, will Gott mit einem unästhetischen Ausschlag antworten, der den Schmuck ihres Haupthaares zerstört. Ja, nach einer Lesart entblößt er ihre Schläfe so total, daß sie jämmerlich, wie in der römischen Zeit die Dirnen, mit kahlem Kopf herumlaufen müssen oder wie in Israel die trauernden Männer, die unrein, d. h. vom Gottesdienst ausgeschlossen sind. Nach der anderen Lesart liefert Gott sie rohen Feinden zur Vergewaltigung aus, die ohne Scheu in die eingebildete Herrschaftswelt der Stolzen einbrechen.

*Strophe 2*: Das Gericht am vermessenen Putz der Frauen, v 18–23.
v 18 ab »An jenem Tage entfernt der Allherr ihren Schmuck«. »An jenem Tage«, das bedeutet am endzeitlichen Gerichtstage, beginnt diese Abrechnung mit den Frauen. Die »unschuldigen« Putzsünden der Frauen, über die wir lachen möchten, sind dem heiligen Gott nicht zu gering, um seinen Gerichtshof am Ende der Tage damit zu befassen.
Im großen Gedicht auf Gottes Advent zum Gericht über den Stolz Jerusalems zeichnete Jesaja den Aufprall des Sturmes auf alles Stolze und Ragende, Erhabene und Hohe, Zedern, Eichen, Berge, Hügel, Türme, Mauern, Tarsisschiffe und Prachtschiffe, den Massenmenschen und den Herren. Wir sahen die *vierzehnfache Vielfalt der Vermessenheit* splittern (2, 6ff). Hier kündigt der Prophet dasselbe für die kleine Welt der Frau an. Der Sturm des Gerichtes bläst die *einundzwanzigfache Vielfalt des Putzes* und damit die Scheinwelt der vermessenen Frauen wie Spreu auseinander. Erschütternd und beschämend ist es, daß die Fülle der Zeichen der Vermessenheit in dieser kleinen Welt viel größer ist als die der aufgezählten Zeichen der Vermessenheit des Reiches Juda, die beim Advent Gottes auseinanderstäubt: Dort sind vierzehn (= 2 x 7), hier einundzwanzig (= 3 x 7) Zeichen aufgezählt.
Wie Gott dem Lande Juda auch alle Stütze an weltlichen und geistlichen Führern, bzw. ihrer Lebensgrundlagen, nehmen wird (3, 1ff), so will er den Frauen ihren Schmuck wegreißen.
v 18b–21 »Die Fußspangen und Stirnbänder und Möndchen, die Ohrgehänge und Armspangen und Schleier, die Turbane und Schrittkettchen und Gürtel, und die Seelenhäuschen und die Zauberamulette, die Fingerringe und Ringlein an der Nase«. In eintöniger Aneinanderreihung sind die einzelnen Gegenstände aufgezählt, mit denen die Frauen ihr Dasein mit einem sehr weltlichen Heiligenschein umgeben. – Zuerst ist der *Schmuck* genannt. Der Blick wandert von den klirrenden *Spangen an den Füßen* (hā$^{a}$khāsîm) hinauf zu den perlenbesetzten *Bändern an der Stirn* (hašš$^{e}$bîsîm) und den daran baumelnden *Möndchen* (haśśah$^{a}$rōnîm), über die wie Tropfen an den Ohrläppchen hängenden *Perlengehänge* (hann$^{e}$ṭîphôt), wieder hinunter zu den um die Handgelenke geschlungenen *Armbändern* oder -spangen (haššêrôt), bis zu den darüber zitternden *Schleierwolken* (hār$^{e}$ʿālôt), die vom Haupt herabhängend die ganze Erscheinung einhüllen (man könnte das Wort mit »Zitterschleier« übersetzen, von rāʿal »taumeln«).

Von den linnenen *Turbanen* (happeʾ ērîm), wie sie außer der Frau auch der Priester,[11] der Bräutigam,[12] aber auch die Männer an Festtagen[13] tragen, gleitet der Blick wieder herab zu den *Schrittkettchen* (haṣṣeʿādôt), die über den Fußknöcheln befestigt vielleicht schellenklirrend die Schritte begleiten und kurz halten, und von da wieder hinauf zum prachtvoll bestickten oder bunt gewirkten *Gürtel um die Hüften* (haqqiššurîm), dem Stolz der Bräute.
So ist die ganze Erscheinung von Glanz umsponnen. Aber wie Funken in dämonischem Licht blitzen in diesem Glanz die kleinen, vermutlich aus Edelmetall gefertigten »*Seelenhäuschen*« (bāttê hannäphäš) – wohl fälschlich als »Odeurfläschchen« gedeutet – in Wirklichkeit wahrscheinlich Schutzamulette für die Seele gegen böse Geister. Sie haben die Form von kleinen, an Kettchen um den Hals getragenen Häuschen oder Kapseln und dienen als Behälter von Bannformeln. Neben ihnen nennt Jesaja die Zauber- oder Beschwörungsamulette (hallеḥašîm), die vielleicht nicht so sehr Schutz vor Unglück als Macht über die Männer geben sollten. Endlich folgen die blinkenden goldenen *Siegelringe an den Fingern* (haṭṭabbāʿôt) und die in die Nasenwand oder hinter die Nasenflügel geklemmten *Ringlein* aus Gold (nizmê hāʾaph). Es mögen auch in sie bindende Kräfte hineingezaubert gewesen sein. Mit diesen dämonisch leuchtenden und gleißenden Fünklein schließt das prachtstrotzende Bild des Schmuckes der Frauen ab[14].
v 22 »Die Festgewänder und die Überkleider und die Umschlagtücher und die Täschchen«. Nun geht der Prophet zur Aufzählung der Garderobe für den Tag über. Von innen nach außen fortschreitend wandert sein Blick von den Fest- oder *Feierkleidern* (hammaḥalāṣôt), ähnlich denen, die dem Hohenpriester bei seiner Entsühnung und Einsetzung angezogen wurden,[15] zu der darüber hängenden bunten *Tunika*,[16] einem auf der Schulter gerafften Umhang gleich der römischen Stola (hammaʿaṭāphôt). Darüber fallend und unsern Mantel ersetzend, folgt das große *Umschlagtuch* (hammiṭpāḥôt), wie Ruth es umgelegt hatte, als sie in ihrem besten Anzug zu Boas ging. Es ist so weit, daß Boas sechs Scheffel (Maß Gerste) dareintun und Ruth sie bequem im Bausch desselben forttragen konnte.[17] Und dazu kommen die *Taschen* (hāḥarîṭîm), die als Geldbeutel dienten, so groß, daß ein Talent Silber darin Platz hatte.[18]

v 23 »Und die Spiegelchen und die linnenen Hemde und die Kopfbünde und die florenen Umwürfe«. Von der Garderobe des Tages wendet sich der Pro-

11) Hes. 44, 18; 2. M. 39, 28.
12) Jes. 61, 10.
13) Hes. 24, 17. 23.
14) Jer. 2, 32.
15) Zach. 3, 4.
16) Vgl. G.
17) Ruth 3, 15.
18) Vgl. 2. Kö. 5, 23.

phet nun der Toilette für die Nacht zu. Es folgen sich die haggiljōnîm, nach der griechischen Bibel vielleicht »Gaze- oder Florgewänder«, »welche das Nackte mehr enthüllen als verhüllen« (von gālāh ›bloßlegen‹).[19] Aber da »Flor« nachfolgt und die Bedeutung »glatte Tafel« (Jes. 8, 1)[20] oder »Spiegel« (2. M. 38, 8) andernorts für das Wort gesichert ist, sind es wahrscheinlicher aus Metallplatten geschliffene *Spiegel*, die ins Schlafgemach gehören[21]. Daran schließen sich die *Hemden* (hassᵉdînîm), außer an unserer Stelle nur noch an zwei Stellen im Alten Testament: als Simsons Wettpreis bei der Hochzeit[22] und als Gewebe, die die tugendsame Frau selbst aus feinem Linnen wirkt.[23] In der Mischna werden sie neben anderen Möglichkeiten als »Schlaftuch« gedeutet.[24] Es folgt der *Kopfbund* (ṣānîph), außer an unserer Stelle nur noch dreimal im Alten Testament gebraucht: für den hohenpriesterlichen,[25] königlichen[26] und fürstlichen[27] Kopfbund. Im Unterschied zu den vorher genannten »Turbanen« (pᵉʾērîm), die sie am Tage tragen, schlingen die Frauen den »Kopfbund« (ṣānîph) wahrscheinlich des Nachts um das Haupt, um ihre eingelegten oder geflochtenen Lockenfrisuren (maʿᵃśāh miqšāh, 3, 24c) nicht in Unordnung zu bringen oder um sich für den Bräutigam oder Mann zu schmücken[28]. Den Beschluß macht endlich der rᵉdîd, der nur noch einmal im Alten Testament genannt wird. Dort bezeichnet er ein *Nachtgewand*, in dem die Prinzessin in der Verzweiflung, ohne sich ihr Taggewand (kuttōnät) angezogen zu haben, in die Nacht hinausstürzt, um den Geliebten, der angeklopft hat und verschwunden ist, zu suchen.[29] Es leitet sich von rādad »niedertreten«, »dünn schlagen« ab und ist wahrscheinlich ein hauchdünnes Nachtgewand oder ein leichter Schleier.

Alles, bis in die Nachttoilette hinein, ist bei den Bürgertöchtern Jerusalems aufs Feinste wie bei Prinzessinnen und Königinnen hergerichtet und auf Gefallen-erregen abgestellt.

Auf die Zeichen des Stolzes Jerusalems, die der Tag Jahwes zerbricht (2, 6ff), auf die Kette der Stützen Judas und Jerusalems, seiner männlichen Führer, die Jahwe wegräumt (3, 1ff), zieht hier die Kette der Schmuckstücke der

19) Del. u. Pr. aaO. Kaiser denkt an aus Papyrus gefertigte durchscheinende Gewänder, S. 80 Anm. 4.
20) Gegen Kaiser und Galling aaO.
21) So T Hi entsprechend galāh piel: »polieren«, vgl. GB galāh pi lit. d.
22) Ri. 14, 12. 13.
23) Spr. 31, 24.
24) Mischna kelīm XXIV. 13, Del. aaO.
25) Zach. 3, 5.
26) Jes. 62, 3.
27) Hi. 29, 14.
28) Die Bedeutung eines Kleidungsstückes im Gegensatz zu Schmuckstück (pᵉʾēr, Pr.)kann es schwerlich haben, da es Jes. 62, 3 neben »Krone«·(ʿᵃṭārät) steht.
29) Auf einer ägypt. Abbildung wird die Gemahlin Amenophis IV. unter einem durchsichtigen Gewand ihrem Mann entgegentretend gezeigt, Gr. AOB T XXVIII Abb. 66, 1927.

Frauen Jerusalems vorüber, die nach dem Gericht rufen. Diese ganze Pracht an Schmuck, gesellschaftlicher Garderobe, nächtlicher Toilette, will Gott an *einem* Tage wegreißen, an dem Tage Jahwes. Der Tag, der allen Schein zerstört, wird auch die Maskerade der Frau beendigen. Und was wird nachbleiben?

*Strophe 3*: Entblößung vom Schein und Ernüchterung zum Sein, v 24.

v 24 »Und es wird geschehen, an die Stelle von Wohlgeruch tritt Moder, und an die Stelle des Prachtgürtels – der Strick, und an die Stelle des künstlichen Haargeflechtes – die Glatze, und an die Stelle von Prunkgewandung – Sackumgürtung, ja, an die Stelle von Schönheit – Schande«. Mit der Formel »es wird geschehen« (an jenem Tage) weist der Prophet wieder auf den großen Einschnitt zwischen den Zeiten. Danach zeichnet er in fünf Gegensatzpaaren das Sein, das dann an die Stelle des Scheines tritt. Anstelle des köstlichen Odeurs von der Balsamstaude (bōśām), des buntgewirkten Prachtgürtels (ḥ$^{a}$gôrāh), des kunstvollen (Locken-)Flechtwerkes (maʿ$^{a}$śāh miqšāh), des purpurnen Prunkgewandes[30] (p$^{e}$tîgîl, nur hier), ja, anstelle der von Gott verliehenen Schönheit der Frau (jōphî) – bleibt Moder und Modergeruch (maq), der gedrehte Strick (niqpāh), die zur Trauer geschorene Glatze (qorḥāh) und die härene Kutte auf dem bloßen Leibe, das Trauergewand (śaq) – und endlich als letztes entweder das vom Sieger der Sklavin auf die Stirne gebrannte Sklavenmahl (kî, so der masoretische hebräische Text) oder die »Schande« (bōšāt, so die Jesajarolle).

Das Letzte ist das *bodenlose Sich-Schämen*, das dem Sturze aus den Illusionen in die Wirklichkeit, aus Höhe und Stolz in Elend und Entblößung, d. h. in den radikalen Bankrott, folgt. Fünfmal nacheinander wiederholt Jesaja eintönig »anstatt«, »anstatt«, »anstatt«, »anstatt«, »anstatt« (taḥat), um die ungeheuerliche Schicksalswende, die Totalität des Wandels der Dinge dem Ohr und Herzen unvergeßlich einzugraben. Am Schluß steht wieder »*wahrhaftig*« (kî): »Wahrhaftig, anstatt Schönheit – Schande« (JR). Nur das Sich-Schämen bleibt nach, wenn der *Schein* vor Gott zerstiebt und das *Sein* offenbar wird.

*Strophe 4*: Vereinsamung und Schmach, v 25–26 + 4, 1.

v 25 »An jenem Tage fallen deine Mannen durchs Schwert und deine Heldenkraft im Kriege«. Wahrscheinlich setzt die vierte Strophe wieder wie die zweite mit dem Blick auf den Gottestag ein: »An jenem Tage.« Das Sätzlein ist aber versehentlich an das Ende von 4, 1b geraten, wo es das Versmaß sprengt. Nun redet der Prophet die Stadt Jerusalem in direkter Rede als Weib oder Witwe an. Er zeichnet der Sicheren und Stolzen das Elend vor Augen, das einem verlorenen Kriege, einer Invasion oder Deportation folgt. Ihre Söhne bleiben auf dem Schlachtfelde. Eine einzige große Totenklage erfüllt die Stadt.

30) Vgl. G.

v 26 »Es klagen und trauern deine Tore«. Er läßt sie die Klage ihrer Tore hören, denn diese sind die Stätten, durch die einst die Pilgerscharen zum Feste einzogen,[31] an denen sich die Männer zum Thing versammelten,[32] wo sich das Leben abspielte. Nun liegen sie verödet da. Keine Feste werden mehr gefeiert. Keine Pilger kehren mehr ein. Keine Männer versammeln sich mehr in ihnen. Aus den verödeten Plätzen und hohlen Torbogen gähnt die schaurige Leere. Das Schweigen in den Toren klagt.

v 26b »Ausgeplündert setzt du dich zur Erde«. Rein ausgeleert, d. h. ausgeplündert, entblößt (niqqātāh) oder erniedrigt, beschämt (n$^{e}$qallāh, Pr.) setzt sie sich zur Erde, ein Bild für die Schicksalswende des Abstieges vom Thron in die Sklaverei, aus der Freiheit in die Gefangenschaft, aus der Üppigkeit ins Elend. Der Prophet des Exils braucht dasselbe Bild für den Sturz der Weltmacht[33]. Und römische Denkmünzen auf die Eroberung Jerusalems zeigen ein vor dem triumphierend stehenden Krieger (Rom) verzweifelt auf dem Boden sitzendes Weib (Juda).[34]

4, 1 »Da werden greifen sieben Frauen nach einem einzigen Mann und sprechen: ›Unser eigen Brot wollen wir essen, ins eigne Gewand uns kleiden, nur werde dein Name über uns genannt; nimm weg unsre Schmach«. Ein aus vielen herausgegriffenes Momentbild malt das Elend der einst verwöhnten Töchter der verwitweten Zion, die sich eben noch im gefeierten Mittelpunkt sahen. Sieben Frauen stürzen sich auf einen Mann, den die Kriegsfurie verschont oder den der Sieger bei der Deportation vergessen hat. Wider die Natur werben sie um ihn, wider das Recht verpflichten sie sich zur Selbstversorgung um den einen Preis, daß er die Herrenlosigkeit von ihnen nimmt, d. h. seinen Namen über ihnen nennt. Sie greifen ihn mit Gewalt und sie flehen ihn aus Herzensangst an, daß er ihre »Schmach«, Herrenlosigkeit, Ehelosigkeit, Kinderlosigkeit von ihnen nähme. Aus der verwöhnten und umworbenen Frau im Mittelpunkt und im Goldglanz der Kultur ist die *nackte, gequälte Kreatur* geworden. Man weiß nicht, welches Elend größer und erschütternder ist: das Elend, das sich hinter dem krampfhaften Versuch zu scheinen bei der verdrehten Auges durch die Straßen trippelnden Dame verbirgt, oder das Elend der mißhandelten und entblößten Kreatur in ihrer Nacktheit bei den herrenlos gewordenen Frauen, die den Mann um Erlösung von ihrer Not anflehen. Das eine wie das andere Bild deckt in seiner Verzerrung die Not der Frau auf, die nicht durch die Bindung an Gott und durch die *Versöhnung mit Gott zum Sein erlöst* ist.

31) Klg. 1, 4.
32) 1. M. 23, 10; 19, 1; Am. 5, 12; Jos. 20, 4; Ruth 4, 1. 11; Ps. 122, 2. 5.
33) Jes. 47, 1ff.
34) Vgl. Del. aaO.

# V. Die Herrlichkeit des verklärten Jerusalem

## GOTTES GEGENWART IN SEINER KIRCHE

Kapitel 4, 2–6

2 **An jenem Tage wird werden der Sproß Jahwes**
**zum Gegenstand des Ruhmes und der Herrlichkeit**
**und die Frucht des Landes zum Grunde für Erhabenheit und Stolz**
**für die Geretteten Israels.**[1]

3 **Und geschehen wird es mit den Übriggelassenen in Zion**
**und den Übriggebliebenen in Jerusalem:**
**»Heilig« wird man sie alle**[2] **heißen,**
**die zum Leben angeschrieben in Jerusalem.**[3]

4 **Wenn abgewaschen haben wird der Allher**
**den Unflat der Töchter**[4] **Zions,**
**und wenn er die Blutschulden Jerusalems**
**wegschwemmte aus seiner Mitte**
**durch den Geist des Gerichtes**
**und durch den** [5]**Geist der** [6]**Vertilgung,**[6].[5]

5 **dann schafft** [7]**Jahwe über allem Ort des Berges Zion**
**und über seiner Versammlung**
**Gewölk des Tages**[8] **und Rauch**
**und Glanz des Feuers der Flamme des Nachts.**

**Denn über allem**[9] **wird der Lichtglanz**[10] **(Jahwes)**[11]
**lagern**[12] **als Schirm (6) und Zelt,**
**zum Schatten des Tages**[13].[8] **vor der Hitze, als Zuflucht**
**und als Versteck vor Wolkenbruch und Regen.**

## Aufbau und Hintergrund von 4, 2–6

### a) Die Echtheit der Textüberlieferung

Der Abschnitt wird zum Teil, v 5–6 (Stade, Budde), oder v 4–6 (Procksch), oder als Ganzes v 2–4 (Duhm, Marti, Eichroth, Kaiser, Fohrer), Jesaja abgesprochen, zum Teil, v 4–6 (Procksch), oder als Ganzes, v 2–6 (Duhm) für Prosa erklärt.[1]
Auffallend ist allerdings der schwerfällige Ausdruck und der prosaisch schleppende Gang der Darstellung. Aufs Ganze gesehen beherrscht aber den Abschnitt ein Parellelismus der Satzglieder und ein, allerdings wechselndes, Versmaß, das ihn doch zur Poesie stempelt; man könnte ihn poetische Prosa nennen. Der Rhythmus ist unregelmäßig und schleppend unter der Last der Überfülle der aufeinander gehäuften Ausdrücke. Kann man diese Ausdrucksweise dem Meister des Wortes, Jesaja, zutrauen?
Dazu kehrt dieselbe Ausdrucksweise an andern Stellen des Buches wieder, die man dem Propheten ebenfalls vielfach abspricht, ob es mit Recht geschieht, wird die Exegese als äußerst fraglich erweisen. Vergleiche dazu Sätze wie: »Und Rauch und Glanz von Feuer von Flammen des Nachts« (weʿāšān wenōgach ʾēš lähābāh lajlāh) v 5, oder: ». . . lagern als Baldachin und Zelt zum Schatten des Tages vor der Hitze und zur Zuflucht und zum Versteck vor Wolkenbruch und vor Regen« (. . . ḥuppāh wesukkāh jihjäh leṣēl mēḥōräb ûlemaḥsäh ûlemistôr mizzäräm ûmimmāṭār) v 6. Dieselbe Schwerfälligkeit findet sich in 10, 12: »Er vollzieht Heimsuchung an der Frucht des Hochmuts des Herzens des Königs Assurs und an der Pracht des Stolzes seiner Augen« (jiphqōd ʿal-perî-gōdäl lebab mälākh ʾaššûr weʿal tiphʾärät rûm ʿênaû), oder in 10, 16: »Und unter seiner Herrlichkeit entbrennt ein Brand wie Brand des Feuers« (wetaḥat kebōdô jēqad jeqôd kîqôd ʾēš). Ein Seitenstück zur Schwerfälligkeit des Ausdrucks ist Kp. 10, 23–26.
Auch an von der Kritik nicht angefochtenen Stellen liebt Jesaja besonders im Alter solche Überfülle des Ausdrucks. Z. B.: »Und du welkende Blume der Pracht seines Schmuckes« (weṣîṣ nōbēl ṣebî tiphʾartô) 28, 1, oder: »Siehe da, ein Starker und Gewal-

1) Fohrer urteilt: »Nur eine falsche theologische Harmonisierung kann dieses Heilswort, das deutlich den Eindruck der vorhergehenden Drohungen abschwächen soll, in die Verkündigung Jesajas einzugliedern suchen. Es stammt aus der späteren Zeit einer eschatologischen Theologie, die das echt prophetische Entweder–Oder von Unheil und Umkehr in ein zeitliches Vorher–Nachher umgedeutet hat und nach dem als Vollzug des Strafgerichtes verstandenen Untergang Jerusalems sowie dem anschließenden Exil den Anbruch der eschatologischen Heilszeit erwartet« (Fohrer I. Bd. S. 73).
Läßt sich dieses Urteil halten?
1. Es hat sich als unmöglich erwiesen, alle eschatologischen Heilsausblicke aus der Verkündigung des Jesaja auszuscheiden und die Botschaft auf den Aufruf zur Entscheidung im Heute zusammenzustreichen und umzudeuten.
2. Die Scheidung zwischen dem Ruf zur Entscheidung im Jetzt und dem Nacheinander von Buße, Glauben und Krönung in Gericht und Vollendung ist künstlich von einem inadaequaten, modernen Denken an die prophetischen Texte herangetragen. In Prophetie und Apokalyptik sind zwar die Akzente, entsprechend der veränderten Lage der Gemeinde und dem veränderten Verhalten Gottes verschieden gesetzt; aber im Wesen des Glaubens der Offenbarungsempfänger, in dem sich immer die Vertikale und Horizontale treffen, gibt es keinen Gegensatz.
3. Endlich ist die Frage nach der Vereinbarkeit der Ausdrucksweise 4, 2–6 mit der Jesajas entscheidend.

tiger vom Allherrn wie Flut des Hagels, Sturmwind des Verderbens, wie Flut von Wassern, gewaltigen, fortschwemmenden« (hinnēh ḥazāq wᵉʾammiṣ laʾdōnāj kᵉzäräm bārād śaʿar qäṭäb kᵉzäräm majim kabbîrîm šōṭᵉphîm) 28, 2, oder: »Siehe, ich bin dabei, zu gründen in Zion einen Stein, einen bewährten Stein, einen kostbaren Eckstein gegründeter Gründung« (hinnî jōsēd bᵉṣijjôn ʾäbän – ʾäbän bōḥan pinnat jiqrat mûsād mûssad) 28, 16, oder: »Mit Brausen und Wanken und großem Schall, Windsbraut und Sturmwind und Flamme fressenden Feuers« (bᵉraʿam ûbᵉraʿaš wᵉqôl gādôl sûphāh ûsᵉʿārāh wᵉlahab ʾēš ʾôkhēlāh) 29, 6, oder: ». . . (Jahweh) läßt sehen das Herabsinken seines Armes im Toben des Zornesschnaubens und Flamme fressenden Feuers, Platzregen und Wolkenbruch und Steinen von Hagel« (wᵉnaḥat zᵉrôʿô jarʾäh bᵉzaʿaph ʾaph wᵉlahab ʾēš ʾôkhēlāh näphäṣ wāzäräm wᵉʾäbän bārād) 30, 30, oder: »Und jeder wird sein wie eine Zuflucht vorm Winde und ein Versteck vor Wolkenbruch, wie Ströme Wassers in der Dürre, wie Schatten mächtigen Felsens im dürstenden Lande« (wᵉhājāh-ʾîš kᵉmaḥᵃbēʾ-rûaḥ wᵉsētär zäräm kᵉpalgê-majim bᵉṣājôn kᵉṣēl säla ʿ-kābēd bᵉʾäräṣʿᵃjēphāh) 32, 2 vgl. auch 32, 18 und öfter.

Die Beispiele könnten vermehrt werden, die zeigen, daß Jesaja die Plerophorie des Ausdrucks manchmal auf die Spitze zu treiben liebt. Auch die bei Hosea beliebte Reihung und Wiederholung handhabt er gern (vgl. Jes. 2, 6ff; 2, 12ff; 3, 2f. 18ff usw.), in der Jugend und in den Gedichten des reifen Mannes in meisterhafter Straffheit und poetischem Schwung, im Alter in Umständlichkeit und schwerem Ringen mit der Überfülle der Gedanken und mit der Stärke der Inspiration. So ist die Merkwürdigkeit des Ausdrucks aus einer *Eigentümlichkeit des Propheten* Jesaja *einerseits* und aus der *Schwerfälligkeit des alternden* Mannes *andererseits* zu erklären. G. Kittel zeigte in seinen Vorlesungen etwas Ähnliches am Epheserbrief des lange gefangenen Apostels Paulus auf, den er ebenfalls nicht für deuteropaulinisch hielt,[2] Joh. Herrmann an den Gedichten bzw. der Prosa des alten Hesekiel im Gegensatz zu denen des jungen.[3]

### b) Der Aufbau

Das Gedicht besteht aus zehn verschieden langen Versen oder Doppelzeilen mit mehr oder weniger deutlicher Zäsur, die zu fünf Paaren gebündelt sind (im dritten Paar hinkt eine nähere Bestimmung von einschneidender Wichtigkeit nach). Der *gedankliche Aufbau* ist sehr *straff*: 1) Die *Verklärung* des *Messias* und die *Segnung* des *Gotteslandes* mit Fruchtbarkeit zugunsten der Entronnenen, v 2; 2) die *Heiligung* des *Restes* der zum Leben Angeschriebenen für Gott, v 3; 3) die *Waschung* der Töchter Zions von *Besudelung*, Jerusalems von *Blutschulden* durch Geist des Gerichtes, v 4; 4) die *Stiftung* von *Wolkendecke* und *Feuerglanz* über dem ganzen Zion wie bei der ersten Theophanie über dem Sinai, v 5a–d; 5) die *Gegenwart* der *Herrlichkeit Jahwes* selber als Baldachin und Zelt, Schutz und Bergung über allem, v 5e 6abc. Je zwei Doppelzeilen sind jedem dieser Themen gewidmet.

Die Zeichnung des verklärten Jerusalem schreitet von *außen* nach *innen* fort, von der *Segnung* (1), zur *Heiligung* (2), zur *Entschuldung* (3), zur *Umhüllung* mit den Zeichen der *Gegenwart* Gottes (4), zur *Gegenwart* seiner *Herrlichkeit* selber (5), die die Mitte des Zukunftsbildes ist. Eine umgekehrte Bewegung geht von *innen* nach *außen*: vom Messias (v 2), von den einzelnen Übriggebliebenen (v 3), zu Töchtern und Stadt Jerusalem (v 4), über alle Stätten des Zion (v 5), zum »über alles« oder »über allem«, das die totale Reichweite der schirmenden Gegenwart Gottes ausdrückt (v 6).

2) G. Kittel: Vorlesungen üb. die kl. Paulusbriefe, Kol., Ephes., Phil., Philem., Tübingen WS 1927/28.
3) Vgl. Joh. Herrmann: Ezechiel-Studien, 1908.

Das Gedicht mag vom Propheten mit 2, 2–5 und 32, 15–20 zu einer Trilogie zusammengestellt worden sein: 1. Die *Erleuchtung* der *Völker* durch Gottes Offenbarung von Zion her (2, 2–5), 2. die *Verklärung Jerusalems* durch die Gegenwart Jahwes (4, 2–6), 3. die *Verwandlung* des *Fluchlandes* zum Friedensreich durch die Ausgießung des Geistes (32, 15–20), (wobei 2, 2–5 noch in einer etwas früheren Zeit empfangen sein mag – um 701 –, 4, 2–6 vielleicht erst unter Manasse – nach 696).

### c) Der geschichtliche Hintergrund

Diese Weissagung über die zukünftige Herrlichkeit Jerusalems stammt nach dem Gesagten wohl frühestens aus der Spätzeit der Bedrängnis der Gottesstadt durch die Assyrer, in der der Prophet die Gemeinde zum Glauben an Gott und an seinen Plan mit dem Zion mahnen muß. Wahrscheinlich gehört sie aber in die noch spätere Zeit des Tiefstandes, die der Rettung Jerusalems folgte. Die Stadt hatte durch Gottes Gnade überlebt (701). Gott hatte unüberhörbar ernst zu ihr gesprochen. Der Krieg ließ ein unabsehbares Elend zur Bewältigung zurück. Da erwies sich, daß trotz des wunderbaren Eingreifens und der ernsten Sprache Gottes die Gemeinde nicht zur Buße erneuert war. Unglaube und Ungerechtigkeit machten sich in ihr wieder breit, während die Abhängigkeit von der Weltmacht weiter schwer auf ihr lastete. Die heil durch die Katastrophe hindurchkamen, gebrauchen ihre Ellenbogen gegen die unter deren Rädern Zerbrochenen. Am Wiederaufbau klebt die Vergewaltigung und das Blut der »Anderen«. In den Häusern der Hauptstadt, die inmitten der in Trümmern rauchenden Landstädte Judas erhalten blieben, versuchen die Frauen, unbekümmert durch das Elend der Nation, ihr altes Leben in eitlem Putz wieder aufzunehmen.[4] Von der Regierung aus führt man nicht nur aus Staatsraison den Kult der assyrischen Gestirngötter im Tempel ein und besudelt damit die heilige Stätte, sondern man fördert auch den Synkretismus im ganzen Lande. Man geht gleichzeitig skrupellos gegen diejenigen vor, die Widerspruch erheben, insbesondere gegen die Propheten (vgl. 2. Kö. 21, 2ff; 21, 16ff). Es ist die böse Zeit Manasses.
Gott zeigt dem alternden Propheten, der scheinbar umsonst ein Menschenleben hindurch um die Buße und Heiligung Jerusalems gerungen hat, seine Macht, gegen die Schlechtigkeit der Könige, Bürger und Frauen, über Trümmern und Wüste seinen Heilsplan durchzuführen.
Vom hinreißenden Schwung des jungen Propheten (2, 6–22) – 738 – wurden wir zur Schau des Sehers auf der Höhe seines Lebens geführt (vgl. Kp. 28) – 711ff oder 705ff – (1, 2–29; 2, 2–5) – 701 –, und von den klaren Formulierungen aus der Werkstatt des reifen zur Tiefenschau des alternden Propheten, der mühsam mit dem gewaltigen Stoff der ihm gewordenen Offenbarung um Ausdruck ringt – 697ff.

4) Vgl. auch Jes. 32, 9–14.

## d) Das Prinzip der Zusammenstellung

Aber warum ist die Weissagung seines Alters vor die Gerichtsweissagungen aus der Frühzeit in Kp. 5 gestellt worden? Aus demselben Grunde, aus dem die klassische Weissagung vom Völkerfrieden (2, 2–5) vor die Gerichtsweissagung des jugendlichen Propheten vom Tage Jahwes (2, 6ff) versetzt wurde. Unsere Weissagung rückt die furchtbaren Buß- und *Gerichtsworte* über Juda und Jerusalem aus Kp. 5 ins Licht des *Heiles*, für welches Gott Jerusalem zurüsten will. Wenn er seinen Weinberg, der *verdorbene Frucht* bringt, verwüstet, so geschieht es, um Raum für ein Neues zu machen, für den Tag, an dem das Land eine *Frucht* bringt, die Gegenstand des *Rühmens* und Grund der Herrlichkeit der Gemeinde sein wird. Gott wird sein Ziel in seinem Lande erreichen, ob auch durchs Gericht hindurch.

Aber Kp. 4 blickt nicht nur *voraus* auf die folgenden Gerichtsweissagungen, sondern auch *zurück* auf die Scheltworte über die Blutschuld der Bürger Jerusalems und ihrer Führer und über die Schande der Frauen Jerusalems (3, 1–4, 1). Die Vision vom verklärten Jerusalem zeigt, wie Gott mit der Blutschuld seiner Bürger und mit dem Schmutz seiner Frauen fertig wird. Er schafft ihn fort und reinigt und heiligt beide, Frauen und Bürger, für die zukünftige Verklärung der Gottesstadt. Zugleich läßt unser Heilswort inmitten der Gerichtsweissagungen die Gestalt des *Messias* und der *Restgemeinde* wieder aufleuchten, die Jesaja in den zeitlich früheren Weissagungen (7, 10ff; 9, 1–6; 11, 1–9; 28, 16. 17) deutlicher gezeichnet hatte.

## Auslegung

*Strophe 1*: Die Verklärung des Gotteslandes unter seinem eschatologischen König, v 2.

v 2ab »An jenem Tage wird werden der Sproß Jahwes zum Grunde des Rühmens und der Verklärung«. Mit dem Einsatz »an jenem Tage« stellt der Prophet seine Hörer wieder ans Ziel der Geschichte. Was er zu sagen hat, bekommt von hier aus seinen Ort und seine Beleuchtung. Es ist aus dem gegenwärtigen Geschichtslauf und seiner Misere herausgehoben und vom Glanz der verklärten Welt umsponnen. Aber gleichzeitig ist es Antwort auf Schuld und Not der Gegenwart, Lösung für lange und schwere Leiden und Erfahrungen dieser Generation.

Jesaja ist weit davon entfernt, nationale oder kirchliche Anmaßung zu bestärken, Jerusalem in seiner heutigen Gestalt für unverletztlich zu erklären, vom vorfindlichen Tempel die Ausstrahlung der Herrlichkeit Gottes zu erwarten, die gesamte Gemeinde in ihrem Unglauben und Versagen als »heilig«, den gegenwärtigen Samen Davids auf dem Thron für einen Gegenstand des Rühmens und das verwüstete Land im Glauben bereits für ein Paradies anzusehen.

Schmerzliche Erfahrungen mit den Davididen liegen hinter dem Propheten.

Er lernte sie kennen als *starke Männer*, die das Reich auf seine Höhe brachten, aber – *schwach* gegen Versuchung – der Vermessenheit verfielen, wie Uzzija und Jotham; als *glaubenslose* Menschen, die sich in der Stunde der Entscheidung an die Weltmacht hängten wie Achaz; als fromme und gutwillige, aber *schwache Männer*, die sich zur unrechten Stunde der Weltmacht widersetzten, zur falschen vor ihr kapitulieren wollten, dem inneren Verderben mit all ihren Reformversuchen nicht zu steuern vermochten wie Hizkia. Vielleicht hat auch bereits ein glaubens- und *skrupelloser*, gewalttätiger *Despot* in Gestalt Manasses den Thron bestiegen, der viel Blut fließen läßt und vielleicht auch dem Propheten den Märtyrertod bereitet.[5]
In dieser trostlosen Gegenwart bereiten die Könige aus dem Hause David dem Gottesvolk Not und Schande. Aber über diese Kette von traurigen Gesalbten hinweg sieht und zeigt Jesaja *einen König*, der seiner Gemeinde Gegenstand des Rühmens und *Ursache ihrer Verklärung* sein wird.[6]
Er trägt den geheimnisvollen Namen »Sproß Jahwes« (ṣāmaḥ jahwēh). Man spricht im Alten Testament vom Sproß des Halmes (Hos. 8, 7), des Landes (Jes. 61, 11), des Menschen, z. B. Davids (Jer. 23, 5). Das Besondere dieses Sprosses, den Jesaja hier sieht, besteht in seiner Verbindung mit Gott. Nur hier im Alten Testament kommt das Wort in dieser Verbindung vor – als Sproß Jahwes.

Wenn auch der Name »Sproß *Jahwes*« im Alten Testament nicht wiederkehrt, so läßt sich seine Bedeutung aus verwandten Stellen erschließen. 1) Schwerlich ist mit der Wortverbindung hier schon der *von Gott Gezeugte* gemeint, wie beim Sproß des Halmes, des Landes, des Menschen und des Königs der von diesen Gezeugte. Das Alte Testament redet nie im biologischen, nur im Sinne der Adoption von der Zeugung des Königs durch Gott (Ps. 2, 7).
2) Das Alte Testament spricht aber öfter von dem, was Gott sprossen läßt, z. B. von Bäumen (1. M. 2, 9), Gras (Ps. 104, 14), Gerechtigkeit (Jes. 61, 11), Heil (2. Sam. 23, 5). Viele Ausleger deuten »Sproß Jahwes« von daher auch hier ganz allgemein als das, was Jahwe sprossen läßt. In der Parallelzeile würde es näher bestimmt als »Frucht des Landes«, seine Vegetation.
3) Aber nur an unserer Stelle wird das Wort so, ohne nähere Bestimmung anderer Art, in alleiniger Verbindung mit Jahwe gebraucht. Das heißt uns nach einer spezielleren Bedeutung fragen. Auch die Deutung des Wortes auf einen Leibeserben, den Jahwe dem König sprossen läßt (Ps. 132, 17), genügt dieser Verbindung des Wortes allein mit Jahwe nicht.

5) Vgl. Strack-Billerbeck aaO.
6) Das Wort ṣ$^{e}$bî »Ruhm«, »Stolz«, »Ehre« wird im allgemeinen gebraucht von Samarien (28, 1. 4), von Tyrus (23, 9), von Babel (13, 19), vom Lande Gottes (Hes. 20, 6. 15; Jer. 3, 19; Dan. 11, 16), vom König (Saul und Jonathan) (2. Sam. 1, 19) und von Gott selbst (28, 5); und das Wort kābôd »Gewichtigkeit«, »Ehre«, »Herrlichkeit«, »Lichtglanz« im allgemeinen und im speziellen von der Ehre und Herrlichkeit, die Gott den Menschen (Ps. 8, 6), dem König (Ps. 21, 6), einem Reich (17, 3f) verlieh; oder spezieller noch für das, worin man seine Ehre sieht, besonders von Gott, der Israels Stolz sein sollte (Ps. 106, 20; Jer. 2, 11). kābôd als Bezeichnung für die Manifestation Gottes im Lichtglanz kommt an unserer Stelle nicht in Betracht.

4) Im Alten Testament hebt sich aus allem, was Gott sprossen läßt, *eine* Art von Erscheinungen besonders hervor.
Gern wird »sprossen« (ṣāmaḥ) in der Verbindung mit der eschatologischen Heilszeit gebraucht: Sie selber soll sprossen (Jes. 42, 9; 43, 19); in ihr sollen der Same der Heilsgemeinde (Jes. 44, 4), die Frucht des Wortes Gottes (Jes. 55, 10), Gerechtigkeit und Treue sprossen (Jes. 45, 8; Ps. 85, 12; Jes. 61, 11). Die eschatologische Heilszeit ist die Zeit des Sprossens. Der Sproß Jahwes wäre von hier aus gesehen eine eschatologische (endzeitliche) Erscheinung.
5) Aus den Verwendungen des Wortes »sprossen« für die Erscheinungen der Heilszeit hebt sich aber seine Anwendung auf den König derselben heraus: auf das Horn, das Gott für Israel (Hes. 29, 21), für David (Ps. 132, 17) »sprossen« läßt, auf den »gerechten Sproß« (Jer. 23, 5), den »Sproß der Gerechtigkeit« (Jer. 33, 15), den Mann mit dem »Namen Sproß«, »unter dem es sproßt« (Sach. 6, 12), »mein (d. h. Jahwes) Knecht Sproß« (Sach. 3, 8), »Sproß Jahwes« (Jes. 4, 2).
Der Ausdruck ist inhaltlich verwandt mit dem »Zarten« (rakh), das Gott vom Wipfel der hohen Zeder abbrechen wird und das Zweige und Frucht bringt (Hes. 17, 22), und mit dem »Schößling« und der »Wurzel« (jônēq und šōrāş̌), die der Prophet aus dürrem Erdreich aufsteigen gewahrt (Jes. 53, 2), und mit dem »Reis« (ḥōṭär) und »Wurzeltrieb« (nēṣär), die er aus dem Stumpfe Isais treiben sieht (11, 1).
»*Sproß*« wird zur *speziellen Bezeichnung des Messias*. Wahrscheinlich hat Jesaja, der Vater der in die Nähe gerückten Messiasoffenbarung, erstmalig diesen Namen bezeugt bekommen. Von ihm haben Jeremia, Hesekiel, Zacharja den Namen oder die Sache übernommen.
Mit dem Namen »Sproß« (ṣämaḥ) verbunden mit »Jahwe« kann schwerlich etwas anderes gemeint sein als der Sproß aus dem Hause Davids, der Jahwes gerechter Statthalter oder sein Knecht sein soll, wie Jeremia und Zacharja ihn weissagen – der Messias. So bezeichnet Jesaja mit diesem Namen den Herrscher der eschatologischen Heilszeit, der die Kette von traurigen Gesalbten auf dem Throne Davids ablösen soll, also heilsgeschichtlich zu verstehen ist.
Die Stellung des »*Sprosses* Jahwes« in unserer Zeile parallel zur »Frucht des Landes« in der folgenden, stempelt weder diesen zu einem anderen Ausdruck für das Gewächs des Landes, noch jene zu einem Ausdruck für die menschliche Seite der Erscheinung des Messias.[7] Zwischen »*Sproß Jahwes*« und »*Frucht des Landes*« besteht *nicht* der *Parallelismus der Selbigkeit, sondern* der der *Zusammengehörigkeit* zweier sich ergänzender oder zueinander komplementärer Begriffe.
Gott hat allerdings die Weissagung in einem noch tieferen, buchstäblichen Sinn erfüllt durch die Sendung des von Gott Gezeugten (Lk. 2, 35; Mt. 1, 20).

Jesaja sieht den geschauten König der Zukunft in einer *dreifachen*, geheimnisvollen *Verbindung mit Jahwe*.
1) Im Unterschied zu den gegenwärtigen und einstigen Königen, die alle Entsprossene dieses gefallenen Äons sind, soll dieser König die *Wurzeln* seiner Existenz in der *kommenden Welt Gottes* haben. Gott läßt ihn durch wunderbaren Eingriff als Erscheinung der Heilszeit aus diesem verfluchten Äon und dieser verwüsteten Erde aufsprossen – »aus dürrem Erdreich« (53, 2), »aus dem abgehauenen Wurzelstock Isais« (11, 1), dem abgebrannten Stumpf Israels (6, 13), aus der abgebrochenen Heilsgeschichte, aus Elend und Not (7, 15–25), »von seiner Stelle« oder »von unten her« (Zach. 6, 12 nach der

7) Vitringa: Commentarius in librum prophetiarum Jesajae, 1714–1720, Deutsch von A. F. Büsching 1749–1751.

einen möglichen Übersetzung dieser Stelle in Verbindung mit Jes. 11, 1; 53, 2).

2) Als solcher soll er aber selbst Anfänger und *Bringer* der *Zeit des Sprossens* sein, einer neuen Welt, die vom Fluch enthaftet aus dem Segen Gottes lebt, der Zeit der Fruchtbarkeit für Unfruchtbarkeit, des Lebens für Sterben, der Gerechtigkeit für Ungerechtigkeit, des Friedens für Krieg, der Herrlichkeit für Schmach, der Gottesherrschaft für Herrschaft der Tyrannen und Weltmächte, der Erfüllungszeit für die Zeit des Wartens und – nach Kp. 40–55 – der Gnadenzeit für die des Gesetzes und Gerichtes. So sagt Zacharja von ihm: »Siehe ein Mann, des Name Sproß ist, und unter ihm wird es sprossen« (6, 12 nach der anderen möglichen Übersetzung der Stelle).

Insbesondere die Kp. 40–55 setzen das *Kommen des Gottesknechtes* dem Beginn der *Zeit des Sprossens gleich*.[8] Sie sehen in ihr den Beginn einer neuen, zu der gegenwärtigen Zeit der Gewalt[9] gegensätzlichen Geschichte[10] der gewaltlosen Ausbreitung der Gottesherrschaft[11]. Sie nennen sie die Zeit der »neuen« (ḥ$^{a}$dāšôt) oder der »verborgenen Dinge«[12] (n$^{e}$ṣûrôt), die mit dem *Knecht Gottes* im Zusammenhang stehen,[13] – im Gegensatz zur Zeit der »*ersten*« (riʾ šōnôt) oder der »*früheren* Dinge« (qadmōnijjôt),[14] die diesen Weltlauf bestimmen.

3) Die genitivische Beziehung des Sprosses zu Gott als »Sproß Jahwes« hat aber eine noch tiefere Bedeutung. Sie ist im Licht des Genitivs »Knecht Jahwes« bzw. »mein Knecht« zu sehen, in das Gott den Sproß an anderer Stelle durch die Bezeichnung »mein Knecht Sproß« rückt (Zach. 3, 8).[15] Von hier aus betrachtet drückt der Genitiv auch die Zu- und *Zusammengehörigkeit*, die *innere Beziehung zwischen Gott und dem Sproß* aus.

Die Kp. 40–55 zeichnen in dem besitzanzeigenden Fürwort (Suffix) »mein« vor dem Namen »Knecht« a) das *Band* der persönlichen *Gemeinschaft*, das Gott mit ihm verbindet: »Siehe da, *mein* Knecht . . . meine Seele hat Wohlgefallen an ihm« (hēn ʿabdî . . . rāṣ$^{e}$tāh naphšî bô). Gott hat ihn erwählt (b$^{e}$ḥîrî), mit seinem Geist ausgerüstet (nātattî rûḥî ʿālaû, 42, 1; 11, 2) und hält ihn (ʿätmōkh bô); – b) das *Band* des *Berufes*: Gott verherrlicht (jitpāʾēr) sich an ihm (49, 3) und seine Thora durch ihn

8) 42, 9; 43, 19; 45, 8.
9) 41, 25.
10) 42, 1ff; vgl. 41, 1ff.
11) 42, 9; 43, 19; 42, 1.
12) 42, 9; 48, 6. 16.
13) 42, 1ff; 49, 2; 48, 16ff; vgl. zur Deutung Sellin »Mose« S. 86. 97. 104ff, 1922. Serubbabel S. 118–125, 1898, und Frey: Botschaft d. AT Bd. 18, S. 72; vgl. S. 59/60. 99/100. 179f. 181f. 185ff zu Jes. 41, 22. 23. 27; 42, 3; 43, 9. 18. 19; 48, 3. 6b. 14. 16.
14) 42, 9; 48, 3; 43, 18; 41, 22. 23. 27.
15) Vgl. zur Bezeichnung »Knecht Jahwes« Jes. 42, 19d; 50, 10; »mein Knecht« 42, 1; 49, 3; 52, 13; 53, 11.

(42, 21)[16] durch Wiederherstellung Israels (49, 5) und durch seine Enthüllung als Licht der Völker (49, 6); – c) das *Band* zwischen dem *Schüler* (limmûd, 50, 4) und *Lehrer* (mōrēh). Ihn verbindet mit Jahwe auf Gottes Seite tägliche Erweckung (50, 4), Beistand (v 7), Rechtfertigung (v 8), auf des Knechtes Seite tägliches Hören (v 4), Gehorsam (v 5) und Vertrauen (v 10); – und endlich d) das *Band* letzter *Solidarität* mit Gott – und in ihr der Solidarität mit den »Sündern« (pōš'îm) im Opfer des Lebens für sie und in der Fürbitte (53, 10–12). Es ist das Band der Selbsthingabe an den »Heilsplan Gottes« (ḥēphäṣ jahwēh). In Kp. 40–55 erscheint das Wort anstelle des in Kap. 1–39 verwandten Ausdrucks »Plan« oder »Rat Jahwes« ('ēṣāh resp. 'ᵃṣat jahwēh; vgl. 42, 21; 53, 10a. d; vgl. 55, 11; 48, 14; mit 14, 26; 28, 29).

Er ist der von Gott gesandte, eingesetzte, bevollmächtigte und gehaltene Statthalter Gottes, und er hält sich an Gott und Gott zu ihm. Zwischen ihnen besteht das *vierfache Band der Erwählung* und *Gemeinschaft*, des *Berufes* und der *Sendung*, des *Gehorsams* und *Vertrauens*, der *Einung des Geschichtsplanes Gottes* mit *seinem Leben* von Gottes Seite her und seines Willens mit Gottes Plan von seiner Seite her.

Dasselbe wie vom »Knecht« ('äbäd) gilt auch vom »Sproß« (ṣämaḥ) Jahwes. Er ist der von Gott eingesetzte Statthalter[17] und sein Vertrauter; er hält sich zu Gott und seinem Gebot. Er ist durch Vertrauen und Liebe mit ihm verbunden; und Gott ist sein Herr und bekennt sich zu ihm, stützt ihn, gibt sich ihm zu erkennen und leitet ihn. Im Gegensatz zu den gegenwärtigen Königen, die auf der Seite des Unglaubens, des Ungehorsams und der Ungerechtigkeit, auf der Seite dieser gefallenen, aufrührerischen Welt stehen, steht er *auf der Seite Gottes.*

So ist die im Genetiv »Sproß Jahwes« beschlossene Beziehung eine dreifache: Er ist von *Gott gesandt, Gott* läßt ihn *aufsprossen*. Er bringt und *wirkt* das *Heil* Gottes, *es sproßt* unter ihm. Und er steht in Verbindung des Gehorsams, des Glaubens und der Gemeinschaft mit Gott. *Er* ist *»sein« Sproß*. So ist der Name »Sproß« in einem geheimnisvollen Sinne allen Lebens und aller Gottinnigkeit, aller Kraft und aller Zukunft voll.

So scheint es kein Zweifel, daß der Prophet vom Messias (dem Christus) redet. Durch die Verbindung mit ihm wird die Gemeinde selber allen Heiles voll werden, und sie wird sich seiner als des Vermittlers allen Heiles rühmen: Wie Gott »mit ihm« ('immô) ist[18], wird er durch ihn auch mit seiner Gemeinde, d. h. »mit uns« ('immānû) sein. Darum heißt er auch »'immānû 'ēl« (Gott mit uns). Und wie *Gott* sich an ihm *»verherrlicht«* (jitpā'ēr), so wird die *Gemeinde* an oder in ihm ihre *»Herrlichkeit«* (tiph'ärät oder tiph'ārāh) haben

16) Vgl. zur Deutung dieser Stelle auf den persönlichen Gottesknecht Sellin: Mose, S. 101/102.

17) Jesaja gebraucht hier wie auch sonst für ihn nicht den Königsnamen (vgl. 7, 14; 9, 1–6; 11, 1–9; 28, 16) – der ist allein Gott vorbehalten (vgl. 6, 5). Jener ist dagegen nur sein Statthalter und Vertrauter (anders 32, 1).

18) Vgl. W. Vischer: Die Immanuel-Botschaft im Rahmen des königlichen Zionsfestes, 1955, S. 18, 21ff.

und sich seiner rühmen, ihn selbst ihren »Ruhm« (ṣᵉbî) und ihre »Ehre« (kābôd) nennen.
v 2cd »Und die Frucht des Landes (wird) zum Grund des Stolzes und der Herrlichkeit für die Geretteten Israels (sein)«. Wie er die göttliche Zeit des Sprossens bringt, so wird gleichzeitig mit seinem Kommen das heute schon im Kriege verwüstete, vom Assyrer ausgeplünderte, in den bevorstehenden messianischen Wehen vollends verödete *Gottesland* zum *Sprossen* kommen. Die *Frucht* dieses *Sprossens* wird ebenso wundersam sein, wie der, der sie weckt – »Gegenstand des Stolzes und Grund der Herrlichkeit« für die Gemeinde. Zu diesem Bilde führt von der Gegenwart keine Brücke. Für diese Zukunft liegen im Heute keine Ansatzpunkte. Was der Prophet seiner armen Gemeinde zeigt, ist die Wiederkehr des Paradieses mit seiner »Fruchtbarkeit« zugleich mit dem Kommen des Paradiesesmenschen, des »Sprosses«. (Im Aufblühen des Gotteslandes heute haben wir Vorgeschmack oder Gleichnis für die Erfüllung von Jes. 4, 2).
Das Wort »Frucht« muß zunächst im physischen Sinne der Fruchtbarkeit verstanden werden,[19] dann aber auch in einem weiteren geistlichen Sinne als »Wahrheit« (ʾᵃmät),[20] »Gerechtigkeit« (ṣᵉdāqāh),[21] und »Heil« oder »Frieden« (šālôm),[22] die in der messianischen Zeit vom Lande Gottes als Frucht aufsprossen. So preist das Trostbuch Jesaja 40–55: »Träufelt, ihr Himmel, von oben und die Wolken mögen rieseln lassen Gerechtigkeit. Die Erde tue sich auf und bringe Heil als ›Frucht‹ und lasse ›sprossen‹ Gerechtigkeit zumal. Ich, Jahwe, erschaffe es.«[23] Diese Frucht umfaßt das ganze soziale, sittliche und religiöse Heil,[24] das von Jesaja so oft mit den Worten »Recht« und »Gerechtigkeit« und »Frieden« bezeichnet wird.[25] – Das Kommen des Sprosses ist mit innerer Notwendigkeit von der Verwandlung des Landes ins Paradies begleitet.[26]
Bestürzenderweise gebraucht der Prophet für den »Sproß« Jahwes und »die Frucht«, die das Land unter ihm bringt, dieselben Ausdrücke wie für das Heil, das *Gott selbst* seiner geretteten Gemeinde sein wird. »An jenem Tage wird Jahwe der Heerscharen zur Krone des Ruhmes (ṣᵉbî) und zum Kranze der Herrlichkeit (tiphʾ ārāh) dem Rest seines Volkes« heißt es von Gott (28, 5). Jetzt sagt der Prophet: »An jenem Tage wird der *Sproß* Jahwes zum Ruhme (ṣᵉbî) und zur Ehre (kābôd)«, und die *Frucht* des *Landes*: »zum Stolz (gāʾôn) und zur Herrlichkeit (tiphʾärät) den Entronnenen Israels«. Der Prophet kann

19) Vgl. Ps. 72, 16.
20) Ps. 85, 12.
21) Jes. 45, 7; 61, 11.
22) Jes. 32, 15ff.
23) Jes. 45, 8.
24) Das die Davididen der alten Geschichte ihrem Lande bringen sollten und nicht konnten, vgl. die Spannung zwischen Ps. 72 u. 89 u. Jes. 1, 21.
25) Vgl. Jes. 32, 15ff.
26) Vgl. Jes. 11, 1–9; 32, 15ff.

so reden, ohne zu lästern, weil es sich um den Gesalbten handelt, der zu Gott gehört und von Gott her die Zeit des Sprossens bringt – und um das paradiesische Heil der Gotteszeit und -herrschaft.

Aber vor dieser künftigen Herrlichkeit zeigt der Prophet eine *enge Tür*, an der vorbei es keinen Zutritt zu ihr gibt. Er verkündet nicht einfach eine große Leid-Freud-Wende, sondern sagt *nur einem Teil* der Gemeinde Anteil an ihr zu: »den Entronnenen Israels« (p$^{e}$lēṭat jiśrāʾēl). Und auch sie trennt noch ein Graben von dieser Wende. Denn das Wort verkündet zunächst nicht Beendigung, sondern *Anbruch* der *eigentlichen Notzeit*. Es setzt die messianischen Wehen voraus, die vor der Türe stehen. Jesaja hat sie der Gemeinde bereits früher als Nacht von unausdenklicher Dunkelheit gemalt.[27] Die »Entronnenen« kennzeichnen sie als Katastrophe, aus der nur Gerettete herausfinden. Jesaja sagt nicht, welcher Art diese Katastrophe sei, ob ein Natur-, Geschichts- oder kosmisches Ereignis, eine verlorene Schlacht, ein Erdbeben oder jener Schrecken, vor dem der Mensch sich in die Löcher der Erde verkriecht – lauter Bilder für die Schrecklichkeit der Ankunft des Richters und der Enthüllung seiner Majestät.[28]

Durch das Rote Meer der letzten Not kommt nur die Schar der Entronnenen im Hebräischen: p$^{e}$lêṭāh, śārîd, š$^{eʾ}$ār). Es gibt *keinen Weg* in die Herrlichkeit, der nicht durch das Gericht führt, das Prüfung und Sichtung oder Vernichtung heißt. Es gibt in dieser Sichtung *keine Errettung*, die am *Engpaß* der *Umkehr*, Sühne und Begnadigung vorbeiführt. Die Verheißung gilt daher nicht der Gemeinde als ganzer in ihrem heutigen Bestande, sondern nur für die von Gott Herausgenommenen, für die, die ihre Existenz »in Wahrheit« (bä$^{ʾā}$mät) in Gott gegründet haben (10, 20f),[29] für den »Rest, der umkehrt« (š$^{eʾ}$ār jāšûb) (7, 3). Darum beschwört Jesaja das Königshaus: »Wenn ihr nicht glaubet, bleibet ihr nicht« (7, 9), und die Gemeinde: »Wenn dein Volk, o Israel, wäre wie der Sand des Meeres, nur ein Rest kehrt darin um! Vernichtung ist festgesetzt, Gerechtigkeit flutet daher« (10, 22).

Damit *verliert* die Heilsbotschaft ihren *einlullenden Klang*. Der Traum von einer allmählichen Weltdurchdringung oder plötzlichen Weltverwandlung und Wiederbringung, die alles wieder herstellt, ist ausgeträumt. Das Gerede von einer »mündigen Welt« außerhalb der bekehrten und gesichteten Gemeinde, der Gottes Verheißungen gelten sollten, ist als Illusion entlarvt. Die Heilsgewißheit aller Beschnittenen oder Getauften ist als Lüge und Schwärmerei zerstört.

Die Gerichtsbotschaft *verliert* aber auch ihre in die Verzweiflung treibende *Ausweglosigkeit*. Heils- und Gerichtsbotschaft werden zur engen aber *offenen Tür*, durch die *jeder*, aber auch jeder, der *umkehrt*, und nur jeder allein und ohne Gepäck vor den Augen des heiligen Gottes hindurchkann. Heils-

27) Jes. 7, 17–25; 8, 21–23; 9.
28) Jes. 2, 6ff; Hos. 10, 8; Lk. 23, 29f; Am. 5, 18–20; Joel 4, 15ff; Mal. 3, 19.
29) Vgl. das Gegenteil Jes. 48, 1.

und Gerichtsbotschaft appellieren an den *Willen* und stellen einzeln in die *Entscheidung* vor Gott und damit an die beklemmende *Wegscheide* zwischen *Gnade* und *Gericht*. Sie rufen zur *Buße* und laden zum *Glauben*.

*Strophe* 2: Die Heiligung des zum Leben angeschriebenen Restes, v 3.
v 3 ab »Und es wird geschehen, wer übriggelassen ist in Zion und übriggeblieben ist in Jerusalem«. Auf dem Hintergrund des vom Schatten des Gerichtes umrahmten Bildes der Heilszeit konzentriert sich jetzt die Aufmerksamkeit auf die Geretteten. Was geschah an ihnen?

Wenn man versuchen will, einen Unterschied der Schattierung in den beiden Ausdrükken »der Übriggelassene« (hanniš'ār) und »der Übriggebliebene« (hannôtār) zu finden, so drückt der erste stärker das Moment der Sichtung aus. Er bezeichnet die, welche aus der Masse der im Gericht Untergehenden zur Rettung ausgesondert werden. Das zweite Wort enthält mehr das Moment des Bleibens oder Nachbleibens bei der Errettung. In beiden Bezeichnungen drückt sich Jesajas Botschaft von der Verwirklichung des Heilsplanes Gottes mit der Gemeinde durch Sichtung aufs Prägnanteste aus. Das ist der sogenannte Restgedanke, den Jesaja von Elias und Amos überkommen hat (1. Kö. 19, 18; Am. 9, 8).

Der Prophet zeigt mit den beiden Ausdrücken der »Übriggelassene« (hanniš'ār) und der »Übriggebliebene« (hannôtār) über den Geretteten das *Wunder* eines *Eingriffes* von oben, der sie herausnahm, und dahinter das *Geheimnis* eines *Planes*[30] und seiner *Verwirklichung* aus dem freien, unerforschlichen und unbegreiflichen Gnadenwillen Gottes heraus. Sein Wille ist erhaben und unabhängig wie der Wille eines unumschränkten Herrschers. Dahinter sehen wir in das letzte Geheimnis der Weltlenkung Gottes, welches das *Geheimnis der Gnade* ist. Der Apostel Paulus versucht mühsam, dasselbe zu umschreiben (Eph. 1, 4. 5. 9. 11). Jesaja faßt es an anderer Stelle in das Wort »Rat« oder »Plan« (ʿēṣāh, 14, 26; 28, 29), »Wohlgefallen« oder »Heilsplan« (ḥēphāṣ, 53, 10). Dies Geheimnis erschöpft sich nicht in der Herausnahme aus der Katastrophe. Es umschließt noch abgründigere Tiefe.
*Zwei* weitere *Worte* vervollständigen die *Erfahrung* der *Geretteten*.
v 3cd »›Heilig‹ wird man ihm sagen – einem jeden, der zum Leben angeschrieben ist in Jerusalem«. 1. Das eine Wort heißt »heilig«. Wie die von der Schicksalswende Betroffenen sein sollen wie die Träumenden,[31] so werden die *Herausgenommenen* nicht wissen, wie ihnen geschah, wenn sie zugleich mit der Begnadigung im Gericht und Zuzählung zu den Entronnenen – durch Zuruf die *völlige Zugehörigkeit zu Gott* empfangen, die Aufnahme in *seine* Heiligkeit und die Abgrenzung vom Herrschaftsbereich dieser Welt.
Sie erlangen sie nicht als Frucht ihres sittlichen Strebens oder als Lohn ihres

30) Vgl. zur Bedeutung des Wortes bei Jesaja in den Kp. 1–39 Fichtner: Jahwes Plan in der Botschaft des Jesaja, ZAW 63, 1951, S. 16–33.
31) Ps. 126, 1.

Leidens und Krönung ihres Martyriums. Sie wird von dem, der allein das Recht dazu hat, den Staunenden als Geschenk zugesprochen. An ihnen geschieht dasselbe Wunder, welches am Propheten bei der Begegnung mit dem Heiligen geschah, als der Unreine durch Berührung mit dem Feuer vom Himmel und durch Zuspruch des Seraphen die Sühne empfing.

Sie werden damit, jeder einzelne, »in Wahrheit« das, wozu Gott beim Bundesschluß seine Gemeinde berief: »Ihr sollt mir sein . . . ein heiliges Volk.«[32] An ihnen erfüllt sich in einem neuen, totalen Sinn, was das Gesetz des Bundes forderte:[33] »Ihr sollt heilig sein, denn ich bin heilig.« Mehr als das: Es wird von ihnen *dasselbe bezeugt wie von Gott selbst*. »*Heilig*, heilig, heilig ist *Jahwe*«, hörte der Prophet bei seiner Berufung die Seraphen mit verdecktem Angesicht »*sagen*« (6, 3). »*Heilig*« wird man dann zu *jedem* der Entronnenen »*sagen*«.

In *ihrer Heiligkeit* wird Gott das tiefste Geheimnis seiner eigenen Heiligkeit offenbar machen, das *Liebe* und *Treue* in *Fehllosigkeit* heißt. Er wird sich zeigen als der, der an ihnen seine Bundeszusage erfüllte, seinem Bundespartner unwandelbar die Treue hält, d. h. der »Heilige Israels« ist.

Als erster hat Hosea das Geheimnis der Heiligkeit Gottes in seiner fehllosen Liebe und Gnade gesehen (11, 8f). Bei Jesaja vollendet sich diese Schau in der Entfaltung seiner Heiligkeit als Absonderung von der rebellischen Welt und Zusonderung zu seiner aus Sünde und Schwachheit seufzenden Gemeinde, dem Würmlein Jakob. Das faßt sich zusammen in seinem Namen »der Heilige Israels« (Jes. 1, 4; 5, 16; 10, 20f; 41, 14).

Die *Heiligkeit Gottes* als *Heiliger Israels* ist unlösbar *verknüpft* mit der Rettung und *Heiligung des Restes* – d. h. mit *Gottes Heilsplan*.

Damit sind alle Mißverständnisse des Wortes »heilig« ausgeräumt: 1. das *moralische* Mißverständnis als des in sich fertigen, vollkommenen Menschen – heilig ist der von Gott Beschlagnahmte, – 2. das *magische* Mißverständnis als des mit überirdischen Kräften und göttlicher Substanz geladenen Mysten – die Heiligkeit wird zugleich mit der Sühne dem Menschen gnadenweise von Gott zugesprochen, – 3. das *kultische* Mißverständnis als des durch Zeremonien legalisierten Sünders – mit der Heiligkeit ist ein Anspruch Gottes verbunden, der den ganzen Menschen mit seinem Willen und seiner Tat fordert, – 4. das *schwärmerische* Mißverständnis als einer in dieser Zeit erreichbaren Vollkommenheit der Einung mit Gott oder des sittlichen Gehorsams – Heiligkeit in diesem Sinne schenkt erst die neue Weltzeit, sie findet ihre Verwirklichung und Vollendung im Reiche Gottes in der verklärten Gemeinde (Jes. 4, 3).

2. Das andere Wort heißt »Leben«. Noch einmal werden wir an die enge Pforte gestellt. Die Heiligkeit wird nur den »*zum Leben Angeschriebenen*« zuerkannt[34]. Damit fällt wieder der dunkle Schatten vorher vollzogener *Sichtung* über das lichte Bild des Heils.

32) 2. M. 19, 6.
33) 2. M. 22, 30; 3. M. 19, 2.
34) Vgl. Offbg. 21, 27; 20, 12.

Es gibt *Gerichtsakten*, die bei Gott im Himmel geschrieben und an seinem Tage offengelegt werden.[35] Wie für die Zugehörigkeit zum auserwählten Volk auf Erden Stammrollen geführt wurden,[36] so führt Gott im Himmel ein Verzeichnis derer, die sein königlicher Gnadenrat aus der Welt des Todes fürs Leben ausgesondert hat.[37] Was aufgeschrieben ist, liegt im Verborgenen fest und wird an jenem Tage offenbar.

Lähmt das Wissen um solche Festlegung nicht jede Entscheidung und verdammt sie nicht zu dumpfem Schicksalsglauben (Fatalismus)? – so muß unsere Logik im Zustand der Gelöstheit von Gott schließen. Doch es handelt sich hier beim Buch, das droben geführt wird, um ein abgründig tiefes Bild, das nur im Glauben faßbar ist. In der Übergabe an ihn und Annahme durch ihn, hineingenommen in seine Gnade, erkennen wir mitten in der Anfechtung in dem geschriebenen und auf den Tag des Gerichtes versiegelten Buche die Chiffre für die Garantie der *Unumstößlichkeit* seiner *Gnade* und *Verheißung*. Sie gibt der *Heilsgewißheit* festen *Grund*. Keine Gewalt vermag auszuradieren, was bei Gott im Himmel geschrieben steht. Das ist Antwort auf die Anfechtung der Verworfenheit, um die der Prophet mit seiner Gemeinde kämpft: »Zion spricht: Jahwe hat mich verlassen, der Allherr mich vergessen . . . Und ob ein Weib ihres Kindleins vergäße . . ., so will ich doch dich nicht vergessen . . . Siehe, in meine Hände habe ich dich gezeichnet . . .« (Jes. 49, 14ff).

So fügt die Zusage der Eintragung in Gottes Buch zur Zuzählung zu den Entronnenen und zur Zuerkennung der Heiligkeit Gottes als *drittes* Merkmal der künftigen Herrlichkeit – *das »Leben«*. Mit dem Wort »Leben« (ḥajjim) ist hier weder bloß physische Existenz im Diesseits, noch bloß jenseitige Fortexistenz des um seine Selbstbehauptung besorgten Menschen als einzelner oder als Volk gemeint. (Das Alte Testament kennt noch nicht die Scheidung zwischen diesseitig und jenseitig in dem Sinne des modernen Denkens.) Es verkündigt mit dem Wort »Leben« die *Gefülltheit*, die das Dasein durch die Partnerschaft mit dem lebendigen Gott oder in der *Gemeinschaft* mit ihm bekommt als *Leben vor Gott* und *mit Gott*, im Vertrauen zu ihm, Gehorsam gegen ihn, Hoffnung auf ihn, Annahme durch ihn, getröstet, geleitet und geschützt von ihm, beteiligt an seinem Dasein – in Zugehörigkeit zu ihm und Schicksalsgemeinschaft mit ihm.

35) Offbg. 20, 12a; Dan. 7, 10; Ps. 87, 6.

36) Hes. 13, 9; Neh. 7, 5.

37) Drei Arten von Büchern, die bei Gott geführt werden, erwähnt die Bibel: a) Bücher, in denen gute und böse Taten aller Menschen verzeichnet werden, Neh. 13, 14; Jes. 65, 6; Dan. 7, 10; Offbg. 20, 12. – b) Ein Buch, in dem nur die Namen der zum Leben Bestimmten stehen, eine Art himmlische Stammrolle, 2. M. 32, 32; Ps. 69, 29; Hes. 13, 9; Dan. 12, 1; Mal. 3, 16; Offbg. 3, 5; 13, 8; 17, 8; 20, 12b; 20, 15; 21, 27; Lk. 10, 20; Phil. 4, 3; Hebr. 12, 13a. – c) Ein Buch, in dem alle Leiden und Wege der Frommen aufgeschrieben werden, Ps. 56, 9; 139, 16; Dan. 10, 21; vgl. Frey: Botschaft des AT, Bd. 24, S. 176/177.

So hat Amos das Suchen des *Lebens* als Suchen Gottes gefordert (5, 4–6. 14–15). So hat Hosea *Leben* vor Gott als Ziel der Buße (6, 1ff), Sohnschaft des *lebendigen* Gottes als Heilsstand der erlösten Gemeinde am Tage Gottes gezeichnet (2, 1ff). Der Psalmendichter weiß sich in der Partnerschaft mit Gott der *Errettung aus dem Totenreich* gewiß (Ps. 49, 8. 16; Ps. 16, 5. 9–11). In der Gemeinschaft mit Gott ist er durch *Besitz des Lebens* dem Tode überlegen (Ps. 73, 23–26; Ps. 63, 4).

Durch die Einzeichnung in das Buch, das Jesaja an der Tür zum Heil sieht, bekommen Partnerschaft und Gemeinschaft mit Gott den eschatologischen *Glanz der Endgültigkeit*. Sie werden zum *Anteil an Gottes ewigem Leben*. Die Beziehung der angefochtenen Glieder der Immanuel-Gemeinde zu Gott *heute* – erhält ihre endgültige Erfüllung und Besiegelung *dort* und *dann*. Diese Endgültigkeit winkt ihnen als Siegespreis, den die Gnade hinter dem Gericht bereit hat.

*Strophe 3*: Die Entsühnung der Frauen und der Bürger der heiligen Stadt – Die große Taufe und Wiedergeburt der Gemeinde, v 4.

v 4a–d »Wenn abgewaschen haben wird der Allher den Unflat der Töchter Zions und die Blutschulden Jerusalems wegschwemmte aus seiner Mitte«. Das »wenn« (ʾim), das grammatisch in die Zukunft weist, bezieht sich dem Sinn nach rückwärts *und* vorwärts. Mit diesem »wenn« deckt der Prophet den *Hintergrund* aller vorangegangenen Heilszueignung und die Voraussetzung der bevorstehenden noch herrlicheren Heilsveranstaltungen Gottes auf, – das *Wunder*, durch das Gott sich am tiefsten als Schöpfer und Erlöser erweist. Er verkündet einen *Eingriff* Gottes nicht nur in die sichtbare Schöpfung und Geschichte oder in die Zusammenhänge des Körper- und Seelenlebens des Menschen, sondern auch in die unumstößliche, sittliche Weltordnung, die vom ehernen Gesetz der Vergeltung bestimmt ist durch Schuld und Gericht. Dieser Eingriff besteht in der Fortschaffung der Sünde sowie der Schuld, die durch sie entsteht, von Gott abschneidet und dem Gericht verhaftet. Der Prophet sieht ihn in Gestalt einer großen *Waschung* oder *Taufe* an den in Blutschuld gebundenen Bürgern und in der Eitelkeit verstrickten Frauen Jerusalems.

Er zeigt in der Schar der *Entronnenen, Geheiligten* und *am Leben Gottes Beteiligten* nicht nur die, die sich vor Sünde bewahrt oder z. Z. des Propheten bekehrt haben und zur kleinen Immanuel-Gemeinde gehören, sondern *auch solche*, die z. Z. noch mit den Gewalttätigen Jerusalems das Recht brechen, den Armen vergewaltigen, am Blut und Leben des Frommen schuldig wurden und mit dem skrupellosen Regiment Manasses gemeinsame Sache machen. Es befinden sich unter ihnen *auch solche*, die gegenwärtig noch mit den vermessenen Frauen in der Welt der Eitelkeit und des Putzes eingefangen leben und sich der sittlichen Befleckung hingeben.[38]

38) Vgl. Jes. 1, 15ef; 3, 16a; 3, 17. 24; 2. Kö. 21, 16; 2. M. 19, 10; 29, 4; Hes. 36, 25; Zach. 13, 1; Jes. 52, 15.

Sie werden noch *vor* dem *Gericht* aus ihrer jetzigen Welt heraus und *zur Immanuel-Gemeinde* hinzugefunden haben, – in welchem Zustande? – Die einen wie die anderen? Darum gilt die große *Taufe* gerade der *Blutschuld* der Bürger und dem *Schmutz* der Frauen Jerusalems. Die Worte »abwaschen« (rāḥaṣ) und »fortschwemmen« (jādîaḥ von dûaḥ) bezeichnen die Befreiung von der Verhaftung an die Schuld sowie die endgültige Entfernung der verführenden Macht der Sünde aus dem Leben der Geretteten (Offbg. 7, 14), die Vollendung dessen, was Gott durch den Propheten von der Gemeinde forderte, von Gott her (Jes. 1, 16).
v 4ef »Durch den Geist des Gerichtes und durch den Geist der Vertilgung«. Dieser schöpferische Eingriff Gottes in der Taufe der Bürger und Frauen Jerusalems geschieht durch Geist. Dem Wort »Geist« (rûaḥ) haftet etwas vom Bewegenden, Lebendigen, Schöpferischen des Wesens und Handelns Gottes an. *Wirkender Geist Gottes vollbringt das Wunder*, das alle menschlichen Bemühungen, Reformen von Königen, Zeremonien von Priestern, Unterweisung von Weisheitslehrern, Predigten von Propheten, Anstrengungen des gefallenen Menschen nicht zuwege zu bringen vermochten.

Jesaja zeigt als erster unter den Schriftpropheten im »Geist« die Macht Gottes gegenüber vergänglicher, mit Empörung geladener Menschenmacht (31, 3), das Geheimnis der Vollmacht des Messias (11, 1. 4) und endlich die Kraft der eschatologischen Verwandlung des Gotteslandes und -volkes (32, 15ff).

Das schöpferische *Wirken Gottes* durch den Geist enthüllt sich nach *zwei* Seiten: Einmal als *zurechtbringendes Walten*, das von Sünde befreit und den Sünder zurechtbringt – »Geist des Gerichtes«; zum anderen als *vernichtendes Walten*, das die Sünde ausrottet und mit ihr die, welche hartnäckig an ihr festhalten und Gottes Gnade zurückstoßen, – »Geist der Vertilgung« (vgl. zum Gericht als Zurechtbringung, ja Erlösung 1, 27; 30, 18; 11, 4; 2, 4, zur Vertilgung 6, 13 vgl. 28, 22; 10, 23).
Die zweimalige, aus dem Versmaß des Gedichtes ausbrechende Wiederholung des Wortes »*Geist*« im zurechtbringenden und vertilgenden Sinn bringt die *Intensität* und *Gewalt* des schöpferischen Eingriffs ins Weltgefüge zum Ausdruck, der sich in dieser Taufe vollzog. Johannes der Täufer hat das Wort auf Jesu Auftreten gedeutet (Lk. 3, 16f; Mt. 3, 1; der Ausdruck »Vertilgung« kann auch »Verbrennung« bedeuten).
Worauf alle Waschungen im Alten Bunde[39] nur weissagend hindeuteten, was in der Wassertaufe des Johannes zugesagt wurde[40] und in der christlichen

39) Waschung der Kleider 2. M. 19, 10, der Priester 2. M. 29, 4, eschatologische Waschung von Sünde Hes. 36, 25; Zach. 13, 1, Waschung als Bild für Entsündigung heute Ps. 51, 9.
40) Joh. 1, 26.
41) Eph. 1, 3. 14; Lk. 3, 16; Mt. 3, 11; Mk. 1, 8; Joh. 1, 33.

Taufe mit Wasser und Geist zunächst nur im Verborgenen und angeldweise erfüllt ist,[41] sieht Jesaja im verklärten Jerusalem *vollendet* und *offenkundlich* gemacht. *Heute schon* heißt es: »Wo Vergebung der Sünden ist, da ist Leben und Seligkeit.« *Dann aber* wird zur Vergebung die *völlige Befreiung* von der beschämenden Last der Sünde kommen. Sie wird nicht nur abgewaschen, sondern auch fortgeschwemmt oder fortgetragen sein, so daß sie nie wiederkehrt und die Erlösten *endgültig* von ihr geschieden sind.

Dieses richterliche und schöpferische Wunder schafft die Voraussetzung dafür, daß *Gott selber zu seinem Volk kommen kann* und *dauernd* in seiner *enthüllten Herrlichkeit in ihm gegenwärtig* wird. Das macht die Heilszeit zur Heilszeit.

Die Gemeinde kann es heute aber noch nicht tragen. Schon für sein einmaliges verborgenes Nahen zum Bunde am Sinai war Scheidung von der sichtbaren Sünde durch Waschung die Voraussetzung.[42] Wie könnte die enthüllte Gegenwart Gottes in einer Gemeinde, in der noch Sünde herrscht, Wirklichkeit werden? Für uns Menschen dieser Zeit gilt das Prophetenwort: »Wer von uns mag wohnen beim verzehrenden Feuer? Wer von uns mag wohnen an der ewigen Glut?« (33, 14). Aber was für *diese* Zeit zu hoffen *Schwärmerei* wäre, das ist für *jene gesichert* durch *Zusage*, der nüchtern geglaubt werden darf.

*Strophe 4*: Die Gegenwart Gottes im erneuerten Jerusalem und innerhalb der gereinigten Gemeinde, v 5a–d.

v 5a–d »Dann wird schaffen[43] Jahwe über allem Ort des Berges Zion und seiner Versammlung Gewölk des Tages und Rauch und flammenden Feuerglanz des Nachts.« Am Sinai geschah nach der *äußeren Heiligung* Israels[44] der *verhüllte Advent* Gottes zu seiner Gemeinde.[45] Die Wolke seiner Gegenwart bedeckte den Berg.[46] So soll nach der Geistestaufe der Gemeinde, die sie *innerlich von der Sünde scheidet*, der *offenbarte Advent* Gottes geschehen.

Der Prophet gebraucht dafür ein Wort, das den zeitenwendenden Charakter der Stunde herausstellt. Der Text ist in zwiefacher Gestalt überliefert, deren jede von einer anderen Seite die Bedeutsamkeit des Geschehens kennzeichnet.

In der altlateinischen und griechischen Übersetzung heißt es mit dem feststehenden Ausdruck für Gottes Advent: »Dann wird (Jahwe) kommen« (bāʾ).[47] So heißt es im Alten Testament immer wieder von Gott, seinem Tag oder sei-

42) 2. M. 19, 10.
43) G und L lesen »kommen«.
44) 2. M. 19. 10. 14.
45) 2. M. 19, 9. 16. 18–20.
46) 2. M. 19, 16. 18–20.
47) kai hēxei; vgl. Sept XIV Isaias, J. Ziegler 1939.

nem Messias: »Er wird kommen« (bā') oder »Er kommt« (jābô).[48] Nach der Reinigung durch die Geistestaufe bricht der Advent Gottes herein. In diesem seinem endzeitlichen Advent vollendet sich sein erster Advent am Sinai[49] im Kommen, auf das die Gemeinde wartet,[50] und das sie in Erinnerung an die Urzeit und in der Hoffnung auf die Endzeit Jahr um Jahr feiert.[51] Das ist Abschluß der alten und Beginn der neuen Zeit. Für die Gemeinde Neuen Bundes, die das Kommen des Gesalbten erlebte, haben sich in diesem Advent zwei Phasen aufgetan. Vom ersten Kommen des Gesalbten hebt sich seine Wiederkunft ab.

In den hebräischen Handschriften, einschließlich der ältesten, in der Höhle am Toten Meer gefundenen Jesajarolle, heißt es: »Dann wird Jahwe erschaffen« (bārā'). Der Prophet gebraucht nach dieser Überlieferung ein mit großem Gewicht gefülltes, sonst nie von ihm verwandtes und auch im übrigen Alten Testament nur in feierlicher Weise gebräuchliches Wort. Es bezeichnet das schöpferische Eingreifen Gottes am Anfang bei der Erschaffung der Welt und des Menschen,[52] ebenso wie am Ende bei der Neuerschaffung des Himmels, der Erde und Jerusalems[53].[54]

Das Wort, mit dem Jesaja hier den Anbruch des Heils einleitet, bezeichnet nie des Menschen, sondern *immer Gottes* Schaffen. Ihm haftet der Charakter des Wunderbaren an. Nie wird ein Stoff genannt, aus dem er schuf. Es sagt von seinem Erschaffen *aus dem Nichts durch das* wirkende *Wort*.

Mit derselben Urgewalt, mit der er die erste Welt aus dem Nichts ins Dasein rief und die Geschichte setzte, wird Gott nach der endzeitlichen Taufe ins Leben seiner Gemeinde eingreifen – nicht mit irgend einer Hilfe, sondern mit seiner Gegenwart selbst. Wolken und Lichtglanz, die Gott (nach dem hebräischen Text) schaffen will, sind die äußeren Zeichen seines Adventes. Aber

48) Von Gott Hos. 6, 3; 10, 12; Jes. 3, 14; 4, 5 (vgl. 2, 19. 21); 19, 1; 40, 10; 59, 19; 60, 1; 63, 1; Zach. 2, 14; 14, 5; Mal. 3, 1cd. 2a; von seinem Messias 1. M. 49, 10; Hes. 21, 32; Zach. 3, 8; 9, 9; Mal. 3, 1ef; von seinem Tage Hes. 17, 1–13; Joel 1, 15; 2, 1; Mal. 3, 19 (vgl. Am. 5, 18–20; Jes. 2, 11); in Wiederholung seines Kommens am Sinai 2. M. 19, 9; 20, 20; 5. M. 33, 2; Ps. 68, 18; (vgl. Ri. 5, 4); Ps. 24, 7. 9; 50, 3; 96, 13; 98, 9.

49) 2. M. 19, 9 (vgl. 19, 16. 18–20); 20, 20.

50) Am. 5, 18ff; Hos. 6, 3; 10, 12; Jes. 40, 10; 59, 19; 60, 1; Zach. 2, 14; Mal. 3, 1.

51) 2. M. 19, 9; 20, 20; 5. M. 33, 2; Ps. 24, 7. 9; 50, 3; 68, 18; 96, 13; 98, 9.

52) Am. 4, 13; 1. M. 1, 1; 1, 27 usw.; 5. M. 4, 32; Jes. 40, 28 usw.; 45, 12 usw.; Ps. 89, 13. 48.

53) Jes. 65, 17f.

54) Von da ist die Verwendung des Wortes auf alles andere, was Gott schafft, auf die Erhaltung der Welt (Ps. 104, 30) und auf die sittliche Erneuerung des Herzens (Ps. 51, 12) ausgedehnt worden, um zu zeigen, daß alles ihm seinen wunderbaren Ursprung verdankt, sogar das Böse (Jes. 45, 7) und auch die Verderber und ihre Waffen (Jes. 54, 16). Aber nur ausnahmsweise wird das Wort auf die zwischen dem Anfang und dem Ende liegenden Werke Gottes, auch auf die Erschaffung der Gemeinde (41, 20; 43, 1. 7. 15) angewendet.

jetzt geschieht sein Kommen in veränderten und dem einstigen Advent gegenüber erweiterten und entschränkten Ausmaßen.

Am Roten Meer, überm Sinai in der Wüste, im wandernden Zelt erschien Gott in Wolke und Lichtglanz.[55] Weder Gemeinde noch Priester durften der darin verhüllten Herrlichkeit Gottes nahen, nur der Mittler. Das Schauen der enthüllten Herrlichkeit Gottes hätte aber auch für ihn den Tod bedeutet (2. M. 33, 20).
Als mit dem Bau des Tempels in Jerusalem eine sichtbare Stätte für »Gottes Ruhe«, d. h. für seine Gegenwart innerhalb seines Volkes gefunden wurde (2. Sam. 7, 1ff; Ps. 132, 8. 14; 1. Chr. 17, 4ff; 22, 7–9; 28, 2–4), beschränkte sich Gott, der als Schöpfer und Herr in Welt und Geschichte, in seiner erwählten Gemeinde als Erlöser wirksam ist, auf seine verborgene Gegenwart im Dunkel (1. Kö. 8, 12) über seiner Lade zwischen den Cheruben, hinter dem Vorhang im Allerheiligsten. Es konnte nur als verborgenes, im Wort der Verkündigung bezeugtes Geheimnis von Gott bekannt werden: »Jahwe, der auf dem Zion wohnt« (Jes. 8, 18).
Schon das Wüstenzelt war Stätte seiner Gegenwart (»Wohnung« miškān, 2. M. 25, 10; 26, 1 usw.), aber zugleich doch nur Zelt der Zusammenkunft (ʾōhäl môʿēd, 2. M. 33, 7 usw.), Ort der Begegnung, zu der sich der Ferne seiner Gemeinde stellte. Vollends die Tempelgemeinde wußte, daß alle Himmel ihn nicht fassen (1. Kö. 9, 27; Jes. 66, 1–2), sein Thron droben über den Himmeln steht (Ps. 103, 19; Jes. 57, 15) und nur sein Name im Tempel wohnt (1. Kö. 8, 29). Sie wußte, daß, wenn sein Name im Tempel angerufen wird, der Ferne vom Himmel her seine Gemeinde hört (1. Kö. 8, 30. 32. 34. 36. 39. 43. 45. 49).

*Verborgenheit* und *Abgeschiedenheit* waren die Merkmale der Gegenwart Gottes in der Kirche Alten Bundes. Dazu kennzeichnete sie die Beschränkung auf *Orte*: – einen Berg, ein Zelt und schließlich auf einen Tempel und sein Allerheiligstes; und auf *Zeiten*: – die Stunden der Begegnung und Anrufung; und auf *Vermittler*: – seine Majestät (kābôd), bei deren Anbetung – und seinen Namen (šēm), bei dessen Anrufung er nahe wurde – und die Person des Mittlers, dem er sich offenbarte.
Bei seinem schöpferischen Eingreifen im endgültigen Advent wird Gott seine Gegenwart *nicht* mehr zeitlich *begrenzt* schenken, sondern ohne Wandel und ohne Unterschied festtags und alltags, Tag und Nacht; und *nicht* mehr örtlich *beschränkt*, sondern »über allen Orten des Berges Zion«, d. h. über jedem profanen Bürgerhaus, und »über ihrer Versammlung«, d. h. über dem Gottesdienst der Gemeinde. Es *fallen* die *Grenzen* zwischen *heilig* und *profan*, zwischen *Gott* und der *Welt*.[56] – Gott beschlagnahmt alles und macht es heilig.
Die Wolke am Tage und der Lichtglanz bei Nacht bezeichnen seine Gegenwart, so daß keiner über seine Ankunft und Anwesenheit im Zweifel sein kann. So sagt es Christus von seiner Wiederkunft, daß sie sein wird, wie der Blitz leuchtet vom Aufgang zum Niedergang.[57] Die Wolke, aus der Gott einst

55) 2. M. 13, 21; 19, 16ff; 24, 16ff; 40, 34ff; 33, 7ff.
56) Zach. 14, 20. 21; Offbg. 21, 13.
57) Mt. 24, 27.

die Feinde in den Tod schreckte,[58] die das Volk durch die Wüste leitete,[59] in der Gott aber mit dem Mittler wie mit seinem Freunde redete[60] – sie *umhüllt* nun die *ganze Gemeinde* und Gott redet darin mit ihr wie einst mit Mose, oder zeigt jedem einzelnen den Weg wie einst der Gemeinde in der Wüste.

*Strophe 5*: Die Gegenwart Gottes als totale Geborgenheit der erneuerten Kirche in der erneuerten Welt (v 5e–6).

v 5e–6 »Denn über allem wird der Lichtglanz Jahwes lagern als Schirm und Zelt, zum Schatten vor der Hitze am Tage und als Zuflucht und als Versteck vor Wolkenbruch und Regen«. Mit einem begründenden »denn« (kî) nimmt der Prophet aus dem vorangehenden Vers den Ausdruck für die Totalität der Gegenwart Gottes »über allem Ort« wieder auf. Jetzt entschränkt er Gottes Gegenwart aus der Universalität über dem neuen Jerusalem zur *absoluten* Universalität. Statt »*über allem* Ort des Berges Zion« heißt es jetzt »überall« oder »über allem« schlechthin (ʿal kōl absolut gefaßt) wird Gott in seinem Lichtglanz gegenwärtig (Pr.).

Im großen Gedicht vom Advent Gottes zum Gericht (2, 6ff) verkündete der Prophet durch zehnmalige Wiederholung des Wortes »über alle« (ʿal kōl) die totale Reichweite des zerschmetternden Gerichtes. Jetzt bezeugt er dieselbe Reichweite für den bergenden Schutz, der vom Advent Gottes ausgeht. Sie erstreckt sich über die erlöste Gemeinde hinaus über die erneuerte Schöpfung, »über alles« (ʿal kōl) schlechthin. In *dieser* Zeit ist er überall gegenwärtig,[61] aber *verborgen, dann* aber *offenbar*.

Es ist wieder ein Zeichen unseres rationalisierten Denkens, das sich nicht in die Sprache der Endzeit hineinversetzen kann, wenn man fragt, wieso denn in der erneuerten Welt es noch des Schutzes bedarf. Es kann nur in den Ausdrücken und Bildern der vergehenden von der neuen Welt, wie auch vom Frieden und der Geborgenheit in ihr, gesagt werden.

Auch *Intensität* und *Seligkeit* der *Geborgenheit* in Gott sind in der neuen Welt ins Absolute verstärkt und vertieft. *Fünf* aufeinandergehäufte *Worte* für »Bergung« drücken sie aus: »Baldachin« oder »Schirm« (ḥuppāh), *unter* dem, – und »Zelt« (sukkāh), *in* dem man Bergung hat; die Wirkung beider ist »Schatten« (ṣēl), der die Glut der Sonne abschirmt; »Zuflucht« und »Versteck« (maḥsäh und mistôr), in die man vor »Wolkenbruch und Regen« flüchtet. Die versengende Glut orientalischer Sonne und die fortschwemmende Gewalt orientalischer Wolkenbrüche sind der Hintergrund, auf dem die Seligkeit dieser Bilder der Bergung und Geborgenheit verstanden werden müssen.[62]

58) 2. M. 14, 23ff.
59) 2. M. 13, 21.
60) 2. M. 33, 11.
61) Ps. 139, 1–12.
62) Jes. 28, 2; 29, 6; 30, 30; 32, 2.

In den gleichen Ausdrücken bekennt das Gebet des Gottesknechtes, das Jesus am Kreuz gebetet hat (Ps. 31), mitten in den Anfechtungen dieser Zeit die heimliche Geborgenheit bei Gott: »Wie groß (oder: weit) ist deine Güte, Gott, die du im *Verborgenen* bereitet hast für die, die dich fürchten, die du bewiesen hast für die, die sich *in dir bergen*. Du *versteckst* sie im *Versteck* vor deinem Angesicht vor den Zusammenrottungen der Menschen und *verbirgst* sie in einem *Zelt* vor dem Angriff der Zungen. Gepriesen sei Jahwe, daß er mir seine Gnade zum Wunder gemacht hat in einer *festen Stadt*« (Ps. 31, 20–22).

Zwischen dem Schrei aus der Tiefe und dem Bekenntnis der Geborgenheit hin- und hergerissen spricht der Beter die Kreuzesworte: »In deine Hände befehle ich meinen Geist. Du hast mich erlöst, Jahwe, du treuer Gott« (31, 6). In gleicher Weise bekennt das Trutzlied der alttestamentlichen Gemeinde Gott als *Zuflucht* und *Versteck* (maḥsäh) für sie im Weltgericht.[63]

Die Ausdrücke, in denen jener Beter und die Gemeinde ihre Geborgenheit in der Anfechtung preisen, sind wörtlich dieselben, in denen Jesaja die Geborgenheit des neuen Jerusalem beschreibt. Gottesknecht und Gemeinde haben im *Glauben* mitten in der Anfechtung ein *Angeld* der *endgültigen Geborgenheit;* aber es ist eine verborgene Geborgenheit. In der Geborgenheit im Glauben ist die Geborgenheit *im Schauen vorausgenommen*. Darum preist Jesaja immer wieder in unvergleichlichen Worten die vorläufige Geborgenheit des Glaubens.[64] Wie herrlich wird dann erst die *Geborgenheit* in der *Erfüllung* sein!

Die Ausdrücke für »Bergung« in unserem Gedicht verengen sich vom schirmenden Dach zum bergenden Zelt, vom deckenden Schatten zum umhüllenden Versteck, in das hinein man sich *in Gott* flüchtet, versteckt und birgt. Neben den Worten »sich auf Gott verlassen« (bāṭaḥ) und »seine Gewißheit in ihn gründen« (hä'ᵃmîn) kennt das Hebräische das wunderbare Wort »vertrauen« (ḥāsāh), das eigentlich »sich in Gott verstecken« bedeutet.[65]

Das Subjekt des Satzes – *der*, welcher in der neuen Welt die fünffache, absolut gültige und universal reichende *Geborgenheit gewährt*, ist *Gott selbst*. Seine Herrlichkeit, die – wie die Seraphen verkündigten – die ganze Welt erfüllen soll, umfängt dann mütterlich schützend das neue Jerusalem, daß kein Gericht es mehr schrecken oder ihm nahen kann.[66] Sie umfängt aber nicht nur das neue Jerusalem, sondern auch das erneuerte All und jeden einzelnen darin.

So tritt Gott selbst in die *Mitte* des Zukunftsbildes. *Sein* Messias, *sein* Paradies, *sein* sichtendes und rettendes Gericht, *seine* beschlagnahmende, heili-

63) Ps. 46, 2ff.
64) Jes. 28, 16; 30, 15.
65) Vgl. Ps. 16, 1.
66) Vgl. Jes. 54, 13–17, vgl. 31, 5; 8, 8ff; 17, 12ff usw.

gende und zum Leben bestimmende Hand, *seine* reinigende Wasser- und Geistestaufe, *sein* Advent oder schöpferischer Eingriff, *seine* schützende und bergende Gegenwart und ihre Ausstrahlung in fünf Gestalten der totalen Befriedung.

Sechs Linien zeichnen sich in der Auslegung ab: 1) Die zukünftige Herrlichkeit ist die geradlinige Vollendung der Verheißung, die er seiner Gemeinde gegeben hat. Ihr aufgerichtetes Zeichen ist der Zion. – 2) In diese Herrlichkeit geht es nur durch das Gericht der Sichtung und Entscheidung, durch die Taufe und die Geistesausgießung. – 3) Diese Herrlichkeit bricht, zugleich als zweiter Advent, senkrecht von oben in die geradlinige Heilsgeschichte. – 4) Dieser zweite Advent schenkt die totale Geborgenheit in der Allgegenwart Gottes. – 5) Die kommende Herrlichkeit ist im Verborgenen schon in dieser Zeit gegenwärtig im Angeld, auf dem der Glaube fußt, insofern, als Gott im Verborgenen schon in der Gemeinde gegenwärtig ist und sie zum Glauben ruft. – 6) Die Verwirklichung dieser Herrlichkeit hat ihre Mitte in dem Sproß, in dem das erneuerte Jerusalem seine Herrlichkeit erhält. Es wird hier nur angedeutet.
So führt eine Linie vom Jungfrauensohn »Gott mit *uns*« (7), dem Weihnachtskinde, das »*uns*« gegeben ist (9), dem »Wurzelschößling« aus dem Stumpfe Isais, auf dem die siebenfache Fülle des Geistes Fuß faßt (11), dem »Eckstein« der neuen Welt, den Gott in Zion legt (28, 16), zum »Sproß Jahwes«, der die Zeit des Sprossens schon mitten in unserer Zeit des Todes einleitet (4, 2). In ihm ist das Geheimnis verborgen, wie es zu diesem »Gott ist gegenwärtig« kommt, das der Grund zur Verwandlung der Welt ist.

Das *Neue Testament* verkündet eine *zweifache Erfüllung* unserer Weissagung: eine erste mit dem *ersten Kommen Jesu*. Auf dieselbe hat Johannes der Täufer das Wort von der Taufe durch den Geist der Zurechtbringung und Vertilgung gedeutet. »Nach mir wird ein Stärkerer kommen . . . der wird euch taufen mit dem Heiligen Geist und mit Feuer« (Mt. 3, 11). In der Taufe Jesu selber, in dem Pfingstereignis und durch die mit demselben beginnende Taufe im Namen Jesu ist unsere Weissagung nicht mehr nur in der Hoffnung, sondern schon in der Tat erfüllt.

Aber es ist noch eine Erfüllung im Verborgenen. Das Gericht lastet noch über der Welt. Die geretteten, ins Lebensbuch des Lammes eingeschriebenen, durch die Taufe gewaschenen, durch seinen Geist erneuerten Bürger der neuen Welt seufzen noch in Anfechtung, Sünde und Gottesferne. Erst der *Tag seiner Wiederkunft* und der Weltvollendung wird den Schleier über der Kirche und die Decke über den Völkern ganz abdecken (25, 7). Dann werden wir schauen, was wir heute glauben. Das ist die *zweite Erfüllung*. Von der enthüllten Gegenwart Gottes in seiner Stadt »*dann*«, – zeugt der Seher Johannes: »Und ich sah keinen Tempel in ihr, denn der Herr, Gott, der Allgewaltige, ist ihr Tempel und das Lamm. Und die Stadt bedarf nicht der Sonne noch des Mondes, daß sie ihr scheinen, denn die Herrlichkeit Gottes erleuchtet sie und ihre Leuchte ist das Lamm« (Offbg. 21, 22–23; 22, 5 vgl. 21, 3; 7, 14–17). »Und es wird nicht hineingehen etwas Gemeines . . ., sondern die geschrieben stehen im Lebensbuch des Lammes« (21, 27 vgl. 22, 3). »Es sind . . . die ihre Kleider gewaschen und weiß gemacht haben im Blut des Lammes« (7, 14).

# VI. Das Lied vom undankbaren Weinberg

Kapitel 5, 1–7

1 **Auf[1], ich will singen von meinem Geliebten**
**ein Lied von meinem Freunde und seinem Weinberg!**
**Einen Weinberg hatte mein Geliebter**
**(gelegen) auf fettigem Berghorn.**
2 **Und er behackte ihn und entsteinte ihn**
**und bepflanzte ihn mit roten Edelreben**
**und baute einen Turm auf ihm**
**und haute Kufen aus in ihm,**
**und er harrte, daß er Trauben brächte[5].**
**Aber er brachte Herblinge.**

3 **Und nun, du Bewohner[2] Jerusalems,**
**und du, Mann Judas,**
**nun auf[3], so richtet doch zwischen mir**
**und zwischen meinem Weinberg!**
4 **Was könnte noch getan werden an meinem Weinberge,**
**was ich nicht an ihm[4] getan?**
**Warum harrte ich, daß er Trauben brächte[5],**
**aber er brachte Herblinge?**

5 **Und nun auf! Ich will euch kundtun,**
**was ich dabei bin zu tun meinem Weinberg:**
**Weg mit seiner Hecke[6],**
**und er verfällt dem Fraß,**
**nieder mit seiner Mauer,**
**und er verfällt der Zertrampelung.**
6 **Und ich mach ihn zum Steilhang[7],**
**der nicht beschnitten noch behackt wird,**
**und er geht auf in Dorn und Distel.**
**Und den Wolken gebiete ich,**
**nicht zu regnen über ihm Regen.**

7 **Denn der Weinberg Jahwes der Heerscharen**
**ist das Haus Israel,**

**und der Mann aus Juda ist**
**die Pflanzung seines Entzückens.**
**Er harrte auf Rechtsprechung,**
**und siehe – Rechtsbrechung!**
**(Er harrte)[8], daß Gerechtigkeit sei,**
**aber siehe – Wehgeschrei!**

## Aufbau von 5, 1–7

Das ganze Gedicht ist eine Parabel mit beigegebener Deutung. Es ist klar in vier Strophen gegliedert; je eine *Lang-* und eine *Kurzstrophe* wechseln sich ab. Eine Langstrophe schildert die *Liebe* des Weingärtners zum Weinberg und seine *Enttäuschung*, 1–2. Eine Kurzstrophe *fordert* den Bewohner Jerusalems und den Mann Judas zum *Schiedsspruch* zwischen dem Weingärtner und seinem Weinberg auf, v 3–4. Eine Langstrophe *verkündet* und schildert das *Gericht* des Weingärtners an seinem Weinberg, v 5–6. Und eine Kurzstrophe *deutet* das Gleichnis auf *Israel* und den *Mann Judas*, ihren Rechtsbruch und Gottes Enttäuschung, v 7.
Die vier Strophen sind in großer Regelmäßigkeit aufgebaut: Strophe 1 fünf Doppelzeilen, Strophe 2 vier Doppelzeilen, Strophe 3 fünf Doppelzeilen, Strophe 4 vier Doppelzeilen. – Der Wechsel von Lang- und Kurzstrophen entspricht einem hebräischen Stilgesetz, z. B. Hos. 6, 7–7., 16; 5, 12–15[1] oder Jes. 5, 8–25.
Die Regelmäßigkeit drückt sich ferner in den *Strophenanfängen* und Strophenschlüssen stichwort- und wortspielartig aus. Strophe 1 beginnt mit der *Selbstaufforderung* des Propheten: »Ich will singen« (ʼāšîrāh) – *verstärkt* durch »*nun auf*« (nāʼ) v 1, – Strophe 2 mit der *Aufforderung* an den Bewohner Jerusalems und Mann Judas: »richtet« (šiphᵉṭû) – *verstärkt* durch »*nun auf*« (nāʼ) mit vorangestelltem »und nun« (ʿattāh) v 3, – Strophe 3 mit der *Selbstaufforderung* Gottes: »ich will kundmachen« (ʼôdîʿāh) *verstärkt* durch »*nun auf*« (nāʼ) mit vorangestelltem »und nun« (ʿattāh) v 5, – Strophe 4 mit der *Begründung* »denn« oder »fürwahr« (kî) und dem *Hinweis* auf das Haus Israel und den Mann Judas (der in Strophe 2 angeredet war) v 7. – Die Anfänge von Strophe 2 und 3 entsprechen sich durch die Einführung mit »nun« (ʿattāh), die von Strophe 2 und 4 durch die Anrede des »Bewohners Jerusalems« (jôšēb jᵉrûšālajim) und »Mannes Judas« (ʼîš jᵉhûdāh) v 3 und die Deutung auf das »Haus Israels« (bêt jiśrā ʼ ēl) und den »Mann Judas« (ʼîš jᵉhûdāh) v 7. – Die Anfänge der Strophen 1, 2 und 3 haben das »doch« (nāʼ) gemeinsam.
Noch symmetrischer sind die *Strophenschlüsse* aufgebaut. Der Schluß von Strophe 1 ist eingeleitet durch »*er harrte*« (wajᵉqaw) (der Weingärtner) v 2e, – der von Strophe 2 durch »*warum harrte ich?*« (maddûaʿ qiwwêtî) (Gott) v 4c, – der von Strophe 3 durch die Verriegelung des Himmels (*gegen das Harren* des Weinberges) v 6d, – und der von Strophe 4 wieder durch »*er harrte*« (wajᵉqaw) (Gott) v 7e. Die Strophen laufen auf das Harren – erst des Weingärtners, dann Gottes, dann das Nein zum Harren des Weinberges und endlich das Harren Gottes – aus.
Noch entsprechender ist die Einkleidung des Zieles und des Resultates dieses Harrens in ein *Wortspiel* am *Ende* jeder Strophe: »Daß er Trauben *machte* – aber er *machte* Herblinge« (laʿᵃśôt – wajjaʿaś) schließt Strophe 1. – Genauso Strophe 2: »daß er Trau-

1) Vgl. Frey: Der Aufbau der Gedichte Hoseas.

ben *machte* – aber er *machte* Herblinge« (la ʿᵃśôt – wajjaʿaś), aber mit vorangestelltem gleichem Wortspiel: »Was war *zu machen* meinem Weinberge – was ich ihm nicht *gemacht*?« (la ʿᵃśôt – ʿ āśîtî). – Strophe 3 fehlt das Wortspiel am Ende. Statt dessen nimmt sie dasselbe an ihrem Anfang auf im Stichwort »ich bin dabei, zu machen« ( ʾᵃnî ʿōśāh). – Dem einfachen Wortspiel am Ende von Strophe 1 »daß er machte« – »er machte« (laʿᵃśôt – wajjaʿaś) und dem verdoppelten am Ende von Strophe 2 »zu machen« – »ich machte«, »daß er machte« – »er machte« (la ʿᵃśôt – ʿāśîtî, la ʿᵃśôt – wajjaʿaś) entspricht ein doppeltes Wortspiel am Ende der 4. Strophe. Auch dieses dient zur Einkleidung von Ziel und Vergeblichkeit des Harrens Gottes »auf *Rechstsprechung* und siehe: *Rechtsbrechung*« (mišpāṭ – miśpāḥ), »daß *Gerechtigkeit* sei und siehe: *Wehegeschrei*« (ṣᵉdāqāh – ṣᵉ ʿāqāh).
Strophe *1 und 3* sind im Aufbau besonders verwandt und ebenso Strophe *2 und 4*. Die Strophen 1 und 3, die beide mit einer Selbstaufforderung, die eine zum Lobe, die andere zur Urteilsverkündigung, beginnen, sind zehnzeilig und beide von einer Flut von Tätigkeitsworten erfüllt, die Gottes Tun am Weinberg beschreiben. In Strophe 1 sein schenkendes, aufbauendes Tun: »Er behackte, entsteinte, bepflanzte, baute, haute, harrte« (wajᵉ ʿazzᵉqēhû, wajᵉsaqqᵉlēhû, wajjiṭṭāʿēhû, wajjibän, ḥāṣēb, wajᵉqaw), in Strophe 3 sein niederreißendes Tun: »Ich mache«, »Entfernung«, »Niederreißung«, »ich richte zu«, »ich gebiete« (ʾᵃnî ʿōśāh, hāsēr, pārōṣ, ʾᵃšîtēhû, ʾᵃṣawwāh).
Strophe 2 und 4, die sich beide an den Bewohner Jerusalems bzw. das Haus Israels und den Mann Judas richten oder auf ihn deuten, sind achtzeilig und durch Doppelungen ausgezeichnet. Strophe 2 beginnt vermutlich mit doppeltem »nun denn« (ʿattāh), Strophe 4 schließt vermutlich mit doppeltem »er harrte« (wajᵉqaw). Wir sahen, daß Strophe 2 mit verdoppeltem Wortspiel mit dem Wort »machen« (ʿāśāh)schloß und Strophe 4 ebenfalls mit doppeltem Wortspiel.
Die Stichworte »harren« (qiwwāh) und »machen« (ʿāśāh) beherrschen, das erste ausgesprochenermaßen Strophe 1, 2 und 4, das zweite ausgesprochenermaßen Strophe 1, 2 und 3 und inhaltlich auch 4. – Es geht nicht um äußerliche Stichwortspielerei, sondern um den *Wechsel* in *Gottes Tun*, der sich in intensivster Glut bis in den einzelnen Pulsschlag oder bis in die Brechung der kleinsten Kristalle *regelmäßigen Ausdruck* verschafft.

## Der Hintergrund

Formgeschichtlich zeigt Fohrer im Aufbau des Liedes den Stil der Anklagerede auf: »Feststellung eines verpflichtenden Gemeinschaftsverhältnisses zwischen Kläger und Beklagtem, die Darstellung der eigenen Pflichterfüllung durch den Kläger, Klage über mangelnde Pflichterfüllung des Beklagten und die Anrufung der Rechtsgemeinde zum Schiedsspruch«. »Dazu« »bei Jesaja die Androhung der Strafe«.[2]
Inhaltlich bildet, wie allgemein anerkannt wird, den Hintergrund das *Liebesliedmotiv* und seine Veranschaulichung durch das *Weinbergliedmotiv*.[3] Beides war in Israel beliebt (vgl. H. L. 1, 16; 2, 15; 4, 16; 6, 2ff; 8, 12). Beides hörte man gern in der frohen

2) G. Fohrer: Das Buch Jesaja, 1. Bd. S. 76 (Züricher Bibelkomm.).
3) H. Schmidt: Die großen Propheten, 2. Aufl., S. 39/40 (SATA, 2. Abt. 2. Bd.), 1923. – W. Eichroth: Der Heilige in Israel, S. 56/66, Botsch. d. AT Bd. 17 I. O. Kaiser: Der Prophet Jesaja Kp. 1–12, ATD Bd. 17 S. 42. H. Junker: Die literarische Art von Jesaja 5, 1–7 (Analecta Biblica 10, 1959, S. 125ff).

Zeit der Weinlese und des Freiens,[4] die mit dem Herbstfestzyklus – Laubhütten- und Bundesfest umfassend – abschloß. Volkssänger traten in dieser Zeit mit ihren Liebes- und Weinbergliedern auf. Die in Jerusalem zusammengeströmten Pilger gedachten über der Freude an der geborgenen Weinernte der Einbringung ins Gelobte Land. Mit diesem Gedenken verband sich das *Feiern des Bundes*, den Gott seinem Volk geschenkt hatte, als seiner größten Liebestat (3. M. 23, 34ff. 39ff; 5. M. 16, 13–15).
So war auch die Freude der Weinlesezeit ausgerichtet *auf* und umfaßt *von* einer größeren Freude. Weinberg- und Liebeslieder erklangen. Die Jugend freite und ließ sich freien. Aber der größere Gedanke des Liebesbundes Gottes mit seinem Volk verklärte die private Freude und erfüllte die Gemeinde mit Freude und Stolz auf ihre Erwählung und auf ihre Auszeichnung durch das Geschenk der Offenbarung und die Gabe des Gottesrechtes. Sie freute sich »vor Jahwe, ihrem Gott« (3. M. 23, 40; 5. M. 16, 14).
Wir dürfen aus den Anspielungen vermuten, daß dieser Weinlese- und Bundesfest-Zyklus der *Hintergrund* für das Auftreten des Propheten mit unserem Gedicht ist. Er knüpft vordergründig an das Liebestreiben an, indem er im Liede symbolisch die Rolle des Freundes des Bräutigams (Joh. 3, 29) übernimmt, d. h. nach hebräischer Hochzeitssitte den Bräutigam bei der Braut vertritt. Oder er macht sich zur Stimme der Braut, d. h. der Gemeinde, die ihren Bräutigam als Freund und Geliebten preist (H. L. 2, 3ff; 3, 1ff; 5, 2 usw.) und sich selbst als dessen Weinberg (H. L. 8, 10–12; 7, 11–14; 4, 17; 2, 1; 5, 1; 6, 2. 3. 11).
Darüber hinausgehend knüpft der Prophet sachlich an die Freudenstimmung ob des eingebrachten Jahresertrages der Weinberge an. Er darf voraussetzen, daß beides hintergründig auch für das Volk ein *Gleichnis* für die noch größere Freude am Bunde Gottes mit seiner Gemeinde ist. So appelliert der Prophet an die Freude über Gottes größeres Geschenk, das die irdischen und die geistlichen Gaben umfaßt, an die Freude am Besitz des Landes und an diejenige am Besitz des Bundes und des Gottesrechtes.

Jesaja tritt unter das in Sicherheit Weinlese feiernde Volk und schlägt die Töne des *Weinberg-* und *Liebesliedes* an. Jeder weiß sofort, daß der Mann, der ganz Jerusalem vor die bestürzende Botschaft vom Advent Gottes stellte, auch jetzt von etwas Größerem und *Heiligerem* singt, von dem, worauf der Herbstfestzyklus zugeht. Es ist von vornherein deutlich: Der Prophet zeugt von dem, *was Gott* mit dem Lande der Weinberge seinem Volk gegeben, *im Bunde* an ihm getan hat. Er singt sein Lied als Brautwerber im Namen des Bräutigams, um mit der beschenkten Braut, d. h. mit der Gemeinde, Gott zu preisen.
Gott ist der Geliebte der Gemeinde, die Gemeinde die Geliebte Gottes, sein teurer Weinberg, der Gegenstand seiner Wahl und Pflege, eine Frucht des Heils für ihn und Gegenstand seiner Freude am Liebesglück. Das sind süße Minneklänge, die in die Freudenfeier der Verbindung Gottes mit seiner Gemeinde und zu ihrem Bewußtsein, sein Heilsgewächs zu sein, passen.
Diese, dem profanen Weinberg- und Liebeslied entnommenen Minneklänge erfüllen den *juristischen Ernst* der rechtsverbindlichen Bundeshandlung mit der Innigkeit der *persönlichen Liebesbindung* und vertiefen und verklären ihn dadurch. Die Innigkeit bekommt im Munde dessen, der bisher über alles,

4) G. Dahlmann: Arbeit und Sitte in Palästina. Bd. 7, S. 343; vgl. 337 (307ff. 335ff).

was Jerusalem und sein Volk an Herrlichem besitzen, das Gericht ausgerufen hat, ihre besondere Bedeutungsschwere. Könnte der Prophet einlenken und dennoch Gott sein Volk noch liehaben?

*Strophe 1*: Die Liebe des Weingärtners zu seinem Weinberg und seine enttäuschte Sehnsucht nach seiner Frucht, v 1–2.

v 1 ab »Auf, ich will singen von meinem Geliebten ein Lied von meinem Freund und seinem Weinberg«. Als der Brautwerber stimmt der Prophet den Aufgesang als Vertreter Gottes und auch ihr Vertreter in erster Person an. Die Lippen, die Gott immerfort als den Richter und dreimal Heiligen verkündigt haben, preisen jetzt Jahwe als Geliebten der Gemeinde. In der Bezeichnung schwingt *alle Innigkeit*, die das Wort jādîd »Geliebter«, »Freund«, »Lieblicher« haben kann. Das Hohelied besingt diese Innigkeit: »Mein Geliebter gehört mir und ich gehöre ihm« (2, 16; 7, 11). »Du, den meine Seele liebt« (1, 7; 3, 1). »Du hast mir mein Herz genommen (meinen Verstand), meine Schwester, meine Braut, du hast mir mein Herz genommen . . .« (4, 9). »Die Stimme meines Geliebten, der anklopft: öffne mir, meine Schwester, meine Freundin, meine Taube, meine Fromme« (5, 2; vgl. 2, 6; 8, 3; 4, 10; 5, 4. 8).

Dabei klingt die Überlieferung vom Liebesbund zwischen Gott und seinem Volk an und die Zusage seines Liebeseifers für seine Bundeskinder. »Ich glühe für Jerusalem in gewaltiger Liebeseiferglut.«[5]

Aber der Prophet legt den Ton auch auf die Liebe der Gemeinde zu ihrem Gott. Das Liebesverhältnis ist ein gegenseitiges. Gott sucht auch bei seinen Bundeskindern die völlige Liebe: »Du sollst den Herrn, deinen Gott, lieben von ganzem Herzen . . .« (5. M. 6, 5 vgl. Jes. 1, 2; Hos. 3, 5; 11, 10b. 11; 2, 16–18).[6]

Paßt dieses Zeugnis von der Liebe in den Mund, der das Zittern vor dem dreimal Heiligen verkündigt hat? Ja, gerade Jesaja kann von dem dreimal Heiligen als »meinem Geliebten« in der unerhörten Einzahl, in der ersten Person sprechen, weil er, am Vergehen vor seiner Heiligkeit angekommen, Gottes heiligste Liebestat, die Versöhnung durch Sühne seiner Schuld, empfing. Damit hat er in einer dem Neuen Bunde vorbehaltenen Tiefe die Liebe Gottes als die Liebe des Heiligen erfahren (6, 6. 7), obschon er zu seinem Gerichtsboten berufen wurde. – Wir sehen durch den Aufgesang in die einzigar-

5) Vgl. Zach. 1, 14; vgl. 2. M. 20, 5; Jes. 9, 6; 37, 32; 2. Kö 19, 31; Zach. 8, 2; Joel 2, 18. Amos und Hosea hatten für die Erwählung der Gemeinde durch Gott Ausdrücke der Liebessprache gebraucht: »erkennen«, »eine Liebesgemeinschaft anknüpfen« (Am. 3, 2; Hos. 13, 4. 5) oder »verlocken«, »auf dem Herzen reden« (Hos. 2, 16). Die Zeichenhandlungen Hoseas redeten von der Ehe- und Liebesgemeinschaft, die Gott seinem Volk schenkte (Hos. 1–3).

6) Von der Gegenseitigkeit und Einzigkeit, Ausschließlichkeit und Innigkeit des Liebesverhältnisses zwischen Gott und seiner Gemeinde, in dem er der Einzige und ihr ein und alles war, zeugt Hosea aus der seligen Wüstenzeit (13, 4; 2, 16–18. 21–22; vgl. 5. M. 32), und ihm folgt das ganze fünfte Mosebuch.

tige Tiefe, Innigkeit und Gegenseitigkeit des Verhältnisses zwischen dem Propheten und seinem Gott hinein. Sie klingt durch das Zeugnis in der ersten Person »mein«, »mein«, »mein« und aus dem dreimal wiederholten »mein Geliebter«, »mein Freund«, »mein Geliebter« (1abc).

Die Liebe Gottes zu seiner Gemeinde ist jedoch der tragende Grund, die Quelle und Kraft aller ihrer Liebe zu Gott. Das ist die Liebe, die in und mit der Erwählung Israels zu seinem Volk sich geschenkt und durch den Bund die Gemeinde zur Trägerin seines Heils, zu seinem Weinberg, gemacht hat.[7] Auf diese geschichtliche Offenbarung der Liebe Gottes konzentriert sich jetzt das Lied.

v 1cd »Einen Weinberg hatte mein Geliebter, gelegen auf fettigem Berghorn«. Mit dem Wort »Weinberg« schlägt der Prophet das große Thema des Festes und der ganzen Heilsgeschichte an.

»Wein«, »Weinstock« und »Weinberg« waren die alten Symbole des Heils (vgl. 1. M. 49, 8–12; Hos. 2, 16). »Unter Weinstock und Feigenbaum sitzen« war Bild des zukünftigen Heilsstandes (Mi. 4, 4; Zach. 3, 10) wie seiner Vorausnahme in dieser Zeit (1. Kö. 5, 5; 2. Kö. 18, 31). Seit alters besang man Israel als Empfänger und Träger des Heils im Bilde des Fruchtbaumes (1. M. 49, 22), der Trauben (Hos. 9, 10), des Weinstockes (Hos. 10, 1; Ps. 80, 9ff; Hes. 19, 10; 15). Gottes Pflanzung war dieser Weinstock (1. M. 49, 22; Hes. 19, 10ff; Hos. 10, 1; Ps. 80, 9ff; Hes. 34, 29) und er brachte Frucht (Hos. 10, 1; 1. M. 49, 22). Dasselbe gilt vom Weinberg (Mt. 20, 1ff; Joh. 15, 1ff).

Gottes Pflanzung – Pflanzung des Heils, und ihr Ziel – Frucht. Damit ist der Sinn der Heilsgeschichte ausgesprochen.

Der Prophet entfaltet jetzt das Thema »Gottes Pflanzung« und in ihm das Thema »Gottes Liebe« in einer Parabel. Diese schildert als erstes Geschenk des Weingärtners an seinen Weinberg die *Auswahl* der herrlichen *Lage* für ihn auf fruchtbarem, von allen Seiten der Sonne zugänglichem, gerundetem, humusbedecktem Berge. Die Völligkeit, mit der die Liebe ihn ausstattet, klingt aus der Harmonie der Töne: käräm b$^{e}$qärän bän-šämän, »ein Weinstock auf einem Horn, einem Horn des Fettes«. Die Wahl dieser Lage bildet die *Herrlichkeit* ab, in die *Gottes Wahl* die Gemeinde *aufnahm*, ohne daß die Bildrede schon durch ihre Anwendung durchbrochen wird.

v 2a–d »Und er behackte ihn und entsteinte ihn und bepflanzte ihn mit roten Edelreben und baute einen Turm auf ihm und haute Kufen aus in ihm«. Die Liebe des Weingärtners entfaltet sich weiter in der *Ausstattung* seines Weinberges. Eine Kette von sich reimenden Zeitworten gibt die *Unermüdlichkeit* wieder, mit der der Weingärtner sich um seinen Weinberg mühte, die *Unerschöpflichkeit*, mit der er ihn beschenkt, die *Sorge*, mit der er ihn umsorgte und für alles vorgesorgt hat.

Dabei wandert am Hörer die mühselige Arbeit des Weinbauern, die sich

7) Vgl. Mal. 1, 2.

durch das runde Jahr bis zur Ernte hinzieht, vorüber: Hacken, Steine schleppen, Eingraben der Pflanzen, Bauen des Wachtturmes, Aushauen des Troges oder der Kufen in den Fels, in die der in der Kelter ausgepreßte Saft abläuft; Arbeit, die für alles vorsorgte – für lockeren Boden, für edle Rebensorten, für Bewachung, für Abfluß und Bewahrung des Saftes. Die *liebende Sorgfalt* und *Innigkeit* klingt durch die weichen, gedehnten e-Laute: waj$^{eʿ}$azz$^{e}$qēhû, wajj$^{e}$saqq$^{e}$lēhû, wajjiṭṭā$^{ʿ}$ēhû, śōrēq. »Er behackte ihn, entsteinte ihn, bepflanzte ihn mit Edelreben«. Die *Härte der Arbeit*, des Bauens und Hauens, tönt aus den tiefen, hohlen o-Lauten, auf die sich die letzten Verse reimen: wajjibän migdāl b$^{e}$tôkhô w$^{e}$gam-jäqäb hāṣēb bô. »Und er baute einen Turm darin und haute auch Kufen aus in ihm«.

Unausgesprochen schwingt in den Reimen eine *lange*, schwere, mit *unendlichen Leiden auf Gottes Seite* erfüllte *Geschichte*, die die Gemeinde unter seiner nimmer aufhörenden Fürsorge gewandert ist. Im Blick auf das Ergebnis des Weges der Gemeinde zeichnet der Prophet denselben als die Geschichte der endlosen Arbeit, die die Gemeinde ihrem Gott machte, und der Last, die sie ihm auflegte. Er bildete Gott im Schwerarbeiter und Lastträger ab, der sich unter der steinschweren Last ihrer Sünde müde arbeitete und schleppte: »Nicht . . . daß du um mich gearbeitet hättest; . . . du hast mich mich abmühen lassen durch deine Sünden« (Jes. 43, 22–28).

v 2e Zuletzt faßt die Parabel die ganze, der Liebe des Weingärtners innewohnende *Innigkeit* in seinem *Verlangen* nach der *Frucht* des Weinberges in drei Worten zusammen: »Und er hoffte (harrte), daß er Trauben brächte«.

Wir würden diese Liebe falsch verstehen, wenn wir sie in Einseitigkeit, im Geben und Tun von seiten des Weingärtners, seiner schenkenden Herablassung sehen würden. Das wäre gönnerhafte Liebe, für die der andere nicht Partner, sondern nur Gegenstand des eigenen Tuns, Empfänger von Almosen wäre. *Wirkliche Liebe* sucht den *Partner* und *sehnt* sich nach seiner *Antwort* und Gabe, so sehr sie selbst die Gebende ist, die sich *grundlos*, ohne alle Verdienste und Voraussetzungen auf der Seite des anderen *schenkt*. Aber sie schenkt nicht etwas *von sich*, sondern *sich selbst* und damit auch ihre eigene Sehnsucht nach dem anderen. Es ist also kein Zeichen der Selbstsucht, wenn der Weingärtner auf die Frucht harrt.

So entspricht der Innigkeit der Zueignung und Fürsorge die *Spannung* der *Erwartung*. Der Prophet braucht dafür das tiefe Wort »harren«, »warten«, »hoffen« (qiwwāh), das in den Gebeten der Frommen das sehnsüchtige Harren von seiten des Menschen ausdrückt.

So bekennt der Beter »ich harre (qiwwîtî) auf Jahwe, es harrt (qiww$^{e}$tāh) meine Seele, auf sein Wort hoffe ich. Meine Seele ist dem Allherrn zugewendet, mehr als Wächter dem Morgen, mehr als Wächter dem Morgen«.[8] »Is-

8) Ps. 130, 5f nach dem hebr. Text.

rael harre (jaḥēl) auf Jahwe« ist ein Gebetsruf, der zur festen Formel[9] in der Kirche Alten Bundes geworden war.
Der Prophet wendet dasselbe Wort auf *Gottes Verhalten* zu seiner Gemeinde an. Dreimal kehrt es in unserem Abschnitt wieder (v 3. 4. 7). Nicht der Mensch, sondern *Gott ist es* jetzt, der so sehnsüchtig und angespannt auf die Antwort seiner Geliebten *harrt*.[10] Er harrt auf ihre Frucht, die in der Liebe zu ihm und zum Bruder besteht. In diese soll sie seine Liebe umsetzen.
Auch wo er seine Gemeinde mit seiner Liebe überschüttet, will Gott nicht passives Material seiner Gnade haben, sondern *aktive Empfänger*. Sinn und Ziel der langen Geschichte Gottes mit seiner Gemeinde ist *Frucht*, in der *seine Liebe* im Leben der Gemeinde *Gestalt* gewinnt. *Alles* auf seiten des Weingärtners, die Wahl des Ortes, seine Mühe und Fürsorge und zuletzt seine Sehnsucht – alles *zielt* auf das Ereignis, in dem der Weinberg *aktiv wird*. Im Hebräischen ist diese Aktivität in dem Ausdruck »*Trauben machen*« umschrieben (lāᵃśôt ʿᵃnābîm). »Und er harrte darauf, daß er Trauben brächte.«
v 2f »Aber er brachte Herblinge«. Ein in seiner Kürze erschütterndes Sätzchen (es enthält im Hebräischen zwei Worte), faßt den Ertrag dieser ganzen Gottesgeschichte im »Nein« der Gemeinde zusammen. Dieses Nein drückt sich in der Antwort des Weinberges mit sauren Früchten, die nicht eßbar sind, aus. Entweder sind es *verkrüppelte* Früchte oder *Wildlingsfrüchte* von der Edelrebe, die der Weingärtner seinem Weinberg eingepflanzt und so umhegt hat. Ein unbegreifliches Ergebnis!
Die *endlose Kette* von Ausdrücken für Fürsorge und Harren auf der einen und dies *unendlich kurze* Sätzchen für die negative Antwort auf der anderen Seite drückt schwere Spannung und tiefe *Enttäuschung* aus. Zugleich klingt daraus jähe *Überraschung* über das Ergebnis und die unfaßliche *Unnatur* des Ergebnisses selbst. Dieses Ergebnis ist, ebenso wie die erwartete Frucht, aktive *Entscheidung*, ein Handeln auf seiten des Weinberges. Wörtlich: »Er machte Herblinge« (wajjaʿaś bᵉʾušîm). Auf seiten des Weingärtners *alles Liebe*, auf seiten des Weinberges alles Undank, mehr noch: Verkehrung der Liebe in *Lieblosigkeit*.
*Strophe 2*: Aufforderung an Jerusalem und Juda zum Schiedsspruch zwischen Weingärtner und Weinberg, v 3–4.
v 3 »Und nun, du Bewohner Jerusalems, und du, Mann Judas, nun auf, so richtet doch zwischen mir und zwischen meinem Weinberg!« Bis dahin blieb die Rede im Rahmen der Parabel. Jetzt wendet der Prophet sich mit einem zusammenfassenden und folgernden »nun denn, auf« in direkter Rede an die Gemeinde und zwar an jeden einzelnen in ihr, die Bürger der Gottesstadt und die Führer im Gotteslande. Er setzt sich selber mit dem betroffenen Weingärtner in eins und läßt *sie* ihrerseits als Schiedsrichter *in die Parabel*, die sich

9) Ps. 130, 7a; 131, 3.
10) Jer. 31, 3. 20; Hos. 11, 8c; Lk. 22, 15.

zu einem Rechtshandel zwischen dem Weingärtner und seinem Weinberg zugespitzt hat, einsteigen. Sie sollen den Schluß, der sich aus ihr ergibt, ziehen. Er reißt seine Hörer damit aus ihrer Zuschauerrolle heraus und beteiligt sie mit ihm an Enttäuschung und Leid des Klägers und an der Verantwortung für seinen Weinberg. Er stellt sie in eine *Entscheidung*, aus der es kein Heraus und vor der es kein Zurück gibt. Verweigerung des von ihm geforderten Schiedsspruches wäre auch eine Entscheidung. Sie müssen, trotz der Verhüllung durch die Parabel, gewußt und es ständig weiterverfolgt haben, daß es beim Handel um den Weinberg um die *Gemeinde Gottes* ging, zu der sie selber gehören. Es ging um *ihre* Haltung. Nun sollen sie Gott und dem Propheten das Urteil über sich selbst abnehmen.

Der Prophet bringt darin wieder zum Ausdruck, daß *Gott selbst noch im Gericht* die Gemeinde und seine Kinder nicht als passives Material seines Handelns sehen will, sondern als *Partner*. Darum stellt er ihnen in der Parabel die Beziehung zwischen ihm und seiner Gemeinde als Rechtsstreit zwischen zwei Partnern vor Augen. Ja, er sieht in ihnen solche, die aus eigener Entscheidung und freier Verantwortung zu handeln haben.[11] Sie sollen ihr Handeln mit Namen nennen und kennen und sich bewußt für oder gegen ihr Tun bekennen. Sie müssen auch das Urteil über ihr Handeln selbst fällen und bejahen, *auch* wenn es sie *verdammt. Höhere Würde* kann dem Menschen als Ebenbild Gottes nicht zugestanden werden. Selbst im Gericht über sich selbst wird er von Gott zur *Mittätigkeit* mit dem Richter herangezogen. *Gott* will den Menschen *nur mit* dessen *eigener Zustimmung verdammen.*

Aus der *durch* Gottes *Offenbarung* empfangenen und ihm zugänglichen Erkenntnis heraus *kann* und muß *jeder einzelne* in Todeseinsamkeit vor Gott und in Gottes Namen im *eigenen Gewissen* das Urteil über sich selber fällen. Das *Urteil des Jüngsten Gerichtes* wird *unser eigenes Urteil* sein. Das macht die Furchtbarkeit dieses letzten Gerichtes vor Gott aus. »So richtet doch.« In der griechischen Übersetzung wiederholt er: »Nun auf, so richtet doch.«[12]

v 4 »Was könnte noch getan werden meinem Weinberge, was ich nicht an ihm getan? Warum harrte ich, daß er Trauben brächte, aber er brachte Herblinge?« Mit Eindringlichkeit stellt der Prophet den zum Selbstgericht Aufgerufenen im Namen des Weingärtners zwei Fragen. Die *erste*, mit »nein« zu beantwortende, fragt sie, ob es auf seiner Seite an irgend etwas gefehlt haben könne, an seiner *Liebe*, an seinem *Tun* oder an seiner *Sehnsucht*. Wer das Gleichnis hörte, muß antworten: von seiten des Weingärtners ist alles geschehen. Die Grenze seiner Langmut ist erreicht.

Die *zweite* Frage ist eigentlich Anklage. Sie stellt des Gärtners sehnsüchtiges Warten auf Frucht und die unbegreifliche Antwort des Weinberges einander gegenüber und setzt davor ein schweres, anklagendes »Warum?«. Das Resul-

11) Der Mensch ist in seinen Entscheidungen nicht mehr frei. Aber Gottes Aufruf und Angebot schenkt ihm die Freiheit zur Entscheidung.

12) Mit GQmg cf Pr. aaO.

tat der *Heilsgeschichte* ist *Heillosigkeit*. Die Antwort auf die *Gewichtigkeit* der schenkenden und erziehenden Gnade Gottes ist völlige *Nichtigkeit* des Wandels vor Gott. Nicht nur Gottes Gnade ist *über* alle Vernunft, sondern auch die Sünde dessen, der sie erfuhr und zurückstieß, ist *wider* alle Vernunft.

*Strophe 3*: Gottes Urteil über seinen Weinberg, v 5–6.

v 5ab »Und nun auf! Ich will euch kundtun, was ich dabei bin zu tun meinem Weinberg!« Gott wartet die Antwort der Gefragten nicht ab. Er läßt ihnen nicht zu, etwas zu sagen, was die *Antwort* des *Gewissens* übertönen oder totreden würde. Dafür gibt er selbst seiner Aufforderung »nun denn, auf« Folge und spricht das Urteil aus, das ihr Gewissen schon gefällt hat.

v 5c–6c »Weg mit seiner Hecke, und er verfällt dem Fraß, nieder mit seiner Mauer, und er verfällt der Zertrampelung. Und ich mach ihn zum Steilhang, der nicht beschnitten noch behackt wird, und er geht auf in Dorn und Distel«. Entsprechend der Kette von sechs Zeitworten, mit denen die Parabel Wahl und Mühe des Weingärtners um seinen Weinberg und seine Sehnsucht nach seiner Frucht malte, zeichnet der Prophet jetzt das *Gericht* in einer sich überstürzenden *Flut von Taten der Zerstörung* und ihren Folgen. Die *Intensität des Zornes* entspricht der *Intensität der Liebe* des Weingärtners.

Die Schwere des Gottesurteils und die Wucht seines Aufpralls prägt sich in Ausdruck und Stil aus. Es folgen einander *Befehlssätze* im Telegrammstil, in im Deutschen nicht nachahmbaren Infinitivkonstruktionen – wie unsere militärischen Kommandos »hinlegen«, »aufspringen« usw. – die vom Drang seines *Zornes* bewegt sind, – dann eintönige *Folgesätze*, die mitleidlose *Zwangsläufigkeit* des Gerichtes ausdrücken, und darin das eherne Gesetz, das Gott über seine sittliche Weltordnung gestellt hat: »Entfernung seiner Hecke und er fällt . . ., Niederreißung seiner Mauer und er verfällt . . . Ich mache ihn zum Steilhang . . .«.

Alles Geschenk seiner Gnade wird zurückgenommen, alle Arbeit seiner Liebe umgekehrt ins Werk der Vernichtung: »Hecke« und »Mauer« (mᵉśûkkāh und gādēr) – der *Schutz*, »Beschneidung und Behackung« (zāmar und ʿādar) – die *Pflege*, das Entsteinen des Bodens und das Entfernen der Disteln und Dornen (šāmîr und šājit) – die *Säuberung*, – das alles macht der totalen Auslieferung an Menschen und Tiere, zum »Fraß« und zur »Zertrampelung« Platz und der Preisgabe an das Unkraut, »Distel« und »Dorn«.

Anstelle der eigenwilligen Wildlinge, die er für die Edeltrauben zu bringen beliebte, muß der Weinberg, in einen größeren Gerichts- und Fluchzusammenhang eingespannt, Distel und Dorn bringen, d. h. die Frucht des Fluches- und Zornesäons, dem er durch Gottes Wahl entnommen war.

v 6de »Und den Wolken gebiete ich, nicht zu regnen über ihm Regen«. Den Rahmen der Parabel durchbrechend, offenbart sich im Zuge der Urteilsverkündigung der Sprecher und Herr des Weinberges jetzt als Herr des Himmels, der über Wolken und Regen gebietet und nun die Gemeinde auch vom Segen des Himmels abschneidet. Er verurteilt sie zum Dursttod.

*Strophe 4*: Die Deutung der Parabel auf Israel und Juda, ihren Rechtsbruch und Gottes Enttäuschung an ihnen, v 7.

v 7a–d »Denn der Weinberg Jahwes der Heerscharen ist das Haus Israel und der Mann aus Juda ist die Pflanzung seines Entzückens«. Mit »denn« oder »fürwahr« (kî) leitet der Prophet die Deutung der Parabel ein und zerreißt vollends den immer durchsichtiger gewordenen Schleier der Bildrede. Unter dem Bilde des Weinbergs hat Gott die *Gemeinde*, das ganze Israel *angeklagt*, und das stolze Juda, das sich mit dem Wohnsitz Gottes als das Herz der Gemeinde dünkte. Und er redet in ihm nicht ein unverantwortliches Kollektivum, sondern jeden *einzelnen* an, »den Mann aus Juda«, vielleicht insbesondere den Führer oder Herren, dem Verantwortung gegeben ist. In ihrem Herzen hat die Gemeinde bereits sich *selbst* das *Urteil gesprochen*, und mit ihren Ohren hat sie die Bestätigung desselben aus dem Munde des Propheten *gehört*. Nun enthüllt sich auch der Weingärtner, der sich bereits als Herr über die Wolken bekannt hat, als Jahwe der Heerscharen, der Gott des Bundes und der Beherrscher des Kosmos. Er ist der geprellte Besitzer des Weinberges!

Seine Liebe galt ihnen, seinen Bundeskindern! Sie waren zu Trägern seines Heils erwählt, dem Fluch entnommen und mit einer ewigen Sendung in diese arme Welt hineingesetzt.[13] Sie wurden nicht nur mit Gottes Fürsorge, seinen Gaben und seinem Segen überschüttet. Sie wurden auch der eigenen Verfügung entnommen und unter Gottes Herrschaft versetzt, um als Weinberg und Pflanzung Gottes, ihn durch Glaube, Recht und Gerechtigkeit zu verherrlichen – das heißt ihm die Frucht des neuen Lebens zu bringen.

Der Herr ihres Lebens und Geber ihrer Sendung sehnte sich nicht nur nach ihnen und ihrer Frucht, sondern hatte auch *Freude an ihnen*. Das Wort šaʿ$^{a}$-šûʿîm für die Freude Gottes an seiner Gemeinde drückt das spielende Ergötzen aus. Es kommt von einem Stamm š$^{cc}$ pilp. šiʿ$^{a}$šaʿ, der »ergötzen«, »streicheln«, »liebkosen« und auch »sich ergötzen«, »geliebkost werden« bedeutet. Das Wort wird vom Propheten gebraucht, um das Spielen der Kleinkinder mit den Schlangen im Paradiese, das Tasten ihrer kleinen Händchen nach dem funkelnden Augenstern des Basilisken zu beschreiben (11, 8) oder die Lust der Vaterfreude an seinem »teuren« Kinde, dem sein ganzes Inneres in heißer Wallung zudrängt (Jer. 31, 20). Zu solchem Ergötzen für Gott war die Gemeinde und jeder einzelne in ihr erwählt und begnadet.

Inniger, tiefer läßt sich nicht das *Gesetz der Gegenseitigkeit* beschreiben, das das Leben der Gemeinde mit Gott beherrscht. Die arme Gemeinde darf *Partner* Gottes sein, d. h. nicht nur Empfänger seines Heils, sondern auch *Ziel seiner Sehnsucht*. Jedes einzelne Gotteskind ist für Gott *Geber seiner Freude*.

13) Hes. 10, 1; Ps. 80, 9–12.

Das ist auf dieser armen Erde vorausgenommenes *Paradies*. Das liegt in den beiden Ausdrücken »Jahwes Weinberg« und »Pflanzung seines Entzückens«.

v 7e–h »Er harrte auf Rechtsprechung, und siehe – Rechtsbrechung, er harrte, daß Gerechtigkeit sei, aber siehe – Wehgeschrei«. Alle Erwählung, Begnadigung, Begabung, Beteiligung am Heil Gottes, an der Gegenseitigkeit der Freude und der Gemeinschaft mit ihm war immer zugleich Sendung. Diese erst in den sehnsüchtig erwarteten Edeltrauben abgebildete Sendung entblößt der Prophet jetzt der Bildhülle und zeigt, was Gott als Frucht der Gnade bei seinem Volk sucht.

Wie im Lied auf Zions Fall und Wiederbringung Kp. 1, 21–28 (vgl. 5, 16; 9, 6; 28, 17; 32, 1. 16) faßt er es zusammen in die zwei Worte Recht und Gerechtigkeit.

Wir sahen, wie die beiden Worte das Lebensgesetz oder die Lebenswirklichkeit der Gottesherrschaft ausdrücken. Das Recht bzw. Gericht – die Offenbarung seines zurechtbringenden Willens im Gottesrecht und seine Durchsetzung durch ihn im Gericht und die Vollstreckung desselben durch Menschen innerhalb seiner Gemeinde in der Ordnung ihres Lebens. Und die Gerechtigkeit bezeichnet Gottes Treue zu seiner Bundesverheißung und zu seinen Bundeskindern und seine Barmherzigkeit gegen alle Schwachen, die Treue und Barmherzigkeit, mit der er seine bedrängte Gemeinde und seine sündigen Bundeskinder, wenn sie zu ihm schreien, rechtfertigt.

Von daher ist Gerechtigkeit Bewährung seiner Treue und Barmherzigkeit, durch die, die sie erfuhren und genießen, in Treue zu Bundesherr und Bundesbrüdern und Barmherzigkeit gegen alle Bedrängten – und das inmitten einer Welt der Unbarmherzigkeit, Pietätlosigkeit und Ungerechtigkeit. Mit einem neutestamentlichen, aber im Alten Testament schon anfangsweise enthüllten Wort, läßt sich Recht und Gerechtigkeit als Gestalt gewordene Liebe bezeichnen (2. M. 34, 6–7; 5. M. 6, 5; 3. M. 19, 18. 34).

Der Eintritt dieser Liebe im Leben der Gemeinde soll der in Ungerechtigkeit und Unbarmherzigkeit gefangenen Welt Offenbarung der Gottesherrschaft sein. Solch eine Offenbarung zu sein, ist die Gemeinde berufen. Auf das Offenbarwerden der neuen Welt der Gerechtigkeit in ihr hat Gott sehnlich gewartet. »Und er harrte« wiederholt der Prophet zum dritten Mal, jetzt nicht mehr im Bilde der Erwartung des Gärtners auf Trauben (v 2. 4), sondern in Enthüllung der Erwartung Gottes auf geistliche Frucht im Leben seiner Gemeinde.

Statt dessen war ihre Antwort die Umbiegung seines Willens und seiner Gabe ins Widerspiel: »*Blutvergießen*« oder »*Rechtsverhinderung*« bei den *Mächtigen* (die Bedeutung des einmaligen Wortes miśpāḥ ist unsicher), und »*Wehgeschrei*« (ṣᵉʿāqāh) bei den *Vergewaltigten* und ihres Rechtes Beraubten. In der Gegenüberstellung »Trauben« und »Herblinge« (ʿᵃnābîm, bᵉʾušîm) kam schon der Widerspruch zwischen Gottes Gabe und Sehnsucht auf der einen und der Antwort der Gemeinde auf der andern Seite zum Ausdruck. Noch krasser geschieht es im Wortspiel miśpāḥ und mišpāṭ, »Rechtsbrechung« für »Rechtsprechung«, und ṣᵉ ʿāqāh für ṣᵉdāqāh, »Wehgeschrei« statt daß »Gerechtigkeit« sei. Die jedesmal nur um einen Konsonanten differierenden Wortpaare der Erwartung und Erfüllung malen im Klangspiel Überraschung und Bestürzung, schmerzliche Enttäuschung und Zorn Gottes.

Hier treten einander gegenüber die neue Welt der Gerechtigkeit, der Verwirklichung des Liebeswillens und der Erfüllung des Entzückens Gottes, in die er sein Volk aufnahm, und die Hölle, in die die Gemeinde das Paradies verwandelt hat, die Waffe der Vernichtung, die sie aus dem ihr anvertrauten Instrument der Zurechtbringung, die Verdunkelung, die sie aus seiner Offenbarung, der Mord, den sie aus seiner Liebe gemacht hat.

Das Resultat ist eine zerrissene Welt, deren Einheit auseinanderklafft in die *Brutalität* der *Vergewaltigenden* und den *Notschrei* der *Vergewaltigten*, Rechtsbrechung und Wehegeschrei.

So schließt das Liebeslied, das in den Tönen der vollkommenen Innigkeit begann, mit einer schrillen Dissonanz.

Die Parabel ist das *Gegenstück* zur Vision vom *verklärten Jerusalem*, der Wohnung Gottes (4, 2–6) und dem *wiederhergestellten Gottesland*, dem Paradies (11, 1–9). Sie ist Klage um das verdorbene und verlorene Paradies des Gottesvolkes.

Der Herr Christus hat das Gedicht vom Weinberg zweimal aufgenommen, gedeutet und weitergeführt. Beidemal tritt er selbst in die Schlüsselstellung der Parabel ein. *Das eine Mal* als der, der gesandt ist, die Frucht des Weinberges für Gott in Empfang zu nehmen, die Geschichte Israels zur Erfüllung zu führen. Abgelehnt wird er zum Schicksal Israels, zur Anklage Gottes wegen der verweigerten Frucht des Glaubens und der Liebe (Mt. 21, 33–43). *Das andere Mal* nennt er sich in Gegenüberstellung zum untreuen Weinberg Israel den wahren Weinstock, durch den alle, die seine Botschaft hören, in die Entscheidung gestellt werden, ob sie Reben an ihm sein und die von Gott gesuchte Frucht bringen oder dem Gericht verfallen wollen (Joh. 15, 1ff).

So findet auch diese Parabel ihre erste Erfüllung in der Entscheidung zwischen Verwerfung und Rettung beim ersten Kommen Jesu. Ihre zweite Erfüllung erhält sie im Endgericht am alten wie am neuen Israel.

# VII. Das sechsfache Wehe

## DER AUFBRECHENDE ABGRUND UND

Kapitel 5, 8–25

I.

1) Die gewissenlosen Landaufkäufer, v 8–10

**8 Wehe denen, die immerfort reihen Haus an Haus**
**und heranrücken Feld an Feld,**
**bis kein Raum mehr ist, und ihr wohnt[1]**
**alleine inmitten des Landes.**
**9 (Denn hören ließ sich)[2] in meinen Ohren Jahwe der Heere:**
**Wahrlich, die vielen Häuser werden wüste,**
**die großen und schönen, aus Mangel an Bewohnern.**
**10 Ja, zehn Joch Weinbergland bringen einen einzigen[3] Bat**
**und Aussaat von einem Scheffel bringt ein Ephah.**

2) Die gedankenlosen Weinsäufer, v 11–12

**11 Wehe denen, die früh aufstehen, dem Rauschtrank nachzujagen,**
**es hinziehen in die Dämmerung, wenn der Wein sie erhitzt.**
**12 Und es erfüllt Zither und Harfe, Pauke und Flöte**
**(und Reigen)[4] und Wein ihre Gelage.[5]**
**Doch auf das Werk Jahwes blicken sie nicht,**
**und das Tun seiner Hände sehen sie nicht.**

3) Der aufgesperrte Schlund des Verderbens, v 13–14 + 17

**13 Darum geht gefangen mein Volk, weil keine Erkenntnis da,**
**und sein Adel stirbt hin[6] vor Hunger,**
**und seine lärmende Menge verschmachtet[7] vor Durst.**
**14 Darum macht weit seinen Schlund das Totenreich**
**und sperrt auf seinen Rachen ohne Maß.**
**Und es fährt hinab sein[8] Adel und seine[8] lärmende Menge**
**und sein[8] Gebraus und die Fröhlichen darinnen.[8] ()[9]. [1]**
**17 Und es weiden Lämmer auf[10] ihrer Trift,**
**und von den Ödungen Hinweggetilgter[11] nähren sich Bök-ke.[12]. [2]**

1) Die Verse 15. 16 stammen anscheinend aus dem Schluß von 2, 6ff.
2) So liest Pr. mit G. Der hebr. Text lautet: »Und von den Ödungen der Feisten nähren sich wandernde Fremde« (vgl. Del.).

# über die Sünder

## DIE AUSBRECHENDE FEUERSBRUNST

II.

4) Die bewußten Provokateure des Gerichtes, v 18–20

18 **Wehe denen, die herbeiziehen die Schuld mit Stricken der Lüge[13]**
**und wie mit[14] dem Wagenseile[15] die Sünde,[16]**
19 **die sprechen: Es beeile sich, es spute sich doch ja[17]**
**sein Werk, daß wir es zu sehen bekommen!**
**und es nahe, es treffe ein doch ja der Ratschluß**
**des Heiligen Israels, daß wir es erkennen mögen!**
20 **Wehe denen, die sagen zum Bösen gut und zum Guten böse,**
**die machen Finsternis zum Licht und Licht zur Finsternis**
**und machen Bitter zu Süß und Süß zu Bitter.**

5) Die aufgeblasenen Verdreher der Weisheit
und des Gottesrechtes, v 21–23

21 **Wehe denen, die weise sind in ihren eigenen Augen**
**und vor ihrem eigenen Angesicht voll tiefer Einsicht!**
22 **Wehe denen, die Helden sind im Trinken von Wein**
**und Kraftmeier sind im Mischen von Rauschtrank,**
23 **die gerechtsprechen den Frevler gegen Bestechungsgeld**
**und die Gerechtigkeit des Gerechten[18] ihm rauben!**

6) Die große Feuersbrunst, v 24–25

24 **Darum, wie Stoppeln verzehrt die Zunge des Feuers**
**und das Heu in[19] der Flamme zusammensinkt,**
**so wird ihre Wurzel zu Moder**
**und ihr Gezweig fliegt auf wie der Staub.**
**Denn sie verwarfen die Offenbarung Jahwes der Heere,**
**und die Rede des Heiligen Israels lästerten sie.**
25 [20]**Deshalb ist entbrannt der Zorn Jahwes gegen sein Volk,**
**und er streckt aus seine Hand über es und schlägt es,**
**und es beben die Berge und ihre Leichname werden**
**wie der Kehricht inmitten der Gassen.**

**Bei alledem wendet sich noch nicht sein Zorn**
**und noch ist ausgestreckt seine Hand.[20]**

## Aufbau von 5, 8–25

Die Auslegung hat versucht, unseren Abschnitt durch Ausscheidungen, Zusätze und Umstellungen zur Vollzahl von sieben einzelnen Weherufen abzurunden. Aufbau und Umfang derselben fiele dann allerdings sehr unregelmäßig aus.
Das ganze Gedicht ist jedoch in *architektonischer Regelmäßigkeit* aufgebaut und in sich ein vollkommenes Ganzes. Es besteht aus *zwei* Teilen: v 8–17 und v 18–25, aus je drei Strophen: v 8–10, 11–12, 13–17 und v 18–20, 21–23, 24–25. Die parallelen Strophen haben annähernd gleiche Zeilenzahl. Es folgen sich in jedem der beiden Teile Langstrophe, Kurzstrophe, Langstrophe.

Im I. Teil folgt zwei einfachen, je mit einem »Wehe« (hôj) eingeleiteten, Wehestrophen ein mit zweifachem »darum« (lākhēn) eingeführtes Droh- und Gerichtswort. Im II. Teil werden zwei doppelte, je mit zweifachem »Wehe« (hôj) eingeleitete Wehestrophen durch ein Droh- und Gerichtswort abgeschlossen, das mit zweifachem »darum« (lākhēn) und »deshalb« (ʿalkēn) eingeführt ist.
Die einfachen Weherufe des I. Teiles betreffen Landaufkäufer und Weinsäufer, die Habsüchtigen und die Leichtfertigen. Das Gerichtswort, das sie abschließt, kündigt an, daß die Unter- oder Totenwelt »Reich« und »Laut«, vielleicht aber auch die »Vornehmen«, »Glänzenden« und die im »Feierklang Lärmenden« verschlingt. Ein Bild für ein Erdbeben oder eine Deportation.
»Hinabgefahrener Adel« und »Ödungen Vertilgter«, von denen sich Ziegen nähren, in der dritten Strophe entsprechen den Land- und Häuseraufkäufern, deren Häuser veröden und deren Ländereien keine Frucht mehr bringen sollten, in der ersten Strophe. »Lärmende Menge« und »Gebraus der Fröhlichen«, die verdursten, in der dritten Strophe, entsprechen den Weinsäufern und ihren lärmenden Gelagen in der zweiten Strophe.
Die zweifachen Weherufe des II. Teiles betreffen einmal diejenigen, welche durch Sünde und lästernden Trotz das Gericht herausfordern und bewußt die sittliche Weltordnung auf den Kopf stellen, und das andere Mal die, welche in ihrer Aufgeblasenheit ihre Weisheit sehen, im Rausch ihre Mannheit erweisen wollen und sich dabei von Bestechung regieren lassen.
Das Gerichtswort, das auch diese Weherufe abschließt, kündigt einen Wald- oder Steppenbrand an, der die Verächter und Lästerer von unterst zu oberst, von der Wurzel bis zum Wipfel, in nichts zusammensinken und in Staub und Qualm aufgehen läßt. Vielleicht ist es ebenfalls Bild für ein Erdbeben, das die Leichen wie Kehrricht zurückläßt.
Dabei entsprechen die Verächter der Offenbarung und Lästerer des Wortes des Heiligen Israels in der sechsten Strophe denen, die bewußt das Gericht herausfordern und die sittliche Weltordnung umstürzen, in der vierten Strophe. Und die, welche ins Nichts zurücksinken und von der Wurzel bis zum stolzen Gezweig in Qualm aufgehen in der sechsten Strophe weisen zurück auf die in Aufgeblasenheit Weisen und im Rausch Starken in der fünften Strophe.
So ist das ganze Gedicht äußerlich und innerlich in einzigartiger Folgerichtigkeit aufgebaut. Vom I. zum II. Teil macht sich ein Fortschritt durch Steigerung bemerkbar. Äußerlich deutet er sich darin an, daß im I. Teil je ein Weheruf die erste und zweite Strophe einleitet, im II. Teil je zwei Weherufe die erste und zweite Strophe einführen.

Im Gedankengang zeigt sich der Fortschritt darin, daß im I. Teil die gedankenlosen Sünder bedroht werden. Es sind zunächst die, die naiv ihrem Vorteil im Geschäft nachjagen, Häuser und Land aufkaufen (Strophe 1), und dann die, die gedankenlos ihrem Vergnügen nachlaufen (Strophe 2) und vom Morgen bis zum Abend in Saus und Braus leben. – Im II. Teil dagegen richtet sich das »Wehe« gegen die bewußten Sünder. Es sind einmal die, die spottend das angekündigte Gericht herausfordern und trotzig die sittliche Weltordnung umstoßen. Zum andern sind es die, die sich im Stolz auf ihre

Weisheit aufblasen und im Rausch ihre Kraft beweisen wollen – Verächter und Lästerer der Weisheit und des Willens Gottes.
Im I. wie im II. Teil befaßt sich die je zweite Strophe mit den Weinsäufern. Aber gerade in der Art, wie es geschieht, zeigt sich der Unterschied und der Fortschritt. In der 2. Strophe des I. Teiles werden sie wegen ihres gedankenlosen Dahinlebens im Rausch bedroht. In der 2. Strophe des II. Teiles dagegen geschieht es wegen ihrer bewußten Verwegenheit, die sich etwas darauf zugute tut; wie weit sie es im Saufen bringen, ja, auf ihre Raffiniertheit in der Erzeugung von Rauschmitteln.
Derselbe Fortschritt vom I. zum II. Teil enthüllt sich in der Zeichnung des Gerichtes über »Lärmende« und »Fröhliche« in der 3. Strophe des I., – über Verächter der Offenbarung und Lästerer des Wortes Jahwes in der 3. Strophe des II. Teiles.
Formal bauen sich die Langstrophen 1, 3, 4 und 6 aus je vier Doppelzeilen auf und die Kurzstrophen 2 und 5 aus je 3 Doppelzeilen. Die Zahl der Versfüße wechselt, meist 4 + 3, aber auch 4 + 4, 3 + 3 und 3 + 2. Die Regelmäßigkeit ist so groß, daß alle Langstrophen außer den Doppelzeilen eine Tripelzeile haben, sodaß sie auf 9 statt auf 8 Halbzeilen kommen. Diese Tripelzeile steht in der 1. Strophe in der Mitte, v 9, in der 3. am Anfang, v 13, in der 4. am Ende, v 20, und in der 6. fehlt die Tripelzeile, dafür ist diese, dem mehrfach besprochenen Gesetz prophetischer Poesie folgend, um eine Zeile länger als die vorangehenden und umfaßt 5 vollständige Doppelzeilen oder 10 statt 9 Halbzeilen.

Ein Nachsatz, der an anderer Stelle als Kehrvers wiederkehrt (9, 11. 16. 20; 10, 4), hat dazu verführt, Strophe 6 zu zerreißen und den ganzen Vers 25 einschließlich diesen Nachsatz nach Kp. 9 als Schluß einer 1. Strophe 9, 7–9 + 5, 25 (Eichrodt),[3] oder ohne den Zusatz an das Ende der zweiten Strophe 9, 12–16 + 5, 25 + 9, 16b (Fey),[4] oder ans Ende der dritten an die Stelle von 10, 1–4 als vierte Strophe (Kaiser),[5] zu versetzen, wie man umgekehrt die mit »wehe« eingeleitete 4. Strophe des großen Gedichtes 9, 7–10, 4 (nämlich 10, 1–4ab ohne seinen Kehrvers 10, 4cd) als siebenten Weheruf in 5, 8–24 einfügte (Giesebrecht).[6] Oder man nahm den Ausfall eines Wehe vor v 14 an (Pr. und Eichrodt)[7] oder Verstümmelung der kürzeren Weherufe (Duhm)[8] oder Auffüllung der ursprünglichen Zahl durch redaktionelle Weherufe (Gray).[9] Aber all diese Umstellungen und Vermutungen sind unnötig, ja, sie verbieten sich, sobald die strengen Aufbaugesetze von 5, 8–25 und 9, 7–10, 4 erkannt sind. Nur aus v 13–17 (Strophe 3) ist der aus 2, 6–22 eingedrungene Kehrvers 5, 15. 16 wieder auszuscheiden und dorthin zu versetzen.
Zum regelmäßigen Wechsel zwischen Lang- und Kurzstrophen vgl. Jes. 5, 1–7; Hos. 6, 7–7, 16 + 5, 12–15.
Wie Amos vier Wehe- und Haßworte über die Sünden und Sünder seiner Zeit und (5, 18–20. 21–27; 6, 1–7. 8–10) eine Reihe von Feuersprüchen (Am. 1, 3–2, 16) zusammenstellte, so reiht Jesaja sechs Weherufe aneinander, die das gesamte soziale Leben seiner Zeitgenossen ins Licht des Wortes Gottes und des herannahenden Gerichtes rücken. Er enthüllt in ihnen das Angesicht der Sünde und der Sünder seiner Zeit in ihrer Vielfalt und zeigt den Zusammenhang zwischen ihrer Haltung und der kommenden Vernichtung auf. Er stellt das ganze Volk unter Gottes »Wehe«.

3) W. Eichrodt: Der Heilige Israels, 1960, z. St.
4) R. Fey: Amos u. Jesaja, 1963, S. 83ff.
5) O. Kaiser aaO. z. St.
6) Giesebrecht: Beiträge S. 21ff. Budde: ZAW, 1932, S. 59. 67–70. Eißfeldt: Einl. [2], 1959, I S. 370., Kaiser aaO. z. St., Fohrer aaO. z. St., Eichrodt aaO. z. St.
7) O. Procksch, aaO. z. St., Eichrodt aaO. z. St.
8) Duhm, aaO. z. St.
9) B. Gray: Isaia I-XXVII, 1912, International Critical Commentary.

*Strophe 1*: Die gewissenlosen Landaufkäufer, v 8–12.
v 8 »Wehe denen, die immerfort reihen Haus an Haus und heranrücken Feld an Feld, bis kein Raum mehr ist, und ihr wohnt alleine (oder: alleine Bürgerrecht habt) inmitten des Landes«. Allem voran richtet Jesaja sein Auge auf das blühende wirtschaftliche Leben seines Volkes. Unter dem großen König Uzzija hatte sich ein tiefgehender Umschwung im wirtschaftlichen und damit auch im sozialen Leben vollzogen. Eroberungen fremder Gebiete,[10] denen die Enteignung der Unterworfenen folgte, brachte den Siegern die Möglichkeit der Bereicherung.[11] Die Beteiligung am Welthandel im großen Stil, mit der massenhaft flüssiges Geld ins Land strömte, sowie die Ablösung der Naturalwirtschaft durch die Geldwirtschaft, die damit Hand in Hand ging,[12] führte eine neue Zeit der Prosperität herauf. Wer nicht schnell genug mit dem Umschwung Schritt zu halten verstand, vollends, wer seine Ellenbogen nicht gebrauchen mochte, kam, – zumal sich gleichzeitig die Auflösung der alten Sippenordnung vollzog, – schnell unter die Räder. Der Fortschrittliche und Skrupellose aber stieg zu ungeahntem Wohlstand und Reichtum auf (wie in neuerer Zeit in den sog. »Gründerjahren« z. B. nach dem siegreichen Kriege 1870 in Deutschland).

Damit bildete sich nicht nur ein Gegensatz zwischen arm und reich, sondern auch zwischen den besitzlosen Gerechten, die an der Lebensweise der Väter festhielten, und den freisinnigen oder gottlosen Fortschrittlichen, die zu den Besitzenden wurden. Praktisch sah das so aus, daß die einen verarmten und in Schulden gerieten, ihre Häuser und Äcker verkaufen mußten und aus freien Hausbesitzern und Bauern zu Pächtern oder zu Tagelöhnern wurden. Die anderen, die im Welthandel oder bei der Enteignung von Besitz in eroberten Gebieten ihr Geschäft gemacht hatten, nutzten diese Lage ihrer Landsleute aus. Sie kauften ihnen ihre Häuser und Äcker ab, so daß sie bald Häuserreihen oder Straßenzüge in der Stadt und Riesenländereien draußen ihr eigen nannten. Dahinter steht neben der wirtschaftlichen Umschichtung mit dem Einzug der Geldwirtschaft eine soziale Umschichtung, die sich gleichzeitig mit der fortschreitenden Auflösung der festen Sippenzusammenhänge vollzieht. Sie *raubte* dem Schwachen den *Halt* an der Sippe und *befreite* den wirtschaftlich Starken *von* der *Verantwortung* für ihn.

Niemand wehrte dieser Entwicklung; am wenigsten der Staat, der selber auf seinen gewaltigen Krongütern Viehzucht und Feldkultur im großen Stile betrieb.[13] Diese Großraumwirtschaft erzeugte sicherlich ein Vielfaches der Kleinwirtschaft und gestattete gewiß auch fortschrittlichere Methoden bei der Bearbeitung. So konnte man von *Fortschritt* und *Blüte* der *Wirtschaft* und der Landwirtschaft reden.

10) 2. Chr. 26, 6ff. 11.
11) Vgl. Pr.
12) Vgl. Jes. 2, 7.
13) 2. Chr. 26, 10.

So sah die Entwicklung in menschlicher Sicht aus. Der Prophet aber setzt ein richtendes »Wehe« darüber. Er tut es nicht aus nationalökonomischer Sachkenntnis, aus sozialen oder völkischen Erwägungen über den Verfall der nationalen Gesundheit und Wehrkraft, überhaupt nicht aus menschlicher Einsicht. Er sieht die *Lieblosigkeit* und *Pietätlosigkeit*, die gegen *Gottes Liebe* und *Gerechtigkeit* verstoßen. Ihm ist *von Gott* her eine *Offenbarung* gekommen, die das wirtschaftliche Treiben seiner Zeitgenossen ins *Licht Gottes* rückt.

Gott sieht in dem Aufstieg derer, die den Fortschritt tragen, Gier und Maßlosigkeit der *Selbstsucht*, die jene Verantwortung für die anderen vergißt, in der die alte Wirtschaftsordnung durch das Gottesrecht verankert war. Sie kümmert sich nicht darum, ob für die Verarmenden noch Lebensraum nachbleibt. Sie erinnert sich nicht des Barmherzigkeitsgebotes[14] und des Herrn der Barmherzigkeit,[15] sondern hat nur ihr eigenes Fortkommen im Auge.

v 9abc »Denn hören ließ sich in meinen Ohren Jahwe der Heere: Wahrlich, die vielen Häuser werden wüste, die großen und schönen, aus Mangel an Bewohnern«. Der Prophet führt den Angriff auf die Gewinner und Ausbeuter unter dem »*Muß*« einer *empfangenen Offenbarung*, die ihm »in den Ohren« liegt. *Gott* hat mit einem Schwur, den der Prophet in einem persönlichen Gotteserlebnis vernommen hat, diesem wirtschaftlichen *Fortschritt* das *Gericht angekündigt*. Das besagt die Schwurformel »Wahrlich« ('im-lō'). Das Ergebnis heißt »*Verödung*« der immer zahlreicheren, immer größeren, immer köstlicheren und prunkhafteren Häuser in Stadt und Land. (Wir denken wieder an die mit Ebenholz und Elfenbein getäfelten Sommer- und Winterhäuser Samariens, die Amos kritisierte.[16] Sie standen sicherlich auch in Jerusalem und Juda.) Sie werden veröden, weil die Bewohner fehlen.

v 10 »Ja, zehn Joch Weinbergland bringen einen einzigen Bat und Aussaat von einem Scheffel bringt ein Ephah«. Das Ende ist ebenso die Verelendung der prächtigen Weinberge und fruchtbaren Ackerkulturen. Ist an Mißwachs gedacht? Wahrscheinlicher an Versteppung aus Mangel an Bearbeitung, weil die Besitzer fort sind. Die in einer Hand vereinigten Weinbauflächen vom Umfang des Tageswerkes von zehn Joch Ochsen auf dem Acker – sie sollen nur einen Bat, d. h. sechsunddreißig Liter Wein bringen. Das ist ein lächerlicher Tropfen. Und die Aussaat von einem Scheffel Korn soll nicht mehr dreißig-, sechzig- oder hundertfältig Frucht bringen wie im Gleichnis vom guten Acker,[17] ja, nicht einmal einfältig, sondern nur noch ein Zehntel des Gesäten. Ein Ephah ist ein Zehntel von einem Scheffel oder Chomär.

Das »Wehe« Gottes enthüllt die menschliche *Sünde* als *Triebfeder* des wirt-

14) 2. M. 20, 20–26.
15) Ps. 146, 7–10.
16) Am. 3, 15.
17) Mt. 13, 8.

schaftlichen *Fortschrittes* und hinter derselben Gottes *Heimsuchung* als Ursache einer bevorstehenden wirtschaftlichen *Katastrophe*.

*Strophe 2*: Die gedankenlosen Weinsäufer, v 11–12.

v 11 »Wehe denen, die früh aufstehen, dem Rauschtrank nachzujagen, es hinziehen in die Dämmerung, wenn der Wein sie erhitzt«. Vom *wirtschaftlichen* richtet der Prophet mit einem zweiten Weheruf das Auge auf das *gesellschaftliche* Leben der emporgekommenen Oberschicht. Ein Psalmdichter aus einer anderen Zeit muß die Leute warnen, weil sie früh aufstehen und bis spät noch wachsitzen und mit Sorgen ihr Brot essen, statt zu glauben.[18] Jesaja zeichnet für seine Zeit das Gegenbild dazu. Auch er sieht die Leute, wie sie früh aufstehen und bis spät wachsitzen, aber nicht bei der Arbeit, sondern beim Becher, nicht in Sorgen, sondern in gedankenlosem Frohsinn und Rausch.

Wie ist solche Verfallenheit an leichtfertige Vergnügungssucht und Trunk vereinbar mit dem wirtschaftlichen Vorankommen? Sie haben ihr Geld nicht durch mühsame Arbeit, sondern durch Spekulieren im Handel und durch Ausnutzung der Notlage ihrer Mitbürger erworben; so geben sie es auch leichtfertig aus. Auch sehen sie sich durch das plötzliche Reichwerden im Zuge eines Wirtschaftswunders, das dem unsrigen nicht nachstand, in einer ungewohnten Situation der Möglichkeiten, denen scheinbar keine Grenzen gezogen sind. So freuen sie sich gedankenlos ihrer Möglichkeiten.

v 12 ab »Und es erfüllt Zither und Harfe, Pauke und Flöte (und Reigen)[19] und Wein ihre Gelage«. Sie sind dabei nicht plumpe Materialisten und Banausen, wie manche ihrer Kollegen aus anderen Jahrhunderten. Wie es schon Amos in Nordisrael gegeißelt hatte,[20] verschönen sie ihre geselligen Zusammenkünfte neben feinsten Weinen und Tafelgenüssen auch mit Musik und Tanz. Jesaja zählt vier aus der Geschichte des alten Israel bekannte Arten von Musikinstrumenten und dazu die Reigentänze auf, mit denen die Väter ihre gottesdienstlichen Feiern wie ihre Siegesfeste im Heiligen Kriege begleiteten, die Musik zum Jahwehymnus und den Reigen des Jahwefestes bestritten: die *Zither* (kinnôr),[21] die *Harfe* (näbäl),[22] die *Pauke* (tōph),[23] die *Flöte* (ḥālîl)[24] und den *Jahwereigen* (māḥôl).[25]

Was sie auf ihren geselligen Zusammenkünften treiben, ist also nicht rohe Völlerei, sondern feine Kultur und hohe Kunst. Amos erzählt von den feinen Pokalen (für den Altar bestimmte Sprengschalen), aus denen sie trinken, und

18) Ps. 127.
19) Nach G ergänzt.
20) Am. 6, 5. 6
21) Vgl. 1. Sam. 10, 5.
22) 1. Sam. 10, 5; 2. Sam. 6, 5; 1. Kö. 10, 12; Ps. 33, 2; 144, 9.
23) 1. Sam. 10, 5; 2. Sam. 6, 5; 2. M. 15, 20; 1. Sam. 18, 6; Ri. 11, 34.
24) 1. Sam. 10, 5; Jes. 30, 29.
25) 2. M. 15, 20; 2. Sam. 6, 14; Ps. 87, 7; 68, 25. 26.

von den Musikstücken, die sie sich »gleich David« ersinnen.[26] Jesaja sieht ebenso wie Amos im Lichte Gottes in all dieser kulturellen Verfeinerung und all diesem harmlosen, mit so viel Schönheit umrahmten Frohsinn gedankenlose *Leichtfertigkeit*, unverantwortliche *Unnüchternheit* und naive *Weltlichkeit*. Die heilige Musik mit ihren zum Lobe Gottes geschaffenen Instrumenten würdigen sie zum Mittel des privaten und profanen Genusses herab und schwelgen darin.

v 12cd »Doch auf das Werk Jahwes blicken sie nicht und das Tun seiner Hände sehen sie nicht«. Es liegt darin Stumpfheit und Blindheit, die noch unverantwortlicher ist – *Blindheit für Gott*. Sie verschwenden auf Gott *keinen* Gedanken und haben auf seinen, durch den Propheten verkündigten Plan *nicht* acht. Sie sehen gar nicht Gottes im Wandel der Zeit reifendes Gericht und den Zusammenhang zwischen diesem Gericht und ihrem eigenen Tun, das die eigenen Belange an die Stelle der Belange Gottes und des Nächsten – an die Stelle derjenigen der Gottesherrschaft setzt. Diese *Achtlosigkeit* gegenüber Gottes Willen und Führung, diese Unnüchternheit, ist die eigentliche Sünde. Sie ist der *Grund* für das Aufgehen im Heute, die *Wurzel* der Verfallenheit an das nichtige gesellschaftliche Leben in Frohsinn und ästhetischen Genüssen. Die Unnüchternheit gegenüber Gott ist die Quelle der Unnüchternheit im Leben. Ähnlich zeichnet Jesus das Leben des reichen Mannes im Gegensatz zu dem des armen Lazarus.[27]

Die Worte »*Werk*« und »*Tun*« *Gottes* gebraucht Jesaja immer wieder für den unantastbaren und unaufhaltsam sich verwirklichenden *Gottesplan*, der sich in den Gerichten der Weltgeschichte *verbirgt*.[28] Er setzt über den gedankenlosen Frohsinn seiner Zeitgenossen Gottes »Wehe«. Er zeigt hinter ihrer blinden Sicherheit und Fragenichtsigkeit die Vollendung des Gottesplanes im Herannahen des Gerichtes.

*Strophe 3*: Der aufgesperrte Schlund des Verderbens, v 13–14 + 17.

v 13 »Darum geht gefangen mein Volk, weil keine Erkenntnis da, und sein Adel stirbt vor Hunger und seine lärmende Menge verschmachtet vor Durst«. Das erste »darum« (lākhēn): Das Ende dieser naiven Hab- und Landgier ist für die in ihren Häuserreihen und über ihren Ländermassen Residierenden *Entwurzelung* aus dem Heimatboden und Verbannung aus dem Lande Gottes einerseits, *Verschmachten* und Hinsterben vor Hunger und Durst andererseits. Es ist das ebenso für die gedankenlose Genußsucht der in Saus und Braus und lärmendem Frohsinn Dahinlebenden. Der *tiefste Schaden* hinter ihrer skrupellosen Selbstsucht und leichtfertigen Fröhlichkeit ist die *Verschlossenheit für Gott*, das *Fehlen* einer *echten Beziehung zu ihm* in Liebe und Hingabe. Die Folge davon ist Taubheit für sein Wort und Blindheit für sein durchs prophetische Wort offenbarte Handeln in der Geschichte.

26) Am. 6, 5. 6.
27) Lk. 16, 19ff.
28) Vgl. Jes. 14, 24–27; 28, 21; 28, 29.

Beides liegt in dem Satz: »Weil keine Erkenntnis da.« Erkenntnis bedeutet nicht intellektuelles Wissen, sondern persönliche Beziehung, willentliche Aufgeschlossenheit und bewußten Gehorsam. *Die* Erkenntnis ist die »Erkenntnis Jahwes«. Im Hebräischen brauchte das nicht ausdrücklich gesagt zu werden. In der griechischen Übersetzung ist »des Herrn« hinzugefügt.

v 14 »Darum macht weit seinen Schlund das Totenreich und sperrt auf seinen Rachen ohne Maß, und es fährt hinab sein Adel und seine lärmende Menge und sein Gebraus und die Fröhlichen darinnen«. Mit dem zweiten »darum« malt der Prophet in einem Bilde die *Plötzlichkeit, Tödlichkeit* und *Totalität*, mit der das Gericht hereinbricht. Das Bild erinnert an das Schicksal, das Sodom und Gomorrah in einer Morgenstunde überfiel, oder an das Grauen, das die Rotte Korah in einem Augenblick verschlang, als der Erdboden sich unter ihr auftat.[29] Damit ruft der Prophet seinen Landsleuten die beiden Gruppen von *beispielhaften Sündern* der Vergangenheit ins Gedächtnis. Leute vom Schlage Sodoms und Gomorrahs oder der Rotte Korahs müssen sie in den Habgierigen und Gedankenlosen, Stolzen und Fröhlichen wiedererkennen. Ihr Schicksal wird dem Schicksal jener gleichen.

Der Prophet schildert es im Bilde des Totenreiches, das wie ein Raubtier seinen gierigen Schlund aufsperrt. Es macht ihn so weit, daß der ganze riesige Länderbesitz der Habgierigen, die ganze fröhliche Stadt der Trunkenen darin Platz hat. Es tut seinen Rachen maßlos auf und schlingt, bis es das ganze stolze und lärmende Volk verschlungen hat. In dem sich wieder schließenden Schlunde des Hades erbleicht der Glanz der Vornehmen, verstummt die Musik der Lärmenden.[30] Damit ist die Vollstreckung des zweiten »Wehe« aus der zweiten Strophe zusammen mit der des ersten »Wehe« aus der ersten Strophe abgeschlossen.

v 17 »Und es weiden Lämmer auf ihrer Trift und von den Ödungen Hinweggetilgter nähren sich Böcke« oder: »Von den Ödungen der Feisten nähren sich Fremdlinge«.[31] Die Verse 15 und 16 gehören, wie wir gesehen haben, vermutlich an den Schluß des großen Gedichtes vom Weltgericht (2, 6ff)[32] und wurden hierher versprengt. Den Abschluß unserer Strophe bildet v 17. Die Weissagung schließt ohne Bild mit dem Blick auf den Nachblieb. Was die erste Strophe ankündigte von Verödung der Häuser und Versteppung der Weinberge und Äcker hat sich dann drastisch erfüllt. Von der Stadt und ihren Häuserreihen und den fruchtbaren Weinbergen und Ackerkulturen blieben nur Trümmerhaufen und Steppe oder kahle Berglehnen. Darauf weiden Lämmer oder Ziegenböcke. Zwischen den herrenlosen Ödungen, welche die Gemordeten oder Verschleppten hinterließen, suchen sie ihr spärliches Futter. (So der griechische Text.) Nach dem hebräischen Text sind es wandernde

29) 1. M. 19, 23ff; 4. M. 16, 31ff.
30) Vgl. Ps, 49, 11–15.
31) Vgl. Anm. z. Text.
32) Vgl. die Auslegung dort.

Fremde, ziehende Nomaden, die sich auf den versteppten Ländereien, welche einst den Stolz ihrer feisten Besitzer bildeten, kümmerlich mit ihren Herden ernähren.

*Strophe 4*: Die Provokateure des Gerichtes, v 18–20.
Der Prophet hat in der dritten Strophe die Beleuchtung des wirtschaftlichen, sozialen und gesellschaftlichen Lebens bis zur Ankündigung des Gerichtes über dessen Mißstände durchgeführt. Jetzt durchleuchtet er das Leben und Treiben seiner Zeitgenossen von Gott her noch von einer anderen Seite.[33]

Die doppelten Weherufe (v 18 u. 20) knüpfen an die Aussage des Gerichtes in der vorangehenden Strophe an. Der Prophet zeigt nun, wie nicht nur nichts geschieht, um das Gericht aufzuhalten, sondern man es herbeizieht und beschleunigt. Darin äußert sich eine unheimliche Macht, die dem Menschen in seiner Ohnmacht gegeben ist.
v 18 »Wehe denen, die herbeiziehen die Schuld mit Stricken der Lüge und wie mit dem Wagenseile die Sünde«. Das dritte Wehe: Der Prophet legt *nicht* darauf den Ton, daß das Verderben, ohne daß sie es voraussehen, als Ergebnis ihres Tuns über die Hörer hereinbricht. Er will vielmehr herausstellen, wie sie sich gleich einem Rinde vor dem schweren Karren *anstrengen, sich schuldig zu machen*. Die mit »Schuld« und »Sünde« übersetzten Ausdrücke (ʿāwôn und ḥaṭṭāʾāh) bezeichnen primär »*Verkehrung*« und »*Verfehlung*«, aber in weiterer Fortführung des Gedankens bezeichnen sie auch das *Schuldverhältnis* Gott gegenüber, in das Verkehrung und Verfehlung seines Wil-

33) Der Text des 18. Verses wird von der Auslegung vielfach angezweifelt, weil »Stricke der Lüge« und »Wagenseile« keine rechte Parallele zu ergeben scheinen. Vollends dann scheint das der Fall zu sein, wenn für »Wagenseile« (ʿ$^{a}$bôt ʿ$^{a}$gālāh) »Kalbsseile« (ʿ$^{a}$bôt ʿēgäl) zu lesen ist. Der letzte Buchstabe h könnte nämlich als Artikel zum folgenden Wort »Sünde« (ha) ḥaṭṭāʾāh) gehören. Dasselbe gilt, wenn ohne Abtrennung des letzten Buchstabens mit Vokalverschiebung für »Wagenseile« (ʿ$^{a}$bôt ʿ$^{a}$gālāh) »Kuhseile« (ʿ$^{a}$bôt ʿäglāh) gelesen werden sollte. In diesem Fall erwartet man in der vorangehenden Parallelzeile nicht »Lügenstricke«, sondern »Ochsenstricke«. Diesen Ausdruck erhält man auch wirklich durch geringfügige Buchstabenänderung, wenn man haššāwʾ»die Nichtigkeit« in haššôr »das Rind« ändert (im Hebr. o = w). »Wehe denen, die heranziehen die Schuld mit Ochsenseilen und mit Kuhseilen die Sünde.« – Man findet dann den Gedanken, daß »das Rind die Last am Seil hinter sich her(zieht), bis sie an abschüssiger Stelle über ihm zusammenstürzt« (Pr.). Darin sieht man dann ein Bild dafür, wie »die Sünder () unbewußt das in ihrer Schuld heranwachsende Verderben hinter sich herschleppen«.
Aber einmal läßt kaum jemand auf abschüssigen Wegen sein Rind, ohne zu bremsen, die Last an Seilen herabziehen. Es erscheint daher nicht wahrscheinlich, daß der Prophet dieses als Bild gebraucht hätte. Zum andern liegt kein zwingender Grund vor, den Text, solange er noch einen verständlichen Sinn ergibt, zu ändern. Und das tut er, wenn man erwägt, daß Bild und Sache nicht immer klar geschieden werden. Die Sache blickt manchmal durch das Bild hindurch. Das kann bei der Parallele »Lügenstricke« und »Wagenseile« vorliegen. So dürfen wir beim überlieferten Text bleiben. Das gibt auch der Deutung, wie wir sehen werden, eine etwas andere Schattierung.

lens führen, sowie auch ihre *Strafe*. Verkehrung und Verfehlung auf der einen – Schuld und Strafe auf der anderen Seite gehören untrennbar zusammen. So mühen sie sich zugleich, das Gericht herbeizuziehen, vor dem jeder vernünftige Mensch zu fliehen pflegt. Das ist ein widernatürliches Schauspiel. Der Prophet setzt darüber Gottes »Wehe«.
Das kleine aus dem Bilde herausfallende Wörtlein »*Lüge*« (»an Stricken der Lüge«) lüftet anfangsweise den Schleier, der zunächst noch über den Anstrengungen der Angeredeten, sich schuldig zu machen, gebreitet liegt.

Das Wort šāw' kann »Nichtigkeit« (Ps. 89, 48) bedeuten, aber auch »bewußte Lüge« und »Falschheit«[34] und darüber hinaus »Frevel« und »Frevelhaftes«[35] bis hin zum Götzendienst.[36]. [37]
An unserer Stelle bedeutet das Wort šāw' wohl »*frevelhafte Eitelkeit*« oder »Nichtigkeit«, »hohle, *illusionäre Vermessenheit*«, »aufgeblasene Sicherheit«, die auf nichts, *auf Lüge* aufgebaut ist. Ihr ganzes Leben besteht aus einer Existenzlüge. Diese eitle Sicherheit ist so fest wie ein Wagenseil, so unzerreißbar wie ein gedrehter Strick. Mit ihr machen sie sich *mit Gewalt schuldig*. In ihr strengen sie sich wie ein Rind vor dem Lastkarren an, das Gericht, das der Verschuldung folgt, herbeizuziehen oder das zögernde zu beschleunigen.
Der Ton liegt also nicht auf dem unerwarteten Ergebnis ihres Tuns, sondern auf dem *irrsinnigen Bemühen* und dem *schuldhaften Einsatz*. An *Stricken*, die aus *Liebe* und Menschlichkeit gewunden sind, zieht Gott sein Volk zu sich, um es zu *retten*.[38] Mit *Stricken*, die aus *Vermessenheit* und Sicherheit gewunden sind, zieht die Gemeinde ihren Gott herbei, daß er sie *vernichte*.

v 19ab »Die sprechen: Es beeile, es spute sich doch ja sein Werk, daß wir es zu sehen bekommen«. Diese frevelhafte Eitelkeit und illusionäre Vermessenheit tritt auch im *Denken* und *Reden* (im Hebräischen ist beides eines) der Hörer des Propheten in Erscheinung – vielleicht in lautem Widerspruch gegen seine Buß- und Adventspredigt. So hält er ihnen ihre eigenen Worte vor und läßt sie durch dieselben in ihre Sicherheit und Vermessenheit hineinsehen. Er sagt ihnen jetzt, wie vorher den heiteren und gedankenlosen Illusionisten v 12cd), von *Gottes* hinter der Sichtbarkeit verborgenem *Wirken*, das dabei ist, sich im nahen Gericht zu vollenden. Das ist das »*Tun*« und »*Werk Gottes*« (pōʿal und maʿašāh jahwēh), das, wenn sie es auch nicht sehen, doch mit ihrem eigenen Tun in einem *tiefen Zusammenhang* steht, hinter demselben langsam reift und sich plötzlich enthüllt. Merken sie nicht, daß auch ihr Widerstand schon sein Werk, sein Gericht ist?

34) 5. M. 5, 20; Hos. 10, 4; Ps. 12, 3.
35) Ps. 24, 4; 2. M. 20, 7; 5. M. 5, 11; Ps. 139, 20; 119, 37.
36) Jer. 18, 15; Hos. 12, 12.
37) Botsch. d. AT. Bd. 23 II, S. 239.
38) Hos. 11, 4.

Gerade diese seine *Predigt* hat ihre Gedankenlosigkeit und Leichtfertigkeit in *bewußte Ablehnung* und *herausfordernden Trotz* verwandelt. Ihr Trotz entzündet sich *am* göttlichen *Wort*. Darin bewährt sich seine *verstockende Kraft*. Sie sind nicht nur unfähig, der Botschaft vom Advent des Richters Glauben zu schenken; sie verschanzen sich auch *willentlich* und *verspotten* den Propheten, der ihre Sicherheit erschüttert oder angreift. Ja, nicht nur ihn, sondern Gott selber und sein Wort lästern sie.

An einer anderen Stelle heißt es im Munde des Propheten: »Vollendetes und Festgesetztes ist der Allherr dabei, zu *tun* auf der ganzen Erde« (10, 23), und: »Wie am Berge Parazim steht auf Jahwe . . . zu tun sein Tun, seltsam ist sein Tun . . . Nun, so gebärdet euch *nicht frech*, daß nicht fest werden eure Bande. Denn *Vollendung* und *Entscheidung* (oder: Festgesetztes) vernahm ich von Jahwe der Heere ob der ganzen Erde« (28, 21–22). Ähnliches muß er auch jetzt gesagt haben. So soll Gott doch bloß ans Licht kommen mit seinem *Tun*, fordern sie nun! Ja, der ewig Zögernde, immer Verborgene soll sich sehr beeilen. Sie häufen zur Steigerung zwei gleichbedeutende Worte für »eilen« (jᵉmahēr, jaḥîšāh) und setzen das zweite in Verstärkungsform: »Es beeile sich, es spute sich doch ja sein Werk.« Sie sind neugierig, wie Gottes Tun wohl aussehen möge: »Daß wir es zu sehen bekommen.« Daß sie blind waren für Gottes Tun, bemängelte der Prophet im zweiten Weheruf (v 12cd). Ihren wissentlichen *Widerstand* und *Aufruhr* gegen seine Führung klagt er jetzt an.

v 19cd In demselben herausfordernden Hohne fortfahrend beschwören sie, über die *Enthüllung* seines Wirkens hinaus, jetzt die *Verwirklichung* der verborgenen Gedanken Gottes, seines Rates. »Es nahe herzu, es komme der ›Rat‹ des ›Heiligen Israels‹, daß wir's erkennen möchten«.

Jesaja hat immer wieder besonders feierlich vom Ratschluß Gottes gesprohen.[39] Er hat darin den *Plan* Gottes in der *Geschichte* gezeigt, der der Weltmacht *verborgen*, ihrem vermessenen Plan *entgegengesetzt* ist.[40] Er ist auf die *Vernichtung* der Weltmacht wie der vermessenen Gemeinde und auf die *Läuterung* des umkehrenden *Restes* und die *Erlösung* der *Völker* gerichtet.[41] Der Prophet zeigte darin das *Geheimnis* der *Vollendung in der Vernichtung* (killājôn und kālāh) und der *Durchsetzung* der *Gerechtigkeit* Gottes in der Gemeinde wie in der Welt. »Vollendung (Vernichtung) ist festgesetzt, Gerechtigkeit flutet über von Jahwe der Heere« (10, 22b). Er beleuchtete die Zweiheit dieses Geheimnisses, seine Dynamik und Statik, seine alle Hindernisse fortschwemmende *Gewalt* und gleichzeitig unerschütterliche *Festgelegtheit*. Er zeugte vom *Vernichtungsplan* Gottes mit der Weltmacht und seinem *Heilsplan* für Zion und die Völker: »Dieses ist der Ratschluß, der be-

39) Zu 28, 29 wird noch auf Joh. Fichtner: Jahwes Plan in der Botschaft des Jesaja, ZAW 63, 1951, 16–33, zurückzukommen sein.
40) Jes. 8, 10; 14, 24–27.
41) Vgl. Kp 10 u. 14, 24–27.

schlossen ist über die ganze Erde . . . Denn Jahwe der Heerscharen hat's beschlossen und wer will's zerbrechen? Und die Hand Jahwes ist ausgereckt, wer will es rückgängig machen?« (14, 26. 27).

Gleichzeitig sprach der Prophet von diesem Ratschluß aber auch als vom Plan, den Gott mitten im Gericht an den Verdammten durch die Läuterung seiner Gemeinde *im Leiden* verfolgt. Er zeichnete ihn als einen Plan, der für Menschen *undurchsichtig* ist, weil göttlich-wunderbar, bestimmt von der unergründlichen *Weisheit des Weltenlenkers*. In der Vielfalt der Arbeitsweisen des Landmannes in Saat und Drusch an verschiedenen Arten von Saatgut wies er der Gemeinde ein Gleichnis für Gottes Gedanken mit den Menschen, mit den Schuldigen wie mit den Leidenden. Er legte darum den Finger auf die *schwerste Mißhandlung* des *edelsten Kornes*: »Auch solches geht aus von Jahwe der Heere. Er macht wunderbar Rat und groß Rettung« (28, 29).

Der *Wille zum Heil* und seine *unaufhaltsame Durchführung* verbindet sich mit der *unergründlichen Weisheit Gottes*, in seinem *Ratschluß* (ʿēṣāh).

So rührt das Wort vom Ratschluß Gottes im Munde der Meuternden an das *tiefste Geheimnis* der Botschaft des Propheten. Das ist ein Geheimnis, das Furcht und Schrecken erregt,[42] an dem die Weltmacht zerschellt.[43] Es haftet am Zion und steht über dem Leiden der Frommen. Es ist mit Gericht und Heil geladen, voll unerschöpflicher, schöpferischer Kraft und unerschütterlicher Zielstrebigkeit. Später wird uns dieses Geheimnis seinen tiefsten Inhalt im Wundermann enthüllen, der aus dem Geist des Rates rät[44] und »Wunderbarer Rat« heißt,[45] d. h. im Christus.

Der Prophet hat seiner Gemeinde dies Geheimnis verkündigt und ihr gesagt, daß die *Enthüllung* und *Vollendung* des verborgenen *Geschichtsplanes* Gottes *vor der Tür* steht und für die Sichere nicht Heil, sondern Unheil, ja, Vernichtung bedeutet. Wenn sie nicht umkehrt, muß auch sie an dem Zusammenstoß mit ihm zerschellen.

An der *Verkündigung dieses Geheimnisses* ist ihr *Widerstand* und ihre Auflehnung vollends *entbrannt*. Wie erst gegen das *Tun* oder *Werk* Gottes, so richtet sich jetzt ihre Widerrede gegen seinen »*Ratschluß*« oder »*Plan*«. In zwei synonymen in gleicher Weise verstärkten Ausdrücken fordern sie, daß der vom Propheten verkündete Ratschluß Gottes seine Dynamik und Statik enthülle, seine Unaufhaltsamkeit und Unerschütterlichkeit beweise. Sie gebrauchen jetzt für ihre Herausforderung den *heiligsten Namen*, mit dem Jesaja die *Erhabenheit* und *Fehllosigkeit* Gottes bezeugte, an der menschliche Vermessenheit verbrennt, den Namen des »Heiligen Israels«.

42) Jes. 19, 17.
43) Jes. 8, 10; 10, 22. 23; 14, 24. 27.
44) Jes. 11, 2.
45) Jes. 9, 5.

Die beiden Worte der Herausforderung »es nahe«, »es komme« können allgemein das Eintreffen göttlicher Ansagen bedeuten,[46] aber auch spezieller das nahe Herbeikommen[47] und das Eintreffen oder Kommen des Adventes Gottes[48] oder seines Tages.[49]

Sie zeigen durch die Verwendung dieser beiden für den Advent gebräuchlichen Worte (qārab »nahen« Jes. 51, 5 und bô' »kommen« 40, 10), daß sie verstanden haben, daß die *Predigt* des Propheten sie an die *Zeitenwende stellt*, vor den *Tag* der großen *Weltheimsuchung*, vor dem die Stolzen sich in die Löcher der Erde verkriechen werden.[50] Es ist der Tag, von dem ein anderer Prophet bezeugt: ». . . wer erträgt den Tag seines Kommens und wer besteht bei seiner Erscheinung? Denn er ist wie Feuer des Schmelzers und Lauge des Wäschers« (Mal. 3, 2). Und Amos vergleicht den Tag mit dem Einbruch der Finsternis, die alle Schrecken der Nacht – Löwe, Bärin, Schlange – auf den von ihr Überraschten losläßt.[51]

Von diesem Tage *fordern sie* nun lästernd, daß er *ihnen seinen Ernst bewähre.* Sie gebrauchen für diese Bewährung das tiefe Wort, das die Beziehung zwischen der Gemeinde und ihrem Gott bezeichnet: »*erkennen*«. Dann wollen sie »erkennen«, dann wollen sie sich der Botschaft des Propheten aufschließen und Gott die Ehre geben. Das etwa sagt der Ausdruck »erkennen« hier.

Das ist mehr als das unverantwortliche Herbeibeten des Tages Jahwes, vor dem Amos die Gemeinde Samariens warnte.[52] Das ist *bewußte Verweigerung des Glaubens an sein Kommen, Verspottung des Boten,*[53] der ihn ankündigt, *Herausforderung an den*, der diesen Tag bringt und mit ihm kommt, höhnender *Ruf nach dem Gericht* Gottes, Verächtlichmachung seiner Kraft wie seiner Weisheit, es zu tun wie es zu planen. Das ist *Lästerung des Heiligen* selbst.

Damit ist die Zeichnung der Versündigung der Führer auf dem Höhepunkt angekommen: Aus *Leichtfertigkeit* und *Stumpfheit* ist *bewußte Kriegsansage* an Gott geworden. Die Sünde wurde *titanisch*. So hat das »Wehe«, das der Prophet über sie stellt, ein besonders schweres Gewicht. Aber die Anklage geht noch weiter.

v 20 »Wehe denen, die sagen zum Bösen gut und zum Guten böse, die machen Finsternis zum Licht und Licht zur Finsternis und machen Bitter zu Süß und Süß zu Bitter«. Das vierte Wehe: Der Prophet zeichnet nun die allgemeine Auflehnung wider die im Gottesrecht offenbarte Weltordnung. Ent-

46) Hes. 12, 23; Jes. 42, 9; 48,3. 5; 47, 11; 56, 1.
47) Jes. 51, 5; 56, 1; Hes. 7, 7; 36, 8; Mal. 3, 5.
48) Hos. 6, 3; 10, 12; Jes. 3, 14 (4, 5 G); 40, 10; 59, 19; Zach. 2, 14; 14, 5.
49) Am. 8, 2; Hos. 9, 7; Joel 1, 15; 2, 1; Mal. 3, 19.
50) Jes. 2, 12; 19, 21; Am. 5, 18–20.
51) Am. 5, 17–20.
52) Am. 5, 18.
53) Vgl. Jes. 28, 9. 10.

gegen dem Zeugnis des Gewissens, das selbst noch den Heiden bei der Unterscheidung zwischen gut und böse Führung anbietet, *setzen sie sich über Gottes offenbarten* und klar formulierten *Willen hinweg*. Sie verachten das Gebot, das ihrer Selbstsucht und Selbstherrlichkeit in den praktischen Entscheidungen und Dingen des täglichen Lebens Grenzen setzt. Sie stellen die gesamte göttliche Weltordnung auf den Kopf, von ihrer obersten Spitze, der sittlichen Unterscheidung zwischen gut und böse, Gehorsam und Ungehorsam gegen Gottes offenbarten Willen, bis zu ihrer untersten Stufe, der sinnlich-ästhetischen Unterscheidung zwischen süß und bitter.
Der Mensch, der die Autorität Gottes und seines Wortes anzutasten anfing, ist in eine *Revolution* getreten, die vor keiner Grenze mehr Halt macht. Er ist der *Revolutionär* schlechthin geworden. Die Folge dieser Revolution ist das *Trümmerfeld aller Autorität* und *Ordnung, Ethik* und *Menschlichkeit*. Der Mensch bestimmt, was gut, licht und süß ist, nämlich das, was ihm nützt, seine Selbstsucht befriedigt und seine Selbstherrlichkeit nicht einschränkt. Das ist Umsturz, über den hinaus es nichts Umstürzenderes mehr gibt.

Die zwei Weherufe der vierten Strophe lassen uns in eine sich verwandelnde Situation hineinsehen: Die Predigt von der unerreichbaren Erhabenheit, unerträglichen Heiligkeit und von dem unentrinnbaren Anspruch Gottes, mit der der Prophet nach seiner Berufung in die stolze und fröhliche Welt Jerusalems getreten war, hat ihre Verfassung verändert, die Gottentfremdung bewußt gemacht.
*Strophe 5*: Die aufgeblasenen Verdreher der Weisheit und des Gottesrechtes, v 21–23.
Die revolutionäre Haltung des von Gott und seinem Gebot gelösten Menschen bringt eine *neue Selbsteinschätzung* mit sich – sie macht »Weise«. Sie äußert sich in einem *neuen Elan* im *Auftreten* und *Handeln* – sie macht »Helden«. Diese beiden Gestalten des autonomen Menschen treffen die letzten beiden Weherufe (v 21. 22).
v 21 »Wehe denen, die weise sind in ihren eigenen Augen und vor ihrem eigenen Angesicht voll tiefer Einsicht«. *Das fünfte Wehe*: Vielleicht trifft Jesaja hier seine einstigen Kollegen, die Lehrer seines Volkes.[54] »Weise in den eigenen Augen« war eine typische Formulierung in der Kritik der Weisheitslehrer an den Toren.[55] Nun wendet Jesaja diese auf sie selber an. Mit der Weisheit ist die Lebensklugheit gemeint, die die richtigen Wege zum Handeln zu finden weiß, mit der »Einsicht« der scharfe Verstand, der die Zusammenhänge der Dinge durchschaut. In der alten Gemeinde war die *Lebensklugheit* aufs engste mit dem *Glauben* verbunden. Die *Weisen* waren die *Gottesfürchtigen*. Der Fromme bekennt, daß Gott es ist, der im »Verborge-

54) Vgl. J. Fichtner: Jesaja unter den Weisen, ThLZ 74, 1949, S. 57–80.
55) Vgl. Spr. 26, 12; 28, 11. 26 aus der Zeit Jesajas, vgl. B. Gemser: Sprüche Salomos, 1937.

nen«, d. h. ins Gewissen, ihm Weisheit kundmacht.[56] Der Weisheitslehrer nannte *die Furcht Gottes* – das Bewußtsein der totalen Abhängigkeit von Gott – den Anfang der *Weisheit*.[57]

Befreit von der *Grenze*, die das Denken an der Majestät Gottes und ihrem Geheimnis hat[58], und gelöst von der *Fessel*, die der Lebensklugheit durch das göttliche Gebot angelegt wird, entfalten sich *Verstand* und *Lebensklugheit* neu. Sie werden sich in einem neuen Selbstbewußtsein und Stolz *ihrer »selbst bewußt«*. Es bildet sich ein säkularisierter Lehrstand.

In dieser Lebensklugheit und diesem Verstand, die sich von Gott emanzipierten und an seiner Offenbarung nicht mehr ihren Maßstab haben, zeigt Jesaja seinen Hörern *klägliche Selbsttäuschung*. Weil der Mensch sich nicht mehr an Gottes Weisheit, sondern an sich selber mißt, verliert er jeden Maßstab für sich, die Dinge, Menschen und Verhältnisse – und sein Blick geht jeder Perspektive verlustig. Der Mensch beginnt sich zu »vermessen«.

Solange er sich von Gottes Weisheit den Maßstab für sein Denken geben ließ, blieb er demütig vor Gott und nüchtern gegenüber der Welt. Jetzt, wo er sich an sich selber mißt, hat er die *Demut vor Gott*, die *Kritik an sich selbst* und das *Auge für die Dinge verloren*. Er lebt in einer eingebildeten Scheinwelt, die am Tage der Entschleierung zerplatzen muß. Darum sind die auf ihre eigene Weisheit und Klugheit Stolzen in all ihrer Aufgeblasenheit doch elend. Gottes »Wehe« steht über ihrem Leben.[59]

v 22 »Wehe denen, die Helden sind im Trinken von Wein und Kraftmeier sind im Mischen von Rauschtrank«. *Das sechste Wehe*: Dasselbe wie von den Weisen gilt von der Bezeichnung »Held« und »Kraftmensch«. Sie sind ursprünglich Namen, die die *Bewährtheit* des *Mannes* im *Kriege* wie im *bürgerlichen Leben* ausdrücken. »*Stark*«, »tapfer«, »vermögend«, »mächtig«, das alles gehört zum »*Ritter*«, – und »gewichtig« im Sinne von »tüchtig«, »zuverlässig«, »lebenserfahren« gehört ursprünglich zum »wackeren Mann« oder »Bürger«.[60] In der Bezeichnung liegt auch das Lob: zum *Einsatz* für die Schwachen bereit und: durch *Autorität* im Auftreten vor der Öffentlichkeit, besonders im Gericht, ausgewiesen.

Wie tief die beiden Worte »Held« (gibbôr) und »wackerer (tüchtiger) Bürger« (ʾîš-ḥajil) ursprünglich sind, erhellt sich daraus, daß das Wort »Held« oder »Starker« im Alten Testament auf die *Engel Gottes* angewendet wird, denen

56) »Weisung gibt« Ps. 51, 8; 90, 12; vgl. 49, 1ff.
57) Hi. 28, 28; Ps. 111, 10; Spr. 1, 7; 9, 10.
58) Vgl. Jes. 28, 29. 21. 22; 29, 14.
59) Vgl. zur Prahlerei die Sentenz aus den Sprüchen der Weisen Hizkias: Wolkendunkel und Wind und doch kein Regen – ein Mann, der prahlt mit trügerischer Gabe (Spr. 25, 14); B. Gemser: Sprüche Salomos, 1937.
60) Vgl. Pr. aaO.

die Ausrichtung der Botschaft Gottes anvertraut ist,[61] auf den Messias[62] und auf Gott selbst.[63] Und »Kraftmenschen«, *»wackere Bürger«* ( ȧnšê-ḥajil) heißen Männer, denen die *Verwaltung des Rechtes* in der bürgerlichen Rechtsprechung anvertraut werden soll. Im 2. Mosebuch werden die Männer, welche für diese Aufgabe auszusuchen sind, näher beschrieben als »wackere Männer, die Gott fürchten, treue (oder: wahrhaftige) Männer, die Eigennutz hassen«.[64] In *Gottesfurcht* und *Gottes Wahrhaftigkeit* oder Treue wurzelt, in Haß gegen Eigennutz und Unrecht äußert sich die »Wackerheit« oder Tüchtigkeit.

Von ihrer Quelle in der Furcht Gottes und seiner Wahrheit oder Treue losgelöst, bekommen *Heldentum* und bürgerliche *Tüchtigkeit* ebenfalls einen neuen *Anstoß* und eine neue *Stoßkraft*. Das von diesem Elan getragene Auftreten des militärischen Führers wie des bürgerlichen Anführers hat für das menschliche Gefühl etwas Imponierendes. Aber Jesaja läßt sich nicht dadurch beeindrucken. In anderer Form zeigt er am neuen »Rittertum« und der neuen »Wackerheit« des Soldaten und Bürgers *dieselbe Verschiebung* wie an der *Weisheit des autonomen Menschen*. Im Kampf gegen Gottes Feinde und mit sich selbst sollten sie Mannheit beweisen, im Einsatz für die Schwachen und für das Recht ihren Mut, und in der Ordnung verfahrener Rechtssachen ihre Erfahrung bewähren. Statt dessen äußert sich das von der *Furcht Gottes* emanzipierte Heldentum und die der *Wahrheit Gottes* beraubte Tüchtigkeit im Vorangehen in den *Verkehrtheiten* des gesellschaftlichen Lebens, sie zeichnen sich aus in *Aufwand* und Verschwendung als *trotzige Anführer* im unnüchternen Treiben der Gedankenlosen. Sie beweisen ihr Können, indem sie die anderen im Alkoholgenuß übertrumpfen. Ihre Erfahrung zeigen sie, indem sie sich berühmt machen durch Raffinement und Fertigkeit, Rauschmittel zu bereiten und den Rausch zu steigern.[65]

Aus wahrem Heldentum und Bürgertum wurde *bewußtes* sich *hervortun* und prahlerische Kraftmeierei.

v 23 »Die gerechtsprechen den Frevler gegen Bestechungsgeld und die Gerechtigkeit des Gerechten ihm rauben«. Weisheit und Einsicht, Mut und Einsatzbereitschaft des Bürgers sollten sich zuerst am »*Schaden Josephs*« beweisen.[66] Sie sollten sich helfend und schlichtend an den in Unordnung geratenen *Beziehungen der Mitbürger* bewähren, an der durch Sünde zerbrochenen Solidarität der Bundeskinder, in der durch Selbstsucht zerrissenen Familie Gottes. An eben dieser Stelle versagt die von der Fessel des Gebotes entbundene Weisheit und das von der Furcht Gottes gelöste Heldentum. Sie verlie-

61) Ps. 103, 20.
62) Jes. 9, 5.
63) Jes. 10, 21.
64) 2. M. 18, 21.
65) Vgl. Spr. 23, 30; H. L. 8, 2.
66) Am. 6, 6.

ren die Liebe, vergessen die Solidarität und verraten die Gerechtigkeit; ihr für Gott erblindetes Auge erblindet auch für den Bruder. Dabei geraten sie selbst in immer größere Blindheit und Abhängigkeit.

Die Überklugen und die Kraftmeier lassen sich wie Toren und Schwächlinge blenden und *versklaven*, lassen sich leiten vom Gelde der Reichen, die durch Bestechung ihr Urteil und ihre Schiedssprüche im Kollegium der Laienrichter kaufen. Sie geben dem Frevler Recht, dem Gott nicht Recht gibt,[67] und *rauben* umgekehrt dem Gerechten sein Recht. Sie liefern gegen Geld das heilige Gottesrecht, das das Gewissen richtet und das Leben der Gemeinde ordnet, an die menschliche Ungerechtigkeit aus.

Aus Torheit und Gedankenlosigkeit derer, die im Rausch dahinleben, ist die *bewußte Hingabe* an den *Rausch* und mit ihr die *Käuflichkeit* durch die *Sünde* geworden. Zwischen beidem besteht ein geheimer *Zusammenhang*. Abwendung von der Furcht Gottes macht unnüchtern und berauscht. *Rausch* macht *Prahler* und *Kraftmeiertum*, macht *moralische Schwächlinge*. Unabhängigkeit von Gott wirkt Abhängigkeit von Menschen, macht *Hörige*.

*Strophe 6*: Die große Feuersbrunst, v 24–25.

Mit einem »darum« (v 24) und einem »deshalb« (v 25) leitet der Prophet wiederum die Ankündigung des Gerichtes ein.

v 24a–d »Darum, wie Stoppeln verzehrt die Zunge des Feuers und das Heu in der Flamme zusammensinkt, so wird ihre Wurzel zu Moder und ihr Gezweig fliegt auf wie der Staub«. Zunächst entwirft Jesaja das gewaltige Bild eines Wald- oder Steppenbrandes. Man sieht, wie die Flamme die verbrennenden Halme und Gewächse frißt, wie das wuchernde Gras und das hohe Steppenkraut in sich zusammensinken. Man sieht, wie die Flamme sich in den Boden hineinfrißt und die Wurzel von Gewächsen, Sträuchern und Bäumen gleich Moder von unten verzehrt und wie der Wind die zu Asche verglommenen Gipfel und Gezweige darüber aufwirbelt und Staubwolken und qualmenden Rauch zum Himmel hebt. Was unter der Erde und was über der Erde ist – alles verfällt der vernichtenden Glut.

Dahinter taucht das Bild vom Tage Jahwes auf, der »kommt, brennend wie ein Ofen« und es »werden alle Überwallenden (oder: Herausfordernden) und alle, die Frevel tun, zu Stoppeln, und es verbrennt sie der Tag, der kommt . . . Der läßt ihnen weder Wurzel noch Zweig« (Mal. 3, 19).

Wie bei Maleachi zeigt das Bild der Feuersbrunst auch hier, wie die Revolution des Menschen zusammenbricht und vor dem Gericht Gottes zerstiebt.

v 24ef »Denn sie verwarfen die Offenbarung Jahwes der Heere und die Rede des Heiligen Israels lästerten sie«. Aus dem Bilde in die Sache übergehend gibt der Prophet als Ursache des Waldbrandes nicht mehr ungezügelte Habsucht und gedankenlos lärmende Fröhlichkeit an wie am Ende des I. Teiles (v 14). Er nennt jetzt die *zentrale Wurzel*, aus der die Sünde kommt, und die

67) 2. M. 23, 7.

krönende Vollendung, die sie gefunden hat: *bewußte Verwerfung* der Offenbarung Gottes, seiner *Thora*. Wir haben gesehen, daß der Ausdruck Thora schriftliche Bundessatzung[68] ebenso wie das dem Propheten offenbarte und in die Stunde hinein gegebene Gotteswort bedeuten kann.[69] Wir dürfen annehmen, daß es hier beide Bedeutungen hat. Der Prophet spricht von der Offenbarung im allgemeinen, die im schriftlich festgelegten Gebot wie im inspirierten Prophetenwort der Gemeinde gegeben wurde. Sie haben mit der Thora Gottes die *herrlichste Gabe Gottes* und die intimste Lebensäußerung seiner *Gemeinschaft* mit seiner Kirche verworfen. *Sie haben sie*, wie wir in der vierten Strophe sahen, nicht nur ungehört gelassen, sondern, wie es hier heißt, *gelästert*. Sie haben den Kampf wider beide Gestalten des Gotteswortes aufgenommen. Sie haben der prophetischen Botschaft *getrotzt* und das Gottesrecht *umgestoßen* und beides mit Spott begossen.[70] Damit haben sie Gott selbst, den unerreichbar Erhabenen, in seinem Anspruch Unentrinnbaren und in seiner Heiligkeit Unerträglichen gelästert, den Hort der Kirche. Ja, sie haben namentlich den »*Heiligen Israels*« in seinem Boten und Bevollmächtigten angegriffen (v 19). Der »Heilige Israels« ist die Klammer, die die drei Strophen des II. Teiles (v 18–25) zusammenhält (v 19. 24).

v 25 »Deshalb ist entbrannt der Zorn Jahwes gegen sein Volk, und streckt er aus seine Hand über es und schlägt es, und es beben die Berge, und ihre Leichname werden wie der Kehricht inmitten der Gassen«. Die mit »deshalb« eingeleitete *Antwort* ist der wie Feuersbrunst *entbrannte Zorn Gottes* und seine schlagend *ausgereckte Hand*, unter der die Berge beben und das Land sich mit unbeerdigten Leichen wie mit Kehrricht füllt. So wird das ganze Gottesland verunreinigt, kein Gottesdienst ist mehr in ihm möglich.

Ist es die Ansage eines riesigen Erdbebens, wie es in den Tagen Uzzijas einmal Juda erschüttert und das Volk mit Panik erfüllt hatte? Jesaja hat dieses Erdbeben wahrscheinlich bewußt als Kind erlebt. Noch nach fast 400 Jahren erinnert ein Prophet an die Panik einflößende Schrecklichkeit dieses Ereignisses: »Dann werdet ihr fliehen, wie ihr floht vor dem Erdbeben in den Tagen Uzzijas, des Königs von Juda.« Im Zusammenhang damit kündigte jener Prophet an, daß der Ölberg sich spalten und Jahwe mit seinen Engeln erscheinen werde.[71]

Oder hat der Prophet geschichtliche Katastrophen, eine große Metzelei durch feindliche Truppen im Auge? – Er sagt nicht, wie die Schläge der ausgereckten Hand Gottes aussehen werden. Er malt nur ihre Wirkung: Bebende Berge und Leichen wie Kehricht.

68) Hos. 8, 1; Am. 2, 4.
69) Jes. 8, 16; vgl. 1, 10.
70) Wie 10 Jahre früher die Bürger des Nordreiches gegenüber Hosea 8, 1. 2; 9, 7–8; vgl. gegenüber Jesaja Kp. 28, 9. 10.
71) Zach. 14, 5.

In jedem Fall ist der *große Tag Gottes* gemeint, an dem sich die Stolzen in die Löcher der Erde verkriechen,[72] »vor dem Schrecken Jahwes und der Pracht seiner Majestät, wenn er aufsteht, das Erdreich zu schrecken«. Das ist der Tag, an dem sie zu den Bergen sagen werden: »Fallet über uns« (Hos. 10, 8; Lk. 23, 30), der Tag, an dem Jahwe allein erhaben sein wird (2, 11. 17; 5, 16) und alle hohen Augen erniedrigt werden.

Seltsamerweise steht der Refrain, der die Strophen vom großen Gesicht vom Advent Gottes (2, 6ff) beschließt, in dem heutigen Jesajabuch am Ende des ersten Teiles unseres Kapitels. Er ist nahezu als Abschluß[73] der Gerichtsstrophe, die den ersten beiden Weherufen folgt, hierher versprengt (5, 15. 16). An das Ende des II. Teiles unseres Gedichtes ist als Abschluß der Gerichtsstrophe, die die vier letzten Weherufe krönt, gleichfalls ein Satz versprengt, der den Refrain einer anderen großen Gerichtsweissagung des Propheten bildet (9, 7–10, 4 vgl. 9, 11. 16. 20; 10, 4).

So lautet der Abschluß der ersten beiden Weherufe heute: »Gebeugt wird der Mensch, erniedrigt der Herr und die Augen der Stolzen werden gedemütigt und hoch wird Jahwe der Heere im Gericht, und der heilige Gott heiligt sich in Gerechtigkeit« (5, 15. 16). Und der Abschluß der vier letzten Weherufe lautet heute: »Ob dem allen wendet sich noch nicht sein Zorn und noch ist ausgereckt seine Hand« (5, 25ef).

Die Versetzung dieser beiden Kehrverse aus den beiden großen Gerichtsweissagungen (2, 6–22; 9, 7–10, 4) an die Enden der beiden Teile unseres Gedichtes ist nicht zufällig, sondern gibt dem Ganzen eine noch schärfere Beleuchtung. Sie stellt noch deutlicher *Gott* in die *Mitte, seine Heiligung im Advent als Sinn* der angekündigten *Katastrophe* und seine schlagende *Hand* als *Werkzeug* und *bewegende Kraft* in Geschichte und Gericht auch in diesen Katastrophen.

Der Herr *Christus* hat den Tag, an dem die Berge wanken und man sie als Versteck vor dem Zorne Gottes aufsucht, mit *seiner Verwerfung* durch sein Volk Israel kommen sehen. Er hat seinem Volk den Tag der großen Feuersbrunst angekündigt, die den dürren Wald verzehren wird, nachdem man das *grüne Holz*, den *einzigen Sündlosen*, dem Gerichte auslieferte (Lk. 23, 31). Er kündigt auch der *Gemeinde Neuen Bundes* in seiner Annahme oder Verwerfung die Entscheidung über Errettung oder Auslieferung an *dieses Erdbeben* und *diese Feuersbrunst* an.

72) Jes. 2, 10a. 19. 21.

73) Genau: »in« dem dritten Weheruf.

# VIII. Der Gerichtsvollstrecker Gottes

Kapitel 5, 26–30

26 **Erheben wird er ein Panier einem [1]Volk aus der Ferne[1]**
**und pfeifen ihm vom Saume der Erde,**
**und siehe, in Eile, schnell[2] kommt es.**
[3]– – – – – – – – – – –[3]

27 **Nicht gibt es Müde, nicht gibt es Strauchelnde darunter,**
**[4]nicht schlummert es und nicht schläft es,[4]**
**nicht löst sich der Gurt seiner Lenden,**
**nicht reißt der Riemen seiner Schuhe.**

28 **Seine Pfeile sind geschärft**
**und all seine Bogen sind gespannt,**
**die Hufe seiner Rosse sind felsenhart**
**und seine Räder geachtet[5] wie Windsbraut.**

29 **Sein Schlachtgebrüll ist wie des Löwen,**
**und es brüllt[6] wie die Jungleuen,**
**und es tost, und es packt Beute**
**und schleppt fort und niemand rettet.**

30 **Und es tost über ihm an jenem Tage**
**gleich dem Tosen des Meeres;**
**blickt man zur Erde – siehe drangvolle Finsternis!**
**Das Licht[7] wurde finster im [8]Wolkendunkel Jahwes[8].**

Den Abschluß der Gerichtsworte über Juda und Jerusalem bildet ein Gedicht im Stil der Heroldsrufe (vgl. Hos. 5, 8–11; 8, 1–9, 9; Jes. 10, 27d–32), die einst die Stämme zum Heiligen Kriege gegen die Feinde Gottes und seines Volkes aufriefen (Ri. 5, 9. 13; 19, 29f ; 20, 1ff; 1. Sam 11, 6ff vgl. Joel 4, 9ff; Ob. 1).
Das Gedicht besteht aus fünf vierzeiligen Strophen, die den heißen Odem des Alarmrufes atmen. Es stellt sich schon durch seine Form als ein geschlossenes Ganzes dar und ist nicht, wie wir bei der Auslegung von 9, 7–10, 4 sehen werden, als Schluß an jenes Gedicht anzuhängen, noch auch steht es in Verbindung mit dem Vorangehenden. Auch für die Abtrennung der letzten Strophe liegen keine ausreichenden Gründe vor.

Auslegung

Das Gedicht schildert ein feindliches Heer im Ansturm. Nach den zeitgenössischen Abbildungen paßt das Bild auf die assyrischen Sturmtruppen. Assur hatte zu jener Zeit schon Nordsyrien niedergeworfen. Damaskus und Samarien hatten sich ihm freiwillig unterworfen.[1] Hier bleibt Geheimnis, wer der Gegner ist. In der letzten Strophe verdichtet sich dieses Geheimnis zu dem Dunkel, darin sich die Herabfahrt und Gegenwart Gottes über dem Ansturm des feindlichen Heeres ankündigt. Das ungenannte Aufgebot wird zum Heer Gottes, zum Vollstrecker seines Gerichtes. Der Tag seines Angriffes wird zum lichtlosen, letzten Tag, an dem die Sonne untergeht und die Welt im Chaos versinkt.[2]

So hat es seinen Grund, daß der Assyrer und seine Wehrmacht nicht genannt werden, obgleich seine Aggression bereits um sich greift und Volk um Volk in ihren Strudel zieht. Der Prophet sieht im Aufstieg der Weltmacht und in der Unterjochung der Völker das Wetter des Weltgerichtes sich zusammenbrauen. Er erkennt, daß die assyrische Wehrmacht unwiderstehlich ist, nicht wegen ihrer menschlichen Stärke, sondern weil das Geheimnis Gottes mit ihr ist. Sie ist Vollstreckerin seines Ratschlusses. Sie bricht seinem Tag und seinem Advent die Bahn.

*Strophe 1*: Die Aufbietung des Heeres zum Heiligen Krieg, v 26.

v 26a »Erheben wird er ein Panier«. Bei der Nachricht vom Einbruch des Feindes richtete man einst auf Bergen und Hügeln die Signalstange auf (30, 17) und blies das Alarmhorn (18, 3) oder jodelte in die Täler hinein (13, 2; 42, 11. 13), um die Stämme zum Heiligen Krieg aufzurufen. – So sieht nun Jesaja ein Panier hochgehen und hört Alarmpfiff.

Nicht irgendein Beauftragter des Verteidigungswesens gibt den Alarm, sondern »er«. Es kann damit nur Gott selbst gemeint sein. Wie ein Imker sein stachelgerüstetes Bienenvolk herbeipfeift (7, 18), so läßt er seinen Pfiff ertönen. Das wird ein Heiliger Krieg, zu dem Gott selber ruft!

v 26ab ». . . einem Volk aus der Ferne und pfeifen ihm vom Saume der Erde«. Aber nicht dem Berufsheer und dem Volksaufgebot Judas gilt sein Sigal, sondern über das Heilige Land hinweg läßt er sein Alarmzeichen in geheimnisvolle Ferne gehen. Er ruft in seinen Heerbann ein Volk vom Ende der Erde, um seinen Heiligen Krieg zu führen. Und dieser Heilige Krieg gilt dem Volk Gottes selber. Das feindliche Heer, vor dem sonst der Alarmruf warnt, ist der Heerbann des Gottes Israels. Es wird von ihm zum Kampf gegen sein eigenes Volk angeführt.

v 26c »Und siehe, in Eile, schnell kommt es!« Mit einem »siehe« des Staunens, wie es Schauungen einleitet oder vor Geschautes stellt, zeigt der Prophet bereits die Wirkung des göttlichen Alarmes an: Er weist auf das Heer,

1) 2. Kö. 15, 19.
2) Vgl. Am. 5, 18–20; Jes. 8, 22; Jer. 4, 23; vgl. Joel 2, 2. 10–11; 3, 4; 4, 14–16.

das dem Aufgebot Gottes Folge leistet. In Blitzesschnelle kommt es. Zwei Ausdrücke für »Eile« sind zur gegenseitigen Verstärkung aneinandergereiht: »In Eile, schnell«; so schnell wie einst die lästernden Jerusalemer vom Propheten die Erfüllung seiner Drohung und den Einbruch des Gerichtes von seiten des Heiligen Israels gefordert hatten: »Es eile, es spute sich ja doch sein Werk . . . Es nahe sich, es komme (treffe ein) der Ratschluß des Heiligen Israels . . .« (5, 19). »Siehe, in Eile, schnell kommt es« ruft der Prophet ihnen jetzt in Bestürzung zu. Wer kommt? Die letzte Halbzeile ist weggebrochen, oder der Vers ist vom Propheten absichtlich nicht zu Ende geführt. Das Volk aus der Ferne bleibt unbenannt, namenlos, denn ein Geheimnis umgibt es. Statt dessen setzt der Prophet mit der Schilderung seines Ansturmes ein.

*Strophe 2*: Das Geheimnis seiner Kraft und Ausdauer, v 27.
v 27a »Nicht gibt es Müde, nicht gibt es Strauchelnde darunter«. Der Ansturm dieses Heeres mutet nicht mehr natürlich an. Trotz der Weite der Wege, über die sein Eilmarsch es heranführte, und trotz der wahnwitzigen Schnelle, in der es dem Ruf seines großen Feldherrn folgt, bleiben keine Erschöpften am Wege liegen, wie sie sonst die Straßen großer Heereszüge säumen. Beim Sturm zu Fuß oder zu Pferde fällt oder strauchelt keiner, wie es bei solchem Tempo unvermeidlich wäre.
v 27b »Nicht schlummert es und nicht schläft es«. Was kein menschliches Heer vollbringt – es kennt keinen Schlaf, sein Auge bleibt wach, wie es auch nicht ein heidnischer Gott vermag, der Götze ist,[3] sondern allein der wahre Gott, der Gott Israels, von dem die Gemeinde singt: »Siehe, nicht schläft und nicht schlummert der Hüter Israels« (Ps. 121, 4). So wunderlich ist solches an diesem Heer, daß die Auslegung das Sätzchen für unpassend befunden und es zu streichen vorgeschlagen hat.[4] In Wirklichkeit sagt es: Es haftet diesem Heer als Geheimnis seiner Ausdauer etwas von der Unermüdlichkeit des großen Feldherrn an, der den Heerbann aufbietet und führt. Was in der apokalyptischen Stunde Menschen und Menschenaufgebote vollbringen, sprengt menschliches Vermögen, nicht, weil die Menschen zu Übermenschen wurden, sondern weil Gott als Richter mit ihrem und hinter ihrem Aufgebot ist! In der apokalyptischen Stunde erlebt man, ausgeliefert in der Menschen Hände, die eigene Auslieferung an Gott und nicht an Menschen. Das gibt der Stunde ihre Furchtbarkeit: »Schrecklich ist es, in die Hände des lebendigen Gottes zu fallen« (Hebr. 10, 31), in die Hände des Allwissenden, Allmächtigen, Allwachenden, Allgegenwärtigen, Unentrinnbaren.
v 27cd »Nicht löst sich der Gurt seiner Lenden, nicht reißt der Riemen seiner Schuhe«. Eben dies ist auch das Geheimnis der Dauerhaftigkeit seiner Ausrüstung. Man hat gemeint, der Prophet bewundere die Vorzüglichkeit des Lederzeuges, wie man es an der assyrischen Wehrmacht gesehen, mit der die

3) 1. Kö. 18, 27.
4) Vgl. Duhm.

Ausrüstung des judäischen Heeres nicht konkurrieren kann. Aber nicht das bessere Leder macht es, daß seine Waffengurte beim rasenden Tempo halten und seine Schuhriemen bei den atemlosen Märschen nicht reißen, sondern es ist das Geheimnis Gottes, das mit ihm ist, des Hüters Israels.
*Strophe 3*: Die Unwiderstehlichkeit seiner Waffen, v 28.
v 28 »Seine Pfeile sind geschärft und all seine Bogen sind gespannt, die Hufe seiner Rosse sind felsenhart und seine Räder geachtet wie Windsbraut«. Von der Phalanx des Fußvolkes, das dröhnenden Marschtrittes in seinen Soldatenschuhen einherstürmt (vgl. 9, 4), wendet sich der Blick der Vision zur Durchbruchstruppe, die mit Pfeil und Bogen auf ehernen Kriegswagen vor dem Fußvolk herbraust. Die Fäuste halten die Bogen gespannt, die Pfeile liegen geschärft auf den Sehnen. Sie sind jederzeit bereit, beim Auftreffen auf den Feind tödlichen Hagel von Geschossen auf ihn loszulassen, um ihren Ansturm zu unterstützen, oder die durch ihn versprengten noch auf der Flucht zu erreichen. Die Hufe der Rosse greifen aus und packen den felsigen Boden, sie scheuen nicht Steine und nutzen sich nicht ab wie gewöhnliche Pferdehufe. Sie zermalmen die Verwundeten oder Fliehenden, die unter sie fallen.[5] Und die in rasender Umdrehung dahersausenden Räder geben einen dröhnenden Klang, als brause ein plötzlich aufspringender Sturmwind über das Land.[6]
*Strophe 4*: Die Schrecklichkeit seines Angriffs, v 29.
v 29 »Sein Schlachtgebrüll ist wie des Löwen und es brüllt wie die Jungleuen und es tost und es packt Beute und schleppt fort und niemand rettet«. Ins Brausen der Wagen mischt sich der Schlachtruf, mit dem das Heer beim Sturmangriff seinen Schrecken ins Herz des Gegners wirft.[7] Er gellt wie Löwengebrüll, mit dem der König der Tiere vor dem Sprung seine Beute lähmt.[8] Der Sturmangriff selber gleicht seinem letzten Zupacken. Hat man sein durchs Mark fahrendes Aufbrüllen gehört und zuckt gelähmt zusammen, so ist er in der nächsten Sekunde im Sprunge da und faßt einen. Man ist Beute, und er trägt sie fort. Da kann niemand dazwischentreten und dem königlichen Tier seine Beute entreißen. So ist es bei diesem herannahenden Heere. Der aufgellende Schlachtruf, der ansetzende Sturmangriff und der Aufprall auf den Gegner sind eins; Fassen, Zertrümmern und Fortschleppen sind unentrinnbar wie das Schicksal.
Wieder glänzt durch die Hülle der Zeichnung ein anderes, größeres und der Gemeinde vertrautes Bild, das nicht vom Einbruch menschlichen Feindes handelt, sondern vom plötzlichen Advent Gottes an seinem Tage. »Wie ein Löwe wird er brüllen« sagt ein Prophet von diesem Tage. »Jahwe wird vom

5) Vgl. Abbildungen: Fritz Hommel: Geschichte Babyloniens und Assyriens, 1885, Tafel z. S. 576. H. Schmökel: Ur, Assur und Babylon, 1958, T. 87 u. 102.
6) Vgl. Joel 2, 4. 5.
7) Vgl. Am. 2, 2; 5, 14; Ri. 7, 18. 20; Jes. 42, 13.
8) Am. 1, 2; 3, 8; Joel 4, 16; Jer. 25, 30.

Zion her brüllen« war vertrauter Adventsruf.[9] So zeichnet sich hinter dem Ansturm des Feindes der Advent Gottes ab – nicht zur Rettung seiner Gemeinde, sondern zum Gericht über sie. Mit fast denselben Worten hatte Hosea den Advent Gottes zum Gericht über sein Volk gezeichnet. »Ich bin . . . wie der Jungleu für das Haus Juda; ich, ich zerreiße und gehe weg, schleppe fort und es gibt keinen Retter« (5, 14). Ebenso zeichnet jetzt Jesaja Plötzlichkeit, Unentrinnbarkeit und Tödlichkeit des Angriffes dieses Feindes und die retterlose Verfallenheit an ihn. Der Schatten Gottes und seines Adventes ist über dem Angriff dieses Feindes.

*Strophe 5*: Die Herabfahrt Gottes über seinem Heer, v 30.

v 30ab »Und es tost über ihm an jenem Tage gleich dem Tosen des Meeres«. Der Prophet greift jetzt das Wort auf, mit dem er das »Tosen«, das den Angriff des Heeres begleitet, beschrieben hat. Wir hören es über dem ganzen feindlichen Heer wie Gewitterdonner oder Wogenbrandung anschwellen. Das ist ein Tosen oder Donnern wie über dem Sinai bei der Herabfahrt Gottes[10] oder wie das Tosen der Erscheinung Gottes vor dem Propheten Hesekiel.[11]

»An jenem Tage« fügt der Prophet hinzu und lüftet damit den Schleier des Geheimnisses über seinem Gesicht, das bedeutet, am *Tage Gottes*, am Tage seines zweiten *Adventes* unter Donnerhall wie beim ersten Advent am Sinai. Das ganze Gesicht vom Ansturm des furchtbaren Feindes rückt damit aus dem Rahmen einer Katastrophe der Geschichte – in das Licht der Endzeit.

v 30cd »Blickt man zur Erde – siehe, drangvolle Finsternis! Das Licht wurde finster im Wolkendunkel Jahwes«. Was im undurchdringlichen Wolkendunkel über dem Berge der Erscheinung sich am Sinai vor den Vätern abspielte, das entschränkt sich beim zweiten Advent und umgreift die ganze Welt.[12] Es erfaßt den Kosmos – Erde und Himmel: Angstvolles Dunkel, so weit das Auge reicht! Wie vor dem ersten Schöpfungstag über dem Chaos! Das Licht, das die Schöpfung einleitete, ist untergegangen!

In einem letzten Wort hebt der Prophet vollends vom Ansturm dieses Heeres und der Vernichtung vor ihm her die Umhüllung ab.

Er nennt das Wolkendunkel, das sich von Donner und Wogenhall begleitet

9) Joel 4, 16; Jer. 25, 30; Am. 1, 2; Hos. 11, 10.

10) 2. M. 19, 16. 18. 19; 20, 18

11) Hes. 1, 24; Jes. 6, 4.

12) Vgl. Joel 4, 15; Am. 5, 18–20; Jes. 8, 22; Jer. 4, 23; Jes. 60, 2; vgl. Ps. 97.

über dem furchtbaren Heer niederläßt, das »Dunkel Jahwes«,[13] das die ganze Welt in Finsternis hüllt, das Licht der Himmelskörper verschlingt und den Abend des letzten Weltentages herbeiführt. Es ist Wolkendunkel, das wie einst am Sinai Gottes Erscheinung verhüllt und Zeichen seines Adventes ist. »Finsternis ist er und nicht Licht« hatte Amos vom Tage Jahwes gesagt, »dichtes Dunkel und ohne Lichtglanz« (5, 18). Und an einer anderen Stelle malt Jesaja noch furchtbarer Angst und Enge dieses Dunkels aus: »Der Mensch wendet sich nach oben und blickt herab auf die Erde und siehe, Bedrängnis und Finsternis, Dunkel, das einzwängt und in dichte Finsternis (ist er) hinausgestoßen« (8, 21d. 22). Ein anderer Prophet zeichnet noch deutlicher den kosmischen Charakter dieser Finsternis als Wiederkehr des Chaos: »Ich schaute die Erde an und siehe, Chaos und Gestaltlosigkeit! und die Himmel – und kein Licht! Ich schaute die Berge an und siehe, sie bebten und alle Höhen gerieten ins Schwanken, ich schaute und siehe, fort der Mensch! und alle Vögel des Himmels – geflohen! Ich schaute und siehe, der Karmel – Wüste! und alle seine Städte – verbrannt! vor Jahwe, vor der Glut seines schnaubenden Zornes« (Jer. 4, 23–26).

Der Angriff des Assyrers – genannt ist er bis zuletzt nicht, aber jeder muß ihn aus der Beschreibung erkennen – leitet die Nacht vor dem neuen Weltentag ein. In ihr ist Gott selbst als Richter verborgen und gegenwärtig. Donner begleiten sein Kommen. Darum ist für das im Rausch und in Sicherheit dahinlebende Gottesvolk der Warnruf so eilig, die Buße und Umkehr so dringlich.

13) Das letzte Wort unseres Gedichtes lautet im hebr. Text »in ihren Wolken« (ba$^{ʿa}$rîphâhā), wobei das Hauptwort ʿārîph nur hier im AT vorkommt und seine Bedeutung dunkel ist. (Das Zeitwort ʿāraph begegnet mit der Bedeutung »Tau träufeln« oder »Regen träufeln« ⟨5. M. 33, 28; 32, 2⟩ und sonst nicht wieder.) Unerfindlich bleibt dabei, wessen Wolken gemeint sein können. So hat man mancherlei Änderungen versucht. Schon die alten Übersetzungen raten und schwanken. S. denkt an »Finsternis«, Hi. an »Glut« (caligo), Pr. liest danach ba$^{ʿa}$rāphäl »im Dunkel« für das unsichere ba$^{ʿa}$rîph. G liest »in ihrer Bedrängnis« b$^{e}$ṣārātām. Du. streicht das Suffix und liest »durch dunkle Wolken« ba$^{ʿa}$rîphîm.

Am einfachsten ist es, mit Guthe den Buchstabenbestand des Wortes unverändert zu lassen und nur eines der von den jüdischen Gelehrten des Mittelalters gesetzten Vokalzeichen zu ändern. Das Wort lautet dann für ba$^{ʿa}$rîphäjhā »in ihren Wolken« – ba$^{ʿa}$rîphjāh »in der Wolke Jahwes«. Die Wortbildung ist analog derjenigen von maʾpēljāh »Finsternis Jahwes« (von ma$^{ʾa}$phēl »Finsternis«) (Jer. 2, 31). Möglich ist auch nach der syrischen Lesart $^{ʿa}$rāphäl »Finsternis«, ba$^{ʿa}$rāphäljāh »im Dunkel Jahwes« zu lesen. Dem Sinn nach kommt es auf dasselbe heraus.

# Zusammenfassung

I.

Die erste Sammlung von Jesajareden Kp. 1–5 behandelt das Thema: Zusammenstoß der *Heiligkeit* Gottes mit der *Vermessenheit* der *Gemeinde*.

Diese einseitige Ausrichtung der Predigt des Propheten während des ersten halben Jahrzehntes seiner Wirksamkeit versteht sich nicht von selbst. Nicht nur die Botschaft der nationalen Lügenpropheten Israels von einst, auch das AT und insbesondere die spätere Verkündigung Jesajas ist durchzogen von Prophetien gegen die Vermessenheit der Völker, Reiche und Herrscher im Raum der gefallenen Welt außerhalb der Heilsgeschichte.
Diese Vermessenheit erhebt zum ersten Mal ihr Haupt im Paradiese in der Stimme der Schlange, die den ersten Menschen zum Griff nach der Erkenntnis Gottes reizt: »Ihr werdet sein wie Gott« (1. M. 3, 5). Sie erreicht ihren ersten Höhepunkt in jenem Turmbau, bei dem die Menschheit ihren Namen bis an den Himmel erhöhen und ihre Einheit in sich selber erringen oder behaupten will: »Lasset uns uns einen Namen machen . . ., daß wir nicht zerstreut werden« (1. M. 11, 1ff).
Die Bibel verfolgt die Weiterentwicklung dieses Triebes durch die Geschichte der gefallenen Menschheit und läßt sie aufleuchten in den Parolen der Selbstverabsolutierung im Munde von Kleinstaaten und ihren Fürsten, wie in den Selbstprädikationen im Munde von Großreichen und Weltherrschern. »Gott bin ich« rühmt sich der König von Tyrus in seiner Weisheit, seinem Reichtum und seiner Macht (Hes. 28, 2ff). Und der Weltherrscher aus Babel schickt sich an, Gott die Zügel des Weltregiments aus der Hand zu nehmen: »Ich will in den Himmel steigen und meinen Thron über die Sterne Gottes erhöhen . . ., gleich sein dem Allerhöchsten« (Jes. 14, 13f). Und die Weltmacht Babel nimmt selbst das allerheiligste Gottesprädikat für sich in Anspruch: »Ich und keine mehr« (Jes. 47, 8). Vollends hat der Prophet Jesaja in der zweiten Periode seiner Wirksamkeit – Vermessenheit als das Wesen der Weltmacht herausgestellt. Er zeichnet sie als Axt, die sich gegen den, der sie schwingt – erhebt, und die Welt in Übertretung ihrer Vollmacht zu Kleinholz macht (Jes. 10, 15 und 5ff).
Ein anderer Kreis von Prophetien der Vorgänger und Nachfolger Jesajas stellt bekanntlich besonders das Vorgehen der Völker gegen das Volk Gottes ins Licht des Gerichtes, z. B. Am. 1, 3ff; Jer. 46ff; Hes. 25.

II.

Um so beachtenswerter ist es, daß der Prophet Jesaja in diesen ersten Jahren nach seiner Berufung den Vorwurf der Vermessenheit nicht gegen die Welt-

macht, sondern nur gegen die Gemeinde Gottes selber richtet. Das kann verschiedene Gründe haben.
Geschieht es, weil die Weltmacht in jenen ersten Jahren noch nicht ihr wahres Gesicht gezeigt hat? Die Eroberungszüge Tiglat-Pilesars III. haben bereits begonnen. Ein Teil des syrischen Raumes ist schon mit Assurs Expansionsdrang konfrontiert worden. Uzzija von Jerusalem hatte versucht, den Widerstand der vorderasiatischen Kleinstaaten zu organisieren. Doch immerhin steckte die Ausbreitung der Machtsphäre der Weltmacht in der Frühzeit Jesajas noch in den Anfängen.

Es hat aber noch einen tieferen Grund, daß die Gerichtspredigt Jesajas (wie auch die seiner Zeitgenossen Hosea und Micha) sich zunächst gegen das Volk Gottes richtet. Es steht bei Jesaja im Zusammenhang mit seinem unmittelbar vorangegangenen Gotteserlebnis, bei dem er seines Zusammenstoßes mit dem Lebendigen, vermutlich mitten im Gottesdienst, innegeworden ist. Er hat bei seiner Berufung zum Propheten (Kp. 6) die unerreichbare Erhabenheit, unentrinnbare Nähe und unerträgliche Heiligkeit Gottes erfahren. Davon berichtet zurückgreifend die zweite Sammlung der Reden und Taten Jesajas (Kp. 6–12). Er ist Gott in seinem tödlichen Gegensatz zur Sünde begegnet. Er hat zum ersten Mal Gott, den er tausendmal anrief, in seiner Wirklichkeit erlebt als den König der himmlischen Heerscharen, der Anspruch hat, die Erde mit seiner Herrlichkeit zu erfüllen. Er sieht nun erst sein und seines Volkes Leben im Licht der Rebellion gegen diesen König.
Jesaja sieht, daß die Gemeinde, die Gott anruft, seine Herrlichkeit verdunkelt und die Erde, statt mit seiner Herrlichkeit, mit ihrer Vermessenheit erfüllt. Das dreimal »Heilig«, in das er wohl hundertmal mit seiner Gemeinde eingestimmt hat (vgl. Ps. 99), ist beim Anblick des Heiligen und beim Erleben des himmlischen Gottesdienstes und des Lobes der Seraphen auf den dreimal Heiligen – auf seinen Lippen erstorben und dem Schrei aus Todesnot und Gericht gewichen. Er hat danach – selber aus Gnaden angenommen und versöhnt – den Auftrag bekommen, das Gericht an der Gemeinde, die die Gnade nicht braucht, durch Verstockung zu vollstrecken. Wen kann es da wundern, daß er als erstes dieser Gemeinde den Heiligen bezeugt und ihr aufdeckt, daß sie sich mit ihrer Vermessenheit im Zusammenstoß mit dem Heiligen befindet!
Aus dem Gesagten ergibt sich das andere: Erst die Gemeinde, die das Wort – die prophetische Verkündigung, die priesterliche Unterweisung und den wahren Gottesdienst hat, ist imstande, das Leben in der Verschlossenheit für Gott als Rebellion zu erkennen. Sie ist dadurch anders als die übrige gefallene Welt, die auch in der Rebellion lebt, für ihre Vermessenheit verantwortlich, erst recht seit sie Christus kennt.
Daraus folgt das Dritte: Erst in der Gemeinde, die anders als die Welt um Gott und seinen Willen weiß, Glaube und Unglaube als Möglichkeit gezeigt bekam – erst in ihr ist Sünde in ihrer Eigentlichkeit möglich, reift Vermessenheit aus

zur Gegnerschaft gegen und zum Angriff auf den wahren Gott, kommt es zum Zusammenstoß der Vermessenheit des Menschen mit dem Heiligen im Vollsinn.

Darum beginnt das Gericht am Hause Gottes. Daher kommt es in der Gemeinde zur letzten Verstockung. Die prophetische Predigt muß durch das Zeugnis vom Heiligen und durch die Aufdeckung der Vermessenheit in denen, die Gott in seiner Gnade offenbart bekamen und nicht zu ihm flüchteten, die Verstockung vollziehen. Das ist ja auch die Not der Kirche heute, daß sie den Heiligen offenbart bekam, daß ihr Zusammenstoß mit dem Heiligen ihr aufgedeckt wurde und sie die Frohe Botschaft erhielt, daß ihre Sünde am Kreuze Jesu gesühnt ist – und sie dennoch nicht zum Gekreuzigten flüchtet. Eben darum sperrt sie sich gegen die »*Heiligkeit*« Gottes, ächtet sie das Wort »*Sünde*« und verspottet sie Sühne und »*Sühnopfer*« des Christus, obschon sie sich gleichzeitig zum Christus und zum »Wort« bekennt und sich keineswegs im Widerstreit zum Herrn sieht.

## III.

Durch die Predigt des Propheten blickt das Gesicht einer Gemeinde, die sich auch damals keineswegs reif fürs Gericht empfand. Ja, ohne diese Predigt würden auch wir sie vermutlich nicht als Vermessene sehen. Die Gemeinde Alten Bundes, in der sich das Reich Gottes noch in völkischer Gestalt verwirklichte, war zwar rechtens auf Aufbaugesetze und Verteidigungsmittel dieser Zeit und Welt angewiesen. Aber eben darin war sie dennoch anders als die Völker dieser Welt auf Glauben gestellt und letztlich auf Gott verwiesen.

Im Spiegel der Predigt des Propheten zeigt sie sich als Blühende: *äußerlich* reich, gesichert und Schauplatz des Fortschrittes auf allen Lebensgebieten. »Angefüllt«, »angefüllt« wiederholt der Prophet (2, 6–22); – *strukturmäßig* oder organisatorisch mit einer reichgegliederten Führungsspitze, Spezialistentum und Ämterfolge für die Ausübung all ihrer Lebensfunktionen versehen. Der Prophet nennt dreizehn Stützen der Gesellschaft (3, 1–15); – *zivilisatorisch* im Genuß einer Verfeinerung, die bis ins Privatleben – Freizeit, Schmuck, Bekleidungskultur und Stellung der Frau – reicht. Der Prophet zählt einundzwanzig Schmuck- und Bekleidungsstücke auf (3, 16–4, 1); – *kulturell* mit den Vorbedingungen für die Entfaltung von Kunst, Musik und verfeinertem Gesellschaftsleben beschenkt (5, 8–25). – Vor allem aber ist die Gemeinde *geistlich* gesegnet durch Empfang und Erfahrung des Heils und Beauftragung mit dem Zeugnis vom Heil in einer Welt unter dem Fluch, ausgerüstet, Frucht zu bringen für Gott in Recht und Gerechtigkeit (5, 1–7). Sie ist beschenkt mit der Offenbarung Gottes, der priesterlichen Thora, der prophetischen Predigt und dem wahren Gottesdienst, ja, mit einem blühenden

kirchlichen Leben (1, 10–20). »Was könnte noch getan werden an meinem Weinberge, was ich nicht an ihm getan?« sagt Gott von seiner damaligen Kirche (5, 4).
Auch und erst recht die christlichen Kirchen blicken trotz aller Zeichen des Versagens auf eine einzigartige Gottesgeschichte zurück. Sie rühmen sich als Kirchen des Wortes. In nie dagewesenem Ausmaß verfügen sie über Geld und Macht und weltumspannende Organisation, sind sie Schauplatz intensiver Aktivität in sozialem Engagement, im Ringen um Zeitgemäßheit der Verkündigung und in wissenschaftlicher Arbeit am Wort.

## IV.

Und doch zeigt die prophetische Predigt auf all den mit den genannten Gaben berührten Lebensgebieten den *Zusammenstoß* der *Vermessenheit gerade der Kirche* mit der *Heiligkeit Gottes*. Am schärfsten geschieht es auf dem Gebiet des Gottesdienstes bis zur Klage Gottes: »Ich bin's müde, zu tragen« (1, 14). Der Prophet enthüllt den Mißbrauch der seiner Kirche zur Verherrlichung Gottes verliehenen Gaben, zur Selbstverherrlichung des Menschen und zur Verdunkelung der Herrlichkeit Gottes. Er zeigt ihr die Verfälschung ihrer Stellung als Gewächs des Heils inmitten der Welt des Fluches (5, 1–7) zur sechsfach mit Fluch belegten Unheilsträgerin (5, 8–25).
In der *Fülle des Fortschritts* – Reichtum, Sicherheit, Weltaufgeschlossenheit und Religiosität – deckt der Prophet Sattheit und Verstricktheit in das säkulare Denken auf, das sich selbst sucht und sichert, sich durch Aberglaube und Okkultismus gegen die methaphysische Welt versichert, auf Geld und Macht seine Unabhängigkeit gründet. Sogar auf dem Gebiete des Glaubens und der Theologie inthronisierte sich in ihr der Mensch, indem er sich Gottes Bild nach den eigenen Vorstellungen zurechtmachte und das eigene Machwerk anbetet. Das ist Vermessenheit, die das Gericht Gottes herausfordert (2, 6–22).
In der *Differenzierung der Führungsspitze*, in Spezialistentum und Ämterfolge in der Gemeinde enthüllt der Prophet Verführung statt Führung durch die Verantwortlichen, Mißbrauch des Dienstauftrages zur Sicherung der eigenen Existenz, Verfügung über das Eigentum Gottes, seine Gemeinde, wie über ein Objekt der eigenen Verfügungsgewalt, leidenschaftliche Gegnerschaft gegen den Frommen, der sich in der Verantwortung vor Gott hält, und Ablenkung des Vertrauens der Geführten von dem, der sich selber die Stütze Israels nennt, auf Menschen und materielle Dinge als Stützen – das ist wieder Vermessenheit (3, 1–15).
Und hinter der *Verfeinerung* und Hebung der *Stellung der Frau* zeigt der Prophet denselben Drang, sich selbst in die Mitte zu stellen, aufzuwerten und durchzusetzen und in all dem zu scheinen statt zu sein, zu herrschen statt

dienend die hohe, vom Schöpfer gegebene, vom Erlöser zugewiesene Stellung in Familie und Gemeinde auszufüllen, d. h. das »Gegenüber« und die »Mitarbeiterin« des Mannes zu sein, »Samen Gottes« zu zeugen und zu erziehen, das Hauspriestertum zu verwalten und im Gemeindegottesdienst das Lob Gottes zu singen und in dem allen einzeln und in Gemeinsamkeit Instrument zu sein, an dem Gott sich verherrlicht. Im Gegensatz dazu zeigt der Prophet in Tag- und Nachtkultur des Frauenlebens bis in Schmuck- und Kleidermode und in der inneren Haltung, die dahintersteht, Zusammenstoß der Vermessenheit des Menschen mit dem heiligen Gott (3, 16–4, 1).

Dasselbe gilt von der *Blüte* und *Verfeinerung der Kultur* in ihren höheren Zweigen, wie z. B. vom Aufblühen der säkularen Musik und der Verfeinerung des gesellschaftlichen Lebens durch Befreiung der Zeit aus Zwang und Sklaverei der Arbeit und des bloßen Konsums zur Freiheit höherer Menschenwürde und zur Verklärung durch Freude, Feierklang und Kunstgenuß. In dem allen zeigt sich im Lichte Gottes der vermessene Drang des gefallenen Menschen, sich selbst in die Mitte zu rücken, den anderen zur Seite zu schieben und den eigenen Aufstieg zu Besitz, Macht, Größe und Unabhängigkeit zu verfolgen. Damals in einer Zeit des Umbruchs durch Auflösung der patriarchalischen Sippenordnung im Aufblühen von Handel, Geldwirtschaft, Kapitalbildung und Großraumwirtschaft – geschah es durch skrupellose Ausweitung von Besitz und Macht auf Kosten der Verarmenden – heute im Ringen zwischen gleichberechtigten Sozialpartnern um Geld und Macht – im Raum der noch »christlichen« Völker.

Dahinter steht die innere Loslösung von Gott sowie aus dem Zusammenhang, in den ER seine Kinder mit den Genossen des Bundes stellte. Es führte vom Ausbruch aus der Verantwortung für die anderen in den Einbruch in den Lebensraum der anderen.

Der Mensch machte sich selbst zum Gott, riß die Grenze zwischen Werktag und Feiertag, Tag und Nacht nieder und mit ihr die Schöpfungsordnung. Er warf sich zum Herrn der Zeit auf, stellte sie in seinen eigenen Dienst, erniedrigte die Musik aus dem Instrument der Verherrlichung Gottes zum Dienst des eigenen Genusses, nahm das Leben aus dem heilsamen Zwang des Dienstes in Verantwortung vor Gott in die eigene Verfügung zum Dienst an sich selbst.

Der Prophet zeigt, wie die Hybris fortschreitet von der naiven Gedankenlosigkeit und Blindheit für Gott, für seine Offenbarung und für seinen Heilsplan über dem Leben des einzelnen und mit dem anderen und der Gemeinde, d. h. von der blinden Selbstsucht, – zur bewußten Auflehnung gegenüber Gott und seiner Ordnung und seinem offenbarten Willen, der die Selbstherrlichkeit des Menschen einengt, – bis zum gezielten Einbruch in Gottes Schöpfungs- und Wertordnung wie in seine sittliche Weltordnung. Das Ende ist die Einsetzung des Menschen und seines Denkens zum Maß aller Dinge, die Proklamation der Machbarkeit der Welt, die Revolution gegen Gott, die bitter für süß, böse für gut erklärt, Gottes Offenbarung und Gebot verachtet, Gott und die Einlösung seines Geschichtsplanes herausfordert und dadurch seinen Heilsplan zum Unheilsplan verwandelt, sich selbst an Gottes Stelle setzt, das Gericht herbeizieht. Aus der naiven entwickelt sich die bewußte Autonomie der Weisheit, Macht und Persönlichkeit des Menschen (5, 8–25).

So zeichnet der Prophet die Entwicklung der Kirche in seiner Zeit. Es bedarf aber keiner besonderen Hellsichtigkeit, um das gleiche Gefälle und darin die gleiche Revolution des menschlichen Autonomiestrebens in unserer Zeit auf allen Gebieten einer viel weiter entwickelten Kultur und Zivilisation, Moral und Glaubenshaltung wiederzuerkennen. Im Lichte der prophetischen Predigt verfolgen wir das immer beängstigender sich beschleunigende Gefälle in Sexualethik und Sozialethik, Zivilisation und Kultur, Politik und Religiosität, Moral und Theologie und damit nicht zuletzt in der Kirche. Es steuert alles auf den Zusammenstoß der Hybris mit der Heiligkeit und Barmherzigkeit Gottes zu. Oder vielmehr wir stehen schon mitten im Zusammenstoß drin.

## V.

Den Schlüssel zum Verständnis der Krise gibt in den Reden Jesajas die Heiligkeit Gottes, mit der er bei seiner Berufung zusammenstieß, und das Gericht über seine Vermessenheit, das er darin zugleich mit seiner Sühnung erlebte. Uns Heutigen ist der Schlüssel zu unserer Krise in die Hand gegeben in der Konfrontation mit dem Vollzug unseres Gerichtes am einzigen Gehorsamen, in die wir am Kreuze gestellt werden, und in der Erfahrung der Sühne und Versöhnung durch sein Blut. Nur in dieser Konfrontation und in dieser Erfahrung erkennen wir wurzelhaft unsere Vermessenheit und preisen wir in voller Tiefe seine Heiligkeit. Gegen diese Konfrontation wehrt sich auch heute wieder die Kirche. Es tun es besonders die Vertreter der Theologie und die Träger des Amtes. Man wehrt sich dagegen, den Schlüssel, der aus dem Gefängnis der Vermessenheit herausführt, anzunehmen. Sind wir schon auf dem Wege der Verstockung wie die Kirche Jesajas?

Jesaja erlebte im Zusammenstoß mit dem wirklichen Gott das Gericht über unsere Vermessenheit, und Sühne als einzigen Weg zur Rettung. Er muß dies Gericht in der Verstockungspredigt an der Kirche, die der Sühne nicht bedarf, vollstrecken. Gott kündigt durch ihn von verschiedenen Seiten diese Vollstreckung an.

Er nennt die Truppen der vermessenen Weltmacht, deren Furchtbarkeit nicht mehr rein menschlicher Machtentfaltung entstammt, sondern der Vollmacht des Richters, dessen Auge nicht schlummert und dessen Arm nicht ermüdet (5, 26–30).

Dahinter enthüllt er den Einbruch des Feuers seines Zornes und den Aufbruch des Abgrundes des methaphysischen Todesreiches (5, 8–25).

Er entfaltet das Gericht *vordergründig* in der Auflösung der kosmischen Ordnungen in Naturkatastrophen (5, 7), Aufhebung des Schutzes vor Feinden, Entblößung der Frau vom Glanz der Zivilisation und Preisgabe an Roheit und Schändung in Kriegskatastrophen (3, 16–4, 1), Auflösung der moralischen Ordnung in der Gesellschaft durch Revolution und Umsturz, Entvollmächtigung der Weisen, Fesselung des Guten, Erhebung des Nichtswürdigen, Auslieferung des Regiments an die Toren, Niederreißung aller Stützen in Gestalt von Menschen und Dingen, die an die Stelle der einzigen Stütze der Gemeinde traten (3, 1–15).

Allem voran offenbart Gott *hintergründig* Kern und Kraft des Gerichtes – in dem Advent Gottes selber, der die große Götterdämmerung über die Götzen der hybriden Welt hereinführt. Sie räumt platzende Fülle und ragende Höhe weg, die der Erfüllung der Welt mit seiner Herrlichkeit im Wege stehen, Hoheit und Heiligkeit seiner Majestät verdunkeln (2, 6ff). Er enthüllt in seinem Advent das Gericht, das selbst vor der methaphysischen Welt, die der Mensch sich aufbaute, nicht haltmacht, die absolute Nichtigkeit alles dessen entlarvt, was der Mensch mit göttlichem Glanz umkleidet, und zum Schluß die Majestät des Menschen, der sich selber zum Gott macht und doch nur Odem in seiner Nase hat, zernichtet (2, 6–22). Der Advent Gottes entblößt den autonomen Menschen, treibt ihn in die Flucht und konfrontiert ihn auf der Flucht mit der Unentrinnbarkeit der Herrlichkeit Gottes als Richter. Er stürzt den Menschen aus der Einbildung seiner eigenen Schöpferhoheit und aus der Illusion der Machbarkeit der Welt und des Lebens durch ihn und macht Gottes alleinige Hoheit offenbar. »Schlüpfen wird man in die Höhlen der Felsen und in den Löchern der Erde sich verstecken, vor dem Schrecken Jahwes und der Pracht seiner Majestät, wenn er aufsteht zu schrecken die Erde« (2, 19). »Und erhaben wird sein Jahwe allein an jenem Tage« (5, 17). Heute meint der Glaube von ferne schon etwas vom heißen Hauch dieser Götterdämmerung zu spüren und vom unentrinnbaren großen Ernst dieser letzten Konfrontation mit der Herrlichkeit Gottes zu erahnen. Noch nie war Menschenklugheit und -macht so groß – auf Erden wie im Kosmos. Doch auch noch nie regte sich hinter aller Vermessenheit so grausame Angst.

## VI.

Aber das ist nicht die letzte Botschaft der ersten Sammlung von Jesajareden. Der Prolog, der der Sammlung wohl nachträglich vorangestellt ist, und die einzelnen Heilsweissagungen, die in sie eingefügt wurden, obwohl sie aus der Spätzeit des Propheten stammen, und andeutungsweise auch die Gerichtsreden selber zeigen hinter Gottes Gericht sein Werben (1, 2–10), das sein Ziel, die Umwendung erreicht (1, 18. 24–27) und als Ziel seines Adventes zum Gericht die Friedensherrschaft über die Völker (2, 1–5). Hinterm Gericht an

Führern und Frauen wie an der Gemeinde selber zeigen sie seine Liebe zu seinem Weinberg und seinen Eifer für ihn (3, 1–15; 3, 16–4, 1; 5, 1–7). Als Frucht des Gerichtes an seiner Kirche erscheint zuletzt ihre Verklärung zur Stätte seiner Herrlichkeit – die Entfernung der Blutschuld der Männer und des Schmutzes der Frauen durch die Taufe am Ende der Tage. Das Vernichtungsgericht wird zur Läuterung und Auslese des »Restes« und hinter der Wegräumung der gefallenen Autoritäten tritt der Knecht oder Sproß hervor, in dem Gott gegenwärtig wird (4, 2; 7, 14).

In der zweiten Sammlung des Jesajabuches Kp. 6–12 begegnen wir in Ausführlichkeit dem, was hier nur gestreift wurde – dem heiligen Samen aus dem Stumpfe Israels (6, 13), dem Reis aus der Wurzel Isais (11, 1), dem Weihnachtskinde (9, 1ff) und dem Jungfrauensohn (7, 14), dem Eckstein der neuen Welt, der den Bau der Gerechtigkeit Gottes trägt und zusammenhält (28, 16).

Das alles deutet sich aber schon in den Gerichtsreden selber an, in dem verschmähten, verachteten und herausgeforderten Werk oder Plan des Heiligen Israels, an dem Menschenwerk und -plan scheitern, den aber Menschenwerk und -plan nicht aufhalten können (5, 12cd; 5, 19abcd vgl. 14, 25–27; 8, 10; 17, 12–14). Seine Heiligkeit erschöpft sich nicht im Gericht an denen, die sie verdunkeln. Er heiligt sich in Zurechtbringung und Umwendung, d. h. in Gericht und Gerechtigkeit (5, 16; 1, 26–27).

Gott hat sein Volk, seine Stadt, seine Gemeinde und seine Kirche erwählt. Er läßt nicht ab, bis er die Hure durch Gericht und Buße wiedergebracht hat zur Treuen, seine Kirche, die ihn verdunkelte, umgewandelt hat zum Einbruchstor seiner Offenbarung in die Völkerwelt, seine Stadt, die mit Blutschuld und Schmutz befleckt ist, verklärt hat zur Stätte seiner Herrlichkeit, seinen heiligen Samen erweckt hat aus dem Nichts, den Thron der Welt und die Mitte seiner Kirche besetzt hat mit Christus, dem Messias (1, 21; 2, 3c; 4, 2ff; 6, 13; 4, 2).

## VII.

Die Prophetien aus der Spätzeit, die der Prophet oder einer seiner Schüler – bei der Zusammenstellung seines Buches – in die Sammlung seiner Frühreden einfügte, mit dem Prolog, der Weissagung vom Völkerfrieden und von der Verklärung Jerusalems (1; 2, 1–5; 4, 2ff) – deuten Sinn und Ziel des Gerichtes Gottes.

Den Rahmen der ursprünglichen ersten Sammlung seiner Gerichtsreden (2, 6–5, 30) bildet die unerhörte Vision des letzten Adventes Gottes zum Gericht (2, 5–22) *am Anfang* und seiner Gegenwart über dem unheimlichen Ansturm der Weltmacht und dem tosenden Dunkel, in dem die Welt versinkt (5, 26–30) *am Ende*. Sie erinnert an seine Gegenwart über dem tosenden Chaos, aus dem er die Schöpfung weckte (1. M. 1, 2).

In dem undurchdringlichen Dunkel der letzten Zeit zeigt uns hier der Prophet das »Dunkel Jahwes«, das seinen Advent verhüllt. Und in der Schrecklichkeit seines Adventes, vor der der Mensch mit seiner Herrlichkeit sich in die Ritzen der Erde flüchtet, enthüllt das Prophetenwort den »Heiligen, der sich heiligt in Zurechtbringung« als den letzten Akteur in Geschichte und Gericht. Damit leuchtet auch über dem ungeheuren Gerichtsdunkel unserer Zeit, wie über den in Kp. 2, 6–5, 30 angesagten Gerichten der Trost auf, der uns in unserer weit dem Ende zu fortgeschrittenen Gerichtszeit – unsere Häupter erheben heißt. Wie hinter dem Tosen des Chaos sich sein »es werde Licht« ankündigte, so hinter den Wehen des Endes der Geschichte der Advent dessen, der das Licht der Welt ist. »Es wird nicht dunkel bleiben über denen, die in Angst sind . . . Das Volk, das im Finstern wandelt, siehet ein großes Licht« (8, 22; 9, 1).

# Anmerkungen zum Text

Im folgenden sind die Zeichen aus dem textkritischen Apparat der von A. Alt und O. Eissfeldt bearbeiteten Biblia Hebraica von Rudolf Kittel (BHK) 9. Aufl. verwendet und nicht diejenigen der 1968 erschienenen neuen Stuttgarter Biblia Hebraica (BHS), herausgegeben von K. Elliger und W. Rudolf. Einzelne Zeichen, wie z. B. »Sin.« für Sanaiticus, »Sym.« für Symmachus usw., mußten eintreten, um hebräische und griechische Sigla zu vermeiden. – Das Zeichen »bh« ist vom Verfasser eingeführt, um die Beibehaltung von der Kritik angefochtener Lesarten zu markieren.

*zu 1, 2–9*

1) JR macht durch Voraussetzung des Artikels den Stabreim noch deutlicher: ha$^{ʾa}$zînî hāʾäräṣ. – 2) G las dafür in heidnisch-mythischer Verschiebung des Sinnes: »gezeugt« = ʾĕgĕnnēsa = hôladtî. – 3) ins c JR w$^{e}$ (w$^{e}$ʿammî) (et c ca 30 MSS GSV). – 4-4) Ziehe v 4abcd mit der Einleitung hôj als zusammenfassende Ausleitung zum Vorangehenden cf ʾôj Hos. 7, 13 (BdAT 23$^{II}$, z. St.). – 5) l c G statt 3. die 2. pers entweder $^{ʿa}$zabtäm u. ni$^{ʾa}$ṣtäm (= »ihr habt verlassen, habt gelästert«) n$^{e}$zōrôtäm (pr nāzōrû) (= »habt euch abgewendet«) od. c Du. ptʿōz$^{e}$bê u. nō$^{ʾa}$ṣê (= »die ihr verlassen habt, gelästert habt«). – 6-6) fehlt G vet. lat. Das ist aber Verstümmelung – alle drei Strophen beginnen mit einem Dreiblatt. – 7) nicht nötig nāzōrû zu ändern in nāsōgû (ni von zûr = »sich abwenden« in ni von sûg = »weichen«). Vielmehr liegt ein Wortspiel in v 4 nāzōrû v 5 sārāh u. v 6 lōʾ-zōrû (v. zārar) vor. – 8) bh ʿal mäh (BH sec. Ps. 79, 5 ʿad). Beides möglich. – 9) bh m$^{e}$tōm (BH mittōm od. tāmîm). – 10-10) bh (fehlt G$^{ABSin}$). – 11) 40 MSS T$^{L}$S w$^{e}$ (w$^{e}$ ārêkhäm). – 12–12) lc JR w$^{e}$šām$^{e}$mû ʿālâhā pr ûš$^{e}$māmāh = »eine Wüste«. cf »erstarren vor Entsetzen über ein verwüstetes Land« Lev. 26, 32; Ez. 26, 10; 27, 35; 28, 19. – 13-13) bh (Eichroth Gl. »eine Wüste ist es wie bei Sodoms Zerstörung«). – 14) l c BH s$^{e}$dōm pr zārîm (= »fremder« od. »durch Fremde«). cf zu mahpēkhat s$^{e}$dōm Gen. 19, 25; Am. 4, 11. – 15) M »eine bewachte Stadt« n$^{e}$ṣûrāh (pt pass qal nāṣûr v. nāṣar). BH l »umzingelte Stadt« n$^{e}$ṣôrāh (pt ni v ṣûr (ṣûr I »zusammenbinden« od. »-schnüren«, od. ṣûr II »anfeinden« cf G). Aber besser fasse c Du. u. Eichrodt ʿîr als »Burg« od. »Turm« u. n$^{e}$ṣûrāh als Hauptwort, »Warte« od. »Wacht«. cf 65, 4. – 16) bh (fehlt G vet. lat. SV). –

*zu 1, 10–20*

1) dl c G ûkh$^{e}$bāśîm, auch mtr cs. – 2) trsp v 12 a ante v 16, wo ein Halbvers fehlt. – 3-3) v 12bc 13ab cf mtr u. Gedankengang ursprünglich. – 4) ziehe c G v 12c r$^{e}$mōs ḥ$^{a}$ṣēräj zu 13a lōʾ tôsîphû, beginne die folg. Zeile mit hābîʾ. – 5) l c G minḥāh pr minḥat u. fasse šāwʾ als Adv. – 6) dl c G hîʾ. – 7) l ûq$^{e}$rōʾ miqrāʾ

pr q$^{e}$rōʾ miqrāʾ. – 8) ʾāwän ziehe zu v 14. – 9) l wa $^{ʿa}$ṣārät (JR wʿṣrth) pr wa $^{ʿa}$ṣārāh u. ziehe es zu v 14. – 10) l frt c BH ḥaggêkhäm pr ḥodšêkhäm. – 11) ins c JR ʾäṣb$^{e}$ʿ ôtêkhäm bäʿāwōn. – 12) ins huc v 12a ante v 16 u. vokalis. c BH 1 MS S lirʾôt pr lērāʾôt). – 13) l c JR w$^{e}$hizzakkû pr hizzakkû. – 14) l c JR w$^{e}$hāsîrû pr hāsîrû. – 15) l c GTSV ḥāmûṣ pt pass pr ḥāmôṣ od. bh ḥāmôṣ u. übersetze: »weist auf den rechten Weg den Gewalttätigen« (od. »Bedrücker«). – 16) l c JR 4 MSS G vet. lat. SV kaššānî pr kaššānîm. – 17) l c BH c mlt MSS Vrs w$^{e}$ ʾim pr ʾim. – 18) l c JR baḥäräb od. c TS mēḥäräb pr ḥäräb od. bh ḥäräb als acc instr. –

*zu 1, 21–28* + (29–31)

1) ins c Gvet. lat. ṣijjôn. – 2) bh w$^{eʿ}$attāh m$^{e}$raṣṣ$^{e}$ḥîm als Exklamation. – 3) bammājim frt add, cf mtr. – 4) l c JR kullām pr kullô. – 5) l c JR ʾōh$^{a}$bê pr ʾōhēb. – 6) l c JR rōd$^{e}$phê pr w$^{e}$rōdēph. – 7) l prb c BH bākkur pr kabbōr (»mit Lauge«), falls das Wort nicht überhaupt Zusatz, cf mtr. – 8) bh w$^{e}$šābâhā gg GS w$^{e}$šibjāch, BH w$^{e}$jōš$^{e}$bâhā. – 9) l prb c 3 MSS T tēbōšû pr jēbōšû, cf ḥ$^{a}$madtäm in v 29b, cf BH. – 10) bh häḥāsōn JR c suff 2. m pl. – 11) bh ûphō$^{ʿa}$lô vgl. zur Vokalis. GB u. GK 93 q, JR l suff 2. m pl ûphoʿol$^{e}$khäm. –

*zu 2, 1–5*

1) trsp c Mi. 4, 1 (cf Pr.) nākhôn ante v 2c. – 2) dl c G bêt ante jahwēh. – 3) ins nākhôn ex 2b ante b$^{e}$rōʾš. – 4) bh kol-haggôjîm (Mi. 4, 1 l ʿammîm pr gôjîm). – 5) dl c JR ʾäl-har-jahwēh. – 6-6) Mi. 4, 3 l w$^{e}$šāphaṭ bên ʿammîm rabbîm – w$^{e}$hôkhîaḥ l$^{e}$gôjîm $^{ʿa}$ṣumîm ʿad-rāḥôq. Jes. hat den besseren Text. – 7-7) ins c Pr. sec G III (lucian. Minuskelgruppe) ʿattāh. –

*zu 2, 6–22*

1) bh M. T l ʿuzz$^{e}$khā pr ʿamm$^{e}$khā, dann bezieht es sich auf Gott u. bêt ja$^{ʿa}$qōb ist Subjekt zu nāṭaštāh. Die meisten Neueren lesen nāṭaš jahwēh pr nāṭaštāh u. c G ʿammô pr ʿamm$^{e}$khā. Damit wird die Feinheit gestört, daß die Gerichtsbotschaft mit dem Gebetsruf beginnt. – Zur überschriftartigen ersten Zeile ohne Parallelglied in allen 3 Strophen vgl. v 6a. 12a. 18. – 2) lc Pr. sec G māl$^{eʾ}$āh ʾarṣô pr māl$^{eʾ}$û. – 3) ins c BH miqsām vel qōsmîm ante miqqädām (T l k$^{e}$qädām, SGV k$^{e}$miqqädām). – 4) ûb$^{e}$jal$^{e}$dê nakhrîm jaśpîqû prb gl, hiśpîq auch ohne b$^{e}$jad = »Handschlag geben« – wie unser »einschlagen«. – 5) Pr. u. A. ergänzen post 8a w$^{eʾ}$ên qēṣāh l$^{eʿ}$aṣṣ$^{e}$bôtaû, aber ziehe besser 8b zu 8a. – 6) l c BH jištaḥ$^{a}$wāh pr jištaḥ$^{a}$wû cf ʾarṣô et jādaû. – 7) trsp c Herzberg 8c post 9a. – 8) wajjiššaḥ nicht niph »gebeugt werden«, sd. qal »sich bücken«, cf zur Form GK 28§67g. – šāphēl = »erniedrigt werden« aber auch »niedrig werden«, »hinsinken«, so hier. – 9) dl c JR w$^{eʾ}$al-tiśśāʾ lāhäm – so erübrigen sich Konjekturen (Du.: w$^{eʾ}$ên ś$^{eʾ}$ēt lāhäm; Pr.: waʾ$^{a}$(bā)l (ji)tt$^{e}$š(û) $^{ʾä}$ (li)lêhäm). – 10) ins c Hertzberg v 8c post 9a. – 11) dl c JR v 10. – 12) l c JR w$^{eʿ}$ênê pr ʿênê. – 13) l c JR tišpalnāh pr šāphēl (BH šāph$^{e}$lû – M happlogr). Da-

mit erledigen sich alle Konjekturen. Dem »sich beugen« und »bücken« entspricht das »erniedrigt« und »gebeugt werden« (pass). – 14) cf zur ersten Zeile der Strophe ohne Parallelglied v 6a u. 18. – 15) l c G$^{I}$ w$^{e}$gābōach pr w$^{e}$šāphēl. – 16) dl prb c BH hārāmîm w$^{e}$hanniśśā'îm, cf v 14 u. mtr. – 17) l c BH s$^{e}$phînôt (cf Jona 1, 5) pr ś$^{e}$khijjôt od. bh c Kaiser ś$^{e}$khîjjôt nach äg. śk.tj. – 18) l c JR jaḥ$^{a}$lōphû pr jaḥ$^{a}$lōph. – 19) cf zur ersten Zeile der Strophe ohne Parallelglied v 6a u. 12a; alle Konjekturen u. Ergänzungen (cf Du.) unnötig. – 20) bh ûbā'û – »sie« = »man« kommt (subj nicht hā$^{ä}$lîlîm, sd. die Zeitgenossen des Tages Jahwes). – 21) ergänze jiṭṭāmēnû od. niṭm$^{e}$nû, cf v 10. – 22) ins c JR 'äṣb$^{e'}$ōtaû (cf v 8c) post lô vel (lô fehlt) post 'āśû (cf BH). – 23) l c JR laḥ$^{a}$pharpārîm (Theod. BH laḥ$^{a}$pharpārôt) pr laḥpōr pērôt. – 24) ins prb ûl$^{e}$ - hiṭṭāmēn ante bis$^{e'}$iphê, cf v 10, u. l bis $^{e'}$iphê pr ûbis$^{e'}$iphê. – 25-25) Die Wiederholung von v 19 u. 21 am Anfang u. Ende der Strophe ist Absicht. – 26-26) ins 5, 15–16 post 21 (Eichrodt post v 10 u. dl v 11). – 27-27) bh v 22. – 28) bammäh ebenso möglich wie kammāh S. –

*zu 3, 1–15*

1–1) v 1ef wird von den meisten als Zusatz angesehen (anderes mtr, andere Verwendung des Wortes maš'ēn. Aber die Doppelzeile ist für den Aufbau der Strophe unentbehrlich). – 2) G l is-chyonta (post gibbôr). – 3) trsp w$^{e}$nābî' w$^{e}$qōsēm nach v 3 post pānîm. – 4) l c BH ḥ$^{a}$mušîm pr ḥ$^{a}$miššîm. – 5) l nāśî'(= »Anführer«) pr n$^{e}$śû'(phānîm) (= »gehobene Standesperson« »Vornehmer«); (G hat pānîm als pälä' gelesen u. zu jô'ēṣ gezogen = thaumaston symboulon. – 6–6) ins huc w$^{e}$nābî' w$^{e}$qōsēm ex v 2. Man möchte gerne die Reihenfolge nach verwandten Gruppen ändern, etwa: gibbôr w$^{e}$'îš milḥāmāh – šôphēṭ () w$^{e}$zāqēn śar-ḥ$^{a}$miššîm ûn$^{e}$śû' phānîm – w$^{e}$jô'ēṣ waḥ$^{a}$kham ḥ$^{a}$rāšîm – paral. (w$^{e}$nābî' w$^{e}$qōsēm) – ûn$^{e}$bôn lāḥaš – doch würde das Versmaß 3 + 2 dann durcheinander gebracht u. der Sinn der Anordnung Jesajas verkannt, nach welchem sowohl 3ab als 3cd mit Zauberei schließen, das göttliche wie das weltliche Wissen und Raten als dämonisch pervertiert hingestellt werden soll. – 7) bh w$^{e}$niggaś, (8 MSS l w$^{e}$niggaš = »es naht sich«). – 8) ins lē'mōr. – 9) l w$^{e}$hámmakhšēláh mit zwei betonten Silben. – 10) l c JR et 33 MSS Q$^{MSS}$ jādâkhā pr jādäkhā. – 11) l c JR w$^{e}$jiśśā' pr jiśśā'. – 12) G l 'ähjäh (= »nicht will ich sein«) pr t$^{e}$śîmunî. – 13) l c JR et mlt MSS 'ênê pr 'ēnê. – 14) trsp kis$^{e}$dōm post l$^{e}$naphšām. – 15) l c JR w$^{e}$lō' pr lō'. – 16) ins huc kis$^{e}$dōm ex 9b. – 17) l 'ās$^{e}$rû (qal) (= »sie binden«) – oder: 'ām$^{e}$rû: 'is$^{e}$rû (imp qal) (= »sie sagen: bindet«) – G: eipóntês dēsômên tòn dikaion (= »sie sagen: laßt uns binden den Gerechten«) – pr 'im$^{e}$rû (= »sagt«). Die Konj. 'aš$^{e}$rê (der sich BH angeschlossen) hat die Exegese auf eine falsche Bahn gebracht. – 18) Einfügung von lô post ṭôb verwirrt den Sinn. – 19) ins frt lô post rā' (cf BH). – 20) l c JR jāšûb pr je' āśäh. – 21) l c JR nōg$^{e}$śô pr nōg$^{e}$śaû (m$^{e'}$ôlēl = »Kind« od. »Mutwilliger«, »Quälgeist« pt po von 'ālal II cf GB) od. l c BH nōg$^{e}$śā(m) 'ôlēl (= »ihr Vogt ein Kind«). – 22) l prb c GT Aq.

Theod. wᵉnōšîm v. nāšāh II = nāšā' I = »darleihen«, »Wuchergeschäfte treiben« pr wᵉnāšîm. – 23) bh ʿammîm (GS l ʿammô Angleichung an v 14). – 24) l Q māh-lākhäm pr K mlkm. – 25) dl ʾᵃdōnāj (JR ʾᵃdōnāj supra add). –

*zu 3, 16–4, 1*

1) Q nᵉṭujôt K nᵉṭûwôt, beides möglich. – 2) l ûmᵉśaqᵉrôt (nonn MSS l ûmᵉ - šaqᵉrôt (= »täuschend«, »in Falschheit«)). – 3-3) l c JR ûbᵉraglêhän pr ûbᵉraglêhäm. – 4) l c JR, cf mlt MSS, jahwēh pr ʾᵃdōnāj. – 5) l ohne Konsonantenänderung patᵉhän (= pᵉʾatᵉhän) c Stade ZAW 6,336 cf Lev. 19,27, pr pothēn = »ihr Loch« (vgl. GB). Pr. l c Bachmann ḥärpatᵉhän. Aber nach Köhler (Lex. VTL) auch mögl. pōt (ak. pūtu = »Stirnseite«) mit »Schläfe« zu übersetzen u. beizubehalten. – 6) l c G tiphʾartaû pr tiphʾärät, cf. Pr. – 7) bh wᵉ - hammiṭpāḥôt (fehlt JR). – 8) bh wᵉhājāh (gg JR). – 9) bh jihjäh (fehlt JR). – 10-10) bh v 24f gg G, Du., Pr. u. a. – Fasse kî = »ja« et ins c JR bōšät post jophî (Stade faßt kî als »Brandmahl« ZAW 26,133). – 11) trsp huc bajjôm hahû' ex 4,1b (cf mtr). – 12) l c Pr. pᵉtāḥajikh pr pᵉtāḥâhā. – 13) l entweder niqqêt (2. fem sg niph) od. niqqāh (pt fem niph v. nāqāh) pr niqqātāh (3. fem sg niph), (od. c Pr. ûnᵉqallāh pt niph v. qālal). – 14) l c Pr. tēšēbî (fem) pr tēšēb. – 15) trsp bajjôm hahû' ante v 25 (G). –

*zu 4, 2–6*

1) JR + wîhûdāh post jiśrāʾēl (was aber das mtr überlastet). – 2) Pr. l c G lᵉkhol vel lᵉkhullô pr lô kol-. – 3) bh bîrûšālajim (gg Pr.). Beide Zeilen sollen feierlich auf Jerusalem ausmünden. – 4) bh bᵉnôt ṣijjôn gg conj bāt ṣ'. – 5) bh ûbᵉ - rûaḥ bāʿēr gg $G^A$ + 106. 490. – 6) JR l saʿar (= »Sturmwind«) pr bāʿēr (= »des Verbrennens« inf vom pi biʿēr I od. »der Vertilgung u. Ausräumung« inf vom Pi biʿēr II. Im Sinn kein Unterschied). – Mk. l nur rûaḥ, 1, 8; G, Mt. u. Lk. haben sich für den »Geist des Verbrennens« entschieden (»Feuer« pyr) Mt. 3, 11; Lk. 3, 16. – 7) bh bārāʾ (JR wjbrʾ). (G vet. lat. l ûbāʾ (kai hēxei), dann wäre c G (ʾěstai) wᵉhājāh pr jahwēh zu lesen, od. bäʿānān, ûbäʿāšān, ûbᵉnōgāch pr ʿānān wᵉʿāšān wᵉnōgach (cf Du. u. Pr.). – Das kurze bāʾ schwerlich in das längere u. seltenere u. gewichtigere bārāʾ verderbt. – 8-8) bh M. (JR fehlt 5–6 von wᵉʿāšān bis jômām (homoeotl.)). – 9) l c BH kōl pr kol- u. fasse es absolut »über allem«. – 10) l c BH kᵉbôd pr kābôd. – 11) ins c BH jahwēh post kᵉbôd (kᵉbôd jahwēh ḥuppāh wᵉsukkāh) cf $G^A$ + 106 (Pr. l mākhôn pr kābôd). – 12) l jihjäh pr tihjäh, cf kᵉbôd jahwēh. – 13) bh gg G jômām, gg Pr., da sonst der Wegfall von v 5c–6a als homoeotl in JR unverständlich wäre. –

*zu 5, 1–7*

1) JR fehlt nāʾ, aber das zerstört das mtr. – 2) JR l jôšᵉbê pr jôšēb – aber bh M; jôšᵉbê durch dittogr vor jᵉrûšālajim entstanden. – 3) ins c G $Q^{mg}$ ʿattāh ante šiphᵉṭû (cf Pr.). – 4) bh bô; die Verbesserung in lô (2 MSS) ist Angleichung an

l^e^kharmî 4a. – 5) mtr u. Ausdruck verlocken, la^ca^śôt c Pr. zu streichen. Doch kann das dreimalige la^ca^śôt . . . (v 2 ef u. 4ab u. 4cd) Absicht sein. – 6) Eigentlich »Entfernung!« JR l ʾ āsîr = »ich entferne« pr hāsēr – aber das zerstört den Parallelismus mit pārōṣ. – 7–7) bh M (BH prps w^e^ åšbîtēhû = »ich zerstöre ihn« pr waʾašîtēhû bātāh, was auch möglich). – 8) ins prb waj^e^qaw (cf mtr). –

*zu 5, 8–25*

1) l c GV(T)S wîšabtäm pr w^e^hûšabtäm, hoph (= »und ihr Wohnrecht habt«, »als Vollbürger anerkannt seid«). JR wjštm = »allein vorhanden seid« (verdorben aus wîša(b)täm). – 2) ins c G vet. lat. kî-nišmaʿ (ēkousthē gar) ante b^eʾ^oznāj. – 3) l prb c JR ʾäḥād pr ʾäḥāt. – 4) ins ûmāḥôl (G + chorôn vgl. Ziegler: Septuaginta S. 138). – 5) bh mištêhäm (BH prps m^e^zimmātām = »ihr Trachten«). – 6) l c 2 MSS TS mētê (part von môt) pr m^e^tê = »Männer« (BH prps m^e^zê = »Erschöpfte« von māzäh nach Dt. 32, 24 m^e^zê rāʿāb). – 7) Eigentlich: »ist verschmachtet vor Durst«. ṣiḥēh st cs von ṣiḥäh = »trocken«, »verdurstend«. – 8) l h^a^dārô (bzw. -ōh) pr h^a^dārāch, wah^a^mônô (bzw. -ōh) pr wah^a^mônāch, ûš^eʾ^ônô (bzw. -ōh) pr ûš^eʾ^ônāch, w^eʿ^ālēz bô (bzw. -ōh) pr w^eʿ^ālēz bāch cf ûkh^e^bôdô, wah^a^mônô v 13, suff bezieht sich auf ʿammî; fälschlich wurde es auf š^eʾ^ôl bezogen u. ins fem gesetzt. (Viele nehmen eine Stadt, die genannt gewesen sein muß, od. den Bezug auf ein ʾäräṣ od. Jerusalem an). – 9) trsp v 15–16 in Kp. 2 post v 21. – 10) l c S b^e^dobrām pr k^e^dobrām (cf BH). – 11) l c G w^e^ḥorbôt m^e^ḥujîm pr w^e^ḥorbôt mēḥîm (»Feister«) (cf Pr.). – 12) l c G g^e^dājîm (von g^e^dî) pr gārîm (»Fremde«). – 13) bh haššāwʾ (die meisten ändern in haššôr = »Rind« = »mit Ochsenstricken«). – 14) so M (od. l c 14 MSS ûba^ca^bôt (= »mit dem Seil«) pr w^e^kha^ca^bôt. – 15) bh hā^ca^gālāh (die meisten ändern in hāʿēgäl = »Kalb« = »mit Kalbseilen« u. ziehen das hē als Artikel zu ḥaṭṭāʾāh). – 16) l c BH (c G cf Pr.) haḥaṭṭāʾāh pr ḥaṭṭāʾ āh.– 17) bh jāḥîšāh c hē kohortativum nach der 3. pers. cf GK 48,3 (S l jāḥîš jahwēh, cf BH). – 18) l c pauc MSS GSV ṣaddîq pr ṣaddîqîm (cf BH). – 19) l c T ballähābāh pr lähābāh (JR w^eʾ^ēš lôhäbät = »flammendes Feuer« pt von einem Verb lāhab pr waḥ^a^šaš lähābāh gelesen). – 20–20) bh v 25 an seiner Stelle. cf stroph. Aufbau von v 8–25. (BH trsp v 25 + 26–30 post 10,4). –

*zu 5, 26–30*

1-1) l c BH laggôj mimmärḥāq pr laggôjîm mērāḥôq cf w^e^šāraq lô. – 2) fasse qal als adv. – 3) exc vs. – 4-4) bh v 27b (Du. streicht 27b aus dogmatischen Gründen, cf Ps. 121, 4). – 5) trsp c Pr. näḥšābû post kassûphāh. – 6) l c JR u. Q jišʾag pr K w^e^šāʾag. – 7) l c BH w^eʾ^ôr pr wāʾôr. – 8) l ba^ca^rîph-jāh pr ba^ca^rîphâhā (GB nach Michaelis u. Guthe vgl. Jer. 2, 31: maʾpēljāh = ma^ʾa^phēl-jāh) = »Finsternis Jahwes«. –

## Vorläufiges Abkürzungsverzeichnis für Band I

Die Bezeichnung der biblischen Bücher sowie der Handschriften und Versionen des Alten Testamentes sind die allgemein gebräuchlichen und in Kittels Biblia Hebraica 9. Auflage 1954 verwandten, z. B. AT = Altes Testament, M = Masoretischer Text, T = Targum, G = Graeca, S = Syriaca, V = Vulgata, 𝔏 = Latina, L = Codex Leningradensis usw.
Wegen des Fehlens hebräischer und griechischer Typen mußte Sin = Codex Synaiticus eingesetzt werden, Aq = Aquila, Sym = Symmachus, Th = Theodotion, Sam = Samaritana.
Technische Abkürzungen wie l = lege bzw. lies, > = deest bzw. fehlt usw. sind ebenfalls die gleichen wie in der genannten Biblia Hebraica. Es kommt hinzu bh = behalt zur Bezeichnung für die Beibehaltung von Buchstaben oder Worten, die von mancher Seite angefochten werden.

### Texte und sprachliche Hilfsmittel:

| | | |
|---|---|---|
| BH | = | Biblia Hebraica (Rudolf Kittel, P. Kahle – A. Alt – O. Eissfeldt, 9. Aufl.) |
| GB | = | Gesenius-Buhl, Hebräisch-deutsches Handwörterbuch |
| GK | = | Gesenius-Kautzsch, Hebräische Grammatik, 28. Aufl. |
| L. K. | = | Ludwig Köhler, Lexicon in Veteris Testamenti Libros |
| Rahlfs | = | Alfred Rahlfs, Septuaginta |
| Ziegler | = | Joseph Ziegler, Septuaginta (Göttinger Ausgabe der Septuaginta Bd. XIV) |

### Kommentare und Aufsätze:

| | | |
|---|---|---|
| AneT | = | Pritchard: Ancient near eastern Texts, 1950 |
| AOB | = | H. Greßmann: Altorientalische Bilder zum AT, 2. Aufl. 1927 |
| AOK | = | A. Jirku: Altorientalischer Kommentar zum AT, 1923 |
| AOT | = | H. Greßmann: Altorientalische Texte zum AT, 1926 |
| ASP Bd I-VII | = | G. Dalman: Arbeit und Sitte in Palästina |
| ATD | = | Das Alte Testament Deutsch |
| ATLAO | = | A. Jeremias: Das Alte Testament im Lichte des Alten Orients, 3. Aufl. 1916 |
| BAT | = | Die Botschaft des Alten Testamentes, Stuttgart |
| BhG | = | Bibelhilfe für die Gemeinde, (Erich Stange) |
| Bibl. Arch. | = | G. E. Wright: Biblische Archäologie, 1958 |

| | | |
|---|---|---|
| BKAT | = | Biblischer Kommentar Altes Testament, (Neukirchen) |
| BKdAT | = | Biblischer Kommentar über das Alte Testament, (Keil-Delitzsch) |
| Calvin | = | Johannes Calvins Auslegung der Heiligen Schrift, (herausgegeben von Otto Weber) |
| D. leb. W. | = | Das lebendige Wort, (Jakob Kroeker) |
| D. leb. W. neu | = | Das lebendige Wort, (neubearbeitet von Lic H. Brandenburg) |
| GBA | = | F. Hommel: Geschichte Babyloniens und Assyriens, 1888 |
| Gr. K. F. | = | H. Bossert: Große Kulturen der Frühzeit: H. Schmökel: Ur, Assur und Babylon, 4. Aufl. 1958, A. Jirku: Die Welt der Bibel, 1957 |
| HbAT | = | Handbuch zum Alten Testament, (O. Eissfeldt) |
| HkAT | = | Handkommentar zum Alten Testament, (Nowack) |
| Jos. jüd. Kr. | = | Flavius Josephus: De Bello Judaico, Bd. I-III, 1959-63, (herausgegeben von O. Michel und O. Bauernfeind) |
| KAT | = | Kommentar zum Alten Testament, (Sellin) |
| KHCAT | = | Kurzer Handkommentar zum Alten Testament, (Marti) |
| Kö. AT | = | Kommentare zum Alten Testament von Eduard König |
| KzAT | = | Kommentar zum Alten Testament (Sellin-Rudolph) |
| NTD | = | Das Neue Testament Deutsch |
| SAT | = | Die Schriften des Alten Testamentes in Auswahl, (Gunkel usw.) |
| Str.-Bil. | = | Strack-Billerbeck, Kommentar zum Neuen Testament |
| WAT | = | Martin Noth: Die Welt des Alten Testamentes, 3. Aufl. 1957 |

**Einleitungen, Geschichten, Theologien des AT und Aufsatzsammlungen:**

| | | |
|---|---|---|
| Alt KlS | = | Albrecht Alt: Kleine Schriften, Bd I-III |
| Einl. AT | = | Einleitung ins Alte Testament, (Carl Steuernagel, Ernst Sellin, Sellin-Rost, Sellin-Fohrer, Arthur Weiser, Otto Eissfeldt usw.) |
| Eissfeldt KlS | = | Otto Eissfeldt: Kleine Schriften, Bd I-V |
| GVI | = | Geschichte des Volkes Israel, (Rudolf Kittel, Martin Noth, Elias Auerbach usw. unter verschiedenen Titeln) |
| ThAT | = | Theologie des Alten Testamentes, (Walter Eichrodt, Th. C. Vriezen, Otto Procksch, Gerhard von Rad, |

Walter Köhler usw. unter verschiedenen Titeln)

v. R. GsST = Gerhard von Rad: Gesammelte Studien

**Zeitschriften:**

| | | |
|---|---|---|
| AThANT | = | Abhandlungen zur Theologie des Alten und Neuen Testamentes |
| BFchTh | = | Beiträge zur Förderung christlicher Theologie |
| BHTh | = | Beiträge zur historischen Theologie (Ebeling) |
| BhZAW | = | Beihefte zur Zeitschrift für alttestamentliche Wissenschaft |
| BWANT | = | Beiträge zur Wissenschaft vom Alten und Neuen Testament (R. Kittel) |
| BWAT | = | Beiträge zur Wissenschaft vom Alten Testament (R. Kittel) |
| ThZB | = | Theologische Zeitschrift herausgegeben von der theologischen Fakultät der Universität Basel |
| VT | = | Vetus Testamentum (International Organization of old Testament Scholars) |
| WMANT | = | Wissenschaftliche Monographien zum Alten und Neuen Testament |
| WuD | = | Wort und Dienst, Jahrbuch der Theologischen Schule Bethel |
| ZAW | = | Zeitschrift für alttestamentliche Wissenschaft |

**Autoren:**

| | | | | | |
|---|---|---|---|---|---|
| Begr. | = | Johann Begrich | Kai. | = | Otto Kaiser |
| Del. | = | Franz Delitzsch | Kö. | = | Eduard König |
| Di. | = | August Dillman | Ki. | = | Rudolph Kittel |
| Du. | = | Bernhard Duhm | Pr. | = | Otto Procksch |
| Fi. | = | Johannes Fichtner | Schl. | = | Adolf Schlatter |
| Fr. | = | Hellmuth Frey | St. | = | Hans-Joachim Stoebe |
| Gr. | = | Hugo Greßmann | v. R. | = | Gerhard von Rad |
| Gu. | = | Hermann Gunkel | Wellh. | = | Julius Wellhausen |
| He. | = | Volkmar Herntrich | Wildb. | = | Hans Wildberger |
| Hrzb. | = | Hans Wilhelm Hertzberg | Zi. | = | Walter Zimmerli |

Literaturverzeichnis folgt in Band IV.